Regina Schaunig

Hildegard von Stein
Gräfin der Armen

Regina Schaunig

Hildegard von Stein
Gräfin der Armen

Historischer Roman

Regina Schaunig:
Hildegard von Stein. Gräfin der Armen. Historischer Roman
Coverbild: Regina Schaunig
Umschlaggestaltung: ilab crossmedia
Lektorat: Christina Korenjak
Redaktion: Adrian Kert

© 2022, Hermagoras Verlag/Mohorjeva založba,
Klagenfurt/Celovec –Ljubljana/Laibach – Wien/Dunaj

Gesamtherstellung: Hermagoras Verein/Mohorjeva družba, Klagenfurt/Celovec

ISBN 978-3-7086-1215-7

LAND KÄRNTEN
Kultur

Inhalt

Hanßhof bei Möchling	7
In dir muss brennen	9
Lilie und Rose	15
Mit Ross und Wagen	23
Wo beginnt eigentlich Karantanien?	28
Hirsestroh	41
Unterm Skarbin	47
Römer, Slawen, Awaren	58
Mauern und Tore	66
Jagdtrophäen	77
Königsgut	82
Ite, missa est	91
Durch Blut	96
Friede diesem Haus	99
Mönch auf dem Herzogstuhl	105
Schwarze Kunst	111
Glänzendes Metall	118
Harre aus	125
Am Limes	132
Platz der Frauen	136
Targitlas Tochter	142
Bilder eines Wandteppichs	148
Maria Wörth	153
Besser als zu sündigen	159
Eisfiguren	164
Alles wartet auf den Stier	170
Meißel, Kelle und ein Vertrag	177
Mitten im Ödland	185

Ohne Zwang und Höllenpredigt	192
Birnen wie Gold	196
Ehrenplätze	201
Klauen statt Brote	207
Befreier des Jauntals	210
Engelsstimmen	216
Mauerringe	224
Talg und Asche	228
Gnadenbilder	231
Ein einzelner Mann	235
Die Erde bebt	250
Vom Ende der Welt ins Heilige Land	256
Schwimmend nach Rom	261
Die Glocken werden unsere Botinnen sein	267
Kann Liebe sterben?	279
Die Beichte	283
In hohem Bogen	289
Am Lechfeld	299
Te Deum laudamus	307

Hanßhof bei Möchling

Wenn sich die Felder mit Schnee bedeckten, saß ich seit ich denken konnte in der Stube und spann, Flachs oder Wolle, die im Eismond verwoben und verstrickt werden musste, jedes Jahr war es dasselbe. Nun sind meine Zöpfe weiß und die Finger rau geworden, und unsere Liesel hat mich am Spinnrocken abgelöst. Ihr musste ich die Geschichte schon viele Male erzählen, auch den andern, doch nun drängen sie mich, sie aufzuschreiben. Verlernt habe ich den Gebrauch des Gänsekiels ja noch nicht und, wie man sieht, ist auch die Tinte brauchbar, die wir aus Ruß und Baumpech angerührt haben.

Unsere hochedle Markgräfin Hildegard, Herrin des Jauntals, lebt ja noch in ihrem Schloss auf dem Gradnik, doch auch sie ist schon über die Siebzig, wenn man als Mensch beginnt, mehr drüben als hüben zu stehen. Sie hat uns alle die Kunst des Schreibens und Lesens gelehrt, auch meinen Hanß, Gott hab ihn selig. Die fromme Herrin hat sich Verdienste weit über Karantanien hinaus erworben, doch denkt sie nicht an die eigene Ehre, ihr genügt es, das irdische Tagwerk, wie sie es nennt, zu erfüllen und weiter nach ihren Armen und Kranken zu sehen. Ja, Nächstenliebe und gute Werke dürfen kein ein Ende haben, so lange die Welt besteht. Amen. Auch das honiggelbe Pergament, auf dem ich, Mirka, getaufte Dorothea, dies schreibe, hat sie mir in ihrer Güte geschenkt. Wir einfaches Landvolk vermögen es nicht, Schafshaut zu solcher Feinheit zu gerben, darauf versteht man sich in den Klöstern. Wir schreiben 982 seit Christi Geburt, bald ist es ein Jahr, dass Hanß in der Erde liegt. Nicht mehr lange, und ich folge ihm nach.

So will ich mich also der glatten Schreibbögen würdig erweisen und dem Allmächtigen danken, dass ich unserer Gräfin

Hildegard von Stein so viele Jahre als Leibmagd hab dienen dürfen. Auch Hanß war ehemals Edelknecht bei ihrem Gemahl, dem Markgrafen Albuin vom Chiemgau, später Paulus genannt. Dieser starb anno domini 960, bestattet in der Kirche zu Möchling an der Drau. Friede sei seiner Seele. Auch über ihn gibt es Wunderbares zu berichten, wie genannter Graf Albuin, Burgherr auf dem Skarbin, große Schuld auf sich lud, als er seine tugendhafte Gemahlin im Zorn aus dem Fenster stieß, wobei die Hochedle durch die Hand Gottes vom Tode errettet wurde, auch wie Albuin hernach bereute und sein Leben wandelte, sodass er zum frommen Erbauer unserer Kirche wurde.

Vieles von dem, was hier gesagt wird, hat mir Hildegard selbst erzählt, einiges wusste Hanß zu berichten und alles andere habe ich mit eigenen Augen gesehen.

In dir muss brennen

Kurz nach Mitternacht, hatten sich die Klosterfrauen des Stiftes Nonnberg zum Psalmengebet und dem Singen des Hymnus „Herr, öffne mir die Lippen, damit mein Mund dein Lob verkünde!" versammelt. Die Regel des heiligen Benedikt verlangte es so, und die geistlichen Schwestern waren daran gewöhnt. Sie zogen sich bald darauf wieder in die engen Kammern zurück, bis die ersten Sonnenstrahlen oder die Morgenglocke sie alle zum Tagwerk rief. Nur Hildegard von Göss fand in dieser Nacht keinen Schlaf. Eine ungewisse Bangigkeit hatte ihre Gedanken erfasst. So entzündete sie eine Öllampe und stellte sie auf das Pult neben die lateinischen Pergamente, in denen sie schon seit Wochen las. Es waren Abschriften aus dem Kräuterbuch des Dioscurides, die ihr Schwester Ita empfohlen hatte. Darüber verging ihr rasch die Zeit und plötzlich trat Ada, die Leibmagd der Äbtissin herein. Sie verkündete mit ernster Mine, die junge Oblatin von Göss werde in der Bibliothek erwartet.

Hildegard erhob sich von ihrem Stuhl, zog über ihr fußlanges Untergewand ein einfaches, nur an den Rändern besticktes Ärmelkleid und folgte Ada durch den Gang. Vor dem Bild der Gründerin des Stiftes, der heiligen Erentrudis, hielten sie kurz an, um ihre Knie zu beugen. Hildegard war in Gedanken noch bei den Kräutern und Arzneien, die alle Arten von Krankheiten zu lindern vermochten. Sie hatte keine Vorstellung davon, warum sie gerufen wurde, doch freute sie sich stets darauf, das ehrwürdige Skriptorium zu betreten, in dem sie bereits erste Schreibarbeiten anfertigen durfte. Sie schritt also ohne Zögern in den Saal, dessen vordere Wand aus ledernen Bücherrücken bestand, und ging die Reihe hölzerner Schreibpulte und Schemel entlang. Flackernde

Kerzenlichter und Morgendämmerung flossen träumerisch ineinander, und nur am Rande schien es bedeutsam, dass Äbtissin Imma am erhöhten, mit Schnitzwerk verzierten Lesepult stand und sie erwartete. Als Imma die hochgewachsene Fünfzehnjährige in ihrem bodenlangen Kleid auf sich zukommen sah, wirkte sie auf den ersten Blick wie ein körperloses Wesen. „Sie sieht mir nicht wie eine Ehefrau und zukünftige Mutter aus, eher wie eine Märtyrerin", flüsterte sie Ada zu, die sich neben ihr aufgestellt hatte. „Sie hätte im Kloster viel erreichen können, vielleicht wäre sie wie ich Äbtissin geworden oder gar Heilige? Aber nein, sie wird ihren Weg schon finden."

So winkte Imma die Klosterschülerin zu sich und wartete auf den gebotenen Kniefall. Hildegard redete sie mit „Ehrwürdige Mutter" an und hoffte eigentlich, die gestrenge Herrin würde ihr endlich erlauben, den Schleier zu empfangen. Die Rede der Äbtissin nahm jedoch einen unerwarteten Verlauf. „Liebe Hildegard!", verkündete sie freundlich. „Wir haben von deinen Fortschritten im Studium und Gebet gehört und sind glücklich, dich zu einer eifrigen und frommen Christin erzogen zu haben. Wir wissen auch, dass du nichts sehnlicher wünschst, als den Schleier zu empfangen, um dich ganz diesem Kloster und unserem Herrn im Himmel zu weihen. Doch der ehrwürdige Erzbischof von Salzburg, Abt Odalbert II., und ich haben mit dem Einverständnis deiner Eltern einen anderen Weg für dich vorgesehen, der nicht minder verantwortungsvoll ist."

Imma, die mehr in den Raum als zu der vor ihr Stehenden gesprochen hatte, warf nun einen forschenden Blick in Hildegards Gesicht, wo sie Zeichen der Überraschung erwartete. Diese aber lächelte nur, sanft wie der Lenzmorgen, der seine ersten Lichtstrahlen durch die Fenster warf. So fuhr die Äbtissin in sachlichem Tonfall fort: „Du sollst nach Karantanien gehen, um eine Mission zu erfüllen. Da wir offiziell jedoch keine weiblichen Missionare entsenden, haben wir zu deinem Schutz einen jungen Mann von edlem Stand erwählt, den du ehelichen sollst. Auch er wird die Interessen des Bistums Salzburg vertreten und die Slawen an der Drau zum wah-

ren Glauben bekehren. Ihr beide tretet in den heiligen Stand der Ehe ein und werdet Güter erhalten, durch die euch in der südlichen Grenzmark eine einflussreiche Stellung zukommt. Der Name deines Ehemannes ist Albuin, Sohn unseres ehrwürdigen Erzbischofs und der Gräfin Rihni von Gars. Diese Verbindung ist also sehr ehrenhaft für dich. Auch deine Eltern werden zur Hochzeit erscheinen. Was sagst du dazu, mein Kind? Du darfst sprechen!"
Die fünfzehnjährige Schülerin hatte ihre Äbtissin unverwandt angeblickt. Die Ruhe, mit der sie alles aufnahm, was über sie bestimmt worden war, vermittelte den Eindruck, sie sei in Gedanken abwesend. Doch Hildegard war hellwach. Sie hatte viele Male in ihrer Kammer gebetet, Gott möge sie zu einem Werkzeug machen, um Menschenseelen zu retten. Darum antwortete sie frei heraus: „Ehrwürdige Mutter! Ich bin Eure gehorsame Magd und werde alles tun, um Euren Auftrag zu erfüllen." Es klang, als bete sie einen Morgenpsalm und spreche nicht über ihr eigenes zukünftiges Leben. Imma nickte zufrieden, und eigentlich wäre die Unterredung damit beendet gewesen. Doch die Äbtissin wollte der bloßen Pflicht noch etwas hinzufügen: „Ich gebe dir zwei Sprüche des heiligen Augustinus von Hippo mit auf den Weg: ‚Der Mensch lebt nicht dort, wo er lebt, sondern wo er liebt', und ‚In dir muss brennen, was du in anderen entzünden willst'. Ich selbst habe meinem Gatten sieben Kinder geboren und konnte jetzt im Alter noch dieses heilige Amt übernehmen. Der Herr kennt das Herz seiner Frommen und führt für sie alles zum Guten. Ich werde mich freuen, wenn du mir von Zeit zu Zeit in Briefen aus deinem weiteren Leben berichtest."

Jetzt wurde Hildegard bewusst, dass dies ein Abschied war und sie das Kloster und ihre lieb gewonnene Umgebung verlassen musste! Tränen fingen sich in ihren Augen, nicht, weil sie Härte und Opfer scheute, sondern weil sie zum zweiten Mal in ihrem Leben ihr Zuhause verlor. Mit acht Jahren war sie als Oblatin in dieses Kloster gekommen, das ihr zur eigentlichen Heimat geworden war. Die Schwestern und Lehrerinnen hatten sie in Liebe und Strenge erzogen, ihnen verdankte sie all ihr Wissen, ihre Bildung und das Gefühl, Teil einer Gemeinschaft hochgesinnter Frauen zu sein. Sie stand für einen Augenblick wie verloren da und vermochte weder ihren Blick noch ihre Stimme zu erheben. „Der Herr wird mir beistehen", dachte sie und spürte ein leichtes Ziehen um ihre Augen. Sie sehnte sich nach ihrer Kammer, wollte den mit Blumen bestickten Polster, das Geschenk ihrer Großmutter, an sich drücken, wollte unter die kleine Fensternische fliehen, wo auf dem Tischchen das Buch lag. So neigte Hildegard sich zur Verabschiedung nur mehr stumm über die ausgestreckte Hand der Äbtissin und küsste gehorsam den glänzenden Ordensring.

Auf dem Weg durch den Schreibsaal versuchte sie nochmals mit den Fingerspitzen an den Pulten anzustreifen, um deren herbes, eingedunkeltes Holz zu fühlen. Als sie die Kammertür schloss, stieg eine Trauer in ihrem Körper herauf, so schwer, als ließe sie sich durch Weinen nicht lösen. So ging sie, gelagert auf Großmutters Polster, auf die Knie und sprach mit geschlossenen Augen eines ihrer ganz persönlichen Gebete, nach keiner Vorlage, sondern aus tiefstem, bedrücktem Herzen. Sie kam zu ihrem Himmlischen Vater wie zum einzigen Vertrauten und jenem liebevollen Wesen, das wusste, wie ihr zumute war. Und tatsächlich, nachdem sie ihre Seele vor ihrem Schöpfer ausgeschüttet hatte, fühlte sie Mut und sagte sich, alles würde schon seinen rechten Weg gehen.

So begann Hildegard ihre persönlichen Dinge zu ordnen. Worin bestanden sie? Was würde sie mitnehmen nach Karantanien, ins Land der heidnischen Slawen? Sie hatte nicht, wie andere Mädchen ihres Alters, die geforderte Aussteuer an Wäsche genäht. Ihr ganzer Fleiß war bisher darauf gerichtet, sich Wissen und Kenntnisse in den Sieben Künsten anzueignen, die heiligen Sprachen zu erlernen, möglichst viele Bücher zu lesen, gehorsam alle Arbeiten zu erledigen und das Gotteswort auswendig zu lernen. Ora et labora et lege!

Doch wie sollte sie ihrem Gott außerhalb des Klosters dienen? Sie kannte die karantanische Sprache noch nicht und wusste nichts vom Land an der Drau, außer dass ihre Familie im Jauntal Güter besaß. Als sie sich in ihrer Kammer umblickte, sah sie wieder das Arzneibuch auf ihrem Pult liegen, das sie gerade studierte. „Ja", rief sie innerlich aus. „Ich werde, wie der heilige Benedikt es uns aufgetragen hat, den Armen und Kranken beistehen!" So wickelte sie ihre persönlichen Pergamente und Habseligkeiten in ein Tuch, das sie zu einem Bündel schnürte und auf die blau-weiß gewebte Bettdecke hob. Als sie aus dem Fenster blickte, versuchte sie am Schatten des Nussbaums ungefähr die Stunde zu erkennen. Wie viel Zeit blieb ihr noch bis zum Abschied?

Vor der Kammer hörte sie die Schritte der Schwestern in ihren knöchellangen Gewändern, das sanfte Rasseln der Gebetsketten, die an den Gürteln hingen. In diesem Augenblick kam eine der Mägde herein und meldete ihr die Ankunft ihrer Mutter Walpurga. Es war an der Zeit, sich für den Empfang beim Erzbischof anzukleiden. Hildegard folgte also der Magd zu einem Raum, in dem bereits mehrere Personen auf sie warteten. Als Erstes erblickte sie ihre Mutter, von der sie mit „Wo bist du nur, mein Kind?!" begrüßt wurde. „Weißt du nicht, dass dich vor dem Hochzeitsmahl noch der Erzbischof sehen will?" Davon war Hildegard in den wenigen Stunden, die ihr für ihren Abschied gegeben waren, noch nichts mitgeteilt worden. Als Walpurga sie etwas außer Atem in ihre Arme schloss, wurde ihr klar, dass sie nun keine Insassin des Klosters mehr war, sondern Frau Welt ihre Hand ausgestreckt hatte, um sie mit großen Schritten fortzutragen.

Die Klosterfrauen entfernten sich und nur eine Näherin blieb hier und erwartete die Anweisungen der Gaugräfin von Göss und Schladnitz. Diese hatte ein standesgemäßes Brautkleid mitgebracht, das ihrer Tochter nun angelegt wurde. „Brokat passt zu deinen Augen", nickte sie, im Kreis um Hildegard herumgehend. Du kannst dich ruhig gerade halten, heb deinen Kopf etwas mehr an, du bist ja eine Grafentochter und, wie ich gehört habe, auch nicht zu groß für deinen zukünftigen Gemahl." Und damit griff sie Hildegard ans Kinn und begutachtete sie von rechts und links, bis wieder das leichte, an Hildegards Körper herabfallende Gewebe ihre Aufmerksamkeit benötigte, denn es warf ungewollte Falten. „Das Kleid muss an den Schultern enger gemacht werden", gab Walpurga der Näherin Anweisung, „nur um dieses kleine Stück!" Damit zogen sie ihr das Festgewand wieder aus und legten es auf das Tischchen, wo Nadel und Faden bereit lagen. Walpurga zückte einen elfenbeinernen Kamm und begann, leise vor sich hin summend, Hildegards Haar zu glätten und in Form zu bringen. Schließlich waren die Änderungen am Kleid beendet und die junge Braut war für ihren Schritt ins Leben bereit. Ada, die Leibmagd der Äbtissin, meldete, dass das Gepäck der scheidenden Oblatin bereits in das Gästehaus des Erzbischofs gebracht werde.

Und nach all diesen Bemühungen um ihr Aussehen und den Brautputz wurde Hildegard vor den Spiegel gestellt, in dem sie ein Bild sah, das ihr reichlich fremd war. Denn in ihrer Kammer und auch sonst in den Aufenthaltsräumen des Klosters war sie ihrem Spiegelbild nicht begegnet, es sei denn, sie hatte am Brunnen Wasser geschöpft. Ohne auf die Unsicherheit ihrer Tochter zu achten, schob ihr Walpurga nun noch eine zierlich gearbeitete Spange ins gewellte, am Rücken herabfallende Haar. Dabei zwinkerte die Gräfin der zurechtgemachten Braut im Spiegel zu, ergriff, ohne von ihr eine Antwort zu erwarten, zufrieden die zierliche Hand und führte Hildegard durch Tür und Tor hinaus, den abschüssigen Weg hinab und an den Wehranlagen des alten Kastells vorüber. Als die Mauern und Ländereien des Klosters hinter den Bäumen verschwanden, grüßten vor ihren Augen immer neue Bauwerke herauf, spiegelte die sanft geschlungene Salzach das warme Licht der Mittagssonne und öffneten sich dem Betrachter in allen Richtungen geheimnisvolle Wege. Zuletzt gelangten sie an den großen gepflasterten Platz und stiegen die Stufen der Erzbischöflichen Residenz empor.

Lilie und Rose

Es war im Blumenmond anno 925, als Erzbischof Odalbert II. die junge Hildegard von Göss und Schladnitz, Tochter Aribos aus dem Leobental, in den großen Speisesaal der Residenz geleitete. Als sie sich dem mit grünen Zweigen geschmückten Raum näherten, vernahm man schon durch die Tür das angeregte Murmeln der Gäste, die ihre Ankunft bereits erwarteten. Im Hintergrund schickte sich ein Harfenspieler an, sein Instrument für den Vortrag zu stimmen.

Albuin, Graf vom Chiemgau blickte der Begegnung mit seiner Braut mit gemischten Gefühlen entgegen. Sein Bruder Uduin hatte ihm nämlich erklärt, fromme Jungfrauen, die Bücher lesen, seien fast immer hässlich. Er blickte sich nochmals nach seinem Edelknecht Hanß um, der ihm schon von Jugend an diente. Dieser nickte ihm in gutmütiger Treue zu. Und plötzlich wehte Albuin mitten unter den Leuten ein zarter, friedlicher Duft an. Er hatte an diesem Morgen auf einem Jagdausflug eine fremdartige Blume gefunden und in seinem Rock verborgen. Albuin zog sie unbemerkt hervor und betrachtete das zierliche Gebilde. Seine Fingerspitzen strichen über die weiße Blütenhaut und mit jeder Berührung seiner Hand wurde sein Herz ruhiger.

Auch Hildegards erster Blick fiel nicht auf die kostbaren Schüsseln und Teller der gedeckten Tafel, sondern, vorbei an all den Menschen und durch den Saal huschenden Dienern, auf ihn. Ja, zwischen den Köpfen der Sitzenden gewahrte sie ein Augenpaar, das ihr freundlich entgegensah. Es war, als träfen sie zarte Blitze, ihr Fuß wankte, als sie davon erreicht wurde, und sie senkte zitternd vor Aufregung den Kopf. Zu tief war dieser erste Eindruck, dieser Gedanke: "Er ist es!" Sie spürte, es war der Jüngling, der ihr von Imma beschrieben worden war und dessen Name sie mit dem lateinischen Wort albus, der Weiße, verband. Kühler Schnee und eine reine Seele, aus diesen Elementen hatte sie sich in aller Kürze ein Bild von ihm gemacht.

Der zweite Blick der Braut fiel auf ihre Familie, die hier an der Tafel versammelt war. Hier saßen ihr geliebter Vater Aribo II., ihre Mutter Walpurga und neben ihnen saß ihr Lieblingsbruder Egilolf, den sie besonders herzlich umarmte, ebenso Eberhard, ihr jüngster Bruder, der ihr viel erwachsener erschien als noch vor zwei Jahren, und Chadalhoch, der an Größe den Vater bereits übertraf. Wie sehr sie sich freute, sie alle zu sehen! Nur ihr Bruder Aribo III. und seine Ehefrau Drusinda von Görz waren nicht gekommen. Der Zweitälteste der Geschwister war schon früh in den Ehestand getreten und hatte sich, wie Egilolf, in Freising niedergelassen. Seine Frau Drusinda hatte eben einem Knaben das Leben geschenkt, der den biblischen Namen Abraham erhalten hatte. Die Geburt ihres ersten Enkelkindes war natürlich für den Gaugrafen von Göss ein guter Grund, mit Walpurga, Chadalhoch und Eberhard nach der Hochzeit ihrer Tochter nicht sogleich ins Leobental zurückzukehren, sondern stattdessen Egilolf nach Freising zu begleiten. Sie wollten den kleinen Abraham sehen und ihn segnen. Von diesem Kind wird später noch die Rede sein.

Der Erzbischof ging die Reihen der Sitzenden ab und hielt ebenfalls vor einigen vornehmen Gästen, die er besonders begrüßte. Hildegard noch immer am Arm, erreichte er zuletzt Albuin. Ganz selbstverständlich stellte er ihn ihr vor. „So, und dies ist mein Sohn Albuin, dein Bräutigam." Damit ließ er die beiden stehen und setzte seinen Rundgang zum rot gepolsterten Stuhl fort, der dem hohen Geistlichen vorbehalten war.

Das Brautpaar stand sich gegenüber. Wie seit Kaiser Karl dem Großen üblich, war das Gesicht Albuins, eines schlachterprobten Panzerreiters, vollbärtig und von schulterlangem Haar umrahmt. Doch Hildegard suchte nach seinen Augen, die aus der Nähe noch dunkler wirkten. Sie vergaß ganz, die Hand vorzustrecken, doch ihr Gegenüber griff nach ihren weißen Fingern und hielt sie, als wären es zwei Hälften seines Kelches. Er war ihr mit seinen

Blicken gefolgt, seit sie im Saal erschienen war, und nun, als sie einander gegenüberstanden, waren alle seine Ängste und Zweifel verflogen. Denn die Tochter des Grafen von Göss und Schladnitz war ein Mädchen von außergewöhnlicher Schönheit. Ja, auch ihre Hände fühlten sich warm an, ihr ganzes Wesen wirkte lebhaft und heiter. Er gewahrte in den Augen seiner Braut, die ihm an Körpergröße nur wenig nachstand, einen sanften Glanz der Ruhe und Gefasstheit. Hildegard errötete, denn noch nie hatte ein Mann sie so angesehen. Sie nahm seine Gestalt nur flüchtig wahr, er wirkte kräftig, jedoch nicht von grober Männlichkeit, wie sie es an den Soldaten im Burghof gesehen hatte. In seiner Haltung lag auch etwas Verträumtes, Kindliches. Als er die Umklammerung löste und ihre Hände wieder seitlich herabsanken, blieb der Druck der rauen Finger für sie angenehm spürbar.

Der Erzbischof beobachtete die erste Begegnung der jungen Eheleute mit Genugtuung. Endlich wurde es dem Brautpaar klar, dass auch sie sich setzen sollten, Hildegard zur Rechten Albuins. Ihre Hände lagen nun nebeneinander auf den Stuhllehnen, sie hörte sein Atmen und roch in seinen Haaren das Harz des Waldes. Er war ohne sein Panzerhemd erschienen, jedoch mit dem Schwert umgürtet und wirkte auf eine Klosterschülerin wie einer der gerechten Engel, von denen die Bibel berichtet, dass sie den herrlichen Paradiesgarten bewachten.

Zu beiden Seiten des Brautpaars führten die Festgäste ihre Gespräche entspannt und in behaglichem Tonfall fort. Ja, die beiden jungen Leute hatten, wie alle Öffentlichkeit sah, Gefallen aneinander gefunden. Der Wein wurde herumgereicht und die in ihrer gesellschaftlichen Stellung tiefer Stehenden schenkten den edleren Tischgenossen ein. Auch Albuin ließ sich den Becher füllen, nahm darauf den Hildegards und hielt ihn unter den Krug, aus dem ein dünnes, rotglitzerndes Rinnsal quoll. Dabei lächelte er seine Braut an, und auch ihre Lippen gaben das Strahlen weißer Zähne preis. Albuin fand, dass ihre natürliche Schönheit durch dieses Lächeln noch mehr zur Geltung kam. Wahrhaftig glich sie nicht, wie er befürchtet hatte, einem unansehnlichen Stück Holz, das zum Eheleben gezwungen wird. Auch die Verwandtschaft seiner Braut auf der gegenüberliegenden Seite des Tisches erschien ihm durchaus edel und ebenbürtig.

In der Nähe Odalberts II. saßen Albuins Geschwister, darunter Uduin. Und dieser war es, der das Brautpaar sinnend betrachtete, bis er nach einer Weile kurzerhand aufstand, sich der Braut galant zuneigte und sie entgegen der Sitte als Erster ansprach: „Fräulein Hildegard, ich habe gehört, dass Ihr des Lateinischen mächtig seid? Berichtet uns! Welche Bücher habt Ihr bisher gelesen?"

Uduin hatte bereits an der Tafel des Herzogs gespeist und mit den Gelehrten seiner Zeit über alle Weisheiten und Torheiten der Welt diskutiert. Eine Familienfeier wie diese wollte er zum Anlass nehmen, seine Überlegenheit zu beweisen. Alle Anwesenden blickten jetzt abwechselnd auf ihn und auf Albuin, der plötzlich empört den Kopf hob und sich von seinem Sitz erhob. Es lag wohl auch an der Entfernung und dem ungewöhnlich großen Tisch, der ihn von seinem Bruder trennte, dass er ihm nicht sofort an die Kehle sprang. Denn Uduin mischte sich ungefragt in den von alters überlieferten Ablauf der Trauung ein.

„Seit wann interessiert dich die antike Schriftstellerei?", machte sich Albuin endlich Luft. Uduin war es anzusehen, dass er den Bräutigam absichtlich zum Zorn reizen wollte. Er verzog seinen Mund zu einem spöttischen Grinsen. „Was regst du dich auf, Albo? Komm schon, ich habe ja bloß eine Frage gestellt." Albuin hatte die Absichten seines Bruders noch nie durchschaut. Er stand unschlüssig da, weil ihm der Wind aus den Segeln genommen war und blickte Hildegard an, die ihm freundlich beruhigend zunickte. Im nächsten Moment wandte sie sich den angespannt wartenden Festgästen zu. „Wenn Euer Gnaden, der Erzbischof und mein Bräutigam erlauben, will ich die Frage gern beantworten." Odalbert II. hob die Hand zu seinem Einverständnis und auch Albuin deutete ihr, überrascht über ihre Schlagfertigkeit, durch ein Nicken an, sie könne frei reden.

So wandte sie sich an Uduin und die neben ihm sitzenden Familienmitglieder. „Als Oblatin war mir vor allem die Bibel ans Herz gelegt, genauer gesagt, der Psalter. Ich studierte auch eine Reihe medizinischer Bücher. Doch ist Bildung nichts, auf das wir uns als Christen etwas einbilden sollten. Sie dient nur dazu, unsere Demut zu vertiefen. Denn wesentlich wichtiger als Wissen und weltliche Kenntnisse ist die Bildung des Herzens." Die Sprecherin lächelte und wandte sich wieder Albuin zu, der ihr anerkennend zunickte. Er rückte seinen Stuhl, den er zuvor nach hinten gestoßen hatte, wieder an sich heran. Es war ihm gerade gelungen, einen Wutausbruch, den er später bereut hätte, zurückzuhalten. Als er nach wie vor unschlüssig dastand, erinnerte er sich des Schatzes unter seinem Rock, den er nun behutsam hervorholte. Die Blume war unversehrt. Er räusperte sich und reichte sie seiner Braut. „Liebe Hildegard! Diese mir noch unbekannte Blume, die ich heute am Wegrand fand, soll dir gehören." Die Beschenkte, die nicht wusste, ob diese Geste bereits Teil der Zeremonie war oder von Albuins Herzen kam, bedankte sich freundlich, nannte sie „Lilie", genauer „Madonnenlilie", ein Symbol der Reinheit und des Friedens, und drückte sie sacht an ihre Brust. Albuins Gesicht brachte, inmitten eines Kranzes von dichtem Haar, ein glückliches Lächeln hervor. Er war völlig ungeübt in der Kunst, edlen Frauen zu gefallen, fügte jedoch hinzu: „Ich habe heute beschlossen, diese Blume, genannt Madonnenlilie, künftig in mein Wappenbild aufzunehmen. Zusammen mit der Rose soll sie mir Sieg verleihen."

Gräfin Walpurga, der bei dieser Szene fast die Tränen kamen, beugte sich zu ihnen herüber und sagte: „Ich habe gehört, dass die Lilie auch ein Symbol der Fruchtbarkeit ist. Ich glaube, lieber Albuin, diese Blume wird euch Glück bringen." Die gegenüber ihrer Tochter Sitzende wurde durch ein dankbares Winken des Erzbischofs gelobt, der seinerseits aufstand und seine Hände segnend ausbreitete. „Liebe Gäste!", sagte er für alle hörbar. „Ehe wir mit dem feierlichen Mahl beginnen, bitte ich meinen Sohn Albuin, Graf vom Chiemgau und nunmehr auch Markgraf in Karantanien, das Hochzeitsritual zu vollziehen."

Albuin griff in seinen Gürtel und zog einen schmalen rotgoldenen Ring hervor. Er reichte ihn Hildegard und sagte, wie es die Sitte verlangte: „Edle Jungfrau, nimm diesen Ring als Zeichen und Versprechen meiner Treue." Alle sagten dazu im Chor: „Mit dem Segen Gottes und der heiligen katholischen Kirche. Amen."

Jetzt wartete man auf den Kuss. Albuin nahm Hildegards Gesicht in seine Hände und küsste sie wie eine Schwester. Er wollte seine Gefühle nicht vor den Leuten zeigen. Ein zustimmendes Raunen ging durch den Saal. Odalbert II. hob daraufhin den gefüllten Kelch und verkündete: „Damit seid ihr, Albuin vom Chiemgau und Hildegard von Göss und Schladnitz, offiziell verlobt und die Ehe wird besiegelt, indem ihr die kommende Nacht zusammen verbringt. Das Hochzeitsgemach ist schon bereit."
Auch der Brautvater Graf Aribo II. stand auf, reichte seinem Schwiegersohn Albuin einen mit Kupfer beschlagenen Helm und sagte: „Markgraf Albuin! Hiermit übergebe ich meine Tochter Hildegard Eurem Schutz." Nachdem der Helm den Besitzer gewechselt hatte, standen die beiden Brautleute auf. Albuin nahm seinen Mantel und umhüllte Hildegard mit dem langen, aus Wolle gewebten Stoff, der ihr fast bis an die Knöchel reichte. „Auf dass die Ehe glücklich werde!", riefen die Gäste wie aus einem Mund. „Glück, Kinderreichtum, langes Leben!", rief Hildegards Bruder Egilolf, der mit besonderen Gefühlen für seine Schwester aus Freising gekommen war, um ihr an diesem entscheidenden Tag ihres Lebens nahe zu sein. Wieder stimmte die Gesellschaft in die Glückwünsche ein. Schließlich folgte das gleichzeitige Leeren der Kelche, ein altes Ritual, das den Dienern als Signal für das Auftragen der Speisen galt und es dem Lautenspieler erlaubte, nun sein Instrument erklingen zu lassen.

An Hildegards Hand glänzte dieser schmale Streifen Gold, Albuins Ring. Sein Mantel gab ihr ein Gefühl der Geborgenheit und Zugehörigkeit, rauer, doch um vieles wirklicher und wärmender als es Nonnenkleider vermochten. In diesem Mantel, diesem Schutz, der sie nicht einengte, sondern ihr Platz zum Atmen ließ, ging ein Teil seines Lebens auf sie über. Ihre heimliche Furcht, ein blasses, blutleeres Dasein zu führen und bloß in Büchern zu träumen, war dahin. Albuin war voll von sprühendem Leben, ja, wie man sie gewarnt hatte, auch von leicht erhitzbarem Blut. Doch sein Temperament schreckte sie nicht ab, viel eher hätte es sie abgestoßen, wenn ihr Gemahl lau und diplomatisch gewesen wäre. Und wenn diese Sünde Zorn ihn versuchen sollte, würde sie besänftigend auf ihn einwirken, würde von der Liebe Gottes sprechen und dem Vorbild der heiligen Engel. Was ihre Eltern und der Erzbischof befürchtet hatten, dass Albuins Unbeherrschtheit zum Ehehindernis werden könnte, war an diesem Abend vergessen. Hildegard blickte sich mutig nach allen Seiten um, während sie diesen Mantel mit ihren schmalen Fingern festhielt, eine Geste, die Albuin sichtlich gefiel.

Braut und Bräutigam setzten sich und er sagte leise zu ihr: „Ich freue mich, dass du, edle Hildegard, diese Ehe, die nicht wir selbst, sondern unsere Eltern gestiftet haben, ebenso annimmst wie ich!" Sie lächelte, senkte errötend den Blick, hob ihn aber gleich wieder und flüsterte: „Lieber Albuin! Ich glaube, dass unsere Ehe nicht von Menschen befohlen wurde, sondern dass Gott diesen Bund gestiftet hat."

Keiner der Umsitzenden hatte diesen privaten Wortwechsel der Vermählten gehört, denn sie holten gerade ihre mitgebrachten Messer aus den Gürteln und langten damit nach den besten Bratenstücken. Albuin zog seine Hand vom weißen Laken, das in mehreren Bahnen den Tisch bedeckte, und tastete nach der des Mädchens, die in dieser Nacht seine Frau werden sollte. Diese erschrak gar nicht über die plötzliche Berührung, sondern erwiderte sie sanft wie zum Einverständnis unter Gespielen.

Vor ihnen standen silberne Schüsseln, dazwischen lagen hölzerne, an den Griffen mit edlem Metall verzierte Löffel. Der Wein in den vollgefüllten Kelchen des Brautpaars funkelte um eine dunkelrote Mitte, Hildegard glaubte, ihrer beider Gesichter darin zu erkennen. Sie sah Albuin an und beide wurden ernst, mussten aber unwillkürlich lachen, als sie das eben einsetzende Schlürfen der Umsitzenden vernahmen, die verschiedene Suppen und Brühen probierten und als Ausdruck des Wohlgefallens mit der Zunge schnalzten. Im Hintergrund steigerte die Festmusik ihre Lautstärke, um der Laune der Feiernden nachzukommen.

So schnitt, löffelte und trank man bis zum Anbruch der Dunkelheit, die nur notdürftig vom dichten Kreis der Öllampen und Fackeln erhellt wurde. Zuletzt schrumpften die Gestalten der Feiernden zu flachen, vom großen Tischleuchter bestrahlten

Umrissen, die Unterschiede des Alters und Standes verschwammen. Vor den Fenstern, die teils mit Glas, teils mit Pergament ausgelegt waren, senkte sich die Nacht herab, eine noch immer heidnisch wirkende Göttin, vor deren Spuk und Verführung sich Christenmenschen durch Gebet und frühes Zubettgehen schützten.

So erhob sich bald auch der Erzbischof und wünschte seinen Gästen einen guten, von allen himmlischen Mächten behüteten Schlaf. Wenig später wischte jeder der Tafelnden Mund, Hände und Messer am Tischlaken ab und erhob sich mit nochmaligen Segenswünschen für das Brautpaar. Zuletzt suchte auch dieses, geleitet von Kammerdienern, die Herberge auf.

Mit Ross und Wagen

Auch die folgenden Tagen verbrachten die Hochzeitsgäste in der Salzburger Residenz. Die lieblichste der Jahreszeiten lud zu Spaziergängen und Jagdausflügen ein. So konnten sich die Familien Albuins und Hildegards besser kennenlernen. Auch ein Gottesdienst wurde abgehalten, bei dem ein irischer Wanderprediger aus einem bunt bebilderten Taschenevangeliar vortrug und die Zuhörer mit einer feurigen Predigt in seinen Bann zog, denn er predigte mit Sondererlaubnis aus Rom in der Sprache des einfachen Volkes.

Bei Tagesanbruch hatte Odalbert II. als Stifter ihrer Ehe die Neuvermählten nochmals in die Abtei gebeten, wo sie den erzbischöflichen Reisesegen empfingen. Albuin und Hildegard, jetzt Markgraf und Markgräfin, schritten daraufhin, sich an den Händen haltend, über den von schnurgeraden Mauern begrenzten Hof. Schwester Ita hatte zwei ihrer Novizinnen geschickt, die auf Packeseln eine seltene Kostbarkeit herbeischafften, nämlich Kisten mit Kräutern, Gewürzen und andren heilkräftigen Pflanzen, wie sie damals nur in Klostergärten kultiviert wurden. Ihre Wurzeln waren mit Nonnbergerde bedeckt, und Hildegard freut sich schon darauf, sie in Karantanien auszusetzen und weiter zu vermehren.

Die ersten Strahlen der Morgensonne legten sich bereits auf die umliegenden Berggipfel, als sich Reiter, Wagen und Lastpferde zu einem langen Zug formten, der bis vor das äußere Tor hinausreichte. Knechte und Mägde hatten Geschenke, Waffen, Kleider, Schmuck und Hausgerät in Truhen und unter Teppichen verstaut, damit sie die mehrtägige Reise in die karantanische Pfalz unbeschadet überstehen würden. In der bunten Menschenschar, zu der sich die Neuvermählten nun gesellten, tummelten sich auch verschiedene Handwerker, darunter ein Waffenschmied, ein Schuhmacher, Köchinnen, Jäger und ein Reiseführer namens Reinprecht, der Albuin auch als Schreiber dienen sollte. Dazu kam eine Abteilung erzbischöflicher Soldaten, die ihnen zum Schutz beigegeben war. Es war der 7. Tag im Blumenmond des Jahres 925 nach Christi Geburt, an dem sie Salzburg Richtung Süden verließen.

Für Albuin und Hildegard standen, jeweils von Dienern gehalten, zwei besondere Rosse bereit, Andalusier, wie Hanß mir erzählte, angetan mit Zaumzeug, reich bestickten Decken und gepolsterten Ledersätteln, an deren Hörnern man sich festhalten konnte. Seit den Kämpfen gegen die gefürchteten Steppenreiter im Osten waren die Pferde neuerdings an ihren Hufen mit sichelförmigen Eisen beschlagen, die das Fortkommen auf unwegsamem Gelände erleichterten. Hildegard trug bequeme Kleidung, in der sie ungehindert auch galoppieren konnte. Albuins Sattel war mit Steigbügeln versehen, die ihm sein Schmied, ein Meister seines Faches, angefertigt hatte. Besonders stolz war er, wie alle Panzerreiter seiner Zeit, dass an seinen Stiefeln, genau hinter den Fersen, ein Paar eiserne Sporen klapperten.

Die Reise führte sie entlang der alten Handelsstraßen, wie sie schon zur Römerzeit bestanden hatten. Von den mannshohen Meilensteinen stand hin und wieder noch einer am Wegrand. Dies gab ihnen ein Gefühl, in den Fußstapfen vergangener Jahrhunderte zu reisen. Während sie auf den fast tausend Jahre alten Straßen unterwegs waren, fühlte sich mancher von ihnen in diese versunkene Zeit zurückversetzt. Doch das erzbischöfliche Wappen an den Satteldecken und Schilden der Soldaten ließ keinen Zweifel daran, dass sie sich im aufstrebenden 10. Jahrhundert befanden, einer Zeit, in der Karantanien endgültig seinen alten Göttern zugunsten des neuen christlichen Glaubens abschwören sollte.

Ihr Tross machte mehrmals Halt, um auf die schweren Kastenwagen zu warten, die wegen der Unebenheiten und Vermurungen des Bodens nur langsam vorwärts rollten. Sie befanden sich im hinteren Teil des Zuges, wurden von kräftigen Landpferden gezogen und transportierten mit Pökelfleisch gefüllte Fässer, Ölkrüge, Weinamphoren, prall gefüllte Getreidesäcke sowie verschiedene Knollen, wie Karotten und Rüben. Dazu kamen irdene Töpfe, Schöpfer, Schalen, Becher und anderes Küchengerät. Auf den Wagen fuhren all jene Bediensteten mit, die gemäß ihrer Stellung kein eigenes Pferd besaßen oder benutzen durften. Unter den Reisenden kam jedes Mal Freude auf, wenn sie eine stattliche Burg, eine Siedlung, bebaute Felder oder kultiviertes Weideland erblickten. Einige dieser Flächen waren erst kürzlich gerodet worden, denn die mühsam aus dem Erdreich gegrabenen Wurzelstöcke lagen noch in Haufen aufgeschichtet am Rand des urbar gemachten Bodens, der für Äcker und Weiden genutzt werden konnte. Hin und wieder sah man Bauern bei der Feldarbeit. Wie es im Blumenmond Brauch war, wurde allerorten gepflügt, geeggt und gesät. Auf den Wiesen trottete das Vieh und, zog man durch die Dörfer, so erschallte schon von fern das Hämmern der Schmieden und das Klappern der Mühlen.

Einen großen Teil des Landes bedeckten jedoch noch immer undurchdringliche Wälder, in denen es auch gut ausgerüsteten Jägern bange werden konnte. Es waren nicht nur die hier hausenden Wölfe, Bären und Wildschweine, sondern auch das Unterholz und die tückischen Sümpfe, vor denen man sich in Acht nehmen musste. So herrschte jedes Mal Jubel, wenn sich ihnen von fern ein Kirchturm zeigte. Diese Bilder christlicher Kultur wurden auf dem Weg nach Süden immer seltener.

Gräfin Hildegard blühte in der freien Natur sichtlich auf. Sie war auf diesem Weg nach Süden schon vor Jahren gereist, als ihr Vater sie vom Leobental nach Nonnberg begleitet hatte, damals war sie von der Vorstellung erfüllt gewesen, den Rest ihres Lebens im Kloster zu verbringen. Als Kind hatte sie mit ihren Eltern auch einige Reisen zu Verwandten unternommen, etwa an die Donau zu den Gütern ihres Großvaters Aribo I., der über ein Gebiet befahl, das man wenig später Ostarrichi nannte. Natürlich fragten die Leibdienerinnen Gräfin Hildegard mehrmals, ob sie etwas wünsche. Sie jedoch schien weder Müdigkeit noch Hunger zu verspüren. Sie richtete ihren Blick in die Landschaft, ja, sie spähte mit neugierigen Augen in die Winkel und Räume der grünen, üppig sprießenden Welt rechts und links ihres Weges. An diesem ersten Tag, der erfüllt war von den Augenweiden des Blumenmonds, den weißen und rosafarbenen Prachtgewändern der Bäume und Sträucher, von Vogelsang und Sonnenstrahlen, konnte sie nicht aufhören zu staunen und sich an der lieblichen Schöpfung Gottes zu erfreuen. War er doch der Urheber aller Schönheit, wie es im Weisheitsbuch geschrieben stand. Alles Lebendige hatte seinen Platz in der göttlichen Ordnung und auch dem Menschen waren Maß und Grenzen bestimmt, Zeit und Vergänglichkeit.

Reinprecht, der vom Erzbischof mitgesandte karantanische Führer der Reisegruppe, kannte nicht nur die verschiedenen Wege über die Alpen, sondern wusste auch über Personen und Orte der heimatlichen Grenzmark Bescheid. Albuin zog ihn immer wieder zu Rate und der gesprächige, schon etwas ergraute Mann liebte es, gefragt oder ungefragt, jedwede Auskunft zu erteilen. Hanß, der Jahre später mein Gemahl werden sollte, hatte sich mit ihm angefreundet und in seiner offenen Art schon viele Neuigkeiten erfahren. Als Waffenträger hielt er sich meist in der Nähe seines Herrn auf, doch hatte dieser ihm nun auch den Schutz der jungen Markgräfin übertragen. Denn Albuin wurde nicht müde, immer wieder aus dem Reisezug auszuscheren, voraus an die Spitze des Zuges zu reiten oder die Sattelriemen und Verschnürungen der Packpferde zu prüfen, die unter edlem Tuch eine Reihe kostbarer Gegenstände beförderten. Mehrmals ermahnte er daher die Soldaten, die die Nachhut bildeten: „Passt auf die Lasttiere auf! Lenkt sie nicht zu nahe an den Graben!"

Allmählich mündete dieser erste, schier endlos erscheinende Tag in die Ruhe und Einheit des Abends. Sie hatten über die Salzach gesetzt und folgten zuletzt einem von kleineren Bächen durchflossenen Talweg, bis sie, wie von Reinprecht angekündigt, an einen klaren Gebirgsbach, die Enns, gelangten, die hier, am Fuße der Tauern, bereits ausreichend Wasser führte. Die Zeltpflöcke wurden eingeschlagen, die schweren Stoffplanen der Zelte aufgehängt und die Feuer wärmten die Reisenden noch weit in die Nacht hinein, lieblich begleitet vom Glucksen und Murmeln des Wassers.

Am Tag darauf führte der Weg stetig bergan. Entlang der engen Straße türmten sich bald hohe Felswände auf, die die Reiter am helllichten Tag in Finsternis hüllten. Den Mägden war ein wenig bange. Doch Hildegard schien weder das hohle Prasseln des steilen Wasserlaufs noch die stummen Felsriesen an beiden Seiten des Weges zu bemerken. Streckenweise wichen die Baumwipfel zur Seite und ließen blendendes Sonnenlicht hindurch, das auf kühne Felslandschaften fiel. Und zwischen majestätisch emporstrebenden Gipfeln aus Kristall- und Kalkgestein offenbarte sich zuletzt der Anblick einer funkelnden Decke aus Gletschereis. Es wurde, je höher sie kamen, spürbar kälter und man erinnerte sich des gerade erst verabschiedeten Winters. Hier breiteten Moose und Gräser ihre karge Herrschaft aus, nur selten erblickte man eine Blume. Alles Grün schien sich aneinander festzuhalten und da und dort um ein scheues Gelb, Weiß oder Blau kleine, dichte Körbchen und Tüchlein zu weben. Vereinzelt wuchsen zwischen den Felsen auch Kräuter, die Hildegards Aufmerksamkeit auf sich zogen. Seit dem Verlassen des Klosters dachte sie fast unentwegt an Heilpflanzen, die es hier in den Alpen noch zu entdecken gab.

Wo beginnt eigentlich Karantanien?

Obwohl die Zugpferde mit gutem Getreide gefüttert worden waren, hatten sie am steilsten Abschnitt Mühe, ihre Lasten aufwärts zu ziehen, sodass die Bediensteten abstiegen und zu Fuß hinterher wanderten. Auf einmal hörte man von oben her Rufe und der Zug kam zum Stehen. Was war geschehen? Die Nachricht wurde von einem an den nächsten weitergegeben, dass die Straße an einer Stelle von umgestürzten Bäumen versperrt war. Vor wenigen Tagen hatte sich, wie es häufig vorkam, ein Gewitter über den hohen Tauern entladen. Blitze hatten einzelne Stämme krachend zu Boden gerissen. Bald hörte man jedoch laute Befehle, denen stumpfe Axthiebe und das Ächzen von schweren Zugsägen folgten.

Während die Vorhut damit beschäftigt war, die Stämme wegzuräumen, nutzte Hildegard den Zwischenhalt, um vom Pferd zu gleiten und einige Pflanzen zu sammeln, darunter eine kniehohe, gelb blühende Blume, handtellergroß, die sie lose in mitgebrachte Leinensäckchen legte.

Nachdem man die Straße freigelegt hatte, ging der Aufstieg erstaunlich rasch vonstatten, sodass der Reisezug die Passstation erreichte. Mehrere Männer hier waren dafür verantwortlich, die jahrhundertealte Straße passierbar zu halten. Es war Mittag, als sie den ebenen, erweiterten Platz der Ortschaft und einen stattlichen Gasthof erreichten.

„Wo beginnt eigentlich Karantanien?", fragte Albuin beim gemeinsamen Mahl den neben ihm sitzenden Reinprecht. Dieser vermochte es auch nicht zu sagen. „Eigentlich weiß das niemand genau. Einige behaupten, es sei die Enns, für andere ist es die Mur. Und fragt man die Leute hier auf dem Pass, so beteuern sie gleichfalls Hüter des Tores nach Karantanien zu sein." Hanß mischte sich nicht in die Unterhaltung ein, doch er für seinen Teil hatte, wie er mir später sagte, das unbestimmte Gefühl, längst in Karantanien angekommen zu sein. „Es hängt", fügte Reinprecht hinzu, „mit den Siedlungsgebieten der Wenden zusammen, die weit über Karantanien hinaus gehen. Die karantanischen Kneze und Edelleute regierten ihr Reich vom Zollfeld aus. Und es war, wie im Volk erzählt wird, eine gute, stabile Herrschaft." Da der Markgraf zu dieser Bemerkung schwieg, mischte sich jetzt der Wirt ins Gespräch. Er hatte den Reiseführer schon etliche Male beherbergt und kannte die Empfindlichkeit der Baiern, wenn es um karantanische Gebietsansprüche ging. Er war darauf bedacht, jeden Streit in seiner Gaststube zu vermeiden. Denn die Folgen davon waren leider allzu oft zerbrochene Stühle, eingeschlagene Zähne und durch die Luft fliegende Messer. Er stellte sich also, die Hände an der Schürze abstreifend, vor seine Gäste hin und erklärte, dass die Baiern seine Freunde seien. Er pries auch Kaiser Arnulfs Regentschaft, er werde von manchen hier noch immer verehrt. Jetzt zischte Albuin Reinprecht an: „Soweit ich weiß, hat euer Slawenfürst uns Baiern gegen die Awaren zu Hilfe gerufen. Er war trotz seiner klugen Politik nicht in der Lage, sein Reich zu schützen. Seitdem sind wir völlig rechtens die Herren in Karantanien."

Aber auch Reinprecht gewann seine Gewitztheit wieder und begann gern gehörte Erfolgsgeschichten zu erzählen. Er berichtete von den zahlreichen Versuchen des Bistums Salzburg unter den Wenden zu missionieren, und dabei fiel ihm auch ein, dass zur Zeit Karls des Großen nahe Teurnia ein karantanischer Fürst den neuen Glauben und damit auch den Namen Domitian angenommen hatte. Der stolze Knez habe gleich am Tag nach seiner Taufe die heidnischen Tempel von allen Götzenbildern befreit und angeblich tausend Statuen in den See werfen lassen, weshalb dieser See nun „Mille Statuae" heiße. Die heidnischen Tempel aber seien kurzerhand zu christlichen Kirchen umgebaut worden.

Albuin war von der Konsequenz des bekehrten Slawenfürsten beeindruckt, vor allem auch, da er sich in diesem Land einen bleibenden Namen geschaffen hatte. „Jede Kirche in Karantanien, ja, jedes Kreuz, das wir hier vorfinden, zeugt vom Sieg des Christentums, vom Sieg der Kultur über die Barbarei", sagte er im Bewusstsein, damit die offizielle Lehre Salzburgs zu vertreten. Er hatte sich selbst noch keine eigene Meinung über die Politik seines Vaters gebildet. Doch seine Worte lösten eine unerwartete Reaktion aus. Von allen Seiten reagierte man in dieser Tischrunde von Vasallen Odalberts II. mit raunender, vom Heben der Becher begleiteter Zustimmung, und einer der Soldaten ließ sich sogar zum Ruf „Vivat, Graf Albuin!" hinreißen.

Hildegard, die sich mit ihren Mägden an den Nebentisch gesetzt hatte, stellte sich vor, wie viele christliche Kirchen und amtierende Priester es bei Mille Statuae inzwischen geben musste. Doch Reinprecht dämpfte ihre Phantasie mit den Worten: „Leider lehnten sich die Karantaner nach Domitians Tod gegen die christliche Herrschaft auf. Domitians Untertanen waren ja alle noch ungebildet und vermochten die Bekehrung ihres Fürsten nicht nachzuvollziehen. So leid es mir tut, das zu sagen, aber die karantanischen Edlinger pochten wenig später wieder auf ihre Eigenständigkeit, zerstörten die Kirchengebäude und trieben sämtliche Vertreter der Geistlichkeit aus ihrem Land."

Von diesem Ausgang der Geschichte war nun auch Albuin betroffen, daher bemühte sich Reinprecht hinzuzufügen: „Aber Domitians Grabstätte wird durchaus in Ehren gehalten. Zu seinem Gedenken findet sogar alljährlich ein großes Totenmahl statt." Doch Gräfin Hildegard fragte besorgt: „Gibt es in Mille Statue heute auch eine Kirche?" – „Oh ja!", erwiderte Reinprecht. „Sogar zwei! Ein herrlicher Anblick! Ich war selbst schon dort. Sie sind innen und außen mit kunstvoll gemeißelten Bögen und Bildern verziert, gutes byzantinisches Flechtwerk, sagt man, eine Steinmetzarbeit, die ihresgleichen sucht!"

Nach dem deftigen Mahl und der willkommenen Rast rollte Albuins Wagenzug auf der Passstraße eine Strecke steil bergab, bald aber wand sich der alte Weg zunehmend sanfter über die mit hellblättrigen Buchen, dunkelnadligen Tannen und rotzapfigen Fichten bewaldeten, nach Süden geneigten Hänge.

Auf freien Flächen wuchsen nicht nur saftige Kräuter, sondern auch Baumflechten, Klee und in Waldlichtungen dichtes Heidelbeergestrüpp. Schließlich kamen sie am alten Römerkastell Mauterndorf vorüber und einen Meilenstein davon entfernt davon gelangten sie an eine Weggabelung. Ein alter, nach hinten gekippter Grenzstein zeigte an, dass die breitere, tiefer abgetretene Straße geradeaus Richtung Teurnia führte. Albuin bog jedoch nach Osten auf den schmalen, ebenfalls gut erhaltenen Weg nach Virunum ab.

Der Reiter- und Wagenzug rückte Kurve für Kurve seinem nächsten Tagesziel entgegen, einem Ort, der sich im Besitz des Bistums Salzburg befand. Hier erwartete sie eine Kirche mit Priester und Pfarrhof. Und tatsächlich! Die Sonne war gerade über den Zenit gestiegen, als sie von fern inmitten von Hütten und gemauerten Höfen einen ansehnlichen Holzturm erblickten, in dem, aus schwerer Bronze gegossen, eine rötlich schimmernde Glocke hing. Näher kommend, erkannten sie ein schweres, mit Schnitzwerk verziertes Tor und gegen Osten einen von Mauersteinen umgebenen Friedhof. Hildegard und Albuin blickten sich hocherfreut an. Vor ihnen lag der Wallfahrtsort Mariapfarr. Wieder lenkte Reinprecht sein Pferd näher an das seines Herrn heran. „Hier wird die heilige Jungfrau Maria verehrt", sagte er mit feierlich gedämpfter Stimme, während sie zwischen den ersten Häusern hindurchritten. „Es ist ein Gnadenort, wo man Heilung und Linderung aller Arten von Krankheiten erfährt." Wenig später trafen sie vor dem großen Gästehaus ein, das unmittelbar an den Pfarrhof grenzte.

Der Priester kam sogleich auf den Platz heraus, begrüßte die Herrschaften freundlich und lud sie ein, abzusitzen, um bei ihm einzukehren. Sie taten dies mit Freuden und labten sich hier nicht nur, sondern nahmen sich auch Zeit, in der Kirche der Jungfrau Maria anzubeten. Ja, begleitet von Hanß, klopfte sich das Grafenpaar den Staub des Weges von den Kleidern und trat ehrfürchtig in den rechteckigen, von einem einfachen Giebeldach bedeckten Innenraum des Gotteshauses. Hildegard, verwöhnt durch die architektonische Pracht der Salzburger Basilika, zeigte sich von der Schlichtheit und Anmut, ja, Frömmigkeit dieser Dorfkirche überaus angetan. Obwohl es hier nahezu keine Bilder gab, zauberten doch die farbigen Glasmosaike der Fenster ein erhebendes Licht in den Raum, das auf sie eine fast betäubende Macht ausübte. Die Gräfin bewunderte die einfachen Reliefsteine mit den alten christlichen Symbolen, den Storch, der die Eidechse aus der Dunkelheit ans Licht hebt, den Lebensbaum, in dem wundersame Vögel nisten, regelmäßige Muster in Schwarz und Weiß und fremdartige Pflanzenformen. Man konnte schauen und staunen, ohne satt zu werden. Später erfuhren sie, dass alle diese Bilder eine tiefere Bedeutung besaßen. Es ging um Erkenntnis und Erlösung der Seele, die sich danach sehnt, alles Irdische hinter sich zu lassen und zum Himmel aufzusteigen.

Albuin stand etwas abseits, sodass der Priester von hinten auf ihn zutrat. Er hatte bemerkt, dass der Markgraf in die Betrachtung des Fußbodens aus Marmor versunken war. So flüsterte er ihm ins Ohr: „Der herrliche Marmor kommt gleich aus der Nähe, von Ramming an der Mur. Dort werden auch Silber und Eisen abgebaut. Ihr werdet an dem Ort vorbeikommen. Und Ramming ist nicht die einzige Bergbausiedlung in dieser Gegend." Während Albuin anerkennend die Reinheit des Marmors bewunderte, streckte seine Gemahlin ihre Hand nach der seinen aus und deutete mit einer Kopfbewegung an, dass sie sich zu einem gemeinsamen Gebet niederknien wollte. Diesem Ansinnen folgte Albuin und sie dankten Gott hier in der kleinen Kirche Mariens für die bisher so sicher verlaufene Reise, baten aber auch um den Segen, wohlbehalten in der Pfalz anzukommen.

„Glaubst du nicht", sagte sie zu ihrem Gemahl Graf Albuin, nachdem sie wieder auf den Kirchplatz standen, „dass das einfache Volk durch solche Dorfkirchen machtvoll zum christlichen Glauben geführt wird und die Schönheit und Erhabenheit Gottes begreifen lernt? Das grünblaue Licht, das von oben durch die Fenster fällt, gibt ihnen eine Vorstellung des Paradieses und wendet ihre Seele dem überirdischen Licht zu." Albuin und der Priester sahen sie erstaunt an, weil eine Frau sich in Gesellschaft von Männern auf diese Weise zu Wort meldete. Sie aber fügte in ihrer Begeisterung noch hinzu: „Darum geht es ja im Evangelium unseres Herrn Jesus Christus! Jede menschliche Kreatur, ob von

Adel oder niedrigem Stand, soll ihren göttlichen Ursprung und ihre Bestimmung erkennen! Wie die Bäume sich gegen den Himmel öffnen, wie die Blumen sich dem Licht zuneigen, so soll sich der Mensch Gott zuwenden."

Jetzt nickten die Umstehenden. „Die Frau Gräfin ist eine hervorragende Predigerin!", rief nun der Priester aus. „Zu schade, dass es Frauen nicht erlaubt ist, in der Kirche zu lehren." Albuin zuckte daraufhin nur die Schultern und sah Hildegard auf eine Weise an, die ihr zu verstehen geben sollte, sie möge sich künftig zurückhalten. Diese aber kümmerte sich nicht darum. Sie war tatsächlich noch in jenem unbeschwerten Alter, in dem man seinen Gefühlen und Gedanken freien Lauf lässt, ohne sich um solche menschengemachten Gebote zu kümmern. Die Angewohnheit, zu allen möglichen Gelegenheiten von ihrem Glauben Zeugnis zu geben, behielt sie aber auch später bei, ja, man kann sagen, sie ließ sich nicht den Mund verbieten, wenn dieser voll frommer Belehrungen war.

Mit Winken und Segensrufen trennten sie sich am folgenden Tag von Mariapfarr und setzten ihre karantanische Reise fort. Für eine Weile hatten sie das gebirgige Gelände hinter sich gelassen. Die Römerstraße führte nun fast geradlinig dahin, abfallend bis zur Mur. Bald aber zogen sich am Himmel Regenwolken zusammen und sie beeilten sich, so bald als möglich über den Fluss zu setzen. Während sie sich durch Lederlappen gegen den Lenzregen schützten, ritten sie am Ufer der Mur südwärts, bis sie im Strahl der zurückgekehrten Sonne Rammingstein erreichten. Zu ihrer Linken tauchte ein langgestrecktes, hell schimmerndes Felsmassiv auf. Sie staunten darüber, aus der Ferne auf den Steilwänden winzige Menschengestalten bei der Arbeit zu sehen, als sei es ein Zwergenvolk, wie man es von verschiedenen Volkserzählungen kannte.

Obwohl Graf Albuin der Bergbausiedlung gern einen Besuch abgestattet hätte, wollte er Hildegard den Anblick der zerlumpten Grubenarbeiter, einige von ihnen Strafgefangene, und den Dunst und Ruß der Schmieden ersparen. Der monotone, ineinander stoßende Klang der Hämmer begleitete sie jedoch noch ein gutes Stück Weges. Entlang der Hauptroute, hieß es nun, gelange man weiter nach Stadl an der Mur, einer Salzbergbausiedlung. Die Strecke sei etwas weiter, dafür einfacher. Oder sie wählten den steileren aber kürzeren Weg über Predlitz und die Turrach. Albuin entschied kurzerhand: „Ich habe schon genügend schmutziges Volk bei der Arbeit gesehen. Wir reiten über den Pass! Wenn nichts dazwischenkommt, sind wir morgen Abend in der Pfalz!"

Ihr Weg führte manchmal in einem Bogen vom Flussufer weg, da es hier viele sumpfige Stellen und Schilfgürtel zu umgehen galt. Solche Gebiete mied jeder wie die Pest, da sie von giftigen Stechmücken, Schlangen und kriechenden Echsen bevölkert waren, einige meinten sogar, dass hier Drachen ihr Unwesen trieben. Wieder ging die Sonne über den von der Reise ermüdeten Menschen und Pferden unter. Die grauen Wolken des Tages hatten sich im Abendrot zu einer langgestreckten Mauer zusammengeballt und nahmen nun im Westen einen letzten Sonnenstrahl auf. Es war merklich kühler geworden. Wie Reinprecht seinem Herrn geraten hatte, ließ dieser am Fuß der Turrach die Zelte aufschlagen. Die Bediensteten holten Wasser aus dem Flussbett, die Tiere fanden ihren Weg von alleine und stillten ihren Durst. Einige Männer warfen etwas weiter flussaufwärts Fischernetze aus, und es dauert nicht lange, da fingen sie genügend Fische und Krebse, die die Köchinnen über dem offenen Feuer zubereiteten. Die Stimmung unter den Leuten war etwas gedrückt. Da packte jemand eine Fiedel aus, man rückte, auf Steinen und umgestürzten Bäumen sitzend, näher zusammen und ließ sich von den einfachen Tanzliedern, die das Streichinstrument hervorbrachte, erheitern.

In dieser Nacht lag Hildegard länger wach. In den Ecken des herrschaftlichen Zeltes brannten Öllampen, die milchfarbenes Licht und braune Schatten auf das Gesicht ihres Gemahls warfen. Über seine gerade Stirn mit der gut verheilten Narbe, die wirren Augenbrauen und den Kranz dichter Wimpern lief mitunter ein Zucken, das einen nur leichten Schlaf verriet. In den wenigen Nächten, die sie nun beisammen lagen, hatte er schon mehrmals, erschreckt von Traumbildern, aufgeschrien und mit der Hand zum Schwert gegriffen. Über die Schatten, die ihn quälten, hatte er zu

Hildegard noch nicht gesprochen. Ob er es jemals tun würde? Sie wusste es nicht, vieles war geheimnisvoll an ihm. Doch sie fühlte nur eines: Was sie tun konnte, war, ihn zu lieben.

Ihren Zeltplatz und das Murufer im Rücken, wandten sie sich am nächsten Tag der letzten zu überwindenden Steigung zu. Die ausgeruhten Lasttiere zogen die Wagen ohne große Mühe, und als sie die steinige, baumlose Höhe des Passes erreichten, wurden die Reisenden durch den Anblick eines klaren Bergsees belohnt, an dessen Wasser sich Pferde und Reiter labten. Bei der Rast, die sie einlegten, bemerkte Hildegard, dass sich eine Küchenhelferin unterwegs verletzt hatte. Was war geschehen? Sie war vom Wagen gerutscht und auf einen spitzen Stein gefallen. Hildegard hieß sie auf einer ausgebreiteten Decke Platz nehmen und suchte sogleich auf ihrem Packpferd nach der richtigen Arznei. Schließlich kniete sie sich zur Verletzten nieder, stillte die Blutung mit einer Tinktur aus Ringelrosen, bestrich anschließend ein Leinenpflaster mit Pechsalbe und deckte damit die Wunde ab. Die Magd, der Hildegard zuletzt gefühlvoll übers borstige Haar gestrichen hatte, bedankte sich scheu und zog sich in den Kreis der anderen Mägde zurück.

Albuin hatte seine Gemahlin beobachtet und zum wiederholten Mal bemerkt, dass dieses schmale, junge Geschöpf seinen eigenen Willen hatte und einfach handelte, ohne sich um weltliche Regeln und Standesgrenzen zu kümmern und dass ihr außerdem jede Berührungsangst vor Krankheiten und Wunden fehlte. Hildegard hätte diese Arbeit einer Dienerin überlassen können, doch man konnte sehen, mit wie viel Eifer sie am Werk war und ganz einfach Gutes wirken wollte. Graf Albuin musste sich eingestehen, dass ihm ihre weibliche Selbständigkeit keinesfalls missfiel. Warum sollte er ihr eine solche Hilfestellung verbieten? Ja, warum sollte er sie nicht gewähren lassen? Natürlich unter der Bedingung, dass sie sich nicht in Gefahr begab. Er hatte selbst noch keine Bibelworte gelesen, doch verstand man vermutlich unter christlichem Handeln, einfach zu tun, was einem das Gewissen sagt. Sie bemerkte seine Blicke und lächelte ihn in natürlicher Demut an, bis ihre unschuldige Freude auf ihn überging. „Eine brauchbare Kunst beherrschst du da, Hildegard!", meinte er und machte sie durch seine ehrliche Anerkennung umso glücklicher.

Die Räder und Achsen wurden nochmals kontrolliert, da die Weiterreise nicht nur von der Achtsamkeit der Lenker, sondern auch vom Zustand der Wagen abhing. Doch ging der Abstieg von der Turracher Höhe ohne Hindernisse vonstatten. Jetzt tauchten die Reisenden in dicht bewaldetes Gebiet ein und gewöhnten sich an den stetig abwärts führenden Pfad. Als es die Berghänge hinab ging, äußerte Graf Albuin sich besorgt gegenüber Hanß, da ihr Weg sie eigentlich in eine sehr ungewisse Zukunft führte. Erzbischof Odalbert II. hatte seinem Sohn zwar ehrwürdige Familiengüter an der Drau vererbt, doch weder er selbst noch jemand aus seiner Verwandtschaft hatte sie jemals mit eigenen Augen gesehen. Er wusste nur, dass ihm am Rande des Hornwalds, hoch über der Drau eine stattliche Burg gehörte, die seine langobardischen Vorfahren zum Schutz gegen die Awaren errichtet hatten. Dazu zwei Wirtschaftshöfe, etliche Huben und Leibeigene. Hildegards Güter im Jauntal lagen gemäß der klugen Voraussicht seines Vaters direkt neben den seinen. Doch auch sie waren erst kürzlich von Magyaren heimgesucht worden. Und da auf ihn als Markgraf noch einige Arbeit wartete, hatte Graf Albuin vor, zur Sicherheit genügend Soldaten in seinen Dienst zu nehmen, die, wie er meinte, in jedem Fall die rechte Sprache zu sprechen wüssten, falls die Karantanen es wagten, sich gegen ihn aufzulehnen. Albuins einziger Trost in dem, wie er glaubte, sumpfigen, unwirtlichen Drauland war die Arnulfsfestung, auch Moosburg genannt, die ihm der Erzbischof neben seinen Gütern als Lehen übertragen hatte. Sie sollte fürs erste eine sichere Wohnstätte für seine Familie sein. Die Burg stand in bestem Ruf, bot ihnen ausreichend Platz und war seiner Abstammung würdig.

Wieder ritten sie an langgestreckten Sümpfen entlang, doch immer häufiger säumten ihren Weg auch Weideflächen und einfache Huben. Auf einem der gerodeten Felder überraschte sie in der Spätnachmittagssonne der Anblick einer kleinen Holzkirche, auf deren Dach ein Glockenstuhl befestigt war. Reinprecht kannte das Kirchlein unter dem Namen Feldkirchen. Es handelte sich, wie er sagte, um ein Gotteshaus, das von der Gemeinschaft der Siedlung selbst errichtet worden war. Die hier zerstreut lebenden Bauern waren mit ihren Arbeitsgeräten und Familien noch draußen beim Bestellen der Äcker, bald würde eine der Mägde die Glocke läuten und sie zum Gebet rufen. Als Hildegard dieses winzige Kirchlein erblickte, war sie erneut von heller Freude erfüllt, dass der wahre Glaube hier bereits Fuß gefasst hatte. Sie hielt kurz an, um am Holzkreuz, das für Reisende aufgestellt war, zu beten und winkte sie auch ihren Dienerinnen, sie möchten hinzukommen. In aller Eile wurde ein Teppich ausgebreitet, worauf Hildegard sich niederlassen konnte. Albuin und die übrigen Männer folgten zögernd dem Beispiel der Frauen.

Als sich jeder wieder an seinen Platz in der Gruppe zurückgekehrt war, sandte Graf Albuin einen Boten los, der die Ankunft der Reisenden auf der Moosburg zu melden hatte. Der Verwalter Vogt Guntram war auch schon in einem Brief des Erzbischofs über das Kommen des neuen Burgherrn Markgraf Albuin und seiner Gemahlin Hildegard unterrichtet worden.

Auf dem letzten Teil ihrer Reise warf ihr Zug mit den Wagen und Reitern bereits lange Schatten voraus. Sie hörten noch aus der Ferne die Glocke der kleinen Kirche bimmeln, deren fröhlicher Klang sie begleitete, bis sie außer Reichweite waren. Zuletzt ritten sie in ein liebliches, von Höfen durchsetztes Becken hinab. Bei lauer Lenzluft standen bereits einige der Fenster offen und man konnte Gespräche in slawischer Sprache hören. Die Bauern, Knechte und Mägde verzehrten ihr Abendmahl, worüber sie miteinander sprachen, verstand nur Reinprecht. „Hier beginnen die Huben eurer Pfalz", bemerkte dieser mit Nachdruck. Der Graf war von der ebenen, gepflegten Gegend angetan. Sogar einige Mühlräder hatte er an einem Wasserlauf entdeckt. Am meisten gespannt war er, die Burg zu sehen, die ihm Reinprecht bereits in allen Farben beschrieben hatte. Die Moosburg lag an der Straße nach Italien und war von einem Wassergraben umgeben, der von Fischen nur so wimmelte. Albuin stellte sich vor, von dort aus einmal nach dem Süden zu reisen, in die Heimat seiner Vorfahren mütterlicherseits, die von Langobardenkönigen abstammten. Das karantanische

Staatsgefüge, in dem es Herzöge, genannt Knez, Edlinger, genannt Bani, und Dorfälteste, genannt Župani, gab, war der langobardischen Herrschaftsordnung nicht unähnlich. Darüber redete er mit Hanß, als sie eine Weile voranritten. Albuin störte es auch, dass ein Markgraf wie er nur auf Zeit herrschte und dieser Titel, im Vergleich zu dem eines Herzogs, nicht erblich war. „Ich bin hier kein Knez, und schon gar nicht Kralj, der König, sondern bloß eine Art Edlinger", stellte er stirnrunzelnd fest. „Mir unterstehen bloß die Dorfältesten, Sippenvorsteher, Weideaufseher, Stallmeister, Mundschenke", zählte er auf. Später erfuhr er, dass sich auf der nahen Karnburg ebenfalls eine Kaiserpfalz befand, die eigentlich noch bedeutender war als die Moosburg. Diese galt, wenngleich es gerade keinen Herzog von Karantanien gab, als Herrschersitz und Regierungszentrum des Landes. Albuin fragte sich jedenfalls an diesem Ankunftstag und auch später wieder und wieder: „Warum habe ich von meinem Vater nicht den Rang eines Knez erhalten?"

In dem Maß wie die Reiter in die langsam fortschreitende Dunkelheit eintauchten, wurden Albuins Gedanken über seine Stellung als kleiner Markgraf trüber. Und in dieser Stimmung rief er Hildegard zu: „Ich verspreche dir, Hildegard, ich werde unseren Besitz hier in Karantanien vergrößern! Und wenn nicht anders, so dadurch, dass ich mir die Ländereien meiner Ahnen zurückhole!" Er meinte damit die Langobarden, doch zeigte sich später, dass er auch Kaiser Arnulf zu seinen Vorfahren zählte. Hildegard hatte seit einer Weile versucht, die sorgenvolle Miene ihres Gemahls zu deuten. Immerhin näherten sie sich gerade ihrem neuen Zuhause. Sie wünschte sich von Herzen, sie könnten jetzt und im weiteren Verlauf ihrer Ehe über alles, auch über ihre Gefühle sprechen. Tatsächlich machte er im nächsten Moment seinem Ärger Luft und verfluchte lautstark die politischen Verhältnisse im Westen und Osten des Frankenreiches. Als er von Macht und Stellung, die er sich erstreiten wolle, sprach, erwiderte sie: „Lieber Albuin, man hat dir gerade ein großes Lehen und eine ehrenhafte Aufgabe übertragen. Ich für meinen Teil bin dankbar, dass Gott uns so sehr gesegnet hat."

Nach kurzer Überlegung pflichtete er ihr bei. „Wie weise du

trotz deiner Jugend bist! Stimmt, ich biete dir immerhin eine Königsfeste als Wohnung." Er sprach von Dienern, Kammerzofen, Köchinnen, Ammen. Seine Gemahlin brauche an seiner Seite nur zu repräsentieren, sich bei Turnieren und Gastmählern vor seinen edlen Freunden im schönsten Schmuck zu zeigen und ihm männliche Nachkommen zu gebären. „Wer hat dich gelehrt, dass dies die Rolle einer Ehefrau sei?", fragte sie plötzlich zurück. Albuin nahm sein Pferd fester am Zügel und zuckte bloß mit den Schultern. Durfte seine junge Frau, fast noch ein Kind, ihn, ihren Herrn, zurechtweisen und belehren?

Als sie die Ebene erreichten, kam ihnen bereits Vogt Guntram von der Moosburg mit einer Abteilung gewappneter Reiter entgegen. Er warf sich vor Albuin auf die Erde, um seine Ergebenheit zu beweisen, dieser reichte ihm, wie es Sitte war, die Hand und hob ihn auf. Der Vogt hatte von der Burg frische Pferde mitgebracht, so konnten Hildegard und Albuin, nur von Hanß und einigen Soldaten begleitet, vorausreiten. Es war ihnen gar feierlich zumute, als sie sich in der Dämmerung der stolzen, von weitläufigen Teichen umgebenen Burg Kaiser Arnulfs näherten. Die Wasserflächen und Sümpfe bildeten einen schützenden, von Angreifern nur schwer zu überwindenden Gürtel, der die Festung geheimnisvoll gleißend umschloss. Über Markgraf Albuin und seiner Gemahlin, die auf dem einzigen Weg, einem gemauerten Wall, entlang ritten, zeigten sich erste Sterne und von den Wehrtürmen flackerten Talgfackeln, die man für die Ankommenden entzündet hatte.

Sie sahen jetzt nur die Umrisse der auf drei Hügeln errichteten Gebäude, Wehrtürme, eine mächtige Ringmauer mit Zinnen und vor ihnen das vorläufige Ende des Weges, an dem man mehrere Fuß tief in den spiegelnden Wassergraben blickte. Ihre Begleiter riefen jedoch sogleich den Wächtern am Westtor zu: „Lasst die Zugbrücke herab! Öffnet das Tor für Markgraf Albuin und seine Gemahlin Markgräfin Hildegard!" Unmittelbar darauf hörten sie das Ächzen der Kurbel, die die Zahnräder bewegte und mit ihnen die schwere Holzbrücke nach vorn kippte. Bald setzten die geharzten Balken mit einem Ruck vor ihren Füßen auf. Die Brücke schwankte noch, bis sie zum festen Weg für die Hufe ihrer Pferde wurde. Und jetzt kündigte drüben ein neuerliches Knarren an, dass sich die Torflügel öffneten. In der Dunkelheit sah man sie nur als riesenhafte Schatten.

Während Albuin und Hildegard nebeneinander über die Brücke und unter dem Tor hindurchritten, hatte man im Innern der Burg weitere Feuer entzündet. Die Bediensteten stellten sich zum Empfang der hochedlen Herrschaft vorn am Säulengang auf, schwenkten weiße Tüchlein und riefen „Hurra!". Der Markgraf und seine Gemahlin stiegen von ihren Pferden und lächelten sie freundlich an. Hildegard begrüßte die Frauen und Kinder, indem sie sie nach ihren Namen fragte. Nur wenige verstanden Bairisch, doch einer half dem anderen, bis sie alle geredet und sich vorgestellt hatten. Albuin ließ seinerseits die männlichen Diener und Knechte vortreten und erkundigte sich nach ihrem Stand und Beruf. Da Reinprecht ihm nicht zur Seite stand, lernte er bei dieser Gelegenheit seine ersten karantanischen Worte zu sprechen.

Hirsestroh

Die Soldaten des Erzbischofs hatten ihre Aufgabe erfüllt und wollten am nächsten Morgen wieder zurück nach Norden reiten. Doch an diesem Abend saßen sie noch einmal mit Hanß und den Wächtern der Moosburg im Gesindezimmer beisammen und stießen auf Graf Albuin und die Zukunft Karantaniens an. Dabei warnte einer der Soldaten Hanß hinter vorgehaltener Hand vor Vogt Guntram. Er habe, sagte er, während der Jahre, die er auf der Moosburg als Verwalter hauste, viele vom Gesinde schlecht behandelt. Ihm war auch aufgefallen, dass ihn besonders üble Laune ergriff, als er erfuhr, dass Graf Albuin nun als Herr über ihn gesetzt werden sollte. Wohl hatte er gehofft, vom Erzbischof von Salzburg selbst den Rang eines Markgrafen zu erhalten.

Währenddessen ließ sich Gräfin Hildegard von den Bediensteten der Moosburg durch Küche, Säle und Kemenaten führen und packte zusammen mit ihren Leibmägden die mitgebrachten Kisten mit Wäsche sowie das eine oder andere Reisebündel aus. Hildegard sah, dass ihre Mutter Walpurga einige Überraschungen für sie im Gepäck versteckt hatte, wie ein eingesäumtes Tischleinen, mehrere Brusttücher mit ihrem Monogramm und ein besonders schönes Unterkleid. Es zeigte fein gestickte Blüten am vorderen Sattel, eine Arbeit, wie sie nur an Fürstenhöfen gemacht wurde. Der Vater hatte Geld, kupferne Teller, Besteck und eine kostbare Vase hinzugefügt.

Die erste Nacht in den von Öllampen und Fackeln erleuchteten Räumen der Moosburg war für die kindliche Gräfin mit einem Gefühl der Heimkehr verbunden, ein Glück, das auch am folgenden Morgen nicht endete, sondern zu dem bloß eine Vielzahl weiterer Eindrücke und Bilder hinzutrat. Sie stand noch vor der

Sonne auf, um in aller Frühe die Kapelle aufzusuchen, in der sich unter einem Bild der Geburt Christi ein zierlicher Hocker befand, auf den sie niederkniete, um Gott für die glückliche Heimkehr zu danken. Als sie das Morgengebet beendet hatten, ging sie hinüber in die Küche, wo sie zusah, wie man Getreide im Mörser zerrieb und sich anschickte, im Ofen Feuer zu machen. Auch die anderen Handgriffe und Arbeiten, die notwendig waren, um ein fürstliches Frühstück vorzubereiten, beobachtete die bisherige Klosterschülerin voll Verwunderung. Sie hatte schon von ihrer Mutter und verschiedenen anderen Frauen Ratschläge erhalten, wie sie ihre Aufgaben als Burgherrin am besten erfüllen konnte. Aber an diesem und an den folgenden Tagen lernte sie immer wieder Dinge, die neu für sie waren und denen sie sich mit großer Aufmerksamkeit widmete. Und sie versuchte direkt mit den Mägden in deren Muttersprache zu reden. So teilte sie alles, die Aufsicht über das Hauswesen, die Anweisung des Gesindes, den Tagesablauf und die freien Zeiten der Mägde, so ein, dass sich alle wohlfühlten und gern ihrer Arbeit nachgingen. Natürlich musste sie nicht nur Speisepläne erstellen, sondern immer wieder auch unter dem Gesinde Streit schlichten.

Bereits am ersten Nachmittag begann Gräfin Hildegard auch damit, auf ihrer Schreibtafel einen Kräutergarten zu planen. Es ging um die Anordnung der Pflanzen, die Einteilung der Beete, um Wege und Begrenzungen. Der Platz für den ersten karantanischen Klostergarten, wie sie ihn nannte, war bald gefunden, er lag im Osten der Wohnburg, direkt über der Zisterne. An dieser Stelle ließ sie die Knechte nach Wasser graben, und sie fanden tatsächlich in geringer Tiefe eine genügend starke Quelle, aus der sich ein Brunnen speisen ließ. Dieser sollte den Mittelpunkt eines kleinen Paradieses bilden, indem er beständig plätschernd Wasser hervorbrachte.

Natürlich nahm Hildegard sich den Stiftsgarten von Nonnberg zum Vorbild. Sie sprach aber auch oft von der parkähnlichen Anlage ihrer Heimatburg Göss, wo sie als Kind mit ihren Geschwistern gespielt hatte. Auch hier gab es eine natürliche Quelle, um die herum ihre Mutter Walpurga jedes Frühjahr bunte Blumen pflanzte und das Gras zu sanften Polstern schnitt.

Näher an der Burgmauer befand sich bereits ein alter, inzwischen überwucherter Gemüseacker. Die Köchin hatte ihn angelegt, auch er musste jetzt im Blumenmond umgestochen und eingesät werden. Denn, so meinte Gräfin Hildegard, die Burg sollte nicht nur von den Feldfrüchten der Bauern abhängig sein, sondern möglichst viel Gemüse selbst anbauen. Einige Küchenmägde wurden ausgeschickt, um in der Umgebung essbare Wildpflanzen zu suchen, die Hildegard näher untersuchen und kultivieren wollte.

Köchin, Mägde und Küchenhelferinnen kamen also am nächsten sonnigen Tag gemeinsam mit ihrer Herrin vor die Burgmauer heraus, wo die notwendigen Arbeitsschritte besprochen wurden. Die Frauen hatten Spaten und Rechen mitgebracht und gingen sogleich daran, den Boden aufzulockern und von Wurzeln und Unkraut zu befreien. Hildegard saß im Schatten eines blühenden Apfelbaums und beaufsichtigten die Arbeit. Neben ihr auf dem Boden standen die Kisten mit den Nonnberger Kräutern. Die Küchenmägde hatten verblüfft auf die Schreibtafel gestarrt, auf der in einer Skizze festgelegt war, welchen Platz die einzelnen Kräuter, Blumen und Zierpflanzen einnehmen sollten. Auch die Köchin blickte zuerst zweifelnd auf die die fremden Gewächse, doch als sie an ihnen roch und sie näher besah, erkannte sie, dass sie, als Gewürze genutzt, den Geschmack ihrer Speisen um vieles abwechslungsreicher machen würden. Es dauerte einige Tage, bis Hildegards Vorhaben Gestalt annahm, doch die nacheinander in geraden Reihen eingegrabenen und täglich mit Wasser benetzten Pflanzen begannen bald zu gedeihen.

Noch ehe der Garten fertig angelegt war, ließ bereits der Brunnen sein Wasser hervorsprudeln. Rund um das Areal war ein schützender Holzzaun errichtet, die Wege säumten runde Steine und inmitten einer kurz geschnittenen Grasfläche stand eine Bank, auf der man ausruhen und seinen Gedanken nachhängen konnte.

Der tägliche Gang zum Garten und die Pflege der Beete waren meiner Herrin eine willkommene Abwechslung im häuslichen Alltag. Auch Graf Albuin entging nicht, dass seine Gemahlin vom ersten Tag an mit viel Eifer Veränderungen auf der Burg vornahm, die ihn immer wieder überraschten. Er sah sie mit ihrer Schreibtafel umhergehen und unter den Mägden schalten und walten. Er fragte sie, welchen Zweck die genaue Einteilung des Gartens habe, und sie erklärte ihm, dass der Schlafmohn sich mit der Lilie und der Rettich mit der Rose gut vertrage, der Wermut jedoch in einiger Entfernung von ihnen wachsen sollte, um ihren Duft nicht zu stören. „Es freut mich, dass du unseren Wappenblumen den gebührenden Platz eingeräumt hast. Doch wozu brauchst du die vielen anderen Kräuter?", erkundigte er sich. „Als Arzneien für alle Arten von Leiden", erklärte sie lächelnd. „Einiges ist nur für das Auge da, anderes für den Geruch und den Geschmack. Doch jedes ist auf seine Art nützlich."

Sie setzten sich auf die Bank aus neuem Holz und Hildegards Herz pochte vor Freude über die zustimmenden Worte ihres Gemahls. Dieser zog einen Brief aus seiner Rocktasche und reichte ihn ihr. Als sie las, entfuhr ihr ein Freudenruf. Er stammte von ihrem Bruder Egilolf aus Freising. Er schrieb ihn im Auftrag ihres Vaters Aribo II. Dieser wünschte sich, dass Hildegard den ererbten Ländereien in Stein an der Drau einen Besuch abstatte und auf dem dort befindlichen Wirtschaftshof nach dem Rechten sah. Albuin, dem sie das Schreiben vorgelesen hatte, stimmte sofort zu, die Tagesreise an die Drau zu unternehmen, zumal er selbst schon längst die in seinem Besitz befindliche Hornburg samt den dazugehörigen Gütern in Augenschein nehmen wollte. Er rief sogleich nach Reinprecht.

Zu seiner Verwunderung hatte weder Reinprecht noch einer von seinen Wachsoldaten bisher von dieser Hornburg gehört. „Es kann doch nicht sein, dass hier niemand die stattliche Höhenfestung kennt, die von meinen langobardischen Vorfahren errichtet wurde!", polterte Markgraf Albuin. „Sie liegt, wir mir gesagt wurde, hoch über der Drau gegenüber den Karawanken." Jetzt ging dem Obersten der Wachsoldaten ein Licht tauf, von welcher Burg hier die Rede war. Es könne sich nur um die Prosnitza handeln, meinte er. Nun ging ein Raunen der Erleichterung durch die Reihe der bisher ratlosen Untergebenen. „Ja, unser Herr meint die Prosnitza, die Festung auf dem Skarbin!", beruhigte nun auch Reinprecht. Von der Prosnitza hatte er allerdings schon gehört. War dort nicht ein gewisser Hinze als Verwalter eingesetzt?

Albuin irritierten die unbekannten slawischen Namen. Doch Reinprecht meinte, es sei alles nur eine Frage der Übersetzung. Die Prosnitza sei tatsächlich eine sehr stolze Burg aus der Langobardenzeit und es handle sich um ein und denselben Ort. Der slawische Name für Skarbin, Škrbinj, bedeute dasselbe, nämlich „Hornfels" oder Mons Karnotenus, wie die Römer ihn schon bezeichnet hatten. Doch Albuin war auch mit dieser Erklärung noch nicht zufrieden. „Und wie kommen die Einheimischen darauf, meine Burg ‚Prosnitza' zu nennen?", herrschte er Reinprecht an. Dieser wusste die Antwort nicht sofort. Auch die Soldaten blickten verlegen zu Boden. „Heraus mit der Sprache!", forderte ihr Herr sie nun auf und einer der Soldaten, der aus dieser Gegend kam, gestand, dass sich nahe der Prosnitza eine heidnische Kultstätte befand, ein Ort, an dem man seine Gebete darbrachte. Denn slawisch „prositi" bedeute „bitten". Manche glaubten sogar, dass sich hier der Eingang zur anderen Welt befand. Sie streuten den Toten Hirse hin, um sie zu besänftigen.

Stimmt!", rief jetzt wieder Reinprecht, als ‚Prosnica' bezeichnen wir auch das Hirsestroh, und man betont die zweite Silbe, die Einheimischen sagen ‚Prosníca', was diesem Wort erst den rechten Klang verleiht." Er berichtete auch, dass sich an solchen Kultplätzen unterirdische Wesen und Verstorbene dem Menschen zeigen könnten. „Ich war ja selbst", gab er zu bedenken, „ehe man mich taufte, ein Kind heidnischer Eltern. Wir glaubten an Zwerge, Riesen, Wald- und Hausgeister, die dem Menschen entweder wohl oder übel mitspielen konnten. Wer immer Kontakt mit ihnen aufnehmen wollte, suchte sie mit Hirse hervorzulocken."

Graf Albuin schien ein Kloß in den Hals geraten zu sein. „Heißt das, auf meinen Gütern befindet sich ein Tor zur Unterwelt?", murmelte er. Reinprecht zuckte die Achseln. „Es gibt, wie ich gehört habe, in der Nähe der Burg Höhlen, die den Skarbin unterirdisch durchqueren. Man erzählt sich da allerlei. Aber ...", schränkte er jetzt plötzlich ein, wohl, um nicht für abergläubisch gehalten zu werden, „als Christen brauchen wir diese Fabeln ja nicht ernst zu nehmen. Ihr wisst, wie leichtgläubig die ungebildeten Bauern sind. In den dunklen Winkeln ihrer Hütten spinnen sie nutzlose Geschichten von Riesen, Zwergen und Saligen Frauen." Doch an Reinprechts Stimme war zu bemerken, dass er die alte Furcht vor den Göttern seiner Kindheit noch nicht ganz verloren hatte.

Der Reiseführer hoffte, seine edle Herrschaft mit diesen Worten zufriedengestellt zu haben, doch Albuin fragte streng: „Was weißt du sonst noch über meine Güter rund um den Skarbin?" Reinprecht gestand nun offen, er sei noch niemals dort gewesen. Sein Herr verzog das Gesicht. „Also können wir uns auf Überraschungen gefasst machen!" Damit strebte er der Waffenkammer zu und die Soldaten folgten ihm. Auch Reinprecht blieb seinem Herrn auf den Fersen. „Erlaubt mir", stieß er atemlos hervor, „noch etwas über die Besitzungen der Gräfin Hildegard zu sagen. Ich meine den Steiner Schlossberg und das Jauntal." Er reckte sich eifrig und, als Albuin ihn weiterreden hieß, erklärte er, das Schloss zu Stein, das im Volk ‚Gradnitza Kamenska' heiße, sei lange Jahre der Sitz mächtigen karantanischer Grafen gewesen und zuletzt zusammen mit den weitläufigen Jauntaler Besitzungen an das Aribonenhaus gefallen. Sein Herr zuckte die Achseln, denn Letzteres wusste er bereits. „Die Burg wurde von den Magyaren bis auf das Untergeschoss zerstört, aber der angeschlossene Wirtschaftshof ist erhalten geblieben, auch die übrigen Höfe und Huben. Ein zweites Gut mit Leibeigenen trägt den Namen Gabrielsdorf und liegt über dem Steiner See."

Albuin war mit seinen Gedanken noch bei der Prosnitza und der Zeit, als seine Vorfahren, wie sein Großvater zu erzählen wusste, in Karantanien einen Gürtel aus Festungen errichtet hatten. Diese hierher, inmitten von Kelten und Römern, gerufenen Edelleute und Vögte hatten die Aufgabe, Oberitalien gegen die wandernden Stämme aus dem Norden zu schützen. Auch mit den Awaren und Slawen hatte man Verträge geschlossen. Plötzlich schoss es Albuin durch den Kopf: dieser Vogt, der unten an der Drau seine Güter verwaltete, hatte sich bisher weder bei ihm noch in der Salzburger Residenz gemeldet! Ein von Odalbert II. geschickter Brief war unbeantwortet geblieben. „Ich werde jedenfalls dort auf dem Skarbin nach dem Rechten sehen", schloss er das Gespräch.

Unterm Skarbin

Da auch das Wetter angenehm war, trat das Grafenpaar bereits an einem der folgenden Tage bei Morgengrauen die Reise an die Drau an. Albuin war mit dem Panzerhemd bekleidet, trug, wie zum Kampf gerüstet, den Helm auf dem Kopf, hatte sein Langschwert umgegürtet und sogar die Armbrust mit dem gefüllten Köcher bei sich. Auf seinem Wappen prangten seit kurzem, in frischen Farben gemalt, die Lilie und die Rose. Auch Hanß trug seine Waffen und führte ein Ersatzpferd am Zügel. Sie nahmen von der Moosburg noch eine Handvoll Soldaten mit, außerdem natürlich Reinprecht.

Als die Pferde schon gesattelt neben ihnen standen, erschien Vogt Guntram und meinte verschlafen, Graf Albuin könne doch gleich Wagen und Packesel mitnehmen, um dort an der Drau von den Bauern den Zehent an Getreide, Hühnern und Schafen einzufordern, den sie ihm noch schuldeten. Albuin glaubte, nicht richtig zu hören. Wollte ihm dieser Vogt, ein Witzbold ohne Rang, Anweisungen geben? Wutentbrannt über die Dreistigkeit des Verwalters zog er sein Schwert, richtete es gegen den vor ihm stehenden Mann und schüttelte den Kopf. „Was erlaubst du dir, Elender!", schrie er ihn an. „Ich werde sicher keine Packesel oder Wagen mitnehmen! Nein, Guntram, dies ist wohl deine Aufgabe! Und ich werde dafür sorgen, dass du sie gewissenhaft erfüllst! Nicht du hast hier zu bestimmen, sondern ich! Merk dir das!"

Die Spitze des gezückten Schwertes hatte sich in Guntrams Hemdkragen gebohrt und ließ ihn vor Furcht reichlich bleich aussehen. Dann steckte Albuin sein Schwert zurück in die Scheide und fügte hinzu: „Und ich möchte außerdem, dass du deine Arbeit hier auf der Moosburg künftig zu meiner Zufriedenheit ausführst. Wir sind am Abend wieder zurück." Der Vogt taumelte und rieb sich den Hals. Er war wenig erfreut über die Zurechtweisung vor all den Soldaten und Knechten, denen gegenüber er sich stets wie ein Herr aufführte. Diese jedoch empfanden keine geringe Genugtuung darüber, dass Albuin den eitlen Vogt endlich zurechtgewiesen hatte, lachten in sich hinein und zwinkerten sich gegenseitig zu. Jeder hier wusste, dass Guntram nichts lieber tat, als dem Würfelspiel zu frönen.

Der Morgennebel hob sich bereits von den Büschen und die ersten Sonnenstrahlen brachen durch die Zweige, als die berittene Schar über den Wassergraben und ins freie Feld hinaus ritt. Unsere Herrin saß mit jugendlicher Leichtigkeit auf dem Pferd. Sie wählten nach dem Rat Reinprechts die bewährten Wege, zuerst Richtung Osten und dann die Glan entlang bis zum Hornwald. Am Eingang zum sagenumwobene Hochwald sah man schon von Weitem einen rauen Felsturm, der sich, so meinte Graf Albuin, durchaus für den Bau einer Wehrburg eignen könnte. Doch in dieser Gegend fand sich nichts als eine winzige Siedlung mit dem Namen Gurniz, Reinprecht übersetzte es als „Horndorf", das Dorf am Rande des Hornwaldes.

Vor ihnen lagen einfache, in den Boden eingegrabene Erdhütten, Rundbauten, deren Wände aus Flechtwerk bestanden, das mit Lehm verputzt war. Die Dächer hatte man mit Reisigbündeln gedeckt, die sich spitz zulaufend, über der Mitte ihrer Innenräume erhoben, nämlich dort, wo sich die offene Feuerstelle befand. So waren die Häuser der Alpenslawen seit Urzeiten gebaut. Auch ihre Götter trugen, neben langen Schnauzbärten, solche, den Hausdächern ähnelnden spitzen Hüte.

Die Soldaten der Moosburg schauderte es ein wenig, als sie vor dem Eingang zum dunklen, schier undurchdringlichen Hornwald standen. Doch Graf Albuin preschte, gefolgt von Hanß und Reinprecht, entschlossen voran. Ihnen folgte Gräfin Hildegard, und erst als ihre Herrin zwischen den Bäumen verschwand, fassten die übrigen Reiter Mut und stürmten ihnen nach. Der Weg war von Wurzeln und Moos überwachsen und zwischen den Fichten und Tannen hingen Lianen und grüne Kletterpflanzen. Im Dickicht verborgen klagten Vogelstimmen, doch mit der Zeit verbreitete sich der Weg, er wirkte gut ausgetreten und jedenfalls sicher.

Sie gelangten auf einen Bergrücken, der an einigen Stellen notdürftig gerodet worden war und von wo aus man rundum nichts als die blaue Himmelsdecke sah. Von hier bot sich den Reitern eine herrliche Aussicht auf das Hochgebirge der Karawanken. Sie hielten an und staunten über die Schönheit, die einem den Atem verschlug. Hanß stellte sich in diesem Augenblick vor, man könnte von diesem Ort aus direkt in die Ewigkeit schweben, auf die grünen Wiesen der Seligen, vielleicht auch zum Mond oder, mit etwas weniger Glück, tief hinab in die Unterwelt stürzen. Doch auf ihn und die anderen wartete jetzt ein umso steilerer Abstieg. Ihr Pfad verengte sich wieder und führte unter nackten Felsen in zahlreichen Windungen ins Tal. Wegen des kargen Bodens wuchsen hier nur niedrige Sträucher, und so erblickten sie wenig später unter sich im Tal den breiten Mutterfluss Karantaniens, die Drau.

Auch Graf Albuin zeigte sich erleichtert über die sanfteren Gefilde, die sie nun aufnahmen. Hier gab es Obstgärten, einzelne Hütten und reich mit Wild bestückte Wälder! Er und Gräfin Hildegard nickten einander zu, ja, dies waren Albuins Güter unterm Skarbin. Und als sie sich in der Frühlingssonne dem Talboden näherten, gewahrte der Graf in der Ferne die Zinnen einer Festung. War es die Prosnitza? Alle blickten Reinprecht fragend an. „Was ist, Reiseführer?", drängte sein Herr auf eine Antwort.

Reinprecht nickte eifrig und bestätigte seinem Herrn, dass sie die Prosnitza vor sich hatten. Markgraf Albuin sah mit sichtlicher Genugtuung zu den Mauern hoch über dem Tal empor. Er fragte sich, wie weit seine Besitzungen reichten. Doch darüber wusste nur jener junge Soldat Bescheid, der dem Reiseführer schon einmal mit seiner Antwort zu Hilfe gekommen war. Er hieß Ladimar und konnte erst einige Worte Bairisch, weshalb er Reinprecht auf Karantanisch anredete. Dieser nickte erfreut und übersetzte seinem Herrn sofort, was er erfahren hatte. „Dieser Soldat stammt aus einer Streusiedlung hier in der Nähe. Er sagt", und nun fragte Reinprecht nochmals genauer nach, „dass die Güter Albuins beim Hirtendorf Kossiach beginnen. Und von Kossiach bis zur

Prosnitza finden sich weitere Huben." Er nannte auch verstreute Mühlen und Bauernhöfe, die sich in den Gräben rund um den Felsrücken versteckten. Zum Besitz der Prosnitza gehörten daher auch die Einkünfte aus diesen Geteidemühlen. Der Soldat erklärte, er komme aus Kohldorf.

Albuin lobte ihn und rief: „Gut, Ladimar! Dann führ uns zu deinem Dorf!" Der junge Einheimische nickte erfreut und ritt ihnen von nun an voran. So gelangten sie entlang der Drau an frisch gepflügten Feldern und Wiesenhängen vorbei zu einem Dorf von Kohlenbrennern, die Tag und Nacht ihre Meiler bewachten. Der Geruch der Öfen und der aufsteigende Rauch war ihnen schon vorangeeilt. Für Ladimar war es der Geruch seiner Kindheit. Er machte bei einer der hölzernen Hütten Halt, seinem Elternhaus, wie er den anderen Reitern zu verstehen gab. Graf Albuin erlaubte es ihm, seine Eltern und Geschwister zu besuchen, die ihn herzlich umarmten und den Besitzer der Prosnitza kniefällig begrüßten. Von den armen Kohlenbrennern erfuhren sie, dass in Möchling, auf der anderen Seite der Drau ebenfalls ein großer Wirtschaftshof zu finden sei, der zur Prosnitza gehörte. Die Kohlenbrenner wiesen den Reitern wenig später den besten Weg, um auf die Burg zu gelangen. Selbst wären sie noch nicht dort gewesen, aber der Vogt komme von Zeit zu Zeit herunter, um Abgaben einzutreiben. „Aha", rief jetzt Albuin. „Die Abgaben werden zwar einkassiert, aber nicht an mich abgeliefert!"

Der Abschied von seiner Familie fiel Ladimar schwer, doch niemand kümmerte sich darum, außer Gräfin Hildegard, die ihren Beutel öffnete und ihnen einen ganzen Silberpfennig gab. Die einfachen Leute hatten noch nie eine Münze in Händen gehalten, doch sie erkannten sofort, dass es sich um edles Metall handeln musste. In ihrer Dankbarkeit wollten sie den Namen ihrer Gönnerin wissen. Ihr Sohn rief ihnen also vom Pferd aus den Namen „Gräfin Hildegard, Herrin des Jauntals" zu. Dieser Name schallte zum ersten Mal durch das Land an der Drau, doch er ging von diesem Tag an von Mund zu Mund.

Nun überquerten sie einige schmale Wasserläufe, die auf dem Skarbin entsprangen und über die Felsen schossen. Ein Mühlrad fing die Wucht des niederstürzenden Wassers ab und drehte sich klappernd im Kreis. Je näher Graf Albuin der Festung seiner Vorfahren kam, desto ruhiger wurde er in seinem Innern. Die Burg bot vom Tal aus einen gewaltigen Anblick. Etwas tiefer gelegen, doch immer noch im Schutz der mehrere Stockwerke hohen Wehrmauern, erblickte er auch zwei Höfe von Freien, die ihm Wehrdienst leisten oder im Ernstfall Soldaten stellen mussten. Diese Bauern waren per Gesetz verpflichtet, drei Tage pro Woche Arbeitsdienste für ihren Herrn zu verrichten.

Sie ritten aufwärts und gelangten durch ein lichtes Wäldchen auf einem alten kurvigen Weg, vorbei an seltsam anmutenden Felshöhlen. Der Soldat kannte Pfade, auf denen die Pferde die schroffen Felswände vermeiden und sicher auftreten konnten. Als Hanß das erste Mal diesen Burgpfad emporstieg, war es ihm zumute, als betrete er eine geheimnisvolle doppelbödige Welt. Man vernahm kaum Vogelgezwitscher, als wäre allen unschuldigen Kreaturen geboten worden zu schweigen. Auch die Reiter gaben jetzt keinen Laut mehr von sich. So näherten sie sich einer Reihe spitz behauener Felsen, die ihren Weg säumten. Für Reinprecht gab es keinerlei Zweifel, es waren Kultsteine, wie sie wohl die Kelten errichtet hatten. „Hier lebt das Heidentum noch in vollen Zügen", bemerkte Graf Albuin trocken. Er ritt jetzt voran, gespannt darauf, welcher Anblick sich ihm gleich bieten würde. Hanß folgte ihm und hinter ihnen, etwas abgeschlagen, wieder die karantanischen Soldaten. Reinprecht geleitete Hildegard, der man ansah, dass auch ihr nicht ganz wohl zumute war.

Als sie die stattlichen Mauern der Burg erreichten, wunderten sich Graf Albuin und sein Waffenträger, dass niemand sie daran hinderte, so nahe ans Tor heranzukommen. Hanß rief sofort nach dem Vogt, dessen fahles Gesicht erst nach mehreren Aufforderungen an einem der Fenster erschien. Er fragte mit schleppender Stimme: „Wer begehrt Einlass?" Reinprecht trat jetzt vor und brüllte hinauf: „Der Besitzer dieser Burg! Beeile er sich, Vogt, und öffne er seinem Herrn Markgraf Albuin vom Chiemgau das Tor!" Daraufhin entstand eine Pause, in der sich der von wirrem, ungepflegtem Haar bedeckte Kopf nicht bewegte. Erst nach einem neuerlichen

Aufruf verschwand er vom Fenster und man hörte nacheinander Geräusche, die darauf schließen ließen, dass jemand die Treppe herabkam, Türen öffnete und nach Schlüsseln und Werkzeug suchte. Albuin blickte sich um. Sein Großvater hatte nicht übertrieben. Hier hatten jemand eine Festung für Jahrhunderte errichtet. Sie war nur auf dieser einen Seite zugänglich, ringsum stand sie auf steil abfallendem Fels. Und das Mauerwerk war noch völlig gesund.

Endlich bewegte sich der Balken hinter dem Tor und der Vogt, verwundert über den hohen Besuch und offensichtlich betrunken, öffnete die kleine Panzertür, die in das Burgtor eingebaut war. Er versuchte, sich vor Albuin zu verneigen, doch sein Körper wackelte bloß schlampig hin und her. „Dein Name?", fragte Albuin. Er räusperte sich. „Hinze", rülpste er hervor.

Jetzt beugte sich Albuin zu ihm hinunter. „Stimmt es, Hinze, dass dich mein Vater, der Erzbischof Odalbert II. von Salzburg, hier eingesetzt hat?" Der Vogt nickte. „Und wie kommt es, dass du den letzten Brief des Erzbischofs nicht beantwortet hast?" Während Vogt Hinze nach Fassung und Worten rang, erschien hinter ihm auch ein buckliger Knecht, gefolgt von einer armseligen Magd, und dies waren, wie sich herausstellte, die einzigen Bewohner hier. Keiner von den Ankommenden war bisher vom Pferd gestiegen. Albuin richtete sich im Sattel auf und sagte grimmig: „Und wo sind die Abgaben? Warum hast du nichts abgeliefert?"

Jetzt murmelte der Vogt etwas in sich hinein, deutete mit den Händen einmal hierhin und einmal dorthin, und auch seine Mitbewohner blickten sich hilflos um. Da schrie Albuin rau: „Habt ihr alles euren heidnischen Göttern geopfert? He?" Diese letzte Frage ließ Hinze erstarren. Er schwankte gefährlich und musste sich am Torbalken festhalten, um nicht zu stürzen.

Albuin ließ seine Soldaten mit ihm absitzen und ihm folgen. Reinprecht und Hanß blieben bei Gräfin Hildegard, die sich verängstigt an ihrem Sattel festhielt. Nun betrat der Graf mit den Soldaten den Burghof, drohte den beiden Gestalten, riss die Türen auf, durchsuchte die unbewohnten Räume und lief zuletzt die Treppen empor bis zum zinnenbewehrten Dach, das sich ringförmig um den gesamten Bau zog. Und von hier bot sich ihm ein atemberaubender Anblick. Er konnte nach allen Windrichtungen spähen, als stünde er auf dem Gipfel der Welt. Im Nordwesen erstreckte sich viel fruchtbares Land und in der Ferne glaubte er sogar die Moosburg zu erkennen. Die Drau schlängelte sich in breiten Kurven durch eine sattgrüne, von Feldern durchbrochene Waldlandschaft. Albuin mochte, wie er später sagte, diesen Ausblick sehr, den man auf der Moosburg nicht hatte. Die Soldaten im Rücken, schritt er den Wehrgang ab, ja, nicht ohne Stolz und Freude über seinen, ihn an unerschrockene Ahnen erinnernden Erbbesitz.

Den offenbar unfähigen, dem Trunk ergebenen Vogt, der sich jahrelang nicht um die Pflichten seinem Herrn gegenüber gekümmert hatte, ließ er für heute einfach stehen. Er wollte ihn alsbald ersetzen und dafür sorgen, dass dieses herrliche Bauwerk in seinem Inneren von Mief und angesammeltem Unrat befreit wurde. Er verzichtete darauf, die drei Burgbewohner von seinen Plänen in Kenntnis zu setzen. Daher sagte er nur: „Hör, Vogt Hinze! Hier auf der Prosnitza soll sich einiges ändern. In den nächsten Wochen werde ich Männer vorbei schicken, um die Abgaben, die jahrelang nicht entrichtet wurden, abzuholen. Ich hoffe, du unterstützt sie bei dieser Aufgabe."

Diese Ankündigung löste auf den Gesichtern von Hinze und seinen beiden Mitbewohnern ohnmächtiges Erschrecken aus. Albuin jedoch grüßte beiläufig und ritt, wiederum als Erster, den Hohlweg des Skarbin hinab. Nur manchmal blickte er sich nach dem unmittelbar hinter ihm reitenden ortskundigen Ladimar um, der ihm durch Nicken und Handzeichen die Richtung wies. So kamen sie bis an ein freies Uferstück an der Drau, wo man über den Fluss setzen konnte.

Der Fährmann war ein Leibeigener, der wegen eines, wie er deutete, Sprachfehlers nur wenige Silben hervorbrachte. Albuin bezahlte den zerlumpten Alten mit einem Korn Kupfer, doch seine Gemahlin legte auch hier noch ein Scherflein drauf. „Du verwöhnst die Armen, das ist nicht gut!", meinte Albuin streng, als sie die gegenüberliegende Seite des Flusses erreichten. Hier lag ein mit

Erde und Steinen aufgeschütteter und mit Baumstämmen befestigter Platz. „Er tat mir leid", erwiderte Hildegard, „ich konnte einfach nicht anders." Doch Albuin blieb dabei: Es fehle den Frauen in solchen Dingen an Klugheit. Münzen aus Gold und Silber gehörten nicht in die Hände von Untertanen.

Da öffnete sie ihre Satteltasche und zeigte ihrem Gemahl, dass sie noch mehr solcher Gaben und Almosen eingepackt hatte. Hier sah man kleine Säckchen mit Linsen, in Tücher gewickelten Käse, gedörrtes Obst und saubere Kleider aus Leinen. „Wozu soll das alles dienen?", eiferte sich der Graf und hob ärgerlich seinen gepanzerten Arm, dass die Eisenringe über dem Kettenhemd rasselten. Doch unbeirrt und freundlich erwiderte ihm Hildegard: „Es ist für die Armen! Hilfsbedürftige Menschen gibt es überall auf der Welt. Auch an der Drau wird es nicht anders sein."

Vom befestigten Ufer führte ein trockener Dammweg weiter, und zwar quer durch einen breiten Sumpfgürtel, der auf dieser Seite zur Drau hin abfiel. Graf Albuin staunte. Nicht nur zwei Reiter nebeneinander, sogar ein vierrädriger Wagen konnte hier fahren und Waren zur Fähre befördern. Als er die künstliche Straße betrachtete, die wie ein Kamm im nassen Untergrund steckte, vergaß Graf Albuin sogleich die kleine Meinungsverschiedenheit, die ihn eben noch beschäftigt hatte, und galoppierte in freudiger Erwartung voran. So gelangten er und seine Begleiter zu einem Gutshof, der, wie an der Torglocke erkennbar war, auch von Durchreisenden besucht wurde. Zum Hof gehörten mehrere Gebäude, ein stattliches Wohnhaus, Stallungen, eine Scheune, eine Werkstätte und kleinere Hütten, in denen Fronknechte, Handwerker und deren Familien untergebracht waren. An einem kleinen Bach klapperte eine Mühle und dahinter sah man nebeneinander Fischteiche. Albuin wandte sich ohne die Hilfe Reinprechts direkt an Ladimar, der ihn hierher geleitet hatte. „Ist dies der Maierhof, der zur Prosnitza gehört?" Der Soldat nickte.

Nachdem alle von den Pferden gestiegen waren, liefen bald auch einige der Bewohner zusammen und grüßten untertänig. Jetzt setzte wieder Reinprecht seine Sprachkenntnisse ein und erkundigte sich nach dem Verwalter. Er erhielt zur Antwort, es sei ein Mann mit dem Namen Michlo. Während jemand loslief, um diesen zu holen, blickte sich Albuin wohlwollend um. Hier fanden sich gerodete Felder, auf denen gut genährte Kühe und Arbeitspferde standen „Erstaunlich!", rief nun der Graf in die Runde. „Hier ist nichts als ein Sumpf! Und dieser Michlo hat daraus eine blühende Wirtschaft gemacht." Er wusste, so ein Wirtschaftshof warf reiche Erträge ab.

Als der Verwalter des Herrenhofes erschien, war Graf Albuin auch von dessen Erscheinung angetan. Er war etwa im gleichen Alter wie er selbst, jedoch von hünenhafter Gestalt und hatte im Dienst des früheren Burgherren gestanden. So kannte er auch einigermaßen gut Bairisch. Er war es, der auch den Damm gebaut und, aus dem nahen Mühlgraben kommend, dieser Siedlung unterm Skarbin den Namen Möchling gegeben hatte. Mit den Bauern der Umgebung verstand er sich gut, ja, sie fragten ihn oftmals um Rat, und er spendete ihnen nicht nur gute Worte, sondern packte auch mit an, wenn jemand Hilfe brauchte. Nun freute sich Michlo seinen Herrn Markgraf Albuin kennenzulernen. Dieser berichtete ihm von seinem Besuch auf der Prosnitza, wo er sehr unerfreuliche Zustände vorgefunden habe.

Michlo nickte und kam Graf Albuin zuvor, indem er erklärte: „Ich weiß, diesem Hinze ist nicht zu trauen. Daher habe ich meine Abgaben zurückbehalten, bis Ihr einen Abgesandten schicken würdet, dem ich sie aushändigen kann." Auch mit dieser Vorgehensweise war Markgraf Albuin einverstanden, er lobte Michlo und kündigte an, dass er seine Männer senden werde, um den Zehent abzuholen. Daraufhin zog er sich mit ihm zu einem Gespräch unter vier Augen zurück. Später erfuhr man, dass er ihn wegen eines neuen Verwalters für die Prosnitza befragte. Michlo selbst hatte den Wirtschaftshof zu leiten, doch er schlug dem Herrn seinen älteren Bruder Karej als neuen Vogt vor. Dieser sei ausgesprochen verlässlich. Karej hatte das Tischlerhandwerk erlernt, verstand aber auch viel von der Landwirtschaft, konnte reiten und einigermaßen fechten. Die beiden wurden sich rasch einig, dass Karej sich bereithalten sollte. Albuins Soldaten würden kommen, um auf der Prosnitza aufzuräumen. Dies bedeutete auch, Hinze mit Schimpf und Schande davonzujagen und Karej an dessen Stelle einzusetzen. „Ich selbst werde, sobald es die Umstände erlaubten, wiederkommen. Heute will ich noch die Güter meiner Gemahlin Hildegard im Jauntal besuchen." Michlo nickte zu allem. Er tischte seinem Herrn selbstgebrautes Bier aus dem Keller auf und so, mit ihren Humpen in den Händen, traten die beiden Männer wenig später aus dem Haus.

Hanß und die andern kosteten ebenfalls vom Selbstgebrauten und sie alle bewunderten ein junges, kräftiges Paar Ochsen, das von den Knechten des Gutes Möchling gerade zur Tränke geführt wurde. Zuletzt erkundigte sich Albuin nach dem kürzesten Weg zu Hildegards Gütern. Michlo streckte seinen Arm aus und wies gleich in mehrere Richtungen. „Nördlich von hier liegt das zerstörte Schloss mit einem der Maierhöfe, wenn ihr allerdings nach Osten über den Hügel reitet, kommt ihr zum größten und ältesten der Gutshöfe des Jauntals, dem Gabrielshof! Zu ihm gehört auch eine eigene Kirche, sie ist dem heiligen Daniel geweiht. Auf den Waldpfad von Möchling zum Gabriel sind schon unsere Großväter gegangen, besser gesagt, gepilgert. Auf halbem Weg dorthin steht noch ein altes Heiligtum des Himmelsgottes Hor." Bei der Erwähnung eines der vielen Heidengötter, die in ihrer neuen Heimat, dazu noch mitten auf ihren Gütern, verehrt wurden, erschrak Hildegard unwillkürlich. Sie hatte als Klosterschülerin natürlich von der „Finsternis" und „Unwissenheit" der Heiden reden gehört. Doch Michlo sprach darüber, als wäre es das Natürlichste auf der Welt. Offenbar lebten hier in Karantanien Christen und Heiden friedlich nebeneinander. Albuin erkundigte sich auch nach den weiteren Gütern seiner Gemahlin. „Bis auf einige Dörfer und Höfe ist das gesamte Jauntal im Besitz der Aribonen, von Stein bis zu den Ländereien der Grafen von Luipitzdorf", erklärte Michlo, indem er seinen rechten Arm weit über die Landschaft hob.

„Dann reiten wir zum Gabrielshof!", entschied Albuin. „Die übrigen Güter besuchen wir ein anderes Mal." Michlo beschrieb daraufhin seinem Herrn den schmalen Pfad über den Kamm bis zum Gabriel, sodann von dort aus in einem Bogen über den alten Römerweg hinunter zum Steiner See und schließlich entlang der Straße zum Schloss auf dem Steiner Berg. Alles zusammen seien es etwa sieben römische Meilen. „Ein guter Vorschlag!", lobte Graf Albuin Auch seinen Begleitern war es recht. Wieder zeigte Michlo nach Osten über den langgestreckten Gebirgskamm und erklärte. „Die Hochebene jenseits des Berges ist von mehreren Sümpfen durchzogen. Doch einige freie Bauern haben hier einen Weg aufgeschüttet. Auf ihm seid ihr sicher. Er verläuft am Rand des Beckens geradewegs zum Gabrielshof hinüber. Als Reinprecht, der für seine Begriffe nun lange genug geschwiegen hatte, nachfragte, ob es dort noch mehr zu sehen gebe, antwortete Michlo: „Ja, ein ganzes Dorf mit Huben und Wohnhütten." Die Wegbeschreibung klang auch für Reinprecht verständlich. Er hatte bereits von einer Kirche Sankt Daniel im Jauntal gehört. „Liegt dort in der Nähe nicht auch die einstige Römerstadt Juenna?", fragte er neugierig. Michlo nickte beiläufig, meinte aber, es sei dort kaum mehr etwas zu finden als eine Menge Steine.

Römer, Slawen, Awaren

Auf dem engen Fußpfad gelangten sie ohne Mühe über den Kamm und weiter durch ein feuchtes, nebelverhangenes Hochtal. Der Rundweg an den Hängen entlang war, wie Michlo versprochen hatte, teilweise aufgeschüttet und führte zuletzt in einigen Windungen den Hang wieder empor in den Fichtenwald. Die Reiter befürchteten zuerst, sich verirrt zu haben. Doch plötzlich lichteten sich die Bäume zu beiden Seiten und sie standen auf den offenen Feldern. Die Mittagssonne strahlte auf sie herab und ihre Augen erblickten, wie schon früher am Morgen, nur um vieles näher, als wäre das Bild mit den Händen greifbar, vor sich die erhabenen Häupter der Karawanken. Einige Gipfel waren von Schnee bedeckt und ihr frischer Hauch erfüllte die Luft.

So näherten sich also Markgraf Albuin, Markgräfin Hildegard und mit ihnen mein wackerer Hanß meinem Zuhause. Denn ich, Mirka, getaufte Dorothea, bin eine Tochter Gabriels II. Mein Großvater hieß Hermagoras, mein Urgroßvater Daniel und der war der Sohn jenes Gabriel, von dem unser Hof seinen Namen erhielt. So ist es uns überliefert. Mein Großvater sprach neben Karantanisch auch etwas Bairisch oder Gotisch, so genau konnte man das nicht unterscheiden. Von ihm haben wir vieles gelernt, auch uns mit durchziehenden Händlern und Edelleuten in den Sprachen des Frankenreiches zu verständigen.

Im heurigen Lenzmond war ich vierzehn Jahre alt geworden. Meine Mutter hatte mich gerade an diesem Tag vors Haus geschickt, ich sollte weiße Wäsche auf dem Gras ausbreiten, um sie in der Sonne zu bleichen. Das tat ich natürlich mit Fleiß und Sorgfalt, wie ich es von ihr gelernt hatte. Doch als ich meine Arbeit beendet hatte, kehrte ich nicht in die Stube zurück, um den Boden zu fegen, sondern lief, wie so oft, auf den kleinen Hügel, von dem aus man alles, das Dorf und die Berge, überblicken konnte. Und als ich meine Augen zu den ehrwürdigen Gipfeln schweifen ließ, entdeckte ich drüben, wo die Straße aus dem Wald hervortrat, das Blinken von Helmen und Rüstungen, dazu bunte Federn und Tücher, die im Wind flatterten. Was soll ich sagen? Zu uns herauf kamen wirklich nur alle paar Jahre so vornehm gekleidete Reiter. Obwohl ich erkannte, dass die meisten von ihnen Soldaten waren, wirkte ihre Haltung nicht so, als kämen sie in kriegerischer Absicht.

Unsere hochedle Markgräfin Hildegard und Markgraf Albuin, von denen wir bisher nur die Namen erfahren hatten, kamen ohne Kutsche und viel Gefolge gerade in unser Dorf geritten und sollten an diesem sonnigen Brachmondtag mein weiteres Schicksal bestimmen. Die Häuser und Hütten unserer Siedlung waren in einem runden Bogen angelegt, in der Art eines Hufeisens, und in der Mitte befand sich ein großer Platz mit einer Linde. Hier kamen wir zusammen, um unsere Feste zu feiern. Und eben dorthin unter die Linde lief ich den Ankommenden entgegen. Der Reiseführer der Gruppe ergriff sofort die Gelegenheit, mich nach Gabriel zu fragen, und ich lief ihnen voran zu unserem Hof, der etwas außerhalb unter der Kirche lag.

Mein Großvater Hermagoras saß vorn auf der Bank in der Frühlingssonne und wärmte sich die müden Füße. Er war hochgeachtet und bekannt bei allen, nicht nur hier in der Siedlung, sondern im ganzen Jauntal. Er hatte die Augen geschlossen, doch ich wusste, er schlief nicht, sondern ruhte nur aus. Also zog ich ihn an seinen Kleidern und flüsterte ihm zu: „Dedek", nannte ich ihn. „Dedek, wir haben hohen Besuch bekommen!" Als er das hörte, erhob er sich sogleich. Seine Gestalt war vom Alter gebeugt, doch seine Stimme klang immer noch klar und bestimmt. Er hieß die Ankommenden im Namen Christi willkommen.

Zuerst versteckte ich mich ein wenig hinter seinem schafwollenen Mantel. Doch als Reinprecht unsere Herrschaften vorstellte und ich sah, wie schön Gräfin Hildegard war, vergaß ich alle kindliche Furcht. Ich dachte mir, eine Königin, von der die alten Sagen erzählten, konnte nicht anmutiger und gütiger sein. Sie glitt trotz ihrer bodenlangen Kleider ohne Mühe aus dem Sattel und auch ihre gepanzerten Begleiter schwangen sich von ihren Pferden und bemerkten bald, dass man meinen Großvater über vieles ausfragen konnte. Er lebte immerhin schon eine ganze Weile und hatte sogar unter Kaiser Arnulf gegen die Mähren gekämpft. Von dort hatte Hermagoras sein kostbarstes Kleinod mitgebracht, einen Schatz, wie er immer betonte, „wetvoller als Gold, Silber und Edelsteine". Es handelte sich um drei Pergamente aus der slawischen Übersetzung der Evangelien, die die beiden Gelehrten Konstantin und Method in Mähren angefertigt und unter das Volk gebracht hatten.

Während mein Großvater also mit Graf Albuin ins Gespräch kam, stand ich da und blickte unverwandt in das Gesicht und auf die herrliche Erscheinung meiner Herrin. Es war nicht nur ihre Jugend und Schönheit, auch ihre Frische und Sanftmut, die mein Herz völlig gefangen nahm. Diese sah mich sehr freundlich an und deutete mir mit der Hand, näher zu kommen. Ich warf mich also vor ihr zu Boden und küsste den Saum ihres Kleides, denn ich fühlte, dies müsse ich allein schon wegen ihrer Schönheit und Anmut tun. Sie hob mich jedoch sogleich vom Boden auf und fragte mich nach meinem Namen. „Mirka, getaufte Dorothea", wiederholte sie. Und wie freute sie sich und lächelte, als sie aus meinem Mund auch weitere Worte in der ihr vertrauten bairischen Sprache vernahm!

Sie hatte die Kirche oben am Felsen bemerkt und fragte mich, ob ich sie hinauf führen wollte. Wie gern tat ich das! Ich holte geschwind aus dem Hausflur den großen eisernen Schüssel und ging neben ihr die Felsstufen hinauf zum Gotteshaus. Wir standen nebeneinander in dem kleinen Vorraum, als ich das zierliche Tor aufschloss, und wir traten Seite an Seite in den rechteckigen, von einem einfachen Giebeldach bedeckten Innenraum der Kirche. Die Wände waren weiß getüncht und es gab hier nichts als einen Altar mit einem hölzernen Kruzifix und in einer Ecke das Grab Gabriels, meines Ururgroßvaters. Rechts und links davon hatte ich, wie es mir die Mutter aufgetragen hatte, frische Blumen hingestellt. Und dennoch beugte Gräfin Hildegard sogleich ihre Knie und sprach mit geschlossenen Augen und geneigtem Kopf ein Gebet. Noch nie hatte ich in einer anderen Sprache als meiner Muttersprache jemanden mit so schönen Worte reden gehört! „Barmherziger Gott", sagte sie, „wir danken dir für dieses Gotteshaus, das dem heiligen Daniel geweiht worden ist. Als deine getauften Töchter danken wir auch für alle Kirchen in diesem Land, die bereits vom Glauben an dich, den einzig wahren und lebendigen Gott, zeugen, und für alle Christen, die du dir in diesem Land bisher erweckt hast. Allmächtiger Vater, schenke mir Weisheit, steh mir bei in meinen Aufgaben als Markgräfin und Christin, als die ich gemäß deiner Weisheit über dieses schöne Tal gesetzt worden bin. Und wir bitten dich in aller Demut, schenke allen Herrschern in diesem Land ein reines Herz und einen gerechten Sinn. Amen."

Als wir wieder ins Freie traten und ich die Tür abschloss, fragte Gräfin Hildegard: „Habt ihr hier keinen Priester?" Ich schüttelte den Kopf. „Nein, verehrte Gräfin Hildegard, seit ich denken kann, finden hier keine Gottesdienste mehr statt. Großvater sagt, Aquileia könne uns keine Priester schicken und Salzburg ist erst seit kurzem für uns zuständig." Natürlich hatte Hildegard bereits davon gehört, dass der Erzbischof von Salzburg noch unentschlossen war, ob er die wenigen Mönche, die er zum Missionsdienst ausbilden konnte, hierher ins Slawengebiet entsenden sollte. Die karantanische Obrigkeit war als stolz und eigenwillig bekannt, sie hatte sich mehr als einmal gegen das fränkische Joch gestemmt und die Bemühungen der Kirche wieder zunichte gemacht. Teilweise weigerten sich die Menschen hier, die Baiern als ihre Herren anzuerkennen. Über dieses Thema wurde inzwischen auch drinnen in der großen Stube gesprochen.

Als wir eintraten, blickten die klugen Augen meines Großvaters sofort nach der Kanne mit geweihtem Wasser, mit dem sich jeder seiner Gäste bekreuzigen sollte. Ja, er achtete sehr darauf, dass nichts Unheiliges oder Unreines in sein Haus gelangte. In der Ecke hatte er, von Blumen umkränzt, ein Kreuz aufgestellt, in dessen Mitte ein geschnitztes, rot bemaltes Herz prangte. Graf Albuin und seine Begleiter saßen bereits um den Tisch. Die Mutter hatte ihnen Wein hingestellt. Sie winkte mich sogleich zu sich und drückte mir Teller und Schüsseln in die Hand, die ich vor die hohen Herrschaften hinstellte. Auch unsere Gräfin setzte sich. Sie war noch immer von den Eindrücken erfüllt, die sie beim Besuch der Danielskirche empfangen hatte. Sie meinte, solche Dorfkirchen ließen sie die Gottesliebe ihrer Erbauer spüren. Sie erinnerten sie an die Klosterkapelle auf dem Nonnberg, wo sie zusammen mit den Schwestern Andachten gehalten und ihrem Herrn und Erlöser viele Male ihr Herz ausgeschüttet hatte.

Nachdem sie das gesagt hatte, rief mein Großvater aus: „Unsere Gräfin Hildegard ist eine wahre Christin! Welch ein Segen für unser Tal!" Daraufhin sprach er, wie immer, in sich versunken das Tischgebet und lud seine hohen Gäste ein sich zu stärken. Während sie dies taten, erzählte er ihnen von unserem Maierhof. Er erklärte, dass auf den Feldern vor allem Leibeigene die Arbeit versahen. Diese wohnten im angeschlossenen Dorf neben einigen Freien, jeder von ihnen hatte auch selbst ein Stück Grund und Boden, um seine Familie zu ernähren. In der Nähe gab es noch weitere Huben, die vom Gabrielshof aus verwaltet wurden, dazu Höfe von Freien. Er bat seine neuen Herren zu bedenken, dass es unter den Karantanen viele Nachkommen ehemaliger Bane und Župane gebe. Sie hätten unter den Baiern und Franken zwar ihre politische Macht eingebüßt, doch im Volk seien sie nach wie vor angesehen. Er gab Albuin den Rat, diese ehemaligen Edlen keinesfalls achtlos zu behandeln. „Die slawischen Fürsten von einst waren vielleicht noch nicht so gebildet wie wir uns das heute vorstellen, aber sie hatten enge Beziehungen zu Byzanz und nach Italien. Und seien wir uns ehrlich: Das breite Volk der heutigen Christen ist mindestens ebenso ungebildet wie sie es waren."

Hildegard suchte nach Albuins Blick, um ihm zuzunicken, doch dieser bemerkte nur einsilbig: „So geht es den Besiegten." Ohne auf diesen Kommentar zu achten, fuhr Hermagoras fort: „Hier im Jauntal leben Christen und Heiden einträglich nebeneinander. Wir reden nicht über die Unterschiede, sondern über das Verbindende. Sie lassen uns Christen sein und wir lassen sie ihre Götter verehren, keiner fügt dem anderen Schaden zu." Vieles von dem, was Hermagoras bemerkte, war auch Hildegard aus dem

Herzen gesprochen. Albuin schüttelte jedoch den Kopf und sagte: „Ich zweifle, ob das auf Dauer gut geht."

Es war wohl das würdige Alter meines Großvaters, das ihm erlaubte mit Graf Albuin in einer Weise zu sprechen, als seien sie beinahe vom selben Stand. „In Fragen der Religion", fuhr der Großvater also fort, „hat unser Hof lange Zeit seine Eigenständigkeit behalten, sodass der jeweilige Besitzer selbst entschied, ob er, wie es unter Kaiser Karl geregelt war, zum Erzbistum Aquileia oder zu Salzburg gehören wollte. Immerhin liegt das Jauntal südlich der Draugrenze und ist ehemals von Aquileia aus missioniert worden." Er sagte es nicht, aber ich wusste, dass mein Großvater nicht sehr glücklich darüber war, zusammen mit unseren Bauern plötzlich dem Bistum Salzburg unterstellt worden zu sein. Dennoch hatte er seine Abgaben stets ohne Groll geleistet.

Als sie den Krug Wein ein weiteres Mal füllten, erzählte Hermagoras ihnen auch die Geschichte unseres Hofes. Er berichtete, dass sein eigener Großvater mit dem Taufnamen Gabriel vor mehr als hundert Jahren als Sohn einer slawischen Bäuerin und eines Awarenfürsten zur Welt gekommen war. „Die Awaren herrschten damals über weite Gebiete im Osten, alle Slawenstämme waren ihnen untertan und mussten ihnen Tribut zahlen. Und über den Winter, wenn kein Krieg geführt wurde, quartierten sich die stolzen Krieger auf den besten Höfen des Landes ein und ließen es sich gut gehen. Meinem awarischen Vorfahren gefiel es auf dieser Höhe so gut, dass er sich schließlich hier sesshaft machte. Man erzählt sich auch, dass er sich in meine Urgroßmutter Hals über Kopf verliebt hat. Als Jahre später Missionare aus Aquileia zu uns herauf kamen, ließ sich deren Sohn auf den Namen Gabriel taufen. Gabriel errichtete diese Kirche und gründete auch die Siedlung, die seither Gabrielsdorf heißt."

„Bedeutet das", erkundigte sich Graf Albuin, „dass ihr von einem Knez abstammt?" Der Großvater war sich nicht ganz sicher, welchen Rang dieser Awarenfürst gehabt hatte. Damals nannte sich „Aware", wer zur herrschenden Schicht gehörte. Er wisse nur, dass das Grab seines Urahns sich unter dem Hügel neben dem Haus befinde. Albuin erhob sich und blickte zum Fenster hinaus. Eigentlich hörte auch ich zum ersten Mal, dass unter meinem Aussichtsplatz eine so ehrwürdige Grabstätte lag. Nun war ich gerade damit beschäftigt, das Geschirr vom Tisch zu räumen. Jeder von uns hatte seine festgelegte Arbeit zu tun. Doch Hanß wollte nicht zulassen, dass ich ihn bediente. Er hatte sein Schwert und seinen Panzer neben sich auf den Boden gelegt und machte in seinen Kleidern durchaus einen reinlichen Eindruck. Und plötzlich stand dieser Waffenträger auf und bot sich an, mir zu helfen. Er hob auch das mit Tellern und Gabeln gefüllte Wasserschaff hoch und trug es für mich zur Quelle, wo er alles vor meinen Augen abwusch. Ich stand dabei und schüttelte nur den Kopf.

In diesem Moment fuhr mein Vater Gabriel mit seinem Gespann in den Hof. Ich ließ also Hanß mit dem Schaff stehen und lief hinter dem Wagen her. Auch meine älteren Brüder waren mit ihm gekommen. Da sie die edlen Pferde erblickten, fragten sie mich sogleich, wem sie gehörten. Sie staunten nicht wenig zu erfahren, dass es die Herrin des Jauntals war, die mit ihrem Gemahl zu Besuch gekommen war. Meine Brüder und ich waren mäuschenstill, als der Vater seine Hand in den Weihwasserkrug tauchte und sich mit gedämpfter Stimme den edlen Herrschaften vorstellte.

Hildegard hatte in der Zwischenzeit mit meiner Mutter gesprochen. Nun fragte sie auch den Vater und mich selbst, ob ich bereit wäre, als ihre Leibmagd zu dienen. Ich war begeistert und bat den Vater, er möge es doch erlauben. So nickten meine Eltern endlich einander zu und entschieden, mich gehen zu lassen. Ich schnürte in Windeseile mein Bündel. Freilich fiel mir der Abschied von meiner Familie nicht leicht, besonders vom Großvater, denn ich wusste nicht, wann ich ihn wiedersehen würde. Doch Gräfin Hildegard versprach, dass ich bei jedem ihrer Besuche im Jauntal mit ihr reiten und meine Familie sehen könne.

Zum Großvater, der sich wieder auf seine Bank in die Sonne gesetzt hatte, sagte Graf Albuin zum Abschied: „Du und deine Familie habt hier auf der Höhe gut gewirtschaftet! Wir sehen uns demnächst wieder!" Am Tor wartete bereits mein Vater Gabriel mit einem unserer guten Pferde am Zügel. Eine bunte Wolldecke war über den Rücken des Tieres gebreitet. Er drückte mir mit einem Augenzwinkern und einem Segensgruß die aus Leder geflochtene Leine in die Hand. „Du brauchst jetzt ein Pferd!", sagte er einsilbig, doch ich kannte ihn und wusste, dass dieses Geschenk mehr bedeutete als das, er gab mir ein Stück seines Herzens mit auf den Lebensweg.

Meine Mutter winkte mir vom Fenster aus mit ihrem Taschentuch, der Vater und die Brüder standen stumm nebeneinander am Tor. Ich drehte mich noch viele Male nach ihnen und dem Haus meiner Kindheit um, doch zuletzt überwog doch die Neugierde auf die vor mir liegenden Erlebnisse. Und als wir zur ersten Weggabelung kamen, fragte mich sogar Reinprecht, welcher der kürzeste Weg nach Stein sei. Natürlich kannte ich diese Strecke, ich war sie mit meinem Vater schon viele Male gefahren.

Mauern und Tore

Links und rechts von uns auf den Abhängen der Gracarca türmten sich noch immer Schutt und Ruinen einer untergegangenen Stadt, die sich in alter Zeit nördlich von Gabrielsdorf über den gesamten Hügel erstreckt haben soll. Markgraf Albuin rief mich beim Namen und fragte mich danach. „Ehrwürdiger Herr", sagte ich in gebrochenem Bairisch, „über den verfallenen Ort weiß ich nur von den Erzählungen meiner Großmutter. Sie sagte, hier habe einst das Volk der Noriker gelebt, Menschen mit rotem Haar. Sie waren weit und breit bekannt für ihre Schmiedekunst. Ihre Schwerter galten als unbesiegbar. Doch da sie wegen ihres Reichtums hochmütig wurden, verschloss ihnen Gott eines Tages den Berg und sie konnten kein Erz mehr finden. So verließen sie diese Gegend und suchten ihr Glück an einem weit entfernten Ort."

Unser Graf war zufrieden mit meiner Antwort und ließ seinen Blick über die von Moos und Wurzen überwachsenen Mauerreste schweifen. „Michlo hat recht. In diesen Steinhaufen haben bereits Generationen von Karantanen gewühlt, um Baumaterial zu finden. Falls diese Noriker tatsächlich Schätze zurückgelassen haben, so ist heute nichts mehr davon übrig. Wenn du lange suchst, findest du vielleicht ein paar Tonscherben."

Als wir bergab der Straße folgten, belehrte mich Markgräfin Hildegard darüber, was mein Taufname Dorothea bedeutet. Ich sah sie mit großen Augen an. „Geschenk Gottes!", erklärte sie. „Du bist ein Gottesgeschenk, auch für mich!" Als sie das sagte, musste ich daran denken, dass der Großvater mich immer noch Mirka nannte. Er meinte, wir Karantanen dürften unsere slawischen Namen nicht aufgeben, genauso wenig wie unsere slawische Sprache. Ich habe es ihm versprochen! Doch nun ritt ich, jung wie ich war, von der Gracarca hinunter ins Tal und meiner Zukunft entgegen. Ich fühlte, mein Platz war jetzt an der Seite unserer schönen Herrin. Und ganz nebenbei übersah ich auch nicht, wie dieser Waffenträger Hanß mir ab und zu sehr freundliche Blicke zuwarf.

Bald schon erblickten wir den Steiner See. Die Nachmittagssonne ließ ihn geheimnisvoll schimmern, wie eine Wiese voller Mausohrblumen. Der Anblick des Wassers entlockte einigen aus unserer Gruppe ein bewunderndes „Ah" oder „Oh". Eine ebene Straße führte am Ufer entlang, von ihr zweigten immer wieder kleinere Wege ab. Wenn wir an einem Hof vorbeikamen, liefen die Leute zusammen, auch, um die schönen Pferde zu sehen, die hierzulande hoch geschätzt werden. Hühner und Gänse flüchteten kreischend vor den Hufen unserer Tiere. Als uns das Getümmel des Federviehs umgab, freute sich Gräfin Hildegard, denn sie meinte, die Bauern hier litten glücklicherweise keinen Hunger.

Wir kamen durch weitere kleine Siedlungen und erblickten nahe am Abhang zur Drau einen steilen Felshügel, der dieser Gegend, wie Reinprecht wusste, den Namen Stein gab. Graf Albuin gab seinem Pferd die Sporen und bahnte sich als erster einen Weg zum kahlen, schräg abfallenden Felskegel, der, wie er bemerkte, durchaus als Bauplatz für eine Burg geeignet war. Hanß folgte seinem Herrn und unser Reiseführer beeilte sich ebenfalls, uns mitzuteilen, dass sich hier in der Nähe eine weitere Furt über die Drau befinde, möglicherweise eine Abkürzung, die wir auf unserem Rückweg auf die Moosburg nehmen könnten.

Albuin war vom Pferd gestiegen und hob seine Augen zur seltsamen Kuppe empor. Ganz oben ließen sich noch Mauerreste erkennen. Wie ein kindlicher Abenteurer folgte Albuin nun einem Steig, der mitten in einen Birkenhain führte. Während wir nach und nach herankamen, entdeckte Albuin am Boden eine Opferstelle, dahinter ragte, an die kahle Wand gelehnt, ein fast mannshoher behauener Stein empor. Albuin trat näher. „Marmor", sagte er, über das kunstvolle Relief einer Inschrift streichend, das eine in der Mitte hervortretende männliche Figur umgab, die breitbeinig auf einem Stier stand. Ein Gott! An dem eng anliegenden Spangenpanzer, den er trug, der Doppelaxt in der einen und dem Rutenbündel der Macht in der anderen Hand war er leicht als römischer Jupiter zu erkennen. Albuin lachte und wandte sich an Hildegard. „Hier auf deinen Gütern wird ja noch den römischen Göttern geopfert! Wir wollen hoffen, es sind keine Menschenopfer!" Er stieß mit der Stiefelspitze an den Opferstein, auf dem deutliche Reste von Blut zu erkennen waren. An der Felswand lagen noch weitere Römersteine, ein Säulenkapitell und eine Grabplatte mit Akanthusblüten.

Als wir unseren Weg wenig später fortsetzten, ritt Albuin zwischen Hildegard und Reinprecht, der wieder von seinem Lieblingsthema, den alten Göttern, sprach. „Woran glauben die Slawen eigentlich?", fragte ihn unsere Herrin Hildegard. „Glauben sie an ein Weiterleben nach dem Tod?" – „Ja", nickte Reinprecht. „Sie verehren ja auch Götter des Totenreiches, überhaupt alle Götter des Landes, ob keltisch, römisch oder slawisch, darunter Dažbog und Perun." Hildegard, die diese Namen noch nie gehört hatte, sah Albuin fragend an, der sein Pferd zwischen sie und Reinprecht gelenkt hatte. Auch er wollte vom Reiseführer mehr darüber erfahren. Doch Reinprecht kratzte sich verlegen am Hinterkopf. „Ich weiß nur, dass die Karantanen Dažbog als Lichtgott und Lebensspender anrufen. Perun aber ist ein Kriegsgott, vor dessen Zorn man sich fürchtet. Als Zeichen der Macht hält er Blitz und Donner in seinen Händen."

„Ah, dann ist dieser Jupiter für sie Perun?", schloss Albuin. „Sol, Mithras, Apoll, so genau lässt sich das nicht sagen", erwiderte Reinprecht achselzuckend. „Man gibt ihnen verschiedene Namen. Die Alpenslawen verehren die Kräfte der Natur, Sonne, Mond und Gestirne, aber auch ihre verstorbenen Stammeshäuptlinge. Ihnen zu Ehren feiern sie Feste mit viel Essen und Trinken. Wer nicht mit ihnen trinkt, wird hinausgeworfen." Albuin lachte. „Den Spaß kann ich mir gut vorstellen!" Und an seinen Waffenträger gewandt, meinte er: „Erinnerst du dich, Hanß? Auch getaufte Soldaten nehmen solche Figuren mit ins Feld und hoffen, von ihnen beschützt zu werden." Hanß nickte eifrig. „Ob römisch oder karantanisch ist für sie einerlei." Reinprecht erwähnte auch noch ein bedeutendes Heiligtum im östlichen Jauntal, wo die Muttergöttin Juenna oder

Juno verehrt worden sei. „Unter uns gesagt, man verehrt sie natürlich noch immer."

Albuin machte eine wegwerfende Handbewegung. „Wir haben den Auftrag, dieses Land vom Heidentum zu befreien! Auch diesen Jupiter müssen wir zerstören!" Hildegard widersprach. „Nein, lieber Gemahl! Ich möchte zuerst verstehen, was er meinen Bauern bedeutet. Nimmt man ihnen ihre Heiligtümer mit Gewalt, so empfänden sie es als Schmach, die sie über Generationen hinweg nicht vergessen. Doch ich glaube, sie werden freiwillig von ihnen lassen, sobald sie den wahren Gott und seine Barmherzigkeit erkennen." – „Da wünsche ich dir viel Glück! Du kannst lange warten, bis das von allein geschieht", erwiderte Albuin. „Lieber Gemahl", mahnte darauf Hildegard, „wir wollen doch nicht so handeln wie die Missionare der letzten Jahrhunderte. Das Christentum muss behutsam eingepflanzt werden." Albuin hatte seinen Helm abgenommen und warf sein üppiges Haar in die Luft. „Ja, ich weiß, du hast eine gesegnete Geduld. Aber es sind ja deine Güter. Ich für meinen Teil werde rund um die Prosnitza mit dem Heidenspuk aufräumen!"

Für Graf Albuin war das Gespräch beendet. Die alte Straße von Stein bis zur Burg der früheren Grafen von Jaun führte an gepflegten, eben abgeernteten Äckern entlang. Die Drau floss, eingebettet in üppiges Blattwerk, unsichtbar neben uns her und über dem Sümpfen ragten auf rätselhaften Felssäulen die geschwärzten Mauern der Prosnitza empor. Furcht verbreitend, konnte man sie von der Straße aus tatsächlich für ein Tor zu einer anderen Welt halten. Nur Albuin sah die Burg seiner Vorfahren mit anderen Augen.

Die Pferde hatten noch nicht ihr gewohntes Reisetempo erreicht, als Reinprecht das seine schon wieder zügelte. Vor uns erhob sich hinter Laubbäumen ein flacher Hügel, der Steiner Berg, genannt Gradnik, dessen Hänge mit Weingärten und Obstbäumen überzogen waren. Holzscheunen, Stallungen und feste Gebäude drängten sich aneinander und als aufgesetzte Krone konnte man die Dächer eines fürstlichen Hauses erkennen. Zur Seite abbiegend, führte ein breiter Weg nach oben. Hildegards Herz pochte, als wir nur wenige Schritte vom Wirtschaftshof entfernt an eine niedrige Mauer gelangten. Über dem notdürftig reparierten Tor hing ein Glöckchen, dessen Seil Reinprecht ergriff und nach Kräften läutete.

Wenig später erschien Mattes, der Verwalter, aus einer der umliegenden Hütten. Er war sichtlich erfreut, die vornehmen Reiter zu sehen, und als ihm Reinprecht erklärte, die hochgewachsene Frau im bestickten Mantel sei seine Herrin, Markgräfin Hildegard von Göss und Schladnitz, schlug er seine Hände zusammen und verneigte sich tief vor ihr. Reinprecht stellte auch Markgraf Albuin vom Chiemgau vor, Sohn des Erzbischofs Odalbert II. von Salzburg, Hildegards Gemahl und Besitzer der Prosnitza. Auch ihm huldigte Mattes mit einer tiefen Verbeugung, ja, mit Tränen in den Augen, die er geschwind in seiner Schürze abwischte, und öffnete den Torflügel, durch den wir in den Schlosshof traten. Wir gelangten auf einen weiten, von zierlichen Bäumen bewachsenen Hof mit einem Ziehbrunnen. In einem nach vorn geöffneten Rechteck erhob sich ein breites zweistöckiges Gebäude mit überdachtem Säulengang.

Mattes schickte sogleich seinen ältesten Sohn auf die Felder, um den Leibeigenen die Ankunft ihrer Herrin zu melden. Er führte uns herum, zeigte uns den Zustand des Bauwerkes, die nur leicht beschädigten Mauern des Untergeschosses, das eingestürzte Dach des Mittelgebäudes und den von den Magyaren völlig zerstörten Wehrgang. Der Südtrakt mit einem vorgebauten Söller bestand aus Holz, man sah, hier hatte ein Feuer gewütet. Seither wohnte niemand im Schloss, Mattes selbst lebte mit seiner Familie im Wirtschaftsgebäude. In der Nähe des Brunnens stand ein schwerer Holztisch, an den wir uns setzten.

Mattes' Gattin Lanica brachte, sich ebenfalls höflich verbeugend, ein Tischtuch und setzte uns wenig später einen Topf mit dampfendem Gerstenbrei vor, dazu reichte sie gesalzenen Fisch sowie Obst und Beeren, die ihre Kinder im Wald gesammelt hatten. Zum Trinken und Waschen der Hände schöpfte sie beim Ziehbrunnen Wasser in zwei irdene Schüsseln. Als wir uns gesetzt und das Dankgebet gesprochen hatten, äußerte Hildegard, sichtlich gerührt, den Wunsch, dieses Schloss wieder instand zu setzen. Der Ungarneinfall lag, wie Mattes nachrechnete, etwa fünf Jahre zurück. Die Schlossanlage und die Lage zwischen Karwanken und Drau gefielen unserer Herrin außerordentlich gut.

Albuin verwies natürlich auf die vielen Schäden, die es hier zu beheben gab, und darauf, wie kostspielig es sein werde, die oberen Räume wieder bewohnbar zu machen. Die Bauarbeiten sollten jedenfalls von fachkundigen Maurern und Zimmerleuten ausgeführt werden. Vor allem aber bräuchte das Schloss einen Verteidigungswall, um nicht in kurzer Zeit wieder ein Raub der Flammen zu werden. Albuin und Hanß hatten auf ihren Feldzügen zahlreiche Schutzmauern gesehen. Er riet dazu, einen dreifachen Mauerring um das Schloss zu legen. Im Innern sollten die Wälle aus Holzkonstruktionen bestehen, die mit Erdmaterial aufgefüllt werden mussten. Nach außen hin sei eine feste Wand aus behauenen Steinen vonnöten.

Unsere Herrin sah ihn etwas ungläubig an. Sie wusste von Überfällen und Kriegen nur aus Erzählungen. Doch Mattes' Augen strahlten, als Graf Albuin die Wehranlagen beschrieb, die künftig das Schloss, den Wirtschaftshof und auch dessen Bewohner sowie Vieh und Vorräte vor feindlichen Überfällen schützen sollten. „Seht euch die Prosnitza an!", erklärte Albuin weiter. „Auf solchen Burgen ist man sicher. Doch auch Klöster und Kirchen brauchen in dieser Zeit Mauern und Tore. Ohne starken Verteidigungsringe bleiben die Bewohner der Gradnitza für die Räuber und Plünderer aus dem Osten eine leichte Beute", schloss er.

Dies verstand auch Hildegard. „Glaubst du, wir könnten die Einnahmen aus den Steiner Huben zur Seite legen, um sie für den Wiederaufbau der Gradnitza zu verwenden?", fragte sie Albuin. Dieser hob abwägend die Schultern. „Du weißt, dass es uns auch ohne diese Einkünfte an nichts fehlt. Jedoch müssten ebenso die Wehrtürme verstärkt werden und es bräuchte hier eine ständige Truppe gut gerüsteter Soldaten. Denn die Steppenreiter kommen sicher zurück, wir haben sie noch nicht endgültig besiegt. Ihr Sinn steht ihnen danach, hier an der Grenze durch Morden und Brennen Beute zu machen. Sie tauchen aus dem Nichts auf, machen alles dem Erdboden gleich und verschwinden." Hanß und sein Herr hatten dieses gefährliche Steppenvolk viele Male in Schlachten erlebt, ja, man konnte nicht genug auf der Hut vor ihnen sein. Auch Mattes wusste ein Lied von ihnen zu singen. „Sogar die Kirche zum heiligen Kanzian drüben am See haben sie niedergebrannt." In sein Gesicht hatte sich der Schrecken über den Überfall vor fünf Jahren tief eingegraben.

Nun waren die Mägde aus ihren Hütten und von den umliegenden Feldern zum Schloss heraufgekommen. Sie blieben in respektvoller Entfernung von ihren Herrschaften stehen und warfen sich nieder. Hildegard deutete ihnen sofort, sich wieder zu erheben. Als sie die ärmlichen Kleidungsstücke sah, mit denen ihre Untertanen sich bedeckten, die abgearbeiteten Hände, kleine Kinder, die sich an den Kitteln der Frauen festhielten, rührte es sie tief. Sie trat, von mir gefolgt, nahe an sie heran. Zuerst versuchte sie einen karantanischen Willkommensgruß, den sie auswendig gelernt hatte: „Veseli me! Jaz sem Hildegard." Danach sprach sie weiter, während ich übersetzte: „Es freut mich, dass ihr gekommen seid, um euren Herrn und eure Herrin zu begrüßen. Gott segne euch!"

Nachdem ich übersetzt hatte, konnte man bemerken, wie sich ihre Nacken durch die Worte und den sanften Klang von Hildegards Stimme entkrampften. Ihre Blicke strahlten hoffnungsvoll. Sie erklärte, dass ihr diese Güter von ihrem Vater Aribo II. von Göss und Schladnitz übertragen worden waren. „Ich bin erst seit wenigen Wochen hier in dem Land, doch fühle ich mich unter euch Karantanern schon wie zuhause. Wir leben derzeit auf der Moosburg, die mein Gemahl Markgraf Albuin als Lehen erhalten hat. Aber eines Tages werde ich kommen und hier auf dem Schloss wohnen."

Jetzt traten sogar die schüchternen Kinder etwas vor und der Name Likart oder Liharda wurde von einem Mund zum anderen weitergegeben. Ich erklärte ihr, dass ihre Untertanen sie „Liharda Kamenska" nannten, was auf Bairisch „Hildegard von Stein" bedeute. Unsere Herrin lächelte und wiederholte diesen Namen Silbe für Silbe. Auch ihr Gemahl nannte sie an diesem Tag scherzhaft „Kamenska".

Inzwischen waren auch die Männer und erwachsenen Söhne vom Feld gekommen, sie hatten ihre Körbe, Rechen, Hacken, Pflugscharen und anderes Werkzeug zur Ehre ihrer Herren liegen gelassen. Denn an ihren meist bloßen oder mit Strohpantoffeln bedeckten Füßen klebten Schmutz und Erde. Sie alle blickten Hildegard unverwandt an. Eines der Kinder hielt in seiner Hand eine zerdrückte Blume, die es uns unsicher entgegenstreckte. Ich hörte auch, wie sie untereinander flüsterten, dass Hildegard, wohl durch ihren hohen Wuchs und ihr weißes Antlitz, für sie ein Wunder an Schönheit war, ja, sie starrten sie an, als stünde eine ihrer Göttinnen vor ihnen.

Unsere Herrin fragte nun, ob sie alle genügend zu essen hätten? Sie bejahten. „Aber es fehlt euch an Kleidung, wie ich sehe?", sprach sie weiter. Sie blickten an sich hinab. Dann erklärte eine der Frauen, jeder von ihnen besitze auch ein zweites Gewand, das jedoch für die Arbeit zu schade sei. Und nach der Ernte, wenn auf den Feldern nichts mehr zu tun sei, fänden die Frauen Zeit, sich und ihren Familien neue Kleidung zu nähen. Wie man an den Lumpen, die sie am Leib trugen, erkennen konnte, vermochten sie selbst grobes Leinen und Wollstoffe herzustellen. Dennoch zog Gräfin Hildegard die mitgebrachten Hemden aus ihrem Gepäck und reichte sie mir, dazu auch die Säckchen mit Hülsenfrüchten und die getrockneten Birnen, Zwetschken und Äpfel. Die Kinder umringten mich sogleich, um etwas vom süßen Obst zu erhaschen, und ich teilte die freundlichen Gaben unter ihnen auf. Auch Lanica kam wenig später zu uns herüber. Man konnte sehen, dass die Feldarbeiter die Nähe der Verwalterin gewohnt waren. Sie war auf dem Wirtschaftshof auch die Hebamme und genoss so das Vertrauen der Familien.

Drüben am Brunnen hatte inzwischen Mattes an Graf Albuin einer Bitte gerichtet. Hier in Stein, dem Zentrum der Grafschaft Jaun, hatte schon lange niemand Gericht gehalten. Es seien einige Fälle vor ihn gebracht worden, doch er habe sie, da er ja nicht befugt sei zu richten, nicht beurteilen können. Albuin, der als Markgraf die Gerichtsgewalt über seine Ländereien innehatte, war bereit, sich auf den Richterstuhl zu setzen und rief: „Holt die Streitenden, ich werde ihnen Recht verschaffen!" Nun kam Bewegung in die Leute. Mattes' Sohn schwang sich auf einen Esel und ritt mit dem Auftrag unseres Herrn den Weg hinunter zu den umliegenden Bauernhuben. Auch einige der Fronknechte traten vor, ein junger Bursche, der sich Boguslaw nannte, lief los, um seine Verwandten zu holen, die ebenfalls Unrecht erlitten hatten.

Nach und nach kamen die Parteien im Schlosshof zusammen, wo eine Gerichtslinde stand, unter der Albuin auf einem steinernen Hocker Platz genommen hatte. Hanß gab zusammen mit Reinprecht und den Soldaten acht, dass alles seine Ordnung behielt und immer nur einer redete, während die anderen zuhörten. Die Leute traten vor und Reinprecht übersetzte ihre Anliegen. Zu aller Verwunderung ging es ohne lautes Geschrei und Raufereien ab, denn Markgraf Albuins Anblick flößte ihnen gehörigen Respekt ein. Jahre später wurde uns jedoch klar, dass man damals nur leichte Streitfälle wie Diebstahl und Gewalttaten vor den weltlichen Richter brachte. Die für die karantanischen Heiden schweren Verbrechen, wie Mord oder die Beleidigung ihrer Götter, beurteilte ein Weiser oder Wahrsager der Gegend, und sein Orakel entschied über Leben und Tod.

Unser Herr hatte seine Richtersprüche verkündet und vergewisserte sich, dass keine weiteren Fälle vorlagen. Ehe er sich erhob, winkte er den jungen Boguslaw zu sich heran und rief: „Du da!" Reinprecht übersetzte. „Kannst du jagen?" – „Herr", antwortete der kräftig gewachsene Knabe mit rotbraunem Haar. „Uns Leibeigenen ist es nur erlaubt, Wölfe und niederes Wild zu jagen, um die Herden unseres Herrn zu schützen. Und solche Tiere erlege ich mit Steinen oder dem hölzernen Wurfspieß." – „Oh", zeigte sich Graf Albuin verwundert, „du verstehst ja doch etwas von der Jagd. Was kannst du sonst noch?" – „Pflügen und dreschen, Herr", gab der Rotschopf zur Antwort. „Und was machst du, wenn die Ungarn kommen?" Alle, die zugehört hatten, erschraken. Der Bursche deutete zum Wald. „Ihr werdet euch verstecken?", fragte Albuin belustigt. Er wusste natürlich, dass Leibeigene keine Waffen tragen durften und daher auch keinen Kriegsdienst zu leisten hatten. Aber nun räusperte sich Mattes: „Wir haben hier in der

Umgebung zwanzig freie Bauern, die das Schloss verteidigen können. Und, wenn nötig, bewaffnen wir auch die Leibeigenen mit Keulen und Sicheln. Wir haben das schon einmal geübt." Und er ergänzte: „Ich bin ja für den Schutz dieser Leute verantwortlich."

Jetzt schüttelte Albuin nachdenklich den Kopf. An Hanß und Reinprecht gewandt sagte er: „Um das Land auf Dauer wirksam zu schützen, sollten wir die Bauern, ob frei oder unfrei, den Umgang mit Schwert und Bogen lehren. Dann werden sie in der Not nicht davonlaufen." Mattes sah unseren Herrn fragend an. Genau auf diesem Unterschied beruhten ja die Stände. Wer Geld und Güter besaß, verfügte über Rüstung und Waffen. Das ging auch Graf Albuin durch den Kopf, denn er schloss mit den Worten: „Aber ein bewaffneter Knecht, das wäre, wie mein Oheim zu sagen pflegte, kein Knecht mehr, sondern ein Herr."

Die Wolken über dem Steiner See waren bereits in Kupfer getaucht und in den Schlosshof krochen immer längere Schatten, als sich der Markgraf vom Richterstuhl erhob und das Zeichen zum Aufbruch gab. Wir verabschiedeten uns von Mattes und Lanica, auch von den Leuten, die sich jetzt langsam zerstreuten, holten unsere Pferde und versammelten uns um unseren Herrn, der als erster in den Sattel stieg. Als wir entlang der Steiner Straße noch einmal am großen Felsen vorüber kamen, fragte mich Hildegard, ob meine Großmutter etwas über diesen heiligen Hain erzählt habe. „Eigentlich nicht", gestand ich, „nur mein Vater hat mir geraten, mich von ihm fernzuhalten. Unsre Bauern verehren an diesem Platz auch den Slawenfürsten Pritboru. Dieser Pritboru soll große Heldentaten vollbracht haben, unter anderem wird ihm nachgesagt, er habe Ungeheuer bezwungen, Sümpfe trockengelegt, Wälder gerodet und wie ein Vater regiert."

Als ich ausgeredet hatte, meinte sie schlicht: „Ich verstehe meine Bauern. Sie besitzen kein Land, keine Pferde, nicht einmal die winzigen Häuser, die sie mit eigenen Händen errichten. Was sie haben, sind ihre Sprache, ihre eigenen slawischen Namen und ihre Geschichten. Ich möchte, dass sie diese drei Dinge immer behalten, auch wenn sie eines Tages, was ich von Herzen wünsche, den wahren Gott erkennen werden. Was wir als Christen anbeten, ist ja keine Figur aus Stein, sondern ein barmherziges Wesen. Und wenn wir hier an diesem Ort einmal eine Kirche bauen, wenn wir Kreuze aufstellen und vom Gottessohn predigen, werden sie, wie wir, diese Barmherzigkeit des Allmächtigen spüren."

Als wir auf unseren Tieren den steilen Draurain abwärts ritten, stellte Reinprecht mit einem Blick auf den Stand der Sonne fest: „Wenn wir uns unterwegs nicht weiter aufhalten, treffen wir rechtzeitig vor Einbruch der Dunkelheit auf der Moosburg ein!" Und so war es dann auch. Unterwegs unterhielt sich unser Grafenpaar jedoch noch eine ganze Weile über ihre Zukunft. Sie beide wollten sich künftig mehr um ihre Güter an der Drau kümmern. Albuin meinte, es fehlten hier geeignete Handwerker, vor allem Schmiede, denn die Bauern arbeiteten noch mit primitivem Gerät. Hildegard fügte hinzu, dass auch Schuster und Riemenschneider, Weber und Zimmerleute hier angesiedelt werden sollten. „Wie wäre es, wenn die Bauern wilde Bienenschwärme kultivieren, wie Plinius es in seiner ‚Historia' beschreibt?", schlug sie vor und meinte am Ende, sie sorge sich um die Armen, die von Hof zu Hof ziehen und um Almosen betteln. „Wenn dir die Bettler so leidtun, dann lass sie doch gleich auf der Gradnitza wohnen!", erwiderte Albuin gereizt und gab seinem Pferd die Sporen. Für solche Leute ohne Dach über dem Kopf fühlte er sich als Markgraf nicht zuständig. Er konnte nicht ahnen, dass seine Gemahlin einige Jahre später genau das, was ihm so unsinnig vorkam, in die Tat umsetzen würde.

Da folgte Hanß seinem Herrn nach und verwickelte ihn in ein Gespräch, das ihn seinen Ärger wieder vergessen ließ. Ich bemerkte, dass er wegen Albuins rauer Sitten besorgt war und Gräfin Hildegard, wenn möglich, vor seinem Zorn schützen wollte. Er kannte den edlen Panzerreiter und seine leichte Erregbarkeit nur allzu gut. So bemerkte ich schon am ersten Tag unserer Begegnung, dass dieser Edelknecht ein gutes, geradliniges Herz besaß und man sich ihm durchaus anvertrauen konnte.

Jagdtrophäen

Es begann schon zu dämmern, als wir die Arnulfsfeste erreichten. Ich muss an dieser Stelle gestehen, dass der Anblick der Burg, von der ich bis dahin nicht einmal erzählen gehört hatte, alle meine Erwartungen übertraf! Hildegard zeigte mir gleich zu Beginn die bunten Malereien über dem Eingangstor, an denen sie selbst so großen Gefallen fand, ebenso den Säulenweg und die Gewölbe des Innenhofes, in dem wir später so gerne spazieren gingen. Sie hatte zwar auch einige Mägde aus Salzburg mitgebracht, doch bat sie mich, Dorothea, sie in ihre Kammer zu begleiten. Dort ließ Gräfin Hildegard mich auf einem Schemel Platz nehmen und sagte mir, wie sehr sie sich freue, in mir nicht nur eine Leibmagd, sondern auch eine Übersetzerin und, wie sie hoffe, auch eine Freundin gefunden zu haben.

Ich konnte eine kleine Träne in Hildegards Augen sehen. Sie legte mir die Hand auf den Kopf und strich mir einige Male übers Haar. Meine Kemenate lag direkt neben der meiner Herrin und dort warteten auch neue Kleider auf mich, die ich von nun an trug. Schon in diesen ersten Tagen wurde mir bewusst, mit welcher Weisheit meine Herrin trotz ihrer Jugend ausgestattet war. Zugleich hegte sie für jedes einzelne Geschöpf, das ihr begegnete, Gefühle wie eine Mutter für ihre Kinder. Und wenn jemand einen Fehler beging oder gar Unrecht getan hatte, ging sie stets mit Barmherzigkeit vor. Und es gab hier so viel für uns Frauen zu tun! Zwei junge Mägde beauftragte sie mit dem Nähen von Hemden und Kleidern, Bettwäsche und allerart Leinentüchern. Sie entwarf selbst einfache Schnitte für verschiedene Wäschestücke, die an Nachmittagen, oder wann immer Zeit dafür war, im Kreis der Frauen angefertigt wurden. Auch sie selbst nahm sich vor, an den

Winterabenden zu spinnen und zu sticken. Nebenbei übte Gräfin Hildegard mit mir, zuweilen scherzhaft, meist aber als eifrige Lehrerin, nicht nur die bairische Sprache, sondern auch die Kunst, zu lesen und mit dem Griffel auf ein kleines Wachstäfelchen zu schreiben. Zuletzt schrieben wir gemeinsam sogar Briefe mit Tinte auf gutes Pergament und verzierten sie mit farbigen Kringeln. Hildegard brachte mir neben unserer Arbeit Worte und Melodien einiger Lieder bei. An lauschigen Abenden, die wir am Fenster oder im Säulengang der Burg verbrachten, sangen wir gern miteinander. Ja, man kann sagen, dass wir so die angenehmsten Stunden verbrachten. Ich machte auch als Schülerin Fortschritte und war bald in der Lage, meiner Herrin fehlerfrei aus den Psalmen vorzulesen. Es war also ein neues, abwechslungsreiches Leben, in das Gräfin Hildegard und ich nun eintauchten. Und im Mittelpunkt dieses Lebens stand für sie Albuin, ihr Gemahl, der sich mit ihr im gemeinsamen Zuhause wohlfühlen sollte.

Ich, Dorothea, freute mich innig an meiner Herrin. Ich liebte sie von Anfang an für all das Gute, das sie an mir und an den Menschen, egal ob von Stand oder niedrig geboren, tat. Sie wollte von Herzen das Leben einer demütigen Christin führen und den Auftrag des Erzbischofs erfüllen, der sie als Missionarin berufen hatte. Sie dachte mit besonderer Zuneigung an ihre Untertanen, die noch ungetauften Slawen, von denen sie glaubte, sie warteten sehnsüchtig darauf, vom Licht der Wahrheit erleuchtet zu werden. „Ihre Seelen hungern und dürsten nach Erlösung", sagte sie immer wieder. „Wir müssen sie aus der Finsternis führen." Und wenn jemand das Christentum bereits angenommen hatte, wusste sie doch, wie schnell der Glaube wieder verfiel, wenn niemand da war zu predigen, zu lehren und zu erziehen. So war es ihr Plan, möglichst vielen ihrer Untergebenen im Lesen, Schreiben und im geistlichen Gesang zu unterrichten.

Von diesen Dingen sprach sie eines Tages auch zu ihrem Gemahl. Und dieser erwiderte ihr: „Werte Hildegard, bitte vergiss bei deinem Missionseifer nicht, dass unsere Untertanen nicht nur Gebete, Bücher und Predigten brauchen, sondern vor allem eine starke Hand, die sie regiert! Denn wenn wir als Christen aufhören zu herrschen, dann herrscht hier bald wieder das Heidentum." Als er so sprach, kämpfte Hildegard innerlich mit dem Konflikt zwischen Herrschaft und dem Gebot der Nächstenliebe. Sie stellte sich, wie sie mir verriet, unter Macht und Stärke etwas anderes vor, als man landläufig meinte. Für sie war der Glaube stärker als Panzer und Waffen.

Doch Graf Albuin hatte zur Zeit einige Sorgen. Auf den Feldern fiel in diesem Jahr wenig Regen. „Leider sind die Probleme, die die Moosburg zurzeit hat, wenig erfreulich", sagte er. „Die Ernte der Maierhöfe ist in Gefahr." Hildegard überlegte, wie man hier Abhilfe schaffen könnte. „Ja, natürlich!", rief sie nach einigem Nachdenken aus. „Wir werden um Regen beten! Auch die Bauern und Leibeigenen sollen zusammenkommen, um mächtig zum Herrn zu rufen!" Albuin zischte daraufhin ärgerlich durch die Zähne: „Ihr Frauen, könnt beten, so lange ihr wollt! Aber meine Arbeiter lasst gefälligst auf ihren Feldern!" Ohne ein weiteres Wort schloss er daraufhin die Tür hinter sich.

Dass Albuin seine schöne Gemahlin trotz solcher Zwischenfälle inniglich liebte, hatte man bisher am Glanz seiner Augen gesehen, die sie unentwegt ansahen, auch am Druck seiner Hände, wenn er den Arm um sie legte, und an vielen anderen Gesten, in denen er bewies, wie kostbar ihm ihr Besitz war. Und wie er seinen eigenen Leib gegen Angriffe verteidigte, war er auch mit Argwohn darauf bedacht, sie vor Gefahren und den Übeln der Welt zu schützen. Wenn er sich von der Burg entfernte, ließ er stets seine treuesten Wachen zurück und ermahnte den Vogt eindringlich, für die Sicherheit seiner Herrin mit seinem Leben einzustehen. Doch unter den Bewohnern der Moosburg hatte sich inzwischen auch herumgesprochen, dass Graf Albuin leicht reizbar war und dass jeder seiner Befehle strikt eingehalten werden musste. Aber er war seinen Untergebenen dennoch ein gerechter Herr, solange er nicht belogen oder auf andere Weise hintergangen wurde.

Bei einem seiner Jagdausflüge hatte er besonders reiche Beute gemacht und ließ seiner Gemahlin sagen, sie möge vor die Burg herauskommen, um die von ihm erlegten Trophäen zu bewundern. Und wirklich kam die zierliche junge Frau, angetan mit einem linnernen Alltagskleid, das Haar hochgesteckt und mit Blumen im Nacken verknotet, den Burgweg herunter und es war, als stiege ein Engel die Himmelsleiter herab, leicht, schwebend, in aller Unschuld und Reinheit.

Die Blicke der Jäger ruhten auf der überirdischen Erscheinung, und als Albuin sich gewahr wurde, wie liebreizend seine Gemahlin anzusehen war und gleichzeitig die starr auf sie gerichteten Augen seiner Jagdgesellen bemerkte, geriet er in furchtbare Wut und brüllte die Männer, die ihn umstanden, an: „Ihr lüsternen Kerle! Was glotzt ihr die Herrin so an!?" Zugleich mit seinem Zorn entfesselte sich eine Eifersucht, die ihm das Blut in den Kopf trieb und ihn am ganzen Leib zittern machte. Er warf den Hirsch, den er gerade mit seinem stattlichen Geweih bis an die Brust hochgehalten hatte, zu Boden und ging mit den Fäusten auf seine Jagdgesellen los. Natürlich erschraken diese und senkten sogleich ihre Blicke. Doch seine Hiebe trafen den einen am Kinn, dass er taumelte, einen anderen streckte er gar mit einem Schlag auf den Boden nieder. Der Getroffene blutete im Gesicht, doch richtete er sich unverzüglich wieder auf.

Von diesem Tag an entzog Albuin seine Gemahlin nach Möglichkeit der Gesellschaft seiner Männer und sie blieb, zusammen mit mir, meist im Innern der Burg und den für Frauen vorgesehenen Räumen, wie Küche und Kemenate. Wohl ging sie mehrmals am Tag hinüber in die Kapelle sowie nachmittags in den Garten, der für sie immer mehr seinen Zweck als Ort des Trostes erfüllte. Die Quelle plätscherte, die Kräuter trieben aus und vermehrten sich stetig, und auch die Rosen blühten und verbreiteten Düfte wie Schalen voll süßen Honigs.

Die vom Klosterleben geprägte junge Frau hatte ja die profane Geselligkeit großer Fürstenhöfe und Märkte nie kennengelernt. Gleichwohl hatte sie erwartet, ihr Gemahl würde sich für seine groben Worte und Entgleisungen entschuldigen, die ihm viel zu oft über die Lippen kamen. Er wollte sich aber weder vor ihr noch vor jemand anderem rechtfertigen. Über diese für sie unbegreifliche Verhärtung seines Herzens dachte sie oftmals im Stillen nach. Sie wusste, dass er als Kind von der Mutter getrennt worden war, um bei seinem Oheim im Chiemgau zum Knappen ausgebildet zu werden. Doch blieb ihr ein Leben lang verborgen, was ihn, einen für den Krieg erzogenen Menschen, im Innern bewegte. Doch immerzu tröstete sie auch der Gedanke, dass Gott die Schmerzen seiner und ihrer Seele kannte und er für sie, solange sie aneinander festhielten, alles zum Guten lenken werde.

Königsgut

Nur wenige Wochen später erfuhr man auf der Burg, dass unsere Herrin guter Hoffnung war. Und Markgraf Albuin, dessen Schutz sie nun wie eine enge Haut umschloss, zeigte sich durchaus besorgt und erlegte ihr Schonung auf. Er berichtete immer wieder seinem Vater, dem Erzbischof, über sein Wirken als Lehensherr und sandte ihm in regelmäßigen Abständen die verlangten Einnahmen. In einem Brief lobte dieser seinen Sohn und erneuerte den Auftrag, er möge auch dafür sorgen, dass die heidnischen Slawen die Taufe empfingen. Er riet ihm, Kontakt mit Gotabert von Maria Saal aufzunehmen und noch weitere Grafen für diese Mission zu gewinnen. So fasste er den Entschluss, ein Willkommensfest auszurichten, zu dem er Geistliche und Edle einladen wollte. Über das angekündigte Fest freute sich auch Gräfin Hildegard, die sich danach sehnte, wieder unter Menschen zu kommen.

Im Spätsommer anno 925 stapelten sich also in der Küche und in den Kellern der Moosburg die Vorräte und wir Bediensteten waren eifrig mit der Reinigungsarbeit beschäftigt. Zuletzt glänzte der alte Holzboden des Speisesaals von poliertem Wachs, die Tische waren mit weißen Tüchern bedeckt und aus den Türen und in den Gängen roch es unwiderstehlich nach den in den neuen Klosterkräutern gesottenen und gebratenem Gerichten. Auf den Türmen der Moosburg brannten mächtige Talgfackeln, die Wachsoldaten sowie Knechte und Mägde waren alle sauber gekleidet und standen im vorderen Hof, um die Gäste willkommen zu heißen. So war es Brauch. Als die Herren des Landes nach und nach mit den edlen Gemahlinnen über die Zugbrücke und zum Tor herein ritten, rief ich zusammen mit dem übrigen Gesinde „Hurra!" und „Willkommen!" und schwenkte zum Empfang ein weißes Tüchlein.

Auch Albuin begrüßte die Edelleute aus der nahen und fernen Umgebung und geleitete sie in den großen Saal der Moosburg. Alle hatten Festkleider angelegt. Reinprecht, der viele der noblen Herrschaften bereits kannte, half den Besitzern der benachbarten Burgen und Höfe dabei, sich besser kennenzulernen. Einige der Grafen und Edlinger, wie Chainan, Ladzimir und Tihodrah, sprachen nur Karantanisch, die meisten Gäste waren jedoch eingebürgerte Baiern, die, wie Albuin, in erster Generation hier ihre Lehen und Güter empfangen hatten und stets eines Übersetzers bedurften. Es war ein Nebeneinander von Bairisch und Karantanisch, von Banen, Edlingern und Grafen, die meist in Eintracht miteinander lebten. Denn in Karantanien bestanden nebeneinander zwei Rechtsformen, eine karantanische und eine fränkische, die bei allen Verträgen und Gerichtsfällen beachtet werden mussten.

Auch Gräfin Hildegard erschien alsbald in ihrem Schmuck. Sie war voll Freude, als sie jedem der Gäste die Hand reichte und deren Namen und Herkunft erfuhr. Einige Besucher hatten sogar kleine Gastgeschenke mitgebracht, die Albuin und Hildegard dankend entgegennahmen. Es herrschte ein buntes Getümmel vornehm gekleideter Männer und Frauen. Einige, die sich bereits kannten, begrüßten einander mit lautem Zuruf und lebhaften Gebärden. Alle stimmten überein, dass es hoch an der Zeit war, die Moosburg wieder in die Hände eines Markgrafen zu geben.

Vor allem der Schmuck und die kostbaren Mäntel der Edelfrauen waren für mich, die ich so etwas vorher noch nicht gesehen hatte, eine einzige Augenweide. Dennoch überstrahlte nichts davon den Liebreiz unserer Herrin Hildegard, die nicht durch prächtige Kleider, sondern durch ihre natürliche Anmut auffiel. Ein Halsschmuck, den ihr Gemahl ihr zur Hochzeit geschenkt hatte, brachte ihre Schönheit nur noch weiter zur Geltung. Sie gab den Mägden das vereinbarte Zeichen, nun die Speisen aufzutragen, und rückte zuletzt an Albuins Seite.

Sobald die Gäste sich setzten, begann ein lebhaftes Gespräch. Man saß, je nach Stand, an unterschiedlichen Tischen. Hanß und ich tafelten zusammen mit den Handwerkern, Leibdienern, dem Vogt und den Soldaten. Auch die gerichteten Speisen und Getränke unterschieden sich, wie es die Sitte verlangte. Doch Fleisch und Braten waren mehr als genug vorhanden. „Es wird hier auf der Moosburg auch Spiele und Treibjagden geben", sagte Markgraf Albuin in Richtung Willihelms, des Grafen von Osterwitz, mit dem er sich auf Anhieb verstand. Er reichte die Amphore mit Wein weiter und legte ungezwungen den Arm um die Schultern seiner Gemahlin. Sie nickten einander vertraulich zu.

„In dieser Gegend hat es seit Jahrzehnten keine so fröhliche Festlichkeit mehr gegeben", bemerkte Sigipold, der Graf von Gurnitz. „Ja, endlich wieder ein richtiges Gelage!", setzte der Hollenburger Reginker hinzu. Man konnte sehen, dass viele der Anwesenden an unserem Grafenpaar, das sich bei dem Fest an seine kürzliche Eheschließung erinnerte, Gefallen fanden. In den Anordnungen, die Albuin traf, in den Gesten und seiner ganzen Haltung erwies er sich als ihresgleichen. Hildegard freute sich besonders, dass die Burgherren auch ihre Frauen mitgebracht hatten.

Etwas später überraschte Graf Albuin seine Gäste mit einem Fass karantanischem Steinbier. So zechte und unterhielt man sich in fröhlicher Stimmung. Die fränkischen und bairischen Edelleute fühlten sich, auch wenn sie erst wenige Jahre hier lebten, in Karantanien bereits zu Hause. Sie hatten rasch vergessen, dass sie Einwanderer im sogenannten Wendenland waren, beschenkt und belehnt mit Gütern, über die einstmals ebenso stolze Slawenfürsten verfügten. Man sah diesen Gütern nicht mehr an, dass ihre früheren Besitzer davon vertrieben oder enteignet worden waren. War das etwa die Bedeutung von „Königsgut"?

Diese Frage griff Ladzimir von Treffen auf, dessen Landbesitz ebenfalls als Königsgut galt, dessen Vorfahren dieses jedoch als Lehen behalten hatten, weil sie sich taufen ließen. Die Frankenkönige und Baiernherzöge hatten, ebenso wie die Vertreter der Kirche, der Herrschaft der Slawen kein schlagartiges Ende gesetzt, aber sie übten entsprechenden Druck auf sie aus, dem Erzbistum gegenüber die geforderte Ergebenheit zu zeigen, ja, Abgaben zu entrichten und sich sprachlich und religiös anzupassen. Man erfuhr, dass der Adel rund um Krain, also in den Gebieten südlich der Karawanken, von Salzburg und dem Reich noch viel unabhängiger war als hier.

In den Ausführungen Graf Ladzimirs klang eine Melancholie mit, die ich, Dorothea, nur allzugut kannte. Denn unter den Tafelnden zweifelte niemand daran, dass das Christentum Kultur und Fortschritt, Gesetz und Ordnung bedeutete. Der Hollenburger schüttelte also den Kopf. „Die Zeit lässt sich nicht zurückdrehen, Ladzimir!" Und Zwentibold von Gurk und Zeltschach lachte: „Die Sache ist ganz einfach, Reginker. Sie hätten sich damals nicht mit Ludwig II. anlegen sollen!"

Die Frage nach dem Verbleib der heidnischen Slawenfürsten wusste wohl der Luitpoldinger zu beantworten, der zurzeit auf der Karnburg herrschte. Jeder hier wusste, Luitpold von Karantanien kam nicht zu solchen Gelagen einfacher Markgrafen, er würde aber im Herbst ein Fest veranstalten, bei dem alle hier Anwesenden ohne Ausnahme erscheinen mussten, um ihm ihren Respekt zu erweisen. Und einmal im Jahr fand in der Karnburger Pfalz auch ein Turnier statt, bei dem sich der Adel in der Kampfkunst messen konnte. Doch kaum einer der Gäste auf der Moosburg freute sich auf diese Untertanenpflicht, bei der es einzig darum ging, dass sich die Edelleute des Landes vor Luitpold niederwarfen, während er auf dem Stuhl des Herzogs – ob zu Recht oder aus anmaßender Eitelkeit – Platz nahm.

An diesem Nachmittag auf der Moosburg sprach man noch lange weiter über Politik, über die sumpfigen Täler und schlechten Straßen, die guten Pferde und berühmten Schmieden Karantaniens, das einige „Carinthen" oder kurz „Karntn" nannten, ein Gebiet, das ebenso groß war wie Baiern und, so dachte Albuin wieder und wieder, leicht auch ein eigenständiges Reich bilden konnte. Je mehr er vom südlichen Wein in sich hineingoss, desto freier sprudelten Trinksprüche aus seinem Mund hervor: „Trinken wir auf Karantanien – auf die Heimat Kaiser Arnulfs! Dass es ein freies Herzogtum werde!" Alle prosteten ihm zu, doch nicht jedem war bei diesen Sprüchen wohl zumute. Die zechende Gesellschaft war jedoch bereits in einer Stimmung, in der nicht jedes Wort auf die Goldwaage gelegt wurde. Ja, der einstige Kaiser auf der Moosburg war ihnen allen ein Vorbild: „Es lebe Arnulf von Karantanien!"

Während Albuin und einige andere Gäste immer offener ihre politische Meinung kundtaten, fiel kaum jemandem auf, dass Guntram mit starrem, düsterem Blick immer wachsamer darauf achtete, was Albuin leichtfertig von sich gab. Er rührte seinen Becher gar nicht mehr an. Und einmal flüsterte er einem seiner Soldaten zu: „Das hätte Graf Albuin nicht sagen dürfen! Ein freies Karantanien, das ist gegen den Baiernherzog Arnulf den Bösen, ja, besonders auch gegen König Heinrich gerichtet!" Als Albuin sich auch noch ein Maß Bier einschenkte, fiel ihm die Ängstlichkeit seines Gastgebers auf. „Was siehst du so finster drein, Vogt Guntram? Warum soll man sich nicht die Herrschaft über das norische Eisen und die Ländereien der Ahnen wünschen?" Niemand von den Gästen verstand so recht, was Albuin damit meinte, doch sie dachten auch nicht weiter darüber nach. Albuin und Hildegard hatten den heimlichen Neid des Vogtes noch nicht bemerkt, da er sich geschickt zu verstellen wusste. Doch er wartete nur auf die Gelegenheit, ihnen zu schaden.

Nachdem alle Speisen verzehrt und die Teller abgeräumt waren, begab ich mich an Guntrams Tisch, wie es vorgesehen war. Auch Hanß hatte hier seinen Platz. Er hatte mich schon einige Male angesprochen und darum gebeten, ich möge mich zu ihm setzen. Zuerst würdigte ich ihn keines Blickes, doch er machte wirklich sehr spaßige Bemerkungen, sodass ich darüber lachen musste. Als ich, statt mich zu setzen, ständig zwischen Saal und Küche hin und her lief, rief er mich laut vernehmlich bei meinem Namen. Nun stand ich vor ihm und sagte: „Also, Hanß, Ihr denkt wohl, dass ich Eure persönliche Dienerin sei." Er hatte mich nämlich um einen zweiten Krug Bier gefragt. Als ich ihn so mit verschränkten Armen ansah, entschuldigte er sich höflich. „Ich habe nicht gewusst, dass Ihr heute so beschäftigt seid. Eigentlich wollte ich mit Euch nur ein paar Worte wechseln, da mich hier sonst niemand versteht." Auf diese Weise konnte er mich besänftigen und ich setzte mich an einen leer gewordenen Platz neben ihn. „Da Ihr der Edelknecht unseres Herrn, des Markgrafen Albuin, seid, werde ich Euch gern weiterhelfen." Da sich jetzt auch die anderen Bediensteten miteinander unterhielten und Reinprecht auf Karantanisch das große Wort führte, entspann sich, fast unbemerkt von der übrigen Gesellschaft, ein Gespräch zwischen mir und Hanß. Es war mir nicht unangenehm, weil er kluge Antworten parat hatte und in seinem Charakter durchaus edel und ehrbar war. Kurzum, wie er mir später erzählte, begann er an diesem Abend unserer ersten Begegnung darüber nachzudenken, ob er, ebenso wie sein Herr, sesshaft werden und in den Ehestand treten sollte.

Als ich mir das einige Wochen später eröffnete, hatte ich Bedenken, da er als Waffengefährte des Grafen vermutlich oft in den Krieg ziehen musste. Doch er beruhigte mich, dass dies nicht so häufig vorkommen werde, da ja auch unser Herr selbst bei seiner Frau und der zukünftigen Familie bleiben wollte. „Wir ziehen nur in den Krieg, wenn es Krieg gibt", sagte er. „Und wer macht den Krieg?", wollte ich wissen. Er sagte etwas unsicher: „Gott?" Doch ich korrigierte ihn als Christin streng: „Alles, was Gott, der Herr, macht, ist gut! Und Krieg ist von Übel!" Über dieses Thema redeten wir noch oft hin und her und kamen zu keinem letzten Ergebnis. Aber ich stimmte Hanß zu, dass es das Kriegshandwerk geben müsse, um Burgen, Ländern, Frauen und Kindern Schutz zu gewähren.

Inzwischen war Gräfin Hildegard aufgestanden und begab sich nun zusammen mit den anderen Edelfrauen und dem Pfarrer von Sankt Peter hinaus in den Säulengang. So entschuldigte ich mich bei Hanß und folgte ihr nach. Dietmar von Sankt Peter war, wie wir erfahren hatten, der Priester der nahe gelegenen Kirche und auch der christliche Beichtvater dieser Burg. Er stammte, wie er unserer Herrin verriet, aus der Gegend von Freising. Hildegard freute sich darüber, denn sie hatte in Freising viele Verwandte, vor allem ihren geliebten Bruder Egilolf, der im dortigen Kloster zum Geistlichen erzogen worden war. Er schrieb ihr weiterhin regelmäßig Briefe und unterrichtete sie von allen Neuigkeiten aus der Stadt an der Isar, aber auch von neuen Schriften und Erkenntnissen, wie sie sich in großen Klöstern schnell herumsprachen.

Draußen im Burghof lauschten bereits einige Gäste dem abendlichen Zirpen der Grillen und ließen sich von der lauen Luft der Jahreszeit umschmeicheln. Die umliegenden Berge nahmen die Abendröte auf wie die Seiten einer golden illuminierten Handschrift. Die edlen Frauen fanden, dass die Berge nur hier in Karantanien so wundervoll schimmerten, besonders zum Abend hin, wenn ihre Farben in zarten Stufen von Blau zu Rot und schattigem Grau verliefen. Dabei blühten und dufteten die Bäume von den Teichen herauf. Weiter unten am Waldrand verstummte langsam das Gezwitscher der Vögel und machten dem Kuckuck Platz, der sein Minnelied zu singen begann. Unter den Bäumen standen mehrere Bänke bereit. Denn die edlen Frauen waren gelehrt worden, ihre Haut niemals dem prallen Sonnenlicht auszusetzen, so schützten sie sie vor Bräune und dunklen Flecken. Für sie bedeutete Schönheit nichts anderes als von weißer Haut zu sein, eine Weiße, die körperliche Reinheit, Adel und Tugend verhieß.

Bald jedoch versank der Sonnenball hinter den Wäldern der Ossiacher Tauern und eine Edelfrau nach der anderen trat näher an die Zinnen heran. Nur, was bedeuteten die flackernden Lichter auf den umliegenden Hügeln? Gräfin Hildegard beruhigte ihre Gäste. „Die Bauern haben nach altem Brauch bei Anbruch der Dunkelheit ihre Feldfeuer entzündet. Sie tun es zur Ehre unseres Festes."

Die erste der Frauen, die sich aus dem Schatten hervor gewagt hatte, war eine unter ihrer bestickten Haube bereits ergraute Gräfin namens Adelheid von Gurk und Zeltschach. Sie war die Frau des Zwentibold, der von Kaiser Arnulf nicht nur die genannten Güter, sondern das gesamte Gurk- und Metnitztal erhalten hatte. Es war eine große Ehre, dass sie und ihr Gatte den weiten Weg bis zur Moosburg gekommen waren. Adelheid sprach mit leichtem schwäbischem Akzent. „Naja, ob sie die Feuer nicht doch für ihre heidnischen Götter brennen lassen …? Ich traue ihnen nicht." Auch andere Frauen nickten. „Auf unseren Gütern gibt es noch immer jede Menge Heidenspuk", setzte Adelheid fort. „Sie lassen sich von ihren Kulten nicht abbringen, wie sture Ochsen opfern sie weiter der Fruchtbarkeitsgöttin."

So wie die edlen Herren des Landes im großen Burgsaal die Politik beschäftigte, wurde hier im Kreis der Frauen über Religion und Kultur gesprochen. Dietmar fühlte sich also am rechten Platz. „Das kann ich als Pfarrer von Sankt Peter nur bestätigen", warf er ein. „In ihrer Verwirrung rufen sie eine ganze Schar römischer Götzen an, und all das wird in karantanische Geschichten verpackt, an die sie felsenfest glauben." Hiltrud, die Frau des Grafen Wilhelm von Friesach, nickte. „Von unseren zwanzig Huben empfingen bisher erst fünf die Taufe."

„Aber warum ist das so?", fragte jetzt Hildegard, die sich wegen ihrer Jugend durchaus eine kindliche Frage erlauben durfte. Dietmar lachte. „Sie haben Angst vor dem Taufwasser! Und einige fürchten gar, dabei ihre Seele zu verlieren." – „Ja, und sie glauben, dass ihre Zaubersprüche mit der Taufe unwirksam werden!", gab Gräfin Adelheid zu bedenken. „So ist es gut, dass wir hier sesshaft werden", erklärte darauf Hildegard. „Wir können als Christen in diesem Land viel Gutes bewirken."

„Es ist gut, dass wir unseres Lebens sicher sind!", entgegnete wieder Adelheid. „Wir haben bewehrte Burgen, ordentliche Gesetze, und nicht zuletzt eine gut gerüstete Reiterei." – „Aber liegt es nicht an der Sprache?", fragte Hildegard wieder. „Sie verstehen kein Bairisch. Wie die Sprache ist ihnen unser Glaube fremd und unverständlich. Wer sollte da nicht Angst haben, das Gewohnte aufzugeben?" – „Seid nur beruhigt, liebe Hildegard", meldete sich nun auch Adalsund, die Gattin des Weriand, einem ebenfalls erst kürzlich in Karantanien heimisch gewordenen Grafen. „Wir werden immer mehr. Der beständige Strom bairischer Siedler bleibt nicht ohne Wirkung. Die Windischen werden unsere Sprache lernen und Bildung annehmen."

Jetzt blickte sich Dietmar in der Runde der Edelfrauen um und setzte belehrend hinzu: „Das Christentum steht hier gerade erst am Beginn. Es gibt in Karantanien nicht viel mehr als zwei Handvoll Gotteshäuser. Aber das Erzbistum Salzburg wird seinen Einfluss immer weiter ausdehnen. Eines Tages, das prophezeie ich Euch, edle Gräfinnen, wird Karantanien übersät sein mit Kirchen, Kapellen und Wegkreuzen. Ich habe gesehen, was es für eine Gegend bedeutet, wenn Stifte und Klöster errichtet werden, wenn Mönche roden und taufen und wenn Menschen lesen und schreiben lernen. Der gottgewollte Fortschritt lässt sich nicht aufhalten."

Da fiel Hildegard eine Stelle in der Apostelgeschichte ein, wo Paulus sich vor Kaiser Agrippus verteidigt. Sie zitierte die beiden Sätze aus dem Gedächtnis: „Ich sende dich zu den Heiden, um ihnen die Augen zu öffnen. Denn sie sollen sich von der Finsternis zum Licht bekehren und die Vergebung der Sünden empfangen." Man wunderte sich über die Gelehrtheit der jungen Gastgeberin, der Pfarrer nickte ihr zu und fragte, wo sie die Heilige Schrift kennengelernt habe. So erzählte sie ihm, dass sie bei den Benediktinerinnen am Nonnberg erzogen worden sei. Schließlich verabschiedete sich Dietmar von Sankt Peter mit den Worten: „Ich freue mich darauf, Euch, edle Hildegard, und Euren Gemahl künftig öfter auf der Moosburg zu besuchen."

Nach der Verabschiedung des Pfarrers sprachen die Frauen auch darüber, bei welcher Gelegenheit sie einander wiedersehen könnten. Einige von ihnen besuchten die Sonntagsmesse in Maria Saal, wo Chorbischof Gotabert das Priesteramt versah. Zuletzt nickten die Gesprächsteilnehmerinnen einander zu, sichtlich zufrieden über die erfahrenen Neuigkeiten und die seltene Gelegenheit, sich untereinander auszutauschen. Auch Hildegard war an diesem Tag glücklich, neue Menschen und verschiedene Ansichten kennengelernt zu haben.

So war es langsam dunkel geworden. Die Edelfrauen kehrten zurück in den großen Saal, wo ihre Ehemänner, immer schläfriger werdend, bereits näher zusammenrückten und von guten alten Zeiten sprachen. Nun erinnerten sie sich an die bevorstehende Heimreise. Mit diesem notwendigen Ziel vor Augen harrten sie nun nicht länger aus, sondern entschlossen sich zum Aufbruch.

Ite, missa est

Seit diesem Gastmahl auf der Moosburg erklärte sich Graf Albuin bereit, mit Hildegard und einem Teil der Dienerschaft jeden Sonntag zur Messe nach dem nahe gelegenen Sankt Peter zu reiten und alle vier Wochen den etwas weiteren Weg nach Maria Saal auf sich zu nehmen. Hier stand die bereits von Bischof Modestus gegründete Kirche zur Himmelfahrt der Heiligen Maria. Denn Dietmar von Sankt Peter war nur ein kleiner, unbedeutender Priester im Vergleich zu Gotabert, dem Chorbischof von Maria Saal. Dessen durchwegs in Latein gehaltene Messen waren von gut einstudierter Chormusik und stimmigen Wechselgesängen untermalt, die viele adelige Besucher anzogen.

Obwohl ich schon getauft war, stellte ich mich, wenn wir nach Maria Saal kamen, zusammen mit der übrigen Dienerschaft und den einfachen Leuten im hinteren Teil des Kirchenraums auf, ein Stück weiter entfernt von der Stimme und den symbolischen Handlungen des Priesters. In der Vorhalle des Gotteshauses verfolgten die Ungetauften und Büßer die Zeremonie. Sie waren zum heiligen Mahl nicht zugelassen, durften jedoch am Wortgottesdienst teilnehmen. Die Herren und Frauen von Stand saßen auf den wenigen vorhandenen Stühlen und folgten der durch Karl den Großen vereinheitlichten römischen Liturgie, in deren Zentrum das Geheimnis der Wandlung von Brot und Wein stand. Auf dem Altartisch funkelte, weithin sichtbar, der goldene Kelch, daneben war das Abendmahlsbrot auf einem Bronzeteller tristenförmig aufgeschichtet. Der Priester trug die vorgeschriebene Kleidung, Gewänder, wie sie auf dem Boden des alten Noricum schon von römischen Beamten und Statthaltern getragen worden waren, verziert mit Stickereien aus Wolle und edlen Metallfäden.

Zwischen ihm und den der Liturgie Beiwohnenden gab es rechts und links hinter einer Balustrade je eine Bank für die Sänger, die auf gesungene Fragen des Priesters im Chor zu antworten hatten. Am Schluss der lateinischen Gesänge, Gebete, Lesungen und Segensformeln löste das „Ite, missa est" die Versammlung auf. Hildegard verstand diesen Aufruf seit jeher als Erinnerung an ihre Mission, den Heiden das Evangelium zu bringen.

Beim Maria Saaler Kirchgang trafen wir auch, wie erhofft, andere Edle aus den umliegenden Burgen und Tälern, sodass man über vieles plaudern konnte, was die Einwanderer aus dem Norden beschäftigte. Es war immer ein großes Erlebnis, Neuigkeiten aus Salzburg oder Regensburg zu hören. Man sprach natürlich über Politik und vergangene oder bevorstehende Schlachten, doch auch darüber, dass diese oder jene Adelsfamilie Nachwuchs erhalten hatte oder jemand Bekannter unerwartet verstorben war. Manchmal erfuhr man auf dem Platz vor der Maria Saaler Kirche sogar von Aufständen oder Streitigkeiten in hochgestellten Familien.

Markgraf Albuin nahm auf seinem Sonntagsritt zur Kirche stets auch den sprachkundigen Reinprecht mit. Nach der Messe traf er sich einige Male mit dem ehrwürdigen Chorbischof Gotabert zu privaten Unterredungen, bei denen nicht einmal Hanß zugegen sein durfte. Zunächst erfuhr man nichts Näheres darüber. Man konnte nur beobachten, dass der Gottesmann, wenn er im Alltagsgewand aus dem Kirchentor trat, stets zufrieden schmunzelte, während Albuins Soldaten einen ledernen Schlauch mit Weihwasser füllten und auf einem ihrer Esel festschnürten.

Schließlich wurde Hanß in die Pläne seines Herrn eingeweiht, doch seine Gemahlin Hildegard durfte nichts von dessen geheimen Missionen erfahren. Neben dem Taufwasser führten die Männer auch ein Gebet oder Bekenntnis mit sich, das Gotabert ins Bairische und Reinprecht ins Karantanische übersetzt hatte. An einzelne Sätze daraus konnte sich Hanß auch noch in späteren Jahren erinnern. Er erzählte mir damals jedoch nichts davon, wie Graf Albuin mit seinen Soldaten und Pfarrer Dietmar von Sankt Peter in die umliegenden Gebiete zog, in die Siedlungen einritt, die Türen aufstieß, die Leute von den Feldern zerrte, ihnen die Waffe vors Gesicht hielt und brüllte: „Taufe oder Leben!" Es widersetzte sich wirklich keiner der armseligen Geschöpfe dem geweihten Wasser des Priesters. Zuletzt schärften sie ihnen ein, sie müssten am Sonntag zur Messe nach Sankt Peter kommen. Sie alle wurden nicht gefragt, sondern gezwungen. Jeder der Soldaten wusste, was er zu tun hatte, wenn es hieß: „Im Auftrag des Erzbischofs!"

Die Heiden verstanden nicht einmal, was die Taufe bedeutet. Sie verehrten weiterhin ihre keltischen, römischen und karantanischen Götter und zogen sich einfach tiefer in den Wald zurück, um ihnen zu opfern. Doch ich, Dorothea, möchte den Leser dieses Berichts nicht weiter mit solchen Bildern quälen. Und es war auch besser, dass meine Herrin nichts davon ahnte. Sie verbrachte den Sommer und Herbst mit dem Sammeln, Trocknen und Ansetzen ihrer kostbaren Kräuter. Im kleinen Gärtlein unter der Wohnburg wuchsen besonders üppig Kamille, Salbei, Wermut, Fenchel, Liebstöckel, Kerbel, Mohn, Minze, Sellerie und Bockshornklee. Hildegard konnte sich nicht genug darüber freuen, dass diese Heilpflanzen die Erde und den Standort so gut vertrugen und nun für Krankheitsfälle verschiedener Art auch während der Wintermonate vorrätig waren. Der Reigen der Klosterkräuter war inzwischen durch einige einheimische Pflänzchen, die die Küchenmägde herbeigeschafft hatten, vermehrt worden. Es war schwierig gewesen, sie zu finden und mitsamt den Wurzeln auszugraben, ja, den Mägden war dies nur mit Unterstützung der einheimischer Bauern gelungen.

Meine Herrin zeigte sich im Innersten davon überzeugt, dass nicht die bloße Natur und auch nicht die menschliche Kunst Leidende gesund zu machen vermochten, sondern allein Gott, der Herr. Ihn sollte man stets um Beistand anrufen und in seine Hände die weitere Genesung und schließliche Heilung des Kranken legen. Und dennoch sollte man die vom Schöpfer gütig gegebenen Arzneien der Natur eifrig nutzen, denn zu diesem Zweck hatte er sie gemacht, um die Organe und Glieder zu stärken, um Leben zu retten und Schmerzen aller Art zu lindern, damit der Mensch aus seiner Verzweiflung geholt und dazu bewegt werde, Gott zu erkennen.

Nachdem Hildegard wieder einmal ihrem Bruder Egilolf geschrieben und von ihrem Garten erzählt hatte, sandte ihr dieser viele gute Ratschläge und fügte seinem Brief auch Ausschnitte aus einem lateinischen, von einem Mönch namens Walahfried Strabo in der Reichenau verfassten Gedicht hinzu, das sich mit Gartenbau befasste. Es trug den Titel „Liber de Cultura Hortorum". Als Hildegard den Brief ihres Lieblingsbruders erhielt, las sie ihn über Tage hinweg wieder und wieder. Zuletzt kannte sie ihn fast auswendig und übersetzte einzelne lateinische Stellen daraus:
„Leuchtende Lilien, wie soll im Vers und wie soll im Liede
würdig euch preisen die dürftige Kunst meiner nüchternen Muse?
Euer schimmerndes Weiß ist Widerschein schneeigen Glanzes,
holder Geruch der Blüte gemahnt an die Wälder von Saba.
Nicht übertrifft an Weiße der parische Marmor die Lilien,
nicht an Düften die Narde."

Wie edel und erhebend klangen diese Verse! Wie sehr war die hohe, bildhafte Sprache nach Hildegards und meinem Herzen! Doch der Reichenauer hatte auch nüchtern und praktisch zu formulieren verstanden, wenn er das Lob der Küchenkräuter sang:
„Auch die Ehre des Fenchels sei hier nicht verschwiegen; er hebt sich
kräftig im Sproß, und er strecket zur Seite die Arme der Zweige,
ziemlich süß von Geschmack und süßen Geruches desgleichen.
Nützen soll er den Augen, wenn Schatten sie trügend befallen,
und sein Same mit Milch einer Mutterziege getrunken,
lockre, so sagt man, die Blähung des Magens und fördere lösend
alsbald den zaudernden Gang der lange verstopften Verdauung."

Wir, meine Herrin und ich, lachten wie Kinder, und Hildegard übersetzte alsbald weiter: „Ferner vertreibt die Wurzel des Fenchels, vermischt mit dem Weine, Trank des Lenaeus, und so genossen, den keuchenden Husten."
Hildegard hatte bald Gelegenheit, die Heilwirkung ihrer Kräuter zu erproben, denn ein betagter Stallknecht litt unter einem

entzündeten, eitrigen Kiefer, weswegen er keine feste Speise mehr zu sich nehmen konnte. Der Arme magerte bis auf die Knochen ab. Als Hildegard ihn einmal bei den Pferden sah, fragte sie ihn mit meiner Hilfe, was ihm fehle. Als er den Mund öffnete, roch es so übel, dass ich meiner Herrin Zeichen gab, nicht näherzukommen. Doch sie erkannte sehr schnell, woran der Alte litt, und bereitete einen Tee aus Salbei und Kamille, den er, verteilt über den Tag, zehn Mal zum Gurgeln in den Mund nehmen musste. Außerdem kochte sie ein Pflaster aus zerstoßenen Samen des Bockshornklees, einer Pflanze, dessen Anbau schon Karl der Große allen Klöstern empfohlen hatte, und strich es mit einem hölzernen Löffel auf die von Eiter geschwollenen Kiefer des Mannes. Dieser musste belehrt werden, dass er den Brei, der langsam in seinem Mund erkaltete, nicht eher ausspeien durfte, bis nicht die kleine Wachskerze, die Hildegard neben ihm entzündet hatte, abgebrannt war. Am Tag darauf stand dieser Knecht bereits aufrecht und heiter im Burghof und nach einer Woche war er völlig geheilt, sodass er wieder kauen und mit den anderen Knechten am Mittagstisch essen konnte.

Diese Heilung blieb nicht ohne Folgen. Es sprach sich herum, dass die Markgräfin etwas von Medizin verstand, und so kamen bald täglich Leute aus der Umgebung zur Burg, um Rat und Hilfe bei jeder Art von Krankheiten zu erhalten. Bisher hatte das einfache Volk in seinen Leiden stets seine heidnischen Kräuterfrauen aufgesucht, die zusammen mit der Anwendung ihrer Mittel auch Zauberformeln sprachen und fest davon überzeugt waren, dass eine ganze Reihe von Naturgöttern, Himmelskörpern, Blitz und Donner, Wald- und Erdwesen den Pflanzen Heilkraft verliehen. Natürlich wirkten diese Behandlungen oft tatsächlich, doch nicht, wie sie meinten, durch die Macht der heidnischen Götter, sondern durch die Gaben, die der christliche Schöpfergott in diese Pflanzen gelegt hatte. Hildegard wollte letztlich auch diese kundigen Kräuterfrauen dazu bringen, ihr Wissen von heidnischem Spuk zu befreien und in den Dienst einer gottgefälligen Heilkunst zu stellen.

Durch Blut

Zur Weinlese erhielten Graf Albuin und Gräfin Hildegard eine Einladung des Markgrafen von Osterwitz, der sie gern folgten. Unser Herr war von der mächtigsten Burg des Landes, die auf einem gewaltigen Felsrücken mitten im Zollfeld stand, sichtlich beeindruckt. Die Festung war seiner Meinung nach uneinnehmbar. Er unterhielt sich mit dem Burgherren und den anderen Edelleuten über die neuesten Wehranlagen, über Waffen und Rüstungen, Pferde, Wagen und Politik. Die Frauen, die einander schon von Maria Saal her kannten, machten währenddessen einen Spaziergang im Burggarten.

Hier auf der Osterwitz lernte Albuin auch einige neue Leute kennen, darunter die Grafen von Mostič und Görtschitz. Diese Edlen schimpften über König Heinrich und konnten es nicht erwarten, dass Baiern ein eigenes Königreich werde. Sie sprachen davon, dass der Baiernherzog Arnulf der Böse damals im Jahr 921 dem König nicht hätte entgegen ziehen oder sich vor ihm niederbeugen dürfen, er hätte stattdessen auf die Stärke seiner Streitmacht vertrauen und Heinrich die Stirn bieten sollen! Einer der Grafen erzählte von einem Bericht, in dem es hieß: „Da fiel also dieser sächsische Heinerich feindlich in das Königreich Baiern ein, wo man keinen seiner Vorfahren gesehen hat, der auch nur einen Fußbreit Bodens besessen hätte."

Hanß erzählte mir später, ihm war vom ersten Moment an nicht ganz wohl bei diesen Gesprächen. Denn die beiden Markgrafen, und mit ihnen unser Herr Albuin, riefen am Ende wiederholt: „Baiern ein Königreich! Karantanien ein Herzogtum!" Alle waren sich darin einig, dass der Westfranke Heinrich ein Fremder war, dessen Joch längst abgeschüttelt werden sollte. „Wir Karantaner brauchen keine zwei Herren, wir anerkennen nur die Baiern!" Fast alle in dieser Runde zogen ihr Schwert hervor und erklärten sich bereit, dem Baiernherzog zur Königsmacht zu verhelfen, wenn dieser sich endlich entschließen würde, das fränkische Joch abzuwerfen. Albuin zweifelte ohnehin daran, dass sich das Frankenreich in dieser Form noch lange halten würde. Und war ihm nicht das Hemd näher als der Rock?

Seit dieser Begebenheit dachte unser Herr über vieles nach, es waren Grübeleien, in die er Hanß erst später einweihte. Es ließ ihm keine Ruhe, dass er selbst, wie er aus den Andeutungen seines Vaters zu erkennen glaubte, ein naher Verwandter des Baiernherzogs war. Aus welcher Beziehung? Mit welchem Großvater? Odalbert II. hatte nie Näheres über seine Abstammung erzählt, ja, Albuin kannte nur seine Großeltern mütterlicherseits. Warum wurde dieses Rätsel nicht gelüftet?

Während unser Herr sich mit solchen Fragen quälte, dachte er sich alle möglichen Gelegenheiten aus, bei denen sein Vater Odalbert II. gezeugt hätte worden können, nämlich durch niemanden anderen als einen königlichem Vater, und wen, wenn nicht den späteren Kaiser Arnulf von Karantanien? Denn Odalbert, dessen Vater unbekannt war, stammte aus einer unehelichen Verbindung. Auch Karlmann hatte sich Luitswinde, eine Edelfrau aus Karantanien, erwählt, ohne eine Ehe geschlossen oder von höherer Stelle eine Legitimation empfangen zu haben. Es war keine Schande, ein unehelicher Spross zu sein, wenn man auf diese Weise von Kaiser Karl dem Großen und Kaiser Arnulf abstammte! Letzterem hatte dessen Vater Karlmann Karantanien und Pannonien als Herrschaftsraum zugewiesen, wo er sich unter anderem die alte Hetzelburg zur Pfalz ausbauen ließ. Ja! Ebenso hatte Odalbert ihm, Albuin, als Zeichen der Blutsverwandtschaft dieses Gebiet in der Heimat seines Großvaters übergeben. Es konnte nicht anders sein, sagte sich Albuin, der immer mehr davon überzeugt war, Königsblut, nein, Kaiserblut, in seinen Adern zu spüren.

Nachdem sich die Vermutungen oder, wie er glaubte, geheimen Wahrheiten über seine Abstammung in Albuins Kopf festgesetzt hatten, spann unser Herr sein Gewebe aus Blutsfäden weiter zu einem Punkt, an dem es um legitime Herrschaftsrechte ging. Keine Frage, Karantanien war ein Gebiet, das sich von der Größe her durchaus mit Baiern messen konnte. Warum sollten er und die hiesigen Markgrafen Arnulf den Bösen in seiner Machtstellung unterstützen, wenn sie ebensogut ein eigenes Herzogtum bilden könnten! Er dachte da auch an die glänzende Regierung der Slawenfürsten in diesem Land. Man hatte hier doch schon einmal ein Reich gegründet, das Hunderte Jahre bestand! Und neben diesen karantanischen Träumen nistete sich im Gehirn unseres Herrn die Vorstellung ein, der Baier Arnulf der Böse sei demnach sein Onkel und dessen Anspruch auf die Herzogswürde um nichts besser als die seines Vaters Odalbert II.

Seine tief im Innern vergrabenen Gedanken offenbarte Graf Albuin jedoch vorerst niemandem. Das Leben ging seine gewohnte Bahn.

Friede diesem Haus

Auch in der darauffolgenden Woche brach unser Herr von der Moosburg zu einem missionarischen Feldzug auf. Hildegard und ich sahen von unserem Fenster aus zu, wie er mit mehreren Soldaten und Dietmar von Sankt Peter über die Brücke ritt. Ihr Ziel war einer der heidnischen Haine, wo man in einem Kreis aus behauenen Steinen Rituale vollzog. Albuin befahl seinen Männern, „Ordnung zu schaffen", was bedeutete, die heiligen Steine umzuwerfen und mit Eisenhämmern zu zertrümmern. So machte unser Herr seine Ankündigung, „mit dem Heidenspuk aufzuräumen" und seine Untertanen zu christianisieren, wahr.

Gräfin Hildegard, die nicht ahnte, unter welchen Umständen Albuins Untertanen die Taufe empfingen, freute sich über seine Erfolge und über die von ihm eingeführten neuen christlichen Grußformeln, die wir von nun an täglich im Burghof hörten. Denn es war zur Regel geworden, dass man sich des Morgens die Worte „Gott grüße dich", während des Tages „Friede diesem Haus" und des Abends „Gott möge wachen" zurief. Natürlich grüßten die Tiefergestellten zuerst. Es waren äußerliche Zeichen der Frömmigkeit, die jedoch nach einiger Zeit eine tiefe Wirkung auf den Umgang der Dienstleute und Hörigen untereinander ausübten. Ja, durch das christliche Grüßen war jeder gezwungen, freundlicher und friedlicher mit seinen Nachbarn umzugehen. Allerdings sollte keine der Frauen einen Mann, es sei denn ihren Ehemann, grüßen, ja, sie mussten ihre Augen in der Öffentlichkeit niederschlagen, denn alles andere hätte bedeutet, sie wollten sich jemandem hingeben.

Die freien Bauern, die bei der Jagd und bei verschiedenen Arbeiten halfen, lernten schnell, sich den äußerlichen Anschein von Christen zu geben, ein Kreuz in die Luft zu zeichnen oder die Heiligen als Schutzhelfer anzurufen. Und nach den Handwerkern gewöhnten sich auch die Knechte und Mägde an einen solchen christlichen Umgang. Händler, Gaukler und verschiedene Tagelöhner freilich kamen und gingen, sie versuchten es jedem recht zu machen, der sie bezahlte.

Das erste Weihnachtsfest rückte näher. Unser Herr wünschte sich, es sollte zur Erinnerung an das Jahr 888 begangen werden, als Kaiser Arnulf hier auf der Moosburg mit seiner Familie und den höchsten Beamten die Geburt Christi feierte. Ja, möglichst alles sollte so sein wie damals! Einige Bedienstete erinnerten sich noch in allen Einzelheiten daran und erzählten wieder und wieder von der Einfachheit, in der dieser große Kaiser hier in der Kapelle erschienen war, um anzubeten. Manche meinten sogar, er habe die Kleider eines Hirten getragen, um seine Demut zu beweisen. Jedenfalls wurde allem Volk, das Markgraf Albuin unterstand, schon Wochen davor erklärt, dass man sich auf dieses bedeutende Fest der Christenheit vorbereiten sollte.

So achtete er auch darauf, dass alle das dem Freudenfest vorangehende vierzigtägige Fasten einhielten. Er sandte sogar Boten durch das Land, die die Beachtung der Fastenregeln verkündeten und per Gesetz überwachten. Das bedeutete, dass niemand, der auf Albuins Gütern lebte, während dieser Zeit Fleisch zu sich nehmen durfte, auch waren Tanz und andere Lustbarkeiten untersagt. Die Fastenzeit konnte nach Ansicht unserer Herrin aber auch dafür genutzt werden, sich gesund zu ernähren. Sie stellte gemeinsam mit der Köchin einen Speiseplan auf, in dem Kräuter, Wurzelgemüse, Obst, getrocknete Früchte, Hülsenfrüchte und alle Arten von Getreide zu abwechslungsreichen Gerichten verarbeitet wurden. So hatte sie es auch im Kloster gelernt. Es war ja die Zeit des Winters, in dem es kein frisches Grün, sondern lediglich Zwiebeln, Knoblauch und im Keller gelagerte Wurzeln und Knollen zu essen gab. Um die Armen zu unterstützen, ließ sie jeden Sonntag einen großen Topf Suppe kochen, die bei der Kirche in Sankt Peter ausgegeben wurde. Auch eine Keusche mit einer Feuerstelle wurde leer geräumt, mit Stroh ausgelegt und mit Wolldecken ausgestattet, um den Heimatlosen und Bettlern Unterschlupf zu gewähren. Niemand sollte während der kalten Jahreszeit erfrieren oder verhungern.

Hildegard war bereits gesegneten Leibes, doch lief sie unermüdlich umher, um die Wohnräume der Burg für das Weihnachtsfest vorzubereiten. Ja, Küche, Keller, Zimmer und Gänge wurden mit Borstenbesen gekehrt und die Schränke und Truhen vom Staub befreit. Bei diesen Arbeiten fanden die Mägde auch noch, sorgfältig eingewickelt in Tüchern und Stroh, in einer Kiste einige Gegenstände aus der Zeit des großen Kaisers Arnulf. Darunter waren eine geschnitzte Madonna mit dem Jesuskind, der heilige Josef, Schafe und ein paar Hirten. Diese alten Holzfiguren wurden in Erinnerung an die „Kaiserweihnacht" zu einem Schaubild der Geburt Christi geordnet und in der Burgkapelle aufgestellt, sodass alle kommen und es betrachten konnten. Die Kinder, aber auch die Bauern und Leibeigenen standen staunend davor. Und unsere Herrin erzählte ihnen von der wunderbaren Geburt des Kindes von Betlehem und dass der ewige Vater des Himmels seinen eigenen Sohn auf die Erde gesandt hat, um uns Menschen zu erlösen.

Am 24. Christmond wurde die Burg, vor allem das Eingangstor und der große Saal, mit Misteln und grünen Nadelholzzweigen geschmückt. Auch die Kapelle legten wir damit aus. So war alles bereit für den 25. Christmond, gemäß der Überlieferung der Tag der Geburt Christi. Nach dem vierzigtägigen Fasten gab es nun ein großes Fest für alle, auch die Soldaten, Knechte und Mägde.

Seit Karl dem Großen waren dafür drei Messfeiern vorgesehen. Es begann mit der Mitternachtsmesse vom 24. auf den 25. Christmond. Dafür kam Pfarrer Dietmar von Sankt Peter zu uns auf die Moosburg, um den Gesang der Engel anzustimmen und die Ankunft des Herrn, Adventus Domini, zu verkünden. Danach wurde den Messbesuchern eine stärkende Fleischbrühe gereicht. In dieser Nacht schliefen wir nur wenig, denn im Morgengrauen galt es wieder aufzustehen und zur zweiten Messe, der „Anbetung der Hirten", zu gehen. So erhoben sich die Bewohner der Burg, bis auf einige Wachsoldaten, von ihrem Stroh oder aus den Federbetten und begaben sich zur Kirche des heiligen Petrus. Der Schnee lag bereits eine Elle hoch, sodass wir die Pferdeschlitten nahmen, um schneller voranzukommen.

Als wir so, in Decken gehüllt, mit Laternen in den Händen, zur Frühmesse eilten, konnten wir uns lebhaft vorstellen, wie die Hirten vor mehr als 900 Jahren von den Hügeln, wo sie ihre Schafe weideten, erwartungsvoll in das kleine Dorf Betlehem gelaufen kamen. Besonderen Anklang fand die Hirtenmesse am Weihnachtsmorgen bei den Bauern, Knechten und Mägden. Auch in der Kirche hatte Dietmar eine einfache Krippe aus Stroh aufgestellt, die rechts und links von zwei Kerzen erleuchtet wurde. Es war das Ende der letzten Nachtwache. Als wir aus der Kirchentür traten, kündigten die Hähne das Herannahen des Tages an, doch so sehr man auch den östlichen Horizont absuchte, er zeigte noch immer kein Licht. Nach unserer Rückkehr auf die Burg erwartete uns dann ein wirkliches üppiges Festessen! Jetzt war uns allen geboten, zu schmausen, zu singen und uns zu freuen.

Später am Weihnachtstag ritten wir nochmals zu einer Messe, diesmal nach Maria Saal, wo Gotabert auf Latein verkündete, dass 5199 Jahre nach Erschaffung der Welt, 2957 Jahre nach der Sintflut, 2015 Jahre nach Abrahams Geburt, 1032 Jahre nach der Salbung König Davids, im sechsten Weltzeitalter Jesus Christus, ewiger Gott und Sohn des Ewigen Vaters, dieses Erdenrund durch seine gnadenvolle Ankunft heiligen wollte, indem er vom Heiligen Geist empfangen und von der Jungfrau Maria im Fleisch getragen und geboren wurde. Und Gotabert sang: „Halleluja! Lob, Dank und Ehre unserem Gott!"

Den Wortlaut, den Gotabert streng beachtete, übersetzte uns Gräfin Hildegard, als wir wieder zu Hause angekommen waren. Die Texte, erklärte sie uns, wurden von Papst Gregor dem Großen zusammengestellt, nämlich Lesungen aus Jesaja, den Paulusbriefen und dem Evangelium nach Lukas. Alle diese Worte der Weihnachtsliturgie begleiteten uns durch diese Feiertage, denn auch am folgenden Montag, den man nach dem heiligen Stephanos benannte, war uns geboten, reichlich zu essen und vergnügt zu feiern.

Wir hatten zur Mitternachtsmette eine Truhe mit warmen

Kleidern mitgenommen und an diejenigen ausgeteilt, die nicht genügend anzuziehen hatten. Wir gaben ihnen je nach ihrem Bedarf. Die Frauen küssten uns dafür die Hände, und unser Herr Albuin ließ es zu. Meine Herrin und ich freuten uns darüber, dass auch die Untertanen mit allem versorgt waren, was sie für ein würdiges Weihnachtsfest benötigten. „Weißt du, Dorothea, wozu der Mammon da ist?", fragte mich Hildegard bei dieser Gelegenheit. „Jesus hat gesagt: Der Reiche ist einzig dazu da, um Gutes zu tun und einen Ausgleich zu schaffen, indem er den Armen von seiner Habe gibt. Der Sinn des Lebens besteht nicht darin, dass einer mehr hat als der andere, sondern darin, dass einer dem anderen gibt, damit sich alle mitsammen freuen. Ja, wir sind alle Fremde und Pilger auf dieser Erde, alles gehört Gott, und wir sind nichts als seine Verwalter, die dereinst Rechenschaft ablegen müssen, was sie mit ihrem Hab und Gut getan haben."

Vom Christfest bis zu Maria Lichtmess, diese vierzig Tage, bis das Jesuskind im Tempel dargebracht wurde, war ein langer Weg. Im Winter saßen wir meist eng zusammen, da nur in der Küche und in der Kemenate geheizt werden konnte. So sehnten wir uns natürlich alle nach dem Lenz, wenn unsere Herrin ihr Kind zur Welt bringen würde. Wir freuten uns innig an der Hoffnung, bald ein „Popale" zu wiegen, wie wir Einheimischen es nannten.

Beim Spinnen, Weben und Nähen sprachen wir Frauen nicht nur über die bevorstehende Geburt, sondern auch über die christliche Erziehung des Kindes. Die Taufe war ebenfalls ein Thema. Denn es wurden nicht nur Erwachsene zur Reinigung von ihren Sünden getauft, sondern auch Kinder und Säuglinge. Ein Vorteil des Aufschiebens der Taufe bestand darin, dass sie, je später vollzogen, umso mehr Sünden abwaschen konnte. So hatten einige, darunter der heilige Kaiser Konstantin, wie ich erfuhr, mit diesem wichtigen Sakrament bis zum Sterbebett gewartet und er war auf diese Weise als unschuldiges Kind ins Paradies eingetreten. Ein getaufter Säugling war jedoch erst einmal von der adamischen Sünde befreit und hatte später die Möglichkeit, seine Verfehlungen durch Beichte, Buße, Gebet, gute Werke und Pilgern zu büßen. Eine gern gewählte Buße wohlhabender Herrschaften war auch der Bau einer Kirche. Dem Unbußfertigen, der nichts von all dem tat, blieb dann nur das Schmerzlichste übrig, nämlich das Nachholen seiner geistlichen Reinigung im Fegefeuer.

Unsere Herrin erhielt in dieser Zeit auch einen Brief der Äbtissin Imma mit Ratschlägen, was sie als Schwangere essen und was sie meiden sollte. Kurz vor der Niederkunft sollte sie Tee aus Anis, Eisenkraut und Schafgarbe trinken, um die Geburt zu erleichtern. Unbedingt meiden sollte eine Wöchnerin Mistel, Blutwurz, Frauenmantel, Berberitze, Beifuß und Petersilie. Hildegard hatte in der Nachbarschaft der Moosburg bereits eine gute Geburtshelferin gefunden. Als die kundige Frau zu uns auf die Burg kam und Hildegard sich mit ihr, während ich übersetzte, nicht nur über Heilmittel und pflegende Öle, sondern auch über den christlichen Glauben unterhielt, erkannte sie, dass ihre und Graf Albuins Untertanen zwar getauft waren, aber kaum etwas vom Evangelium verstanden.

Unser Herr saß an den langen Eismondtagen meist mit seinen Jägern zusammen. Sofern nicht zu viel Schnee lag und für die Pferde die Wege freigelegt waren, ging er mit ihnen und Hanß auf Wildschweinjagd. Auch Füchse und Marder erlegten sie im Schnee. Die Soldaten im Wachhof saßen meist rund um ihr Feuer und schärften ihre Waffen oder schnitzten Pfeifen und andere kleine Gegenstände. In dieser kältesten Zeit sandte Graf Albuin auch seine Knechte in den Wald, um Bäume zu fällen, denn das Winterholz war trocken und für alle Handwerksarbeiten zu gebrauchen.

Mönch auf dem Herzogstuhl

Im Lenzmond kam Berthold ins Land. Er war der jüngere Bruder des regierenden Herzogs Arnulf von Baiern und Sohn des Luitpold, dereinst mächtiger Markgraf von Karantanien und Pannonien. Und Berthold hatte alles, was Albuin sich erträumte, ja, er war nicht nur mit Kaiser Arnulf verwandt, sondern genoss auch die Gunst des eingesessenen Adels. Was machte dieser vom Schicksal derart Begünstigte hier in der Grenzmark? Er hatte, wie Albuin, den Titel eines Markgrafen von Karantanien erhalten, residierte ganz in der Nähe auf der Karnburg und schwelgte wie er selbst in alten, vergangenen Zeiten, den Kaiserzeiten der Karolinger. Der etwa Gleichaltrige wandelte auf den Spuren seines „Großonkels", wie er Kaiser Arnulf nannte. Er träumte davon, einen Gottesstaat auf Erden zu errichten, in dem es kein Heidentum und in jedem Weiler eine Kirche gab. Aber hatte Albuin diesen Traum nicht bereits auf seinen Gütern verwirklicht? Zumindest den ersten Teil davon!

Albuin konnte nicht anders, als diesen offenherzigen Träumer von Beginn an zu hassen, zumal ihm auch der Ruf vorauseilte, er werde einmal den bairischen Thron besteigen, was dann im Jahr 938 auch tatsächlich der Fall war. Doch da Berthold auf der Königspfalz Karnburg residierte und ganz einfach Luitpolds mit Sonderrechten ausgestatteter Nachfolger war, sah sich mein Herr gezwungen, die Zähne zusammenzubeißen und sich freundlich zu geben. Hanß gegenüber schimpfte er jedoch über diesen Herzogsbruder, dass einem Hören und Sehen verging.

In einem waren sie einander jedoch ähnlich. Auch Berthold hatte eine harte Kindheit hinter sich, da er seinen Vater früh verlor und seine Mutter sich neuerlich verehelichte. Und wie Albuin hatte er eine militärische Erziehung genossen, der dann auch noch eine strenge geistliche Schulzeit folgte. Da er glaubte, er und Albuin verstünden einander besonders gut, besuchte er auch mehrmals die Moosburg und fiel bei den gemeinsamen Tafeln durch sein feines Benehmen und seine gewählte Sprache auf. Als er sah, dass unsere Herrin Hildegard bald niederkommen würde, bot er sich als Pate für das Kind an.

Über Politik konnte Graf Albuin mit Berthold jedoch nicht reden, es hätte ihn zu sehr aufgebracht, denn der Luitpoldinger war König Heinrich völlig ergeben und hatte von seinen christlichen Erziehern gelernt, sämtliche weltlichen und himmlischen Machthaber vorbehaltlos anzuerkennen.

Doch es kam der Tag, an dem Berthold erfuhr, dass der Herr der Moosburg anderer Meinung war. Der Graf von Görtschitz hatte es mit seiner losen Zunge ausgeplaudert. „Nun", sagte Berthold darauf, „ich finde ebenfalls, dass Karantanien groß genug ist, um ein eigenes Herzogtum zu bilden. Wir sind sogar bereits auf bestem Wege dahin. König Heinrich hat mich nämlich eben mit weiteren Sonderrechten ausgestattet. Ihr werdet es ja bald durch Boten erfahren. Im Wortlaut ließ mir der Herzog sagen, ich werde dem Land künftig als ‚Dux' vorstehen."

Diese Neuigkeit nahm den Grafen von Görtschitz und Mostič allen Wind aus den Segeln. Denn mit Berthold als Dux rückte das Ziel eines eigenständigen Karantanien in greifbare Nähe. Sie hielten es also für weise, sich mit dem Luitpoldinger anzufreunden. Und nicht nur sie. Das ganze Land sprach von den christlichen Tugenden des neuen Fürsten. Er überraschte jeden durch seine sanfte Sprache, indem er sich selbst als „demütigen Knecht Gottes" bezeichnete. „Ich selbst strebe keine Macht in diesem Land an", behauptete er mit niedergeschlagenen Augen, „es sei denn, sie wird mir von Gott gegeben!"

Alle diese kindlichen Ideen des neuen Lieblings der adeligen Gesellschaft brachten denjenigen zum Brodeln und Schäumen, der sich selbst für den legitimen Nachfolger Kaiser Arnulfs in Karantanien hielt – Markgraf Albuin. Er konnte die gesalbten Reden des „Mönchs auf dem Herzogstuhl", wie er ihn nannte, nicht mehr ertragen. Dieser Berthold säuselte allen Grafen die Ohren voll mit seiner missionarischen Begeisterung und seiner Vision eines karantanischen Gottesstaates. Der vorläufige Gipfel seiner Mission bestand darin, dass er Predigten vor dem gewöhnlichen Volk hielt, um ihnen das Christentum bis in die Knochen einzuhämmern, denn der neue Knez des Landes missionierte nach ungewöhnlichen Regeln. Er sprach am liebsten über die Hölle!

Ja, er jagte den Bauern, wenn vielleicht auch in bester Absicht, Angst ein, indem er schilderte, was mit der Seele nach dem Tod geschehe. Wie sie gereinigt und geläutert werde, indem hässliche, schadenfrohe Teufel sie quälten. Er erwähnte glühende Zangen, Spieße, Nadeln, Scheren, Reibeisen, Kohlen und vieles mehr. Und wenn die Zeit bis zum Jüngsten Gericht nicht ausreiche oder die Vergehen des Verstorbenen allzu schwer seien, so könnte der ewige Richter der Lebenden und Toten diese schmutzige, besudelte Seele nicht erlösen. Sie werde daher hinab in ewige Dunkelheit gestürzt.

Diese Predigten zeigten ihre Wirkung. Die Beichtstühle in Sankt Peter und Maria Saal füllten sich nicht nur am Sonntag, sondern auch unter der Woche. Das brachte dem neuen Herzog von Karantanien zuletzt sogar das Lob des Erzbischofs ein. Als Albuin davon hörte, murmelte er: „Möge dieser Berthold doch selbst zur Hölle fahren!"

Als einige Mägde ganz verängstigt an mich herantraten und fragten, was ich über die Hölle und das Fegefeuer wisse, war ich einigermaßen ratlos und bat meine Herrin um Hilfe. „Ich möchte nicht, dass Ihr Euch sorgt, besonders in Eurem Zustand", sagte ich zu ihr, „doch weiß ich mir keinen Rat. Das Volk ist wegen der Predigten unseres Markgrafen Berthold in Angst. Sie fürchten die Priester und sehen in unserem christlichen Gott nichts als Perun, den Strafenden. Die Folge davon ist, dass sie lieber zu ihrem alten Glauben zurückkehren, denn hier gibt es weder Hölle noch Fegefeuer." Hildegard hatte ebenfalls davon gehört und auch schon seit einiger Zeit die verängstigten Blicke der Diener wahrgenommen, die zwar die vorgeschriebenen christlichen Gebete und Grußformeln kannten, doch, wie ihr schien, im Herzen großen Kummer trugen.

„Fürchten sie sich, Fehler zu machen?", fragte mich meine Herrin. Ich nickte. „Sie haben als Christen noch nicht Fuß gefasst, ja, sie sind es nur oberflächlich. Und die Lehre von Fegefeuer und Hölle verwirrt sie nun vollends." – „Du hast Recht, liebe, weise Dorothea", nickte Gräfin Hildegard." Sie haben Gott nicht erkannt! Wie sollten sie auch? Sie kennen weder die tröstenden Worte der Heiligen Schrift noch fühlen sie den Heiligen Geist, der Zeugnis gibt vom Vater und vom Sohn. Ach, wie könnten wir ihnen nur helfen, die Natur Gottes besser zu verstehen? Wir nennen ihn ja ‚Vater', gerade weil wir Menschen seine Kinder sind und er uns väterlich liebt! Die ganze sogenannte Frohe Botschaft zeugt vor allem von Liebe!" Unsere Herrin und ich sprachen viel über diese Dinge, und ich kann das alles nicht im Einzelnen wiedergeben. Hildegard wollte jedoch die Fehler wieder gut machen, die an den Neugetauften begangen worden waren. Sie nahm die nächste große Feier, das Fest der Auferstehung des Herrn, zum Anlass, um von Hanß eine kurze Predigt vorlesen zu lassen. Dieser beherrschte bereits genügend Karantanisch, sodass er sie Satz für Satz vorlesen konnte. Er las unter anderem:

„Begreift, dass ihr als Heiden Knechte wart, doch als Christen frei geworden seid. Ihr habt bisher in Angst vor den Naturgewalten gelebt, jetzt aber habt ihr den Himmel gewonnen. Christus, unser Herr, hat euch frei gemacht! Frei vom Tod, frei von der Hölle und frei vom Fegefeuer, wenn ihr seine Gebote haltet. Denn wahre Freiheit ist die Freiheit von den Fesseln der Sünde!"

Noch ehe Hanß die Predigt unserer Herrin zu Ende lesen konnte, war Graf Albuin zu ihm getreten und hatte ihm das Pergament aus der Hand gerissen. „Was fällt dir ein?", schrie er ihn an. „Was tust du hier?" Er blickte sich um. Auch alle Umstehenden erstarrten. Hanß wusste sich nicht zu rechtfertigen, er hatte gar nicht daran gedacht, dass sein Herr an dieser christlichen Predigt etwas auszusetzen hatte. Dieser rief jedoch den Versammelten in barschem Ton zu, sie sollten gefälligst an ihre Arbeit gehen! Dann nahm er seinen Waffenträger beiseite. Er schüttelte abwechselnd dieses Pergament durch die Luft und Hanß an den Schultern. „Wer hat das geschrieben? Heraus mit der Sprache!", zischte er atemlos. Da unser guter Hanß keinesfalls seine Herrin oder mich verraten wollte, ertrug er tapfer die Schelte seines Herrn. Hochrot im Gesicht fuhr Graf Albuin fort: „Wer faselt den Knechten da etwas von Freiheit vor? Niemand ist frei! Nicht einmal ich! Wir sind alle Knechte und armselige Würmer!" Wieder packte die zorngeballte Hand zu und stieß seinen Edelknecht Hanß gegen die Brust.

„Bist du frei?", fragte Albuin wieder. „Na? Antworte!" – „Nein, Herr", gab dieser zurück. „Ich bin ein Diener, Euer Diener." – „Dann hast du es begriffen, Hanß? Und ich möchte, dass du noch etwas begreifst: Erkühne dich nie wieder, nie wieder, sage ich, auf meiner Burg eine Predigt zu verlesen, die ich nicht befohlen habe! Und überhaupt: Es gibt keine Entschuldigung für dich. Deshalb sollst du auch deine Strafe für diese Tat erhalten. Sieben Tage Kerker! Dann wird dir das Lesen frommer Sprüche und das Gerede von Freiheit sicher vergehen."

Wie er uns später erklärte, war Hanß gar nicht bekümmert über diese sieben Tage, die er im Kerker schmachten musste. Nein, er war sogar erleichtert, dass sein Herr ihn nicht gezwungen hatte, den Namen der Schreiberin preiszugeben. So konnte er den Zorn unseres Grafen auf sich nehmen, der sonst über Hildegard, die kurz vor der Geburt ihres Kindes stand, niedergeprasselt wäre. Und dazu war diese unschuldig verbüßte Strafe eine Gelegenheit für ihn, meine Zuneigung weiter zu nähren.

An diesem Fünften des Ostermonds legte Gräfin Hildegard weinend ihren Kopf an meine Schulter. Ihr Atem ging tief. „Mein Gemahl ist mir fremd geworden!", sagte sie mit unterdrücktem Schluchzen. „Mir ist so bange, Dorothea. Ich fürchte, dass er sich zu einem anderen Menschen entwickelt. Der viele Weingenuss, das Bier, das hier so stark gebraut wird, seine Schweigsamkeit, obwohl der Lenz gerade Einzug hält. Und jetzt noch dieser grobe Umgang mit Hanß und unserem Gesinde." Ich hielt meine edle Herrin umarmt und suchte sie zu trösten, doch versagten mir die Worte. Sie hatte ja in allem recht und sprach die Gedanken aus, die auch mir durch den Kopf gingen. So kamen mir bloß, wie ihr, die Tränen und wir weinten dort in der Kemenate miteinander, bis sie sich aufrichtete und sagte: „Es ist genug. Mein Glaube wird mich nicht verlassen. Komm, Dorothea! Wir wollen beten und uns zu Bett legen!"

Das taten wir auch. Doch in dieser Nacht setzen die Wehen ein. Ich ließ die Hebamme holen, die Köchin heizte ein und stellte mehrere Töpfe mit Wasser auf. Und am Morgen des nächsten Tages gebar Hildegard ihr erstes Kind, ihren Sohn Hartwig. Den Namen erhielt er von Graf Albuin, der den Knaben mit den Worten aufhob: „Er soll eine militärische Erziehung erhalten!"

Unserer Herrin ging es im Wochenbett gut. Ihr Kummer schien von ihrer Freude über das neue Leben verschlungen zu sein. Wie andächtig saß sie an der Wiege des kleinen Hartwig. Täglich dankte sie Gott dafür, dass er ihr ein gesundes Kind geschenkt hatte. Sie dankte auch der Hebamme und allen, die ihr jetzt beistanden. Ich suchte sogleich nach einer Amme für Hartwig und fand eine Bäuerin namens Zwezdanka, die das Kind reichlich stillen konnte.

So kehrte in diesem Jahr 926 doch noch der Osterfriede auf der Moosburg ein. Durch ihre Mutterschaft hielt Hildegard, wie sie sagte, etwas Heiliges in ihren Händen. „So ein Kind ist das reinste Wesen auf Erden!", lächelte sie. „Es ist Gott näher als wir, ja, wir können es im Arm halten und wiegen, bis aller Kummer sich auflöst und wir mit ihm auf den Wolken des Paradieses schweben." Und bald schon drängte es unsere Herrin, nach ihrem Garten zu sehen. Wir trugen einen Baldachin vor ihr und dem Kindlein her, um sie vor der Lenzsonne zu schützen, während beide die herrlich reine Luft atmeten und dem Vogelgesang lauschten.

Schwarze Kunst

Wieder war eine Treibjagd angesagt. Auch Uduin vom Chiemgau besuchte zu dieser Zeit die Moosburg. Er verbrachte den ganzen Sommer hier und, obwohl er eigentlich früher abreisen wollte, zuletzt auch noch den Herbst und den Winter. Unserem Herrn war die Anwesenheit seines Bruders angenehm, da er sich dadurch der Gesellschaft der karantanischen Markgrafen entziehen konnte, die sich jetzt geschlossen um Berthold scharten und ihn, wie er meinte, im Stich ließen. Mit Uduin konnte er tagelang durch die Wälder streifen, konnte ungezwungen über seinen aufgestauten Hass gegen den Karnburger sprechen, und mit ihm machte es Vergnügen, täglich beim Wein zu sitzen und dem Brettspiel zu frönen. Und dies wurde immer mehr zu seiner liebsten Beschäftigung.

In dieser immer enger werdenden Nähe zu Uduin holte unser Herr nun seine alten, bisher niemandem offenbarten Pläne hervor. Die beiden Männer unterhielten sich wochenlang über ihre Herkunft und die tatsächlichen oder möglichen Verwandten. Albuin fragte seinen Bruder nach Einzelheiten, die ihm als dem Älteren vielleicht aufgefallen waren. All sein Fragen und Forschen lief darauf hinaus, dass er von Uduin eine Bestätigung seiner heimlichen Vermutung über die Abstammung ihres Vaters erhoffte. Und Uduin durchschaute seinen jüngeren Bruder natürlich und lenkte dessen Gedanken Schritt für Schritt weiter ins Dickicht einer sinnlosen Verschwörung. Und ihn, Uduin, traf dann letztlich keinerlei Schuld daran. Denn er wusste sich geschickt aus allem herauszuhalten.

So erlebte die Moosburg in dieser Zeit nicht nur große Jagden, sondern auch endlose Gelage zweier Männer, die sich den Wein gleich in Fässern herbeischaffen ließen. Um Uduins Annehmlichkeit besorgt, bestellte Albuin auch eine Konkubine für den Bruder, die sich neben Hildegard bald wie eine zweite Herrin vorkam. „Die Burg ist groß, meine Gäste sollen sich hier wohlfühlen", meinte Albuin nur, als er darauf angesprochen wurde.

Uduins Konkubine, sie nannte sich Fricke, erzählte dann eines Abends eine Geschichte, die meinen Herrn völlig in ihren Bann zog. Es ging um deren Großmutter, ein altes Weiblein aus Tigring, das behauptete, Odalberts II. Eltern zu kennen. Sie selbst sei, so das Weiblein, Magd bei der Edlen Rotmund gewesen, die einst auf der Moosburg gewohnt habe. Und hier in der alten Pfalz sei Rotmund in der Blüte ihrer Jahre dem großen Kaiser Arnulf von Karantanien begegnet.

Die junge Frau kicherte natürlich bei der Schilderung, wie minniglich sich dies alles zugetragen und welch großes Gefallen Arnulf an Rotmund gefunden habe. Und obzwar der Kaiser nur auf der Durchreise war, konnte er den Reizen der edlen Moosburgerin nicht widerstehen und zeugte mit ihr ein Kind, das die Alte schwor, mit eigenen Händen gewiegt zu haben. „Und als Arnulf von Karantanien das nächste Mal wieder auf seiner Durchreise nach Italien auf der Moosburg vorbeikam, freute er sich darüber, einen Sohn zu haben", erzählte Fricke weiter.

„Und", bohrte Albuin ungeduldig, „wie lautet sein Name?" – „Odalbert!", versicherte ihm Fricke. „Meine Großmutter kann es bei allen Mächten des Himmels und der Erde beschwören!" – „Doch warum wurde diese Geburt verheimlicht? Warum wurde Odalbert nicht als Sohn Kaiser Arnulfs anerkannt?", fragte unser Herr wieder. Er war vor Erregung von seinem Stuhl aufgesprungen.

Jetzt zog die Konkubine ein geheimnisvolles Gesicht. „Weil Rotmund bereits verehelicht war. Sie bat und flehte Kaiser Arnulf an, er möge Stillschweigen über die Entstehung des Kindes bewahren. Doch Arnulf fand eine andere Lösung. Er nahm den Knaben, der inzwischen fünf Jahre alt war, mit zu seinem Oheim an den Chiemsee, wo er dann aufwuchs."

„Aber", warf Albuin jetzt zweifelnd ein, „ist denn dem Gatten Rotmunds nicht aufgefallen, dass ihm Odalbert, den er wohl für seinen eigenen Sohn hielt, abhanden kam?" – „Nein, es geschah mit dessen Einverständnis. Denn Rotmund hatte dem Gatten ihre Untreue gebeichtet", wurde Albuin weiter aufgeklärt. „Er selbst verzieh seiner Gemahlin, da es sich bei seinem Rivalen um den Sohn König Karlmanns gehandelt habe."

Jetzt war mein Herr mit dem Gehörten zufrieden und lachte: „So hat sich das also abgespielt! Jetzt wird mir alles klar. Unser Vater war ein Kuckuckskind. Als solches hatte er keinerlei Rechte in der Erbfolge. Aber dennoch! Sein leiblicher Vater, der Kaiser, sorgte für ihn, wenn auch im Geheimen, und sah darauf, dass er eine ordentliche Erziehung sowie Stand und Güter erhielt." Ein Stein schien vom Herzen unseres Herrn zu fallen.

Und nun fügte Uduin noch eine vage Erinnerung hinzu. Er glaubte zu wissen, dass Kaiser Arnulf im Kloster am Chiemsee, wo Odalbert II. die Lateinschule besuchte, einige Male zu Besuch war. Bei dieser Gelegenheit ließ er die Schüler vor sich aufmarschieren und sprach mit einigen auch einzeln. Auch mit Odalbert, der bei diesen Begegnungen nicht wusste, dass er seinem leiblichen Vater gegenüber stand! „Aber mit neunzehn Jahren", ergänzte jetzt Albuin atemlos, „hat er ihn bereits auf seinen ersten Feldzug nach Italien mitgenommen, und auch mit zwanzig war er mit ihm im Krieg."

So glaubte unser Herr dieser windigen Geschichte und sah sich, und auch Uduin, fortan als das, was er so sehnsüchtig sein wollte: Enkel Kaiser Arnulfs. In seiner Begeisterung über die Neuigkeiten, die er nun für Gewissheiten hielt, wurde er von seinem Bruder Uduin bestärkt, er solle aufgrund der nun erwiesenen Abstammung Ansprüche geltend machen, um diesen Berthold in die Schranken zu weisen.

Wie er dies tun sollte, darüber berieten sich die beiden Grafen wiederum längere Zeit. So war schon der Winter eingekehrt und Graf Albuin saß die meiste Zeit mit Uduin und dieser Fricke im Speisesaal. Es zeigte sich, dass sie die Männer beim Wein durchaus unterhalten konnte. Sie erzählte noch weitere Geschichten, meist von vergangenen Zeiten, als die Wälder noch voller heiliger Haine waren, als man noch Wodan, Freya, Latobius und Silvanus verehrte. „Damals wusste man die Himmelserscheinungen noch zu deuten, man kannte Zaubersprüche für das Vieh, gegen böse Geister und alle möglichen Gebrechen."

Da Fricke eine wichtige Zeugin seiner Abstammung geworden war, ließ sich unser Herr auch in anderen Dingen von ihr beraten. Hildegard, die zum zweiten Mal guter Hoffnung war, bat ihn öfters, sich nicht so viel mit ihr und Uduin abzugeben, sondern mehr bei seiner Familie zu sein, doch das Schaukeln von Kindern überließ Albuin, wie er meinte, lieber den Frauen. Er wollte sich um Hartwig kümmern, wenn dieser alt genug sei, ein Schwert zu halten. Doch Hildegard war auch besorgt um Albuins Seelenheil. „Bitte vergiss nicht, dass du ein Christ bist", mahnte sie ihn. Er beruhigte sie und meinte, sie sehe Gespenster. Er werde sich einfach weiterhin um seinen Gast kümmern, solange dieser auf der Moosburg weile.

Während Fricke bald auch über eine Dienerin verfügte und sich auf der Burg häuslich niederließ, streiften Uduin und Albuin, begleitet von Hanß und einigen Jägern, durch die Wälder. Dabei kamen sie manchmal auch in abgelegene Gebiete, die an die Karnburg grenzten. Auf einem dieser Ausritte begegnete ihnen ein alter Mann, der sich als „Magier" vorstellte, als „Bewahrer der alten Kunst". Seltsamerweise sprach er kein Karantanisch, sondern benützte Worte, die halb Bairisch, halb Römisch klangen. Die Reiter fragten ihn, worin seine Kunst bestehe, und er meinte, er könne die Zukunft sehen. Er erklärte, dass er Vögel und kleinere Wildtiere fing, um sie zu Hause aufzuschneiden und aus ihren Eingeweiden Antworten auf seine Fragen zu erlangen. Es kamen, wie er sagte, viele aus der Umgebung zu ihm und bezahlten ihn gut.

Während Graf Albuin solcher „Heidenspuk", wie er es zu nennen pflegte, früher zuwider war, ja, während er Menschen, die solches betrieben, einstmals sogar bestrafte, wurde er nun hellhörig. Plötzlich begann er zu glauben, dass ein heidnischer Wahrsager mehr über seine Zukunft herausfinden würde als ein Pfarrer im Beichtstuhl. So folgten sie diesem Mann. Er kannte Stellen im Wald, wo sich, wie er sagte, Übergänge in die Welt des Totenreiches befanden, und Felder, auf denen Freya mit der Wilden Jagd durch die Lüfte ritt.

Wie Hanß berichtet hat, war seinem Herrn eigentlich nicht ganz wohl dabei zumute, sich in die Hand dieses buckligen Alten zu begeben und er fragte sich, ob es denn mit seinem christlichen Glauben vereinbar sei, was er sich hier anschickte zu tun. Doch sein Bruder Uduin klopfte ihm auf die Schulter und sagte: „Sei doch nicht so verbohrt. Ein gebildeter Mensch sieht sich alles an und entscheidet dann, was ihm frommt und was nicht. Meine Regel ist es immer gewesen, selbständig zu denken!" So ließ sich unser Herr aus Neugier auf diese Dinge ein. Und Hanß folgte ihm weiterhin ergeben, obwohl ihm oftmals schien, der vorher so stolze Graf vom Chiemgau mache sich dadurch nicht freier, wie er meinte, sondern lege seinen Fuß erst recht in eine Kette.

„Also ich für meinen Teil bin gespannt, was Wodan uns heute zu sagen hat!", scherzte Uduin. „Und, unter uns: Es kann auch nicht schaden, wenn wir wissen, wo sich die Antichristen verstecken, oder?" Albuin nickte. Doch als der Alte sich umdrehte und zu ihm hinaufsah, versicherte er ihm: „Ich schwöre, dass du von uns nichts zu befürchten hast. Wir kommen nur mit einer Frage, die du mithilfe deiner Kunst beantworten sollst." Und als der Alte selbstsicher nickte, wurde Albuin umso mehr in den Bann dieses Abenteuers gezogen, ja, sein christlicher Glaube erschien ihm vage und unsicher, während dieser Mann zwei Rebhühner an der Gurgel trug, die ihm vielleicht erstmals im Leben eine sichere Deutung der Zukunft geben konnten.

An der Tür des Alten hing ein Kreuz. „Na also!", rief jetzt Uduin. „So geht es ja auch. Man muss ja nicht auf eines verzichten, um das andere zu bekommen." Weiter drinnen im niedrigen Raum mit der Feuerstelle sahen sie allerlei seltsame Dinge, die Hanß bis dahin unbekannt waren und denen er, wie er sagte, auch später nicht wieder begegnet war. Am Boden gab es Stroh, worauf sie sich setzen konnten. Meinem Hanß war es hier aber reichlich unwohl zumute.

Jetzt trug der Wahrsager eine schwarze Schale herbei, legte sein Messer bereit und fragte: „Jetzt sagt mir, edler Herr, was Ihr von den Göttern zu erfahren hofft. Ich verlange dafür nur ein kleines, glänzendes Silberstück." Albuin stellte die Frage, ob er die Aussicht habe, Herzog von Karantanien zu werden. Der alte Mann nickte und begann zuerst mit dem Aufschneiden eines der Rebhühner, dessen Blutung er mit wiegendem Kopf beobachtete. Sodann setzte er sich auf einen Dreifuß und beschwor die Geister der Ahnen, und zwar findigerweise jener Ahnen, die über Albuins Leben Bescheid wussten.

Alsbald vernahm man seltsam hohle Stimmen im Raum. Die Augäpfel des Alten traten im Widerschein des Feuers hervor, sein Mund verzog sich zu einem dämonischen Grinsen. Er stellte die Frage und gackernde Geräusche antworteten ihm aus der Ecke seiner Hütte. Nachdem er mit dem Erfahrenen zufrieden war, ließ er die Geister wieder entschwinden. Danach öffnete er die Tür, um etwas Tageslicht hereinzulassen, und berichtete Albuin, dass dessen Großvater eben hier gewesen sei und erklärt habe, er solle noch ein Jahr warten und nichts unternehmen. Danach werde er ein glänzendes Schwert sehen. Die Spitze der Waffe werde ihm den Weg weisen, auf dem er gehen sollte. Das Schwert führe ihn direkt zum Herzogstuhl. „Nur", sagte er noch, „ich warne dich vor zwei Männern, die dir gefährlich werden können, der eine ist ein bartloser Jüngling, der andere besitzt eine Glatze." Nun war meinem Herrn alles klar, ja, er musste vor Berthold auf der Hut sein und auch vor Vogt Guntram, der ihn immer so missgünstig ansah. Warum, fragte er sich, war er nicht schon früher zu solch einem Magier gegangen?

Nachdem sie von diesem, alles andere als gewöhnlichen Ritt durch die Wälder zurückgekehrt waren, begann es auf der Burg zu spuken. Wir entzündeten Weihrauch, Lavendel und andere Gewürze, doch blieb etwas zurück, etwas wie ein schleichender Schatten, der des Abends, wenn unser Herr allein war, die Wände entlang huschte. Auch verfolgten ihn, der bisher fest geschlafen hatte, unruhige Träume, die ihm alle Kraft raubten, sodass er am nächsten Tag unfähig war, seine Aufgaben als Burgherr zu erfüllen.

Um seine Plagegeister loszuwerden, machte Albuin sich ein weiteres Mal auf den Weg zum Wahrsager, der ihm für den entsprechenden Lohn verschiedene geheime Plätze im Wald zeigte, an denen unser Herr die Kraft seiner Ahnen und gewisser heidnischer Götter empfangen könne. Zur Reinigung der Zimmer verkaufte er ihm eigenartige Gebilde aus Wurzeln, Tierhaar und Gedärm, die er um sich herum aufstellte.

Wenn Hanß und er von nun an in die Wälder ritten, suchte unser Herr stets diese Kraftorte auf, rief dort die heidnischen Götternamen an und fühlte sich danach, wie er sagte, verjüngt und gestärkt. Auch sonst taten die mitgebrachten Zauberwurzeln offenbar ihre Wirkung. Denn er klagte nicht mehr über nächtlichen Spuk oder mangelnden Schlaf. Nach wie vor verfolgten ihn jedoch seine Träume. Doch träumte er nun immer öfter von einem bewaffneten Aufstand, an dessen Spitze er selbst ritt. Doch wo sollte er hier im Land Verbündete finden?

Als der Schnee im frühen Jahr 927 geschmolzen war, machte sich Uduin wieder auf den Weg nach Norden. Er ließ sich von seinem Bruder Albuin beim Abschied reich beschenken. Leider konnte er Fricke nicht mitnehmen, die darüber sehr bekümmert war. Denn sie verlor damit ihre Stellung auf der Burg und auch ihre Dienerin. So gab unser Herr ihr eine Kuh und einige Silbermünzen mit nach Hause, damit sie ihrer Großmutter einen sicheren Lebensabend bieten konnte.

Glänzendes Metall

In einer der folgenden Nächte, es war gegen Ende des Ostermonds, saß Albuin allein im großen Saal. Im Kamin hatten die Mägde ein frisches Feuer entfacht. Sein Schwert lag, nachdem der Schmied es nachgeschärft hatte, vor ihm auf dem Tisch, er aber hockte nah an der Glut und wärmte sich. Als seine Augen nachdenklich durch den Raum blickten, wurde er von einem blitzenden Lichtstrahl geblendet. Irritiert erhob er sich und gewahrte, dass sich die Feuerflammen im geschliffenen Metall seines Schwertes spiegelten.

Sofort fiel ihm die Weissagung ein! Es war zwar noch kein Jahr vergangen, wie es gesagt worden war, doch das Zeichen erschien ihm untrüglich. So glaubte er, der Augenblick zum Handeln sei gekommen. Die Waffe zeigte mit der Spitze nach Süden! Jetzt war Albuin klar, dass er sich um Waffenhilfe umsehen müsse, wenn er gegen Berthold etwas erreichen wollte, dessen Einsetzung als Herzog von Karantanien unmittelbar bevorstand. Hier in der Umgebung kannte er niemanden, der sich auf seine Seite geschlagen hätte. Und nun wies ihm sein eigenes Schwert den Weg! So entschloss Graf Albuin sich dazu, Gold und erlesene Geschenke einzupacken und ohne weiteres Zögern aufzubrechen, um seine Brüder, die Langobarden, zum Kampf gegen Berthold zu rufen. Er fragte sich, ob sein Großvater noch lebte, und da seit ihrem letzten Zusammentreffen schon etliche Jahre ins Land gezogen waren, erschien es ihm umso dringender, nach ihm und den noch lebenden Onkeln und Neffen in der Stadt Utina zu sehen. Einen solchen Besuch nahm er zumindest als Vorwand, um sich nicht verdächtig zu machen. Er ließ seine Beamten also nur wissen, dass er, Markgraf Albuin, zu seinen Verwandten nach Oberitalien reise, weil er sich um sie sorgte!

Leider sprach er mit Hanß, der ihn auf diesem Ritt begleiten sollte, etwas ausführlicher über sein Vorhaben, als Vogt Guntram sie belauschte. Und dieser schlich sich noch am selben Tag aus dem Haus und eilte hinüber nach Karnburg zu Graf Berthold, um ihm die Umsturzpläne unseres Herrn zu offenbaren. Denn nun hatte Guntram endlich einen Beweis für seinen von Beginn an gehegten Verdacht.

So nahm das Verhängnis seinen Lauf und es geschah, dass Hanß und sein gepanzerter Herr bei ihrem Ritt nach Süden über den Krainer Berg von Bertholds Soldaten mit gezücktem Schwert aufgehalten wurden. Albuin zog ebenfalls seine Waffe und protestierte dagegen, dass man ihm plötzlich nicht mehr gestatten wollte, ins Ausland zu reisen! Ja, er sagte auch, dass Berthold ihm nichts zu befehlen habe. Doch die Soldaten des Karnburgers waren weit in der Überzahl. So führte man unseren Herrn gefesselt den Weg zurück ins Zollfeld. Man ließ Hanß und die Wachen, die sie mitgenommen hatten, auf die Moosburg zurückkehren, doch unser Herr wurde dort auf der Karnburg gefangen gesetzt und von Berthold und seinen Beamten verhört. Und da Vogt Guntram als Zeuge gegen ihn auftrat, konnte Albuin sich nur schlecht verteidigen. Es hätte auch nichts genützt, wenn er sich auf Hanß, seinen Waffenträger, berufen hätte, da er ja vom geplanten Aufstand wusste und jeder Befragte auf das Kreuz und sein ewiges Seelenheil schwören musste, um nichts als die Wahrheit zu sagen.

So ritt unser Hanß also gesenkten Kopfes in den Burghof ein. Meine Herrin und ich kamen bereits mit bösen Ahnungen die Treppen herab. Die Amme Zwezdanka folgte uns mit dem kleinen Hartwig. Bedrückt berichtete also Hanß uns Frauen und den Soldaten, die unser Herr nicht in seine Pläne eingeweiht hatte, was geschehen war. Gräfin Hildegard erwartete in einigen Monaten ihr zweites Kind. Wir alle konnten jedoch nur warten und beten, dass der Richterspruch über Graf Albuin milde ausfallen würde. Denn er hatte seine Hand noch nicht gegen Berthold erhoben, sondern alles, was ihm zur Last gelegt werden konnte, waren seine nächtlichen Pläne.

Nicht zufällig kam in den darauffolgenden Tagen Erzbischof Odalbert II. nach Karantanien. Er wollte, wie man hörte, hier eine Reichssynode abhalten. Doch wir hofften sehr, dass er sich auch für seinen Sohn Albuin einsetzen würde. Leider kehrte der vielbeschäftigte Mann nicht bei uns auf der Moosburg ein, sondern wohnte bei Berthold auf der Karnburg. Später erfuhren wir, dass er hier einige Verträge schloss und erzbischöfliche Urkunden ausstellte, unter anderem, um im Namen König Heinrichs auf Bertholds Haupt die Rechte eines Dux oder Landesherrn Karantaniens zu siegeln.

Meine Herrin, die sich zu ihrem Schutz jetzt weder auf den Gatten noch auf den Vogt verlassen konnte und auf der Burg allerlei Entscheidungen zu treffen hatte, ließ Hanß eine Anzahl Soldaten und Begleiter zusammenstellen, denn sie wollte Erzbischof Odalbert in Karnburg ihre Aufwartung machen. Und tatsächlich empfing er sie gnädig und wohlwollend. Ja, er erwies seiner Schwiegertochter alle Ehre und lobte sie für ihre Standhaftigkeit und ihren frommen Wandel, der ihm zu Ohren gekommen war. Seine Worte ließen erkennen, dass der Geistliche sich bereits in seiner umsichtigen Art mit der Frage beschäftigt hatte, was nun aus der Familie seines Sohnes werden sollte.

Überraschenderweise winkte er nun Hanß zu sich und sagte: „Zunächst gebe ich dir hier, edle Hildegard, für die Moosburg einen neuen Vogt, denn …", in seiner Stimme lag tiefes Bedauern, „mein Sohn Albuin kann derzeit nicht in Freiheit gesetzt werden. Er wird in zwei Wochen, wenn ich hier in der Pfalz alles geregelt habe, von meinen eigenen Soldaten nach Salzburg geführt und von dort nach Regensburg überstellt. Herzog Arnulf will ihn für eine Weile in den Kerker stecken." Hildegard erschrak, doch ihr Schwiegervater fügte sorgenvoll hinzu: „Ich habe Albuin wieder und wieder gewarnt, seinen Ehrgeiz zu zähmen! Er hat nicht auf mich gehört. Der Kerker war das mildeste Urteil, das ich für ihn erwirken konnte. Andernfalls hätte ihn die Todesstrafe getroffen!"

Jetzt waren sie und Hanß zwar bestürzt, aber doch auch etwas erleichtert. Aber wie lange sollte diese Kerkerstrafe andauern? Das wusste Odalbert nicht zu sagen. „Hoffen wir auf die Milde unseres Herzogs", meinte er, sich müde auf seinen rechten Arm stützend. Unsere Herrin begriff, dass der Erzbischof alles getan hatte, was in seiner Macht stand. Sie warf sich dankbar vor dem hohen Geistlichen nieder und küsste seinen Ring. Auch dankte sie ihm für sein Kommen und dass er sich für Albuin eingesetzt hatte, um ihm die Freiheit und seiner Familie ihren Vater wiederzugeben. Auch Hanß zeigte dem Erzbischof seine tiefe Ergebenheit und versprach ihm, über die Familie seines Sohnes zu wachen und die Güter der Moosburg in der Zwischenzeit nach Kräften gut zu verwalten.

Daraufhin ließ der Erzbischof auch den kleinen Hartwig, der gerade ein Jahr alt geworden war, zu ihm bringen und man konnte sehen, dass er ihn mit zärtlichen Gefühlen segnete und ihm zunickte. Dabei umstanden ihn eine große Zahl von Beamten und auch Bedienstete Bertholds, die ihm als Schreiber und Zeugen für seine Amtsgeschäfte dienten. Das geistliche Oberhaupt des Erzbistums trug hier in der Pfalz keine schweren Roben, sondern Reisekleidung, die einfacher gehalten, doch standesgemäß mit Gold und kostbaren Steinen besetzt war. Neben ihm auf einer Truhe stand sein etwa ellenhoher, aufklappbarer Tischaltar, vor dem er auf Reisen und auf Kriegszügen sein Gebet verrichtete.

Am Ende der Audienz deutete Odalbert noch etwas an, das ihm offenbar zusätzliche Sorgen bereitete. Albuin habe die Güter der Moosburg vonseiten der Kirche und mit der Billigung des Herzogs erhalten, um zu missionieren und die Macht Baierns und Salzburgs zu festigen. „Ich weiß", sagte er, „dass Albuin tüchtige Arbeit geleistet hat, indem er, wie er mir versichert, alle seine Untertanen dem wahren Glauben und der christlichen Taufe zuführen konnte. Diese Tat wird sich in den Augen des Herzogs mildernd auf die Dauer und Schwere der zu erwartenden Strafe auswirken." Doch dessen Wille, ja, und auch der Wille des Königs, und sogar Gottes, sei es, dass Berthold zum Herrscher in Karantanien geweiht werde. Und von seiner Politik hänge auch das weitere Schicksal sämtlicher Königsgüter ab. Was er damals gegenüber unserer Herrin nicht aussprach, wurde uns erst später klar. Mit seiner Auflehnung gegen die Obrigkeit verlor Graf Albuin die Moosburg mitsamt den Gütern, die ihm als Lehen übertragen worden waren.

Währenddessen lebten diejenigen Edlen, die Berthold bedingungslos anerkannt hatten, nicht nur sicher und in Frieden, sondern wurden für ihre Treue auch allergnädigst beschenkt. Dem Weriand und seiner Gattin Adalsund sowie deren Kindern war am gleichen Tag auf Lebenszeit der Hof Friesach mit der Kirche, dem Zehnten und den Hörigen übertragen worden, während diese auf unbedeutende Güter in Hof im Ennstal zugunsten des Erzbistums verzichteten. Auch Chorbischof Gotabert, der besondere Freund und Vertraute Odalberts II., mit dem er bereits mehrere Tauschverträge ausgehandelt hatte, profitierte von seiner Buchstabentreue und Gefolgschaft. Er erhielt ebenfalls auf Lebenszeit die Orte Maria Saal, Sankt Peter in Karnburg, Sankt Lorenzen an der Görtschitz, Sankt Peter in Osterwitz, Treffen, Maria Rain, die Lehen der Nonne Engilhild in Lavant und weitere Güter im Tausch gegen einen ungenutzten, nördlich der Tauern gelegenen Landstrich.

Als die kleine Gruppe um Gräfin Hildegard den Empfangssaal der Karnburg verließ und andere Bittsteller eingelassen wurden, erwartete sie an einer der niedrigen Türen, hinter denen Beamte ihren Dienst versahen, Heribert, ein Mönch aus dem Gefolge des Erzbischofs, und gab ihnen Zeichen, ihm zu folgen. Sie betraten einen Raum, der als zusätzliche Schreibstube diente, und in dem Hildegard die ihr wohlvertrauten Schreibwerkzeuge und Tintenbehälter erblickte. Sie neigte sich zu Hartwig hinab und flüsterte, er müsse sich jetzt leise verhalten, denn sie befänden sich in einem Skriptorium. Natürlich erhofften sie, von diesem Diener des Erzbischofs zu erfahren, was sie für Graf Albuin in seiner misslichen Lage tun konnten. Doch dieser hatte lediglich den Auftrag, Hildegard vor ihrem Schwager Uduin zu warnen. Er sei ein Müßiggänger, der ein liederliches Leben führe und sich auf Kosten anderer vergnüge. Er halte sich selbst für einen Philosophen, doch in Wahrheit sei er ein verschlagener, boshafter Geselle, vor dem sie sich tunlichst in Acht nehmen müsse. Odalbert ließ Hildegard auch davon unterrichten, dass ihr Gemahl möglicherweise verwünscht worden sei.

Die Gräfin hörte sich in völliger Ruhe an, was der Mönch ihr zu sagen hatte. Doch dann fragte sie: „Und hat unser Erzbischof meinem Gemahl auch erklärt, wie er sich von solch einem Fluch befreien könne?" Daraufhin nickte ihr Gegenüber. „Ja, doch Graf Albuin sagte ihm ins Gesicht, dass er kein Hasenfuß sei und solchen Einbildungen keinerlei Glauben schenke, er fühle sich in vollem Besitz seiner geistigen Kräfte. Niemand, auch nicht Uduin, habe ihn beeinflusst, was er getan habe, habe ganz allein er selbst zu verantworten." Jetzt ergriff Hildegard für einen Moment das seidene Halstuch und bedeckte damit ihr Gesicht. Die Antwort ihres Gemahls war in Anbetracht seiner Lage durchaus kühn. Er hätte seine Schuld auf Uduin abwälzen können, hatte es aber nicht getan.

Da er ihren noch immer fragenden Blick bemerkte, fügte Heribert hinzu: „Unser ehrwürdiger Herr Erzbischof gab Eurem Gemahl als Priester den Rat, sich um tugendhafte Gedanken zu bemühen und täglich für sein Seelenheil zu beten. Denn der Teufel und sein Gefolge fürchten nichts mehr als Gebete, Frömmigkeit und Tugend." In Hildegards Gesichtszügen spiegelte sich Erleichterung. Sie nickte und bedankte sich für diese Worte. Wie froh war sie zu hören, dass ihr ein hoher geistlicher Würdenträger auf diesem Wege bestätigte, dass es für jeden Menschen Hoffnung gab. Man konnte für Albuin beten, sie wollte es künftig umso inniger tun. Fürwahr, kein Mensch war verloren, solange er sich nicht selbst als verloren betrachtete.

Es gab zwar keine offizielle Erlaubnis, doch Hanß gelang es, mit den Wachen auf der Karnburg auszuhandeln, dass Hildegard und Hartwig nach dem Gespräch mit dem Erzbischof unseren Herrn nochmals sehen konnten, ehe er nach Regensburg überführt wurde. Ihr Spähen durch das Kerkerfenster und, drunten im düsteren Verließ, der Anblick ihres Gemahls, der am Fußgelenk mit einem Eisenring und schweren Ketten gefesselt war, prägte sich schmerzhaft in ihr Inneres ein. Sie blieb aber gefasst. Er hob seine Augen zu ihr herauf, mit einem Blick, der nur aus zwei Regungen bestand: verletztem Stolz über die Schmach der Gefangenschaft und dem Wunsch sich zu rächen. Hildegard fühlte, dass sie nicht viel mehr für ihn tun konnte als für ihn zu beten. Sie hielt den kleinen Hartwig hoch, sodass ihn Albuin vom Kellerraum aus sehen konnte. Der Kleine war sich aber nicht bewusst, was mit seinem Vater geschah und dass er ihn nun lange nicht wiedersehen würde.

Erst als unsere Herrin zu Pferd saß, ließ sie es zu, dass Tränen ihre Wangen hinunterliefen. So rasch war ihre junge Ehe von einem Lanzenhieb getroffen worden, der das Leben ihrer Familie in Unsicherheit stieß. Der Schicksalsschlag zwang sie dazu, mehr Selbständigkeit zu beweisen und ihren Kindern den Vater zu ersetzen. Auch unser Landeskundiger Reinprecht verließ, wie geplant, nach seinen zwei Jahren im Dienst des Grafen Albuin die Moosburg, da ihn in Salzburg neue Aufgaben erwarteten.

Harre aus

In diesem Sommer brachen das italienische Fieber und eine furchtbare Hungersnot aus, die weite Teile des byzantinischen Reiches heimsuchte, aber auch im Herzogtum Baiern zu spüren war. Gräfin Hildegard schränkte unseren Haushalt ein und suchte nach Möglichkeit einen Vorrat an Getreide anzulegen. Der Gemüsegarten an der Burgmauer wurde nach ihren Anweisungen vergrößert und lieferte so mehr frische Nahrungsmittel als bisher.

Sie sandte auch Briefe an ihre Brüder Aribo III. und Egilolf nach Freising, schilderte ihnen, was geschehen war, und bat, sie mögen sich nach ihrem Gemahl Albuin erkundigen. Vor allem wollte sie wissen, ob man sich bei Herzog Arnulf irgendwie für ihn einsetzen konnte, aber es beruhige sie bereits zu erfahren, ob ihr Gemahl den Umständen entsprechend gesund sei. Es dauerte eine Zeit, bis sie Antwort erhielt. Ihre Freisinger Brüder hatten tatsächlich eine Audienz bei Arnulf von Baiern erhalten, doch dieser hätte, wie sie schrieben, nur den Kopf geschüttelt. Es war ihnen auch nicht erlaubt worden, den Gefangenen zu sehen.

So vergingen Brachmond, Heumond und Erntemond ohne weitere Nachricht von ihrem Gemahl. Dann, im Herbstmond, kam sie nieder und gebar ihren zweiten Sohn, den sie im steten Gedanken an ihren Gatten Albuin II. nannte. Mit dem Kindlein am Arm und ihren Gebeten für dessen unglücklichen Vater verstrichen Weinmond und Nebelmond. Wieder fasteten wir und feierten mit den beiden kleinen Kindern ein bescheidenes Weihnachtsfest. Als Eismond und Schmelzmond vorüber waren, konnte klein Albuin bereits selbständig am Tisch sitzen und den Brei, den ihm Zwezdanka reichte, mit dem Löffel essen. Er hatte auch gelernt, während des Tischgebets die Händchen zu falten.

Bald aber war ein ganzes Jahr verstrichen, ohne dass unsere Herrin eine Nachricht von ihrem Gemahl erhielt. Wir gingen unseren Alltagsgeschäften nach. Hanß strengte sich wirklich an, seine Aufgabe als Burgvogt so gut als möglich zu erfüllen. Die Gerichtsfälle wurden allerdings nicht vor ihn, sondern vor Graf Berthold gebracht. So ging es für ihn mehr um die Beaufsichtigung der Bauern und Leibeigenen, Hilfestellung bei Saat und Ernte und die Einbringung der geschuldeten Abgaben. Doch schien es, ohne ihn allzusehr loben zu wollen, dass es ihm trotz seiner Milde gelang, die gewohnte Ordnung auf den Gütern aufrechtzuerhalten.

Inzwischen hatten Gräfin Hildegard und ich eine kleine Schule eingerichtet. Auch schon bisher hatten einige Bedienstete der Moosburg, darunter Hanß, mit meiner Hilfe zumindest schreiben und lesen gelernt. Doch nun ließ unsere Gräfin verkünden, dass sie jeden Sonntag nach dem Kirchgang im Pfarrhof von Sankt Peter einen Unterricht abhalten werde, zu dem die Kinder der freien Bauern sowie auch die der Leibeigenen erscheinen sollten. Sie machte mich, Dorothea, zur Lehrerin. Ich lehrte Bairisch, Schreiben, Lesen und Rechnen. Zuerst waren die Eltern skeptisch, doch dann sahen sie, dass ihren Kindern dadurch kein Schaden, sondern vielmehr ein Vorteil im Leben erwuchs. Und an Sonntagen war es ihnen ja ohnehin nicht erlaubt, die Kinder aufs Feld zur Arbeit zu schicken. Was die Kleinen aber besonders freute, war die Schüssel Getreidebrei, die sie, manchmal mit Mus oder Honig, nach dem Unterricht vorgesetzt bekamen.

Endlich, nachdem er rund eineinhalb Jahre in einem feuchten Regensburger Kerkerloch gedarbt hatte, schrieb unser Herr Albuin seiner Gemahlin einen Brief. Die weihnachtliche Fastenzeit des Jahres 928 war bereits angebrochen, als ein Bote dieses Schreiben mit einiger Verspätung überbrachte. Unser Herr teilte seiner Familie mit, dass er demnächst freigelassen werde. Er müsse König Heinrich I. noch diesen Winter auf einen Feldzug an die Elbe begleiten, im kommenden Jahr gehe es dann gegen die Sorben. Auch sein Vater Odalbert werde mit ins Feld ziehen. Er versicherte Hildegard seines steten Eingedenkens und sagte, er erwarte, falls er heil aus den Schlachten zurückkehre, von König und

Herzog begnadigt zu werden. Und er zeichnete mit „Albuin vom Chiemgau".

Die Freude auf der Moosburg war groß, wenigstens ein Lebenszeichen von unserem Herrn erhalten zu haben! Nun hoffte seine Gemahlin Hildegard, dass in ihrer Familie mit der Hilfe des Herrn noch alles gut werden konnte. Und ihre Freude wurde im Christmond dieses Jahres noch vermehrt durch den Besuch ihres Vaters Aribo. Er kam mit Geschenken und Segenswünschen von Mutter Walpurga, mit Kleidern für Hildegard und die Kinder und vor allem, um seiner Tochter in dieser schweren Zeit beizustehen. Hartwig war sehr glücklich, seinen Großvater hier zu haben, und dieser blieb auch über das Weihnachtsfest bei ihnen. Letztlich war Aribo II. jedoch hier, um Hildegard auf Veränderungen vorzubereiten. Er sagte, es sei ihm zu Ohren gekommen, dass ihr Mann die Moosburg und die dazugehörigen Huben verlieren werde. „Als einzige Möglichkeit bleibt Euch jetzt die Hornburg oder Prosnitza, wie sie genannt wird."

Hildegard, die schon lange ein unbestimmtes Gefühl des Abschieds in sich trug, nahm diese Nachricht ruhig hin. „Ja, Vater, auch ich habe mich schon mit diesem Gedanken befasst. Ich bin froh, dass Albuin dort auf der Prosnitza bereits einen verlässlichen Verwalter eingesetzt hat. Er heißt Karej und ist uns treu ergeben. Die Prosnitza wird unsere Zuflucht sein. Denn Schloss Stein ist in diesem Zustand nicht bewohnbar. Aber mein Verwalter Mattes hat, wie er mich wissen ließ, bereits einiges an Mitteln angespart, um bald mit dem Wiederaufbau beginnen zu können."

Aribo legte ihr seine Hand auf die Schulter. „Dort an der Drau kannst du dich auch besser um deine persönlichen Güter kümmern. Die Einnahmen reichen allemal als Unterhalt für die Familie aus. Du besitzt fünf gut gehende Wirtschaftshöfe mit jeweils sechs bis acht Huben, dazu kommt der Besitz deines Mannes rund um den Skarbin, der Hof Möchling und die sechs Huben, die zur Prosnitza gehören. Insgesamt sind das sechs Maierhöfe und vierzig Huben. Ich denke, bei sparsamer Haushaltung werdet ihr mehr als standesgemäß leben können." Hildegard, die ihren Sohn Albuin II. am Arm hielt, nickte. Doch ihr Vater fügte hinzu: „Wir werden dir gern weitere Mittel zukommen lassen, falls sich eure Lage verschlimmert. Wie du weißt, liefern unsere Güter im Leobental und in Freising zehnmal so viel Ertrag wie deine Besitzungen an der Drau."

Nun hatte seine Tochter eine kleine Träne im Augenwinkel. „Ich vertraue einfach auf Gott, dass er uns beistehen wird. Ich bete, dass Albuin gesund von den Feldzügen heimkehrt und die Demütigung verkraftet, die er wegen seines Fehlers erleiden musste." Aribo unterbrach sie: „Wenn er jetzt im Kerker lernt, seinen Stolz und sein Temperament zu zügeln, ist dies sicher kein Schaden für eure Ehe!" Hildegard presste ihre Lippen aufeinander. Sie wünschte sich nichts mehr, als dass Albuin zur Ruhe kommen und dann im nächsten Jahr mit ihr gemeinsam ein neues, glücklicheres Leben beginnen würde.

Der Graf von Göss strich dem kleinen Albuin II., der gerade gelernt hatte, auf seinen Füßen zu stehen, sanft über seine Händchen. Hartwig lief, gefolgt von seiner Amme, im Zimmer auf und ab. Er griff nach den Beinkleidern seines Großvaters und wollte hochgehoben werden. Indem er ihn hin- und her schwenkte, sagte er zu seiner Tochter: „Meine Enkelkinder sollen trotz allem eine schöne Kindheit haben. Ich würde dich zu uns nehmen, das weißt du, aber du gehörst zu deinem Gemahl!" Nun legte sie ihren Kopf an seine Schulter. „Danke, lieber Vater! Aber ich möchte auch gar nicht weg aus Karantanien, ich liebe dieses Land und seine Menschen sehr. Und ich habe hier nach wie vor eine Aufgabe zu erfüllen."

Jetzt setzte Aribo sein Enkelkind wieder auf den Boden. „Weißt du was, Hildegard? Heuer hat es noch nicht geschneit. Ich werde zur Prosnitza reiten und mit dem neuen Vogt alles besprechen. Mach dir keine Sorgen. Er soll die Burg wohnlich machen und auf eure Ankunft vorbereiten. Dieser Vogt, dem ihr vertraut, wird euch in jedem Fall helfen, auch wenn dein Mann nicht mehr zurückkommen sollte. Ich werde dafür sorgen, dass du alle nötige Hilfe erhältst. Dienerinnen, Mägde eine Köchin und Wachsoldaten, um dort nach deinen Vorstellungen leben zu können. Dir und den Kindern soll es an nichts fehlen."

Hildegard war ihrem Vater innig dankbar, dass er sie auf diese Weise unterstützte. Sie bereitete den kleinen Hartwig behutsam auf den Ortswechsel vor. Auch Zwezdanka erzählte ihm eine Geschichte, in der ein König sein üppiges Leben aufgab, um unter einfachen Leuten im Gebirge zu wohnen. Sie wusste oder erdichtete jeden Abend ein anderes Märchen, von Wassernixen und gütigen Waldmännchen, von tapferen Heerführern und edlen Prinzessinnen. In Zwezdankas Geschichten gingen die Menschen sanft und freundlich miteinander um, nur böse Drachen und grausame Räuber erhielten am Ende ihre gerechte Strafe. Hildegard war sehr berührt davon, wie die Amme ihren Söhnen in einer Mischung aus gebrochenem Bairisch und Karantanisch den Zauber dieses Landes einflößte, dazu die Freundlichkeit ihrer eigenen slawischen Ahnen. Und Zwezdanka versprach, mit auf die Prosnitza zu ziehen.

Auch ich, Dorothea, und Hanß hatten uns in der Zwischenzeit verlobt und unterhielten uns oft über unsere Zukunft. Wir beschlossen, mit unserer Heirat noch zu warten, bis sich das Schicksal unserer Herren zum Besseren wandte. Denn diese Tage waren allzu traurig.

So kämpfte Graf Albuin noch im Eismond gegen die Slawen an der Havel, zog gegen die Sorben und noch weiter bis Prag, wo sie die Festung an der Moldau eroberten und glücklicherweise durchwegs Siege errungen. Als sein Vater, der bei den Feldzügen ebenfalls dabei war, in seine Residenz zurückkehrte, wurde auch Albuin aufgrund seiner Tapferkeit in den Schlachten und seiner Reue begnadigt, allerdings entzog man ihm der Titel des Markgrafen und er verlor, wie wir ja schon erwartet hatten, die Moosburg. Unsere Herrin Hildegard durfte jedoch den Titel der Markgräfin von Karantanien behalten, wenn sie sich auch fortan nicht so nannte, sondern erklärte, „Hildegard von Stein" genüge ihr.

Schließlich kehrte Graf Albuin nach zwei Jahren Abwesenheit wieder gesund nach Hause zurück. Er sei frei, sagte er, doch verliere er Stand und Lehen. Die Zeit im Kerker und die Strapazen der letzten Schlachten hatten ihn sichtlich mitgenommen. Man sah seinem Gesicht an, dass er gelitten hatte und durch die Züchtigung verbittert war. Schon vom Burghof herauf rief Albuin der ihn erwartenden Hildegard zu: „Wir haben eine Woche, um die Moosburg zu räumen! Es bleibt mir nur die Prosnitza als Eigentum!" Hildegard, die auf ihn zueilte und ihn fest umarmt hielt, lächelte: „Doch du bist heil wieder zurück. Du hast dein Leben behalten! Wie sehr habe ich um dich gebangt!" Albuin blieb seltsam starr. „Mein Leben behalte ich nur, weil ich mich in den Schlachten bewährt habe! Und weil der Herzog auch künftig meine Waffenhilfe benötigt."

Hildegard streckte ihre Hand aus, um ihm übers wirre Haar zu streichen. Er jedoch machte sich von ihr los und sagte trocken: „Es wird weitere Feldzüge geben!" Und fast tonlos setzte er fort: „Der Herzog wird bald an die Adria ziehen. Er will die Langobardenkrone erlangen, die Krone meiner Ahnen. Ich werde ihm, der mich in den Staub getreten hat, dabei helfen, sie zu erlangen ..." Hildegard glaubte, in diesen Worten ihres Gemahls etwas wie Demut zu vernehmen. Wie sehr hatte sie darum gebetet, er werde seine frühere christliche Einstellung wiedererlangen. Darum sagte sie: „Lieber Albuin, wir werden mit Gottes Hilfe eine glückliche Zukunft sehen. Wir vertrauen auf den Herrn! Er wird dich segnen, wenn du dem König fortan ergeben bist!"

„Einen Dreck werde ich!", antwortete er. „Was zählt, ist die starke Hand! Wer nicht herrscht und nicht siegt, ist verloren!" Er spuckte aus, wischte sich mit dem Ärmel über den Mund und murmelte, zu Boden blickend: „Wie sehr ich sie alle hasse." Sie erschrak über seine Derbheit, doch im nächsten Moment fühlte sie Mitleid mit ihm, ohne ihm dies jedoch zeigen zu wollen. Stattdessen sagte sie: „Wir besitzen genügend Güter an der Drau. Wir brauchen die Moosburg nicht."
– „Ich weiß, es bleibt uns nichts anderes übrig. Aber ich werde die Tage zählen, bis der vermaledeite Baiernherzog mich in die Schlacht gegen die Langobarden ruft. Dort hole ich mir, was mir zusteht!" Wie er so mit geballten Fäusten und zerzaustem Bart dastand, spürte Hildegard deutlich, dass ihr Ehemann völlig verbittert war. „Du bist ein tüchtiger Kriegsherr, Albuin", suchte sie ihn nochmals zu trösten. „Ich verstehe nichts davon, aber Gott wird dich auch weiterhin beschützen, sodass du gesund zurückkehrst."

Jetzt sah er sie plötzlich mit einem furchtbaren Blick an und fasste sie grob am Hals. „Und wenn nicht? Wenn ich sterbe? Dann bist du

endlich frei und bist mich los! Ist es nicht das, was du denkst? He?"
Es schien, der Teufel war in ihn gefahren! Unsere Herrin erschrak so sehr über die Brutalität ihres Gemahls, dass sie die Worte „Du tust mir weh, Albuin ..." nur verstümmelt hervorbrachte.

Er ließ ihren Hals los und schnaubte sie an. „Du sollst dich vor mir fürchten! Das bewahrt dich davor, auf falsche Gedanken zu kommen!" Ihre Augen hatten sich vor Schreck geweitet und ihre Hände zitterten. Er aber höhnte: „Du weißt nicht, was ich meine? Zum Beispiel, an einen anderen Mann zu denken! He? Du bist eine reiche Gräfin, sogar Markgräfin! Jung und schön! Herrin im Jauntal. Wenn ich nicht zurückkomme, bist du frei! Vergiss das nicht! Frei für einen neuen Gemahl, einen von Stand und Ehre!"

Er ließ sie stehen und wandte sich zur offenen Saaltür hinüber, wo die Diener sich ängstlich geduckt um ihn bemühten. Hildegard ging, am ganzen Leib bebend, die Stiegen zu ihrer Kemenate hinauf. Ich war ihr nachgeeilt und sah zu, wie sie auf ihr Bett sank und stumm, mit offenen Augen vor sich hin starrte. Ihr Erschrecken über das Vorgefallene war so groß, dass sie keine Tränen mehr fand. Und auch ich litt und war ohne Trost.

So verging eine ganze Weile. Irgendwann kniete sich meine Herrin dann zum Gebet nieder und schüttete ihr wundes Herz vor unserem Schöpfer aus. Sie sagte immer wieder die Sätze: „Herr! Er meint es nicht so. Vergib ihm!" Währenddessen saß ich auf meinem Schemel und war ratlos. Doch als meine Herrin nach dem Gebet wieder aufstand, hatte sie die unbegreifliche Kraft erhalten, ihrem Gatten zu verzeihen. Sie verstand, dass er tief gebeugt war, dass sein Stolz verletzt war und dass er Angst hatte, auch noch seine Gattin zu verlieren. Ja, die Engel trauerten mit ihr, so empfand ich es. Doch ebenso freuten sie sich, als Hildegard durch das Hässliche, das geschehen war, nicht ebenso verbittert wurde, dass sie auch nicht in Selbstmitleid versank, sondern dass ihr Glaube sie von der Qual dieser Erlebnisse lossprach. Und in der darauffolgenden Nacht hatte sie einen Traum, in dem ihr ein Engel aus dem Blau des Himmels zurief: „Harre aus, es wird sich alles zum Guten wenden!"

Am Limes

In den Tagen danach war sie von auffallender Ruhe und Gelassenheit. Sie hatte mit mir gemeinsam ihren persönlichen Besitz zusammengepackt, ihre Bücher, die Wäsche, die Truhen und Kisten. Nur eine alte Leibmagd aus dem Leobental, Zwezdanka, ich und Hanß begleiteten uns bei unserem Auszug aus der Moosburg. Hanß hatte für seinen Herrn ebenfalls Möbel, Hausgerät, Rüstungen und Waffen zusammengetragen und auf einen Wagen geladen. Die Pferde waren gefüttert und gesattelt und schnaubten an diesem kühlen Lenzmorgen. Graf Albuin hatte mit eigener Hand noch seine Schwerter geschärft und verstaut.

Wir setzten Hartwig und Albuin II. auf die Pferde, der Kleine saß vor unserer Herrin im Sattel, der dreijährige Hartwig nahm stolz Platz bei seinem Vater. Es war eigentlich geplant, dass wir in aller Stille von der Burg Abschied nahmen. Doch die Bauern und Leibeigenen, die wussten, dass Hildegard sie für immer verließ, wollten ihr für das Gute danken, das sie ihnen und ihren Kindern erwiesen hatte. So standen viele von ihnen am Wegrand und trauerten. „Ein elender Tag", bemerkte Albuin und machte wegwerfende Handbewegungen in Richtung der Leute. Doch niemand kümmerte sich darum.

So folgten sie dem schon bekannten Weg zum Sattnitzgebirge und weiter zum Skarbin und zur Prosnitza. Der Wald hier wirkte auf meine Herrin noch immer etwas unheimlich, doch als wir auf der Burg anlangten, wurde uns ein herzlicher Empfang zuteil. Man konnte wirklich sehen, dass Aribo II. hier gewesen war! Die schmale Wiese, die sich vom Wald bis zum Burgtor zog, war von Dickicht und Dornengestrüpp befreit, stattdessen wuchsen hier frisch gepflanzte Apfelbäume. Man konnte es den Frauen ansehen, dass sie erleichtert waren, diesen schönen Platz zu betreten. Näher an der Burgmauer entdeckten wir ein paar neu angelegte Beete, ja, es war der rechte Platz für Hildegards Kräutergarten!

Nun kam uns auch der Vogt entgegen. Karej sah seinem Bruder Michlo ähnlich, doch war er etwas kleiner an Gestalt und bereits ergraut. Hinter ihm, der jeden freundlich begrüßte, standen zwei Mägde, zwei Knechte, eine Köchin aus dem Mühlgraben und eine Gruppe gut gerüsteter Wachen. Uns Untergebenen war nach dem traurigen Abschied und dem bangen Ritt endlich wieder warm ums Herz. Auch unser Herr begrüßte Karej, sein finsterer Blick hatte sich aufgehellt. Er ließ sich von ihm in alle Räume der Burg führen und man konnte sehen, dass er sich hier auf dem Skarbin nach kurzer Zeit wohlfühlte. Es war ein Ort nach seinem Geschmack, fernab der Bertrams, Gotaberts, Weriands und all der Ergebenen, die er nie wieder zu sehen wünschte. Besonders stolz betrachtete Albuin die Wehranlagen, die seine Ahnen hier mit großer Fachkenntnis errichtet hatten.

Auch wir Frauen erkundeten die uns zugeteilten Räume. Küche und Speisesaal waren groß genug für den Bedarf unseres Haushalts. In den oberen Gemächern standen bereits Betten mit Strohsäcken bereit, die nur noch mit frischem Tuch bezogen werden mussten. Als man Karej danach fragte, erklärte er: „Ja, das alles hat Graf Aribo von Göss heraufbringen lassen. Er hat uns in unsere Aufgaben eingewiesen. Seit dem Christmond des letzten Jahres wurde die Burg für eure Ankunft bereit gemacht.

„Hier gefällt es mir besser als auf der Moosburg!", sagte der dreijährige Hartwig. Sein Vater, der gerade die Treppe herunterkam, blickte sich um und schien diesen Gedanken tief in sich aufzunehmen. Später stiegen er und Hanß mit Karej sogar bis zum Turm hinauf und konnten ihre Augen kühn nach allen Himmelsrichtungen schweifen lassen. Auf dem Gesicht unseres Herrn zeigte sich eine tiefe Genugtuung, ja, ein Friede. Er atmete wieder als freier Mann.

Als er gegen Nordwesten blickte, wo man bei klarem Wetter in der Ferne sogar die Turracher Alpen und den See von Wörth erkennen konnte, fasste er seinen Waffenträger Hanß am Arm und sagte: „Hier werden wir leben!" Es klang so, als hätte er nach einem Platz wie diesem schon seit Ewigkeiten gesucht, als sei ihm die Moosburg und die sie umgebende sanfte Landschaft niemals zur Heimat geworden. Vielleicht fühlte er hier auch dieses Kriegerische, Erobernde, das ihm mit dem Blut seiner mütterlichen Vorfahren mitgegeben war. Denn seine väterlichen Ahnen hatte man ihm schmählich geraubt! Und jetzt, ja bei diesem Anblick, verzichtete Albuin darauf, mit Berthold und Arnulf dem Bösen verwandt zu sein. Auch die Diplomatie seines Vaters war ihm längst zuwider. Doch hier, am Limes, an der Grenze, im Land, wo keiner dieser „elenden Feiglinge", wie er sie nannte, wohnen wollte, würde seine rastlose Seele Ruhe finden. Er brauchte das alles nicht, die feine Gesellschaft und den Klatsch des hochnäsigen Adels. Albuin stieg geradezu heiter die Leitern und Stufen hinab in den großen Saal, wo er am Tisch Platz nahm. Karej stellte ihm jetzt die Knechte, Mägde und Soldaten namentlich vor. In der Küche brodelte bereits eine Suppe.

Am liebsten schritt unser Herr oben auf der Wehr hinter den Zinnen auf und ab und blickte in den monotonen Wechsel der Ziegel und Schießscharten. In seinen Gedanken lagen die karolingischen Vorbilder wie römische Statuen zerschlagen am Boden, während der große Langobardenkönig, dessen Namen er trug, auf der Bühne seines Lebens die Hauptrolle übernahm. Wie erfolgreich Großkönig Albuin und seine Nachfolger doch bei der Eroberung dieser Landstriche waren und wie geschickt sie ihre Macht im ehemals Römischen Reich bis auf den heutigen Tag behaupten konnten! Und dieser Limes entlang der Karawanken, dieser Gürtel aus Wehrburgen und Wehrdörfern war ein Werk, das nicht einmal die Römer zustande gebracht hatten!

Aus Respekt vor seinem neuen Vorbild ließ sich unser Herr nun den Bart bis über die Brust herab wachsen. Nie sah man ihn ohne Waffe umhergehen. Er übte sich mit Hanß und den Soldaten auch ständig im Kampf. Auf dem Burghof hatten sie ein Gerüst aufgestellt, von dem lebensgroße Stoffpuppen baumelten, die sie zur Übung ihrer Treffsicherheit mit ihren Lanzen, Pfeilen und Schwertern durchbohrten. Es sei an der Zeit, sagte Albuin, sich auf die Schlacht in Italien vorzubereiten. Dabei schüttelte er immer wieder den Gedanken ab, dass er dort gegen seine eigenen Verwandten ins Feld ziehen musste. Auch Karej beteiligte sich eifrig an unseren Übungen.

An anderen Tagen machte Graf Albuin mit Hanß und einigen Helfern Ausflüge in die Wälder oder nach Möchling, und überall fanden sie geeignete Jagdplätze. Allerdings war es Hanß nicht immer wohl zumute, wenn sie im finsteren Hornwald jagten, denn hier war man ständig in Gefahr, von einer der Felswände zu stürzen. In den Wäldern der Prosnitza kamen unserem Herrn auch wieder die alten Geschichten Frickes in den Sinn. Er berührte die seltsamen keltischen Steine am Wegrand, weil er meinte, sie verliehen ihm besondere Kraft. Ja, er glaubte, hier die Nähe der heidnischen Götter zu spüren, befand sich auf der Prosnitza doch, wie man sagte, das Tor zur Anderswelt. So fragte er sich immer wieder, wenn sie an den bizarren Höhlen vorbeiritten, ob sich nicht zuweilen Wodan, Freya oder Silvanus hier aufhielten? Oder war es Pritboru, der Slawenfürst, der noch immer durch die Möchlinger Au strich, um seine Bauern zu schützen?

Der christliche Glaube unseres Herrn war also weder im Kerker noch in der Zeit seiner wiedergewonnenen Freiheit zurückgekehrt. Er erzählte Hanß, dass er in Regensburg nicht ein einziges Mal gebetet habe. Ja, er machte Gott dafür verantwortlich, dass ihm dieses elende Schicksal widerfahren war. Er verzieh es ihm, dem er zuvor als Missionar gedient hatte, nicht, dass er in seinem Leben so gedemütigt worden war. Er meinte sogar, das Heidentum sei ihm lieber als das Pfaffengetue. Äußerlich ließ er sich nichts anmerken. Auch Hanß konnte ihm nicht ins Herz blicken, doch Albuin kümmerten fortan weder Priester noch heilige Messe. Seiner Gemahlin verbot er jedoch ihr Christentum nicht, wenngleich er über ihren frommen, wie er meinte, übertriebenen Klosterglauben verständnislos den Kopf schüttelte.

Platz der Frauen

Als im Schmelzmond des Jahres 930 der Hirsch sein Geweih abwarf, erreichte Graf Albuin ein Bote des Königs mit dem Auftrag, nochmals gegen die Magyaren zu ziehen. Die Geißel Gottes flutete gegen das Ostfrankenreich. Hanß ging wie in alten Tagen als Waffenträger neben seinem Herrn her und sie stritten Seite an Seite. Sie glaubten von Anfang an nicht an einen langen Feldzug, da Heinrich über eine neue, noch unbesiegte Reiterei verfügte, die es endlich mit den Magyaren aufnehmen konnte. Außerdem baute unser König auf die Waffenhilfe der Sachsen, Franken, Schwaben und unserer Baiern. Auch Albuins Vater, der Erzbischof von Salzburg, zog mitsamt seinem Heer nochmals ins Feld.

Und bei Riade am 15. Lenzmond dieses Jahres schlugen sie die Ungarn vernichtend und kehrten, wie erwartet, bald darauf in die Heimat zurück. Sie hatten ein paar Wunden empfangen, konnten sie jedoch gleich dort auf dem Schlachtfeld versorgen. Als Graf Albuin und Hanß nach ihrer Heimkehr auf die Prosnitza beim Mahl saßen, äußerte Hildegard ihm gegenüber die Bitte nach einem würdigen Platz auf der Burg, an dem man Gott verehren und wo man auch geistliche Feiern abhalten konnte. Albuin war inzwischen der Meinung, dass Götter nur in den Wäldern und auf Bergspitzen zu finden waren, doch verstand er diesen Wunsch seiner Gemahlin, die sich im engen Lebensraum von Küche und Kemenate bewegte und nicht, wie heidnische Frauen, die Kräfte der freien Natur anbeten wollte.

Unser Herr hatte also nichts gegen den Bau einer Kapelle auf der Prosnitza. Er wollte aber mit der Planung und den Arbeiten nichts zu tun haben. So sagte er: „Du hast die Erlaubnis, dieses Bauwerk ganz nach deinen Vorstellungen zu errichten. Nimm es selbst in die Hand! Ich habe andere Dinge zu tun." Vor allem waren es wieder die üblichen Jagdausflüge, die Albuin unternahm und auf denen sie nun auch ein alter Jäger begleitete, der schon unter dem letzten Burgherrn gedient hatte. Dieser wusste etliche Geschichten aus alter Zeit zu erzählen, wie sie in seiner Familie weitergegeben worden waren. Er kannte auch die Bedeutung der kegelförmigen Steine, die entlang des Weges zur Prosnitza aufgestellt waren. Es seien Gnome, die von den Römern „Cucullati" genannt wurden. Man verehrte sie meist in der Mehrzahl. Ein Cucullatus sei, wie der Jäger erklärte, ein keltischer Schutzgeist. Aber da er, wie der Kapuzenmantel zeige, immerfort unterwegs sei, werde er auch als Beschützer bei der Jagd und im Kampf angerufen. Auf dem Schlachtfeld könnten diese Gnome sogar durch die Luft fliegen. Und er deutete die bereits verwitterten Linien, die sich über die behauenen Steine zogen, als lange Bärte, spitze Kapuzen, Gürtel und Waffen. Die Steine hätten demnach die Aufgabe, die Burg und die heilenden Quellen des Skarbin zu bewachen. Albuin war überzeugt, dass bereits der Erbauer der Burg diese Schutzgeister aufgestellt hatte. Er nannte sie seine steinernen Wächter und verstand nicht, dass er solche Dinge einst als Heidenspuk abgetan hatte, ohne ihre Bedeutung zu kennen. „Weißt du was, Hanß?", sagte er, „diese Erdmännchen gefallen mir um vieles besser als die christlichen Heiligen. Ist es nicht ein Rückschritt, nur mehr einen einzigen Gott zu haben, nur mehr eine einzige Wahrheit? Können wir nicht das eine neben dem anderen bestehen lassen?" Hanß wusste nichts zu antworten. Ihm war durch seine Eltern christlicher Glaube beigebracht worden und er wollte sich davon nicht abbringen lassen. Doch Albuin trug von da an Talismane mit sich, darunter die hölzerne Schnitzfigur eines Cucullus.

Hier möchte ich eine kleine Begebenheit einflechten, die Hanß und mich betrifft. Ich bat meinen Hanß in dieser Zeit mir zu helfen, entlang des Weges zur Prosnitza Blumen anzupflanzen. Der Weg nach Möchling und Stein erschien mir stets etwas furchterregend, mir dünkte, die Steinmale übten einen magischen Einfluss auf die Menschen aus, die hinauf zur Prosnitza stiegen. Und ich dachte, Blumen könnten diese Magie mildern. Hanß grub also mit dem Spaten Löcher in den Boden und schaffte gute fruchtbare Erde herbei, um die Blumen besser gedeihen zu lassen. Als ich ihm sie Pflanzen zeigte, wunderte sich Hanß, dass es Rosen und Lilien waren, die Wappensymbole unseres Herrn. Es sollte auch eine Überraschung für meine Herrin sein, die sich über jede gute Nachricht freute. Tatsächlich wuchsen diese Blumen trotz des spärlichen Sonnenlichts und kamen jedes Jahr wieder hervor.

Wenn wir, selten genug, einmal allein miteinander waren, kamen Hanß und ich oft auf den Krieg zu sprechen. Ich klagte: „Ach, wenn euch Männern doch endlich Friedfertigkeit gepredigt würde! Ständig ziehst du in den Krieg!" Ich wünschte mir sehnlich, alle Feindseligkeit möge aufhören, Schlachten und Töten, Gewalt und Bosheit jeder Art. Hanß ließ mich reden und mein Herz ausschütten. Doch als ich weiter davon sprach, dass wir alle unseren Stolz ablegen und stattdessen Sanftmut lernen sollten, führte er mir vor Augen, wie schwer ein solcher Zustand zu erreichen sei. „Es wird zwar von christlicher Tugend geredet, doch wer von den Edlen und Heerführern senkt tatsächlich demütig den Blick? Wer neigt sich den Armen und Schwachen zu? Sie tun es nur auf ihren Grabplatten, wo sie ihre Gesichter in Lebensgröße eingravieren lassen. Für sie, denen Zepter und Schwert zur dritten und vierten Hand geworden sind, ist Demut eine Tugend der letzten Stunde!" So sagte ich: „Dann will ich mich freuen, dass du kein Herr bist!"

Hildegard hatte drei weiteren Kindern das Leben geschenkt. Im Eismond 930 war Aribo III. zur Welt gekommen, ihr erstes Kind auf der Prosnitza, unserer neuen Heimat. Aus Dankbarkeit ihrem Vater Aribo II. gegenüber hatte sie ihn nach ihm benannt. Im Sommer des darauffolgenden Jahres 931 gebar sie ihre erste Tochter Gotta und im Herbst 932 wurde ihr Wezela geschenkt. Und sie erwartete nochmals ein Kind, nämlich die kleine Gepa, die dann im Eismond 934 zur Welt kam, als Albuin bereits, wie angekündigt, gegen Süden zog. Zwei Ammen halfen unserer Herrin bei der Erziehung, Zwezdanka kümmerte sich um die Burschen und eine junge Witwe aus Sabuatach namens Tuzza um die Mädchen.

Obwohl diese beiden Ammen sich um die Kinder kümmerten, überließ meine Herrin ihnen nicht die Erziehung. Sie befasste sich täglich mit ihren Kleinen und liebte sie über alles. Hildegard lehrte sie nicht nur schreiben und lesen, sondern spielte mit ihnen auch im Haus und draußen im freien Gelände. Dort, in der Nähe des Gartens, ließen wir verschiedene kleine Tiere umherlaufen und die Kinder erlernten auf einem kleingewachsenen Pferd das Reiten.

Wie kurzweilig waren unsere Nachmittage und wie glücklich war unsere Herrin, wenn sich die Kinder um sie scharten und sie in ihrer Unschuld vieles fragten oder an den Zipfeln ihrer Kleider zogen, um von ihr hochgehoben zu werden! Doch sie fand auch genügend Zeit für ihre Studien. Ihr Lieblingsplatz war auf der kleinen Bank zwischen ihren Rosen und Lilien. Der von Aribo II. angelegte Garten war kleiner als der auf der Moosburg, hatte nicht so viel Sonne, doch die Pflanzen gediehen gut. Wasser war nicht mehr so reichlich vorhanden, man musste es aus den Höhlen unterhalb der Prosnitza holen. Die Magd Lupa war dafür zuständig, sie ging mehrmals am Tag hinunter, um aus der Quelle zu schöpfen. Von dieser Magd soll später noch die Rede sein.

Die Kemenate meiner Herrin lag im oberen Stockwerk mit dem Blick nach Nordosten, denn sie liebte es nicht nur, mit der ersten Helligkeit des Morgens aufzustehen, sondern auch den Blick über die breit dahinfließende Drau und nach Stein, und an klaren Tagen sah man auch über die Hochebene und, wie uns schien, weit ins Jauntal hinein. Wenn Hildegard jedoch von ihrem Fenster steil nach unten sah, tat sich ihr ein Abgrund auf, der sie schwindeln ließ. Bei Unwetter oder während der Schneeschmelze schwoll das Rauschen des Flusses, verstärkt durch die Vellach, die hier mündete, zum bedrohlichen Donnern an.

Ihr Lichtblick in der schier endlos klaffenden Tiefe war ein Felsvorsprung unterhalb der Burg, auf dem eine Gruppe wilder Obstbäume stand. Sie fragte sich, wie diese dort hingekommen waren. Vielleicht hatten die früheren Bewohner hier ihre Küchenabfälle ausgeleert und mit ihnen Obstreste und Samen? Auch Weinranken und Efeu schlängelten sich von der Kuppe empor, durchflochten von wilden Rosen. Wenn die Morgensonne ihre Strahlen darauf fallen ließ, wirkte der Platz wie eine Insel inmitten kahler Felsen. Hildegard nannte ihn einmal ihren „Engelshain".

Denn sie glaubte fest daran, dass Engel sie bewachten und dass ihre Familie in Sicherheit war, solange sie täglich zu Gott beteten und sich seinem Schutz anempfohlen. Dies lehrte sie auch ihre Kinder.

In der Nähe der Prosnitza gab es keine Kirche, geschweige denn einen Priester. Dies war unserem Herrn nur recht. Er entfernte sich schrittweise weiter von seinem christlichen Glauben und verhärtete sein Herz auch gegen seine Gemahlin. An die Stelle der früheren Zärtlichkeit waren Misstrauen und Einsilbigkeit getreten. So schwand auch bei unerer Gräfin die Hoffnung auf eine vertrauensvolle, glückliche Ehe, wie sie ihre Eltern Aribo und Walpurga führten. Von Liebe wollte Hildegards Gemahl schon gar nichts hören, denn er verdächtigte sie, nur wegen der Kinder bei ihm auszuharren, insgeheim jedoch eine Abneigung gegen ihn zu empfinden. All ihre Beteuerungen, dass sie ihm noch immer zugetan sei, konnten ihn nicht überzeugen. Er brütete finster in sich hinein und ging meist auch den Kindern aus dem Weg. Dabei zeigten sich an seinem Bart und den Schläfen, obwohl er erst auf Mitte dreißig zuging, erste graue Haare.

Als Albuin ihr nun den Bau einer Kapelle erlaubte, nahm sie ihn beim Wort und beauftragte mit den Arbeiten einen Zimmermann aus dem Mühlgraben, der dort mit Wasserkraft auch eine Säge betrieb. Als Platz wählte sie eine freie Stelle an der Burgmauer, die es zuließ, dass der bogenförmige Altarraum nach Osten blickte. Wieder zeichnete Hildegard auf ihrer Schreibtafel einen Plan, in dem sie genügend Platz für eine Apsis, zwei Sitzbänke und einen vorderen Raum zum Stehen vorsah. Der Schmuck im Innern bestand nur aus einem einfachen Holzkreuz, das auf einem geschnitzten Podest stand. Die Schnitzereien fertigte unser Vogt Karej an. Hier rankte sich Weinlaub über Getreideähren, um an das Abendmahl unseres Erlösers zu erinnern.

Als aus gehobelten Pfosten und Brettern ein würdiger Raum entstanden war, der mit Schindeln überdacht und mit einer starken Tür versehen worden war, feierten wir ein Fest, zu dem auch Michlo, Mattes und Lanica mit ihren Kindern über die Drau herüber kamen. Wann immer ich konnte, brachte ich frische Blumen aus dem Garten oder vom Waldrand und stellte sie in eine Vase auf den Altar.

Lanica erzählte uns, dass der junge Leibeigene Boguslaw bereits begonnen hatte, im Obergeschoss der Gradnitza die verbrannten Balken zu entfernen, und auch außerhalb der Mauern Schutt und Asche beiseite zu schaffen. Mattes beschäftigte einige der Knechte damit, im Wald geeignetes Holz zu schlägern. Die Stämme mussten ja noch einige Zeit trocknen, bevor sie geschnitten und für die Ausbesserungsarbeiten verwendet werden konnten. Über solche Nachrichten freute sich unsere Herrin ganz besonders, denn sie dachte oft an ihre Güter in Stein, die sie mit ihren kleinen Kindern im Moment nicht besuchen konnte.

Was ihr ebenfalls viel Freude bereitete, waren die Briefe ihres Bruders Egilolf, dem sie vom Bau der Burgkapelle auf der Prosnitza ausführlich berichtet hatte. Egilolf schrieb ihr, dass man als Christ nicht unbedingt in eine Kirche zum Gottesdienst gehen müsse, sondern auch Hausmessen abhalten dürfe. Dies hätten auch die ersten Christen getan. Man brauche dafür jedoch einen Geistlichen, einen würdigen Kelch, Brot und Wein. Das Abendmahl müsse also von einem dafür geweihten Mann gesegnet und ausgeteilt werden. Im vertrauten Kreis war es nicht vorgeschrieben, die römische Liturgie einzuhalten, sondern man konnte auch selbst formulierte Gebete sprechen, Schriftworte lesen und gemeinschaftlich singen.

In einem seiner Briefe sandte Egilolf seiner Schwester auch ein Brotrezept, denn bis dahin ernährten sich Bauern und Grafen meist nur von Getreidebrei, zu dem man Suppe, Fleisch und Gemüse reichte. Gemäß dem Rezept musste die Köchin zuerst einen Sauerteig herstellen. Nach einigen Tagen begann dieser Blasen zu bilden. Wir verkneteten ihn mit Mehl, Wasser und Salz und buken so unser erstes Brot. Hildegard erinnerte sich, so etwas auch im Nonnbergkloster gegessen zu haben. Die neue Speise erregte auf der Burg einiges Aufsehen. Die Soldaten meinten, man könne es zusammen mit getrocknetem Fleisch während der Nachtwachen verzehren, die Jäger nahmen es mit auf ihre Streifzüge durch den Wald.

Targitlas Tochter

Seit es auf der Prosnitza eine Kapelle gab, lud Hildegard alles Gesinde, Soldaten, Handwerker, Knechte und Mägde ein, darin anzubeten. Auch die Einhaltung des Sonntags erklärte sie ihnen mit einfachen Worten. Es sei ein heiliger Tag. Wenn es möglich sei, sollten Arbeiten am Samstag verrichtet werden, um am Sonntag Gott zu verehren. Dem Wunsch unserer Herrin folgten die Bewohner der Burg nur zögerlich, doch Karej ging ihnen mit gutem Beispiel voran.

Eines Tages beschwerte sich die Köchin über die Wasserträgerin Lupa. Sie spaziere bloß im Wald umher, anstatt ihrer Arbeit nachzugehen, nämlich für die Küche Wasser zu holen. Meine Herrin und ich sprachen Lupa daraufhin an. Hildegard wollte zuerst von ihr wissen, woher sie kam und wer ihre Eltern waren.

Darauf antwortete Lupa stolz: „Ich komme von der Hube auf dem Skarbin und bin Targitlas Tochter." Von Targitla hatten wir schon gehört. Sie war eine heilkundige Frau, die im Haus ihres Bruders wohnte. Das Gesicht der Magd war hager und von Sorgenfurchen durchzogen. Sie war kaum älter war als ich. „Das heißt, du wirst einmal, wenn Targitla nicht mehr ist, an ihrer Stelle Kräuterfrau werden?", fragte jetzt Hildegard. „Vielleicht", erwiderte Lupa etwas schroff und blickte zu Boden. Doch dann stieß sie hervor: „Sie haben mich weggeschickt." Unsere Herrin verstand. In dem Haus ihres Onkels gab es nicht genügend Platz oder auch zu wenig zu essen für sie.

Jetzt verzog Lupa ihr Gesicht. „Ich weiß, ihr wollt mich nur aushorchen. Targitlas Tochter wird ihr Wissen aber nicht preisgeben, niemandem von euch!" Wir waren über die Art, wie Lupa mit ihrer Herrin sprach, ein wenig verwundert. Doch Hildegard sah in ihr eine junge Frau, die von Kindheit an ein hartes Leben geführt hatte. Jetzt kniff die Magd ihre Augen zusammen und fügte hinzu: „Ohne den rechten Zauber helfen eure Kräuter nicht!" – „Oh, da kann ich dir nicht zustimmen", sagte meine Herrin ruhig. „Gott hat die Kräuter erschaffen, um den Leidenden Linderung zu spenden. Dafür ist kein Zauber nötig, sondern vor allem Glaube. Unser Herr im Himmel gab uns den Auftrag, Schmerzen zu lindern und Leidende liebevoll zu umsoggen. Das ist der christliche Dienst, mit dem wir Jesus Christus nacheifern. Denn auch er hat sich um die Kranken und Notleidenden gekümmert, hat Blinde, Lahme und Aussätzige geheilt und besitzt sogar die Macht, Tote aufzuerwecken."

Jetzt richtete Lupa sich auf. „Jede Pflanze muss zuerst versöhnt werden, sonst wirkt sie nicht." – „Und wie versöhnst du sie?", fragte Hildegard. – Lupas Augen verengten sich plötzlich zu schmalen Schlitzen, ihr Unterkiefer trat hervor. „Mit Blut", raunte sie geheimnisvoll. Da Hildegard sie nur besorgt anblickte, wurde Lupa noch deutlicher. „Ihr habt keine Ahnung! Keine Ahnung!" – „Wovon haben wir keine Ahnung?", fragte meine Herrin ruhig. „Im Wald regieren die Geister der Erde, die Mächte der Dunkelheit!", stöhnte die Magd und zog ängstlich den Kopf ein. „Die große Pechtra kann uns mit ihrer Kette schlagen, uns blenden oder dem Unwissenden mit ihrem Beil den Bauch aufschlitzen! Sie fährt durch die Lüfte mit ihren Dämonen, und wehe dir, wenn die Wilde Jagd deinen Weg kreuzt."

Jetzt mischte ich, Dorothea, mich ein. „Doch man sagt, das geschehe nur in den Raunächten." Lupa schüttelte den Kopf. „Seht ihr! Nichts wisst ihr! Nichts! Die Pechtra sieht alles und hört alles, niemand kann ihr entgehen." Gräfin Hildegard und ich blickten einander an. Doch Lupa reckte sich wieder hoch und zog ihr hageres Gesicht in Falten. „Man muss Namen und Mittel kennen. Belenus schützt, Latobius heilt, Alanus deutet die Zukunft!"

„Doch was machst du immer so lange an der Quelle?", fragte unsere Herrin jetzt geradeheraus. „Wenn ich zum Wasserschöpfen gehe", antwortete die Magd und fuchtelte plötzlich mit ihren Händen in der Luft herum, „muss ich zuerst die Wassergeister verscheuchen, die über der Quelle brüten." Hildegard nickte verständnisvoll. „Ich verstehe, Lupa, dass dir geboten ist, gemäß deiner Religion verschiedene Götter anzurufen und andere Dinge zu tun, von deren Wirksamkeit du überzeugt bist. Uns Christen erscheinen solche heidnischen Handlungen jedoch völlig nutzlos. Wir glauben nicht daran, sondern an einen liebevollen Gott, der uns vor allem Übel bewahrt." Sie wollte diese junge Magd in ihrem Heidentum verstehen, musste aber dennoch eine praktische Lösung für die Probleme der Köchin finden. „Hör, Lupa!", erklärte sie daher weiter. „Wir sind zufrieden, wenn du einfach Wasser schöpfst und es zur Burg heraufbringst."

Jetzt schloss Lupa die Augen und schüttelte den Kopf. „Es geht nicht anders. So habe ich es gelernt." Hildegard seufzte, wollte die junge Frau aber nicht weiter mit ihren Fragen quälen. Daher entschied sie: „Lupa, du kannst deinen Glauben behalten. Doch es geht nicht, dass die Köchin ständig auf ihr Wasser warten muss. Ich werde daher jemanden anderen mit dem Schöpfen beauftragen. Du erhältst stattdessen eine Arbeit als Kuhmagd! Der Stallmeister wird dir erklären, was du zu tun hast." Die Magd sah uns beide nur verständnislos an und lief schnurstracks zum Stall hinüber. Meine Herrin wandte sich jetzt an mich und schüttelte den Kopf. „Sie tut mir so leid. Ich sehe so viel Furcht in ihren Augen."

Einige Zeit später kam es zu einer weiteren Szene mit Lupa. Sie lief mir an einem Sonntag nach und verlangte, auf der Stelle getauft zu werden. Ich fragte sie, ob sie sich das gut überlegt habe. Aber sie zitterte am ganzen Leib und sagte: „Besprengt mich mit dem geweihten Wasser! Sofort!" Und dabei warf sie sich vor mir zu Boden. Ich lobte sie für ihren Entschluss und versuchte aus ihr herauszubekommen, was ihren Sinneswandel bewirkt hatte. Es war aber nichts zu machen. Am Ende erklärte ich ihr, dass sie bis Ostern warten müsse, denn vor der Taufe käme die Umkehr. „Aber du kannst bereits jetzt damit beginnen, regelmäßig zu beten." Als Lupa das hörte, machte sie eine ärgerliche Kopfbewegung und trottete zurück zum Stall.

An einem der nächsten Tage kam sie lautlos an meine Tür geschlichen, drückte sie auf und stand plötzlich im Raum. Meine Herrin, die es ebenfalls bemerkt hatte, war überrascht, doch empfing sie die Magd liebevoll mit dem Gruß: „Gott segne dich, Lupa! Was führt dich her?" Diese sagte mit zitternder Stimme: „Die Kuh ist verhext!" – „Woran siehst du das?", fragten wir sie. „Sie hat den bösen Blick!" Meine Herrin und ich gingen davon aus, dass Lupa den Stallmeister schon davon unterrichtet hatte. Ich sagte: „Der Stallmeister kennt sich doch mit den Kühen aus, er kann dir da wohl besser helfen als unsere Herrin." – „Nein", rief Lupa. „Er ist ein Stümper! Er glaubt mir nicht! Herrin Liharda, wir müssen Targitla holen! Nur sie kann die Kuh von dem Fluch befreien!"

„Das werden wir nicht tun", entschied Hildegard. Lupa bettelte darauf: „Dann brauchen wir Isenkraut!" Hildegard und ich hatten das Isenkraut bis dahin nur für Tees oder Umschläge verwendet. Auf schlecht heilende Wunden und Ausschläge gegeben, nimmt es die Schmerzen und die Entzündung.

„Nein", schüttelte Lupa den Kopf. „Das Isenkraut hilft gegen jede Krankheit! Ich pflücke es bei Aufgang des Hundssterns, weder Mond noch Sonne dürfen scheinen, man darf es nur mit der linken Hand ausgraben. Vorher muss man mit einem Messer einen Kreis um die Pflanze ziehen und einen Zauber sprechen." Lupa sah Hildegard flehentlich an. Diese ließ sich nicht beirren. „Nein, Lupa! Das sind heidnische Zaubereien. Mit denen wollen wir schleunigst aufhören!"

Als Lupa plötzlich ihr Gesicht zu einer Grimasse verzog und hörbar mit den Zähnen fletschte, redete Hildegard weiter gütig auf sie ein. „Hast du nicht darum gebeten, eine Christin zu werden? Du willst dich doch taufen lassen, oder?" Die Magd blies verächtlich durch die Zähne. Doch Hildegard blieb unbeirrt. „Glaubst du an Jesus Christus?"

Lupa sah verunsichert, ja ängstlich, einmal mich, dann unsere Herrin an. Diese fuhr fort. „Das Heil des Menschen kommt nicht durch diese heidnischen Götter, karantanische, griechische, keltische oder römische, Juno, Dažbog, Perun, Belenus, Isis, Mars, Silvanus oder wie sie alle heißen, sondern durch Jesus Christus! Wir glauben daran, dass er für uns gestorben ist und am dritten Tag von den Toten wieder auferstand. Und dass er jetzt zur Rechten des Vaters sitzt. Er ist unser Heiler."

Lupa blickte zu Boden. „Was verspricht man bei seiner Taufe?", fragte Hildegard weiter. Die Magd zuckte bloß mit den Achseln. „Man verspricht", fuhr Hildegard fort, „dem alten Glauben zu entsagen. Betest du zum Gott der Christen?" Wieder blickte Lupa uns ungläubig an. „Verstehst du nicht?", fragte Gräfin Hildegard, „Gott hat uns das Gebot gegeben, ihn um alles zu bitten, was wir benötigen." Lupa schien nicht zuzuhören, sondern kreischte heiser: „Wenn ich der Kuh kein Isenkraut gebe, stirbt sie." Endlich seufzte unsere Herrin: „Ich komme mit dir, wir sehen uns das Tier an."

Wir folgten Lupa in den Stall hinunter. Schon von der Tür her roch es übel, man sah, die Tiere hatten kein frisches Stroh bekommen, der Boden war nicht ausgemistet worden und das Wasser in der Tränke wirkte trüb und abgestanden. Die Kuh, auf die die Magd nun mit dem Finger zeigte, wirkte hager und erschöpft.

„Sie hat wohl schon lange nichts zu trinken bekommen!", sagte nun unsere Herrin streng. „Lupa, du hast die Pflicht, die Tiere zu versorgen und den Stall auszumisten! Kein Wunder, dass es der Kuh nicht gut geht!" Lupa blickte zu Boden. Gräfin Hildegard trat näher an das Tier heran und bemerkte: „Und der Bottich hier sollte einmal pro Woche ausgewaschen werden, wie es mit dem Stallmeister besprochen wurde. Für die Reinigung fügt man etwas Essig hinzu. Ich werde heute Abend noch einmal kommen und nachsehen, ob du alle deine Aufgaben erfüllt hast. Du bist nicht als Zauberin bei uns angestellt, sondern als Kuhmagd. Jeder hat seine Pflichten zu tun. Auch du. Keine Arbeit ist minderwertig, wenn man sie in Bescheidenheit tut."

Damit nahm unsere Herrin die Kuh, führte sie aus dem Stall, und ließ sie einige Stunden auf der kleinen Wiese nahe der Burg weiden. Die Kinder kamen und schauten zu, brachten ihr gutes Wasser aus der Küche und setzten es ihr vor. Am Abend ging Hildegard dann, begleitet vom Burgvogt, dem sie die Sache gemeldet hatte, in den Stall. Lupa hatte ihre Arbeit zähneknirschend getan, war aber nicht da, sondern, wie der Knecht sagte, im Wald. So ermahnte Karej auch den Stallmeister, er müsse genauer darauf achten, dass Lupa den Tieren täglich frisches Wasser und das richtige Futter gab.

Der Stallmeister begleitete uns ein Stück, als wir auf dem

Rückweg Lupa begegneten, die gerade aus dem Wald kam. Es war die Zeit des Sonnenuntergangs. „Wo warst du?", herrschte er sie an. Lupa keuchte, gab aber nichts zur Antwort. So sagte der Stallmeister streng: „Wir wissen, dass sich in einigen Höhlen unter der Prosnitza Opferplätze für die alten Heidengötter befinden. Und ich habe dir verboten, diese Kultplätze zu besuchen, das weißt du! Wenn du dich nicht daran hältst, kannst du nicht hier auf der Burg bleiben!"

Jetzt erschrak Lupa und Hildegard glaubte zu wissen, warum sich das Mädchen taufen lassen wollte. Sie fürchtete sich davor, nach Hause geschickt zu werden. „Lupa!", sagte sie zur verängstigten Magd. „Wir werden dich nicht wegen deines Glaubens wegschicken. Doch wir verlangen von dir, dass du deine Arbeiten ordentlich ausführst. Wir haben es dir schon erklärt und verlangen, dass du dich danach richtest." Nachdem ich, Dorothea, diese Worte unserer Herrin übersetzt hatte, zeigte sich ein Lächeln auf Lupas Gesicht. Sie hatte verstanden, dass sie nicht nach Hause geschickt werden würde und dass sie in unserer Herrin eine Beschützerin gefunden hatte.

Vogt und Stallknecht wunderten sich, dass Gräfin Hildegard noch weiter auf die Magd einredete: „Ich weiß, du hast kein leichtes Leben. Ich möchte dir helfen, doch kann ich deinen Starrsinn nicht gutheißen! Du kennst doch unsere Burgkapelle. Darin steht ein Kreuz, das uns an die Liebe Jesu Christi erinnert. Welcher Gott der Heiden war bereit, aus Liebe für dich zu sterben? Kennst du einen?" Nachdem die Magd schwieg, warf der Stallmeister ein: „Hörst du? Du sollst in der Kapelle beten, statt in den Wald zu laufen!"

Hildegard hob Lupas Kopf mit einer sanften Handbewegung am Kinn hoch. „Weißt du überhaupt, wie man betet?" Lupa schüttelte den Kopf. Der Stallmeister drohte ihr. Doch meine Herrin lud sie ein, ihr in die Kapelle zu folgen, wo sie ihr zeigte, wie man vor dem Kreuz niederkniet, die Hände faltet und das Vaterunser spricht.

Bilder eines Wandteppichs

Für die Ereignisse, die nun folgen, blicke ich, Dorothea, nochmals zurück ins Jahr 933. Denn Ende dieses Jahres wurde unser Herr Albuin, und mit ihm auch Hanß, zum Feldzug nach Oberitalien gerufen. Den Kampf um die Langobardenkrone hatte unser Graf ja schon herbeigesehnt, um, wie er sagte, der Langeweile des Daheimsitzens zu entfliehen.

Er erwählte unter den freien Bauern der Prosnitza kräftige und geschickte Jünglinge und rüsteten sie für den Kriegszug aus. Natürlich nützten sie auch die wenigen Wochen der Vorbereitung für Übungen mit der Waffe. Albuin bestand darauf, auch den neuen Vogt Karej mitzunehmen, der bisher noch nichts von der Welt gesehen hatte. Doch wen sollte er zum Schutz der Familie hierher an die Drau holen? Die Wahl unseres Herrn fiel auf seinen Bruder Graf Uduin. Dieser war weder ein Kriegsherr noch verstand er viel von der Verwaltung einer Burg, doch unserem Herrn war der leibliche Bruder als Verwalter der Prosnitza immer noch lieber als ein Fremder. Dafür erlaubte er Uduin, einen Teil der Abgaben aus dem Mühlgraben für sich zu behalten.

Beim Abschied gewährte Graf Albuin seiner Gemahlin, dass sie über ihre Güter im Jauntal völlig frei verfügen könne. Er machte kein Hehl daraus, dass er nichts lieber tat, als den unwirtlichen Winter in Karantanien gegen diesen Ausflug nach Oberitalien einzutauschen. Dennoch trauerte Hildegard, die kurz vor der Geburt ihres sechsten Kindes stand, sehr, als sie die Männer ziehen sah, ebenso ich, denn ich sorgte mich um meinen Hanß. Doch der Herzog rief sie in die Schlacht, und sie mussten ihm Gefolgschaft leisten. Auch Erzbischof Odalbert II. zog wieder seine Panzerkleidung an, um Arnulf von Baiern beizustehen. Sie alle bereiteten sich auf einen kurzen Feldzug vor. Doch es dauerte insgesamt mehr als dreieinhalb Jahre, bis wir uns wiedersahen!

So war Hanß wieder im Krieg und ich, Dorothea, war froh, unverheiratet geblieben zu sein, denn ich hätte mir in dieser Zeit noch mehr Sorgen um ihn gemacht!

Aber letztlich überlebten der Graf und sein Edelknecht auch diesen verlängerten Krieg. Der Feldzug war zwar im darauffolgenden Jahr zu Ende und natürlich konnten sie die eiserne Krone der Langobarden nicht gewinnen, aber ihre Heimkehr ließ auf sich warten. Im Herbstmond 934 kamen die Bauern zurück, die unser Herr mitgenommen hatte, und brachten Gräfin Hildegard die Kunde, dass sich die Rückkehr ihres Gemahls verzögern werde. Sie wüssten nicht, wie lange. Er halte sich in Krain auf, jenseits der Karawanken, und werde ihr demnächst einen Brief senden. Uduin richteten sie die Grüße des Bruders aus und ließen ihn wissen, er solle die Burg und die Ländereien weiterhin gut verwalten und darauf sehen, dass Albuins Familie alles zu ihrem Schutz und Unterhalt bekomme.

Doch Uduin fühlte sich eigentlich nicht als Verwalter, sondern verhielt sich auf der Burg eher als Gast. Der Auftrag, noch für eine unbestimmte Zeit auf der Prosnitza auszuharren, bereitete ihm üble Laune. Doch er suchte sich zu zerstreuen. So ritt er mindestens einmal pro Woche nach Moosburg, wo er sich an den Tafeln und Geselligkeiten Peros, des neu ernannten Markgrafen, erfreute. Denn Pero und Uduin kannten einander noch aus dem Chiemgau. Zuhause auf der Prosnitza richtete er sich den Westtrakt der Burg mit edlen Teppichen ein und wählte sich eine der Mägde als persönliche Bedienerin. Er nahm den Wunsch Albuins, sich hier auf der Burg wohl zu fühlen, jedenfalls ernst.

Wenn es in dieser Zeit zu Streitigkeiten oder anderen Problemen zwischen den Bauern oder Leibeigenen kam, musste sich die Herrin darum kümmern. So lernte Hildegard besser, alle Art Schwierigkeiten selbständig zu lösen. Natürlich wartete sie auch mit banger Sorge auf ihren Gatten, den Vater ihrer Kinder, und hoffte noch immer, er werde eines Tages geläutert zurückkehren und fortan mit ihr eine glückliche Ehe führen.

In dieser Hoffnung hatte sie begonnen, einen Wandteppich zu sticken, auf dem sie Albuin mit Schild und Schwert, umgeben von Rosen und Lilien, abbildete. Im Hintergrund sah man die Prosnitza. Ich denke, sie wollte in diese Stickerei all ihren Glauben an eine bessere Zukunft legen. Auch wünschte sie sich, für ihre Kinder ein Bild zu schaffen, das ihnen half, ihren Vater im Gedächtnis zu behalten. Wir alle saßen neben ihr an unseren Spinnrädern, andere Frauen arbeiteten an kleinen Webstühlen. Hildegard sah es gerne, wenn gesponnen, gewebt und genäht wurde, denn ihre Familie und die Bediensteten der Burg brauchten Kleidung. Wir stellten sogar mehr von den Stoffen und einfachen Leinenkleidern her, um sie beim kommenden Weihnachtsfest an die Armen zu verteilen.

Endlich, gegen Ende des Jahres 934 erhielt unsere Herrin einen Brief ihres Gemahls, in dem er ihr erklärte, dass er sich an der Sann aufhalte, wo er bis auf Weiteres bleibe. In Italien sei leider etwas vorgefallen, der Herzog habe ihn verbannt und er dürfe vorerst nicht in die Heimat zurückkehren. Doch habe er in Krain die Möglichkeit, nicht nur Ehre, sondern auch Güter zu erlangen. Er schrieb auch, dass er sie herzlich grüße. Darunter stand sein Name, Albuin. Auf der Rückseite des Briefes gab er ihr verschiedene Anweisungen. Unter anderem las sie die neuerliche Aufforderung, alle wichtigen Entscheidungen selbst zu treffen. Auch könne sie sich frei in der Umgebung bewegen, müsse also nicht, wie für Frauen üblich, in der Kemenate sitzen und spinnen. Allerdings sollten Uduin oder einige der Soldaten sie bei ihren Ausritten begleiten.

Hildegard freute sich über das Lebenszeichen ihres Gemahls und ebenso über die Freiheit, die er ihr gewährte. Als Antwort sandte sie ihm ihren Dank und ihre Segenswünsche, empfahl ihn dem Schutz Gottes und aller Heiligen und berichtete über die Geburt Gepas und das Gedeihen ihrer Kinder. Ganz unten skizzierte sie in Blau und Rot, wie sie am halbfertigen Wandteppich saß, auf dem er, Albuin, mit Rüstung und Schwert zu sehen war. Er ritt durch eine liebliche Umgebung. Und von der fernen Burg herab flatterte die bunte Fahne.

Am Schluss ließ sie auch Hartwig und dessen Bruder Albuin

ihre Namen auf das Pergament setzen. Die beiden Söhne sollten ihrem Vater zeigen, dass sie in der Kunst des Schreibens bereits Fortschritte machten. Danach erreichte uns kein Brief mehr von unserem Herrn.

Bisher hatte Vogt Uduin sich kaum für die Familie seines Bruders Albuin interessiert. Doch im Lenz des folgenden Jahres änderte sich dies. Er kam eines Nachmittags herüber zum Platz, wo wir mit den Ammen und Kindern im Freien spielten. Er hatte sich einen spaßigen Hut aufgesetzt und verneigte sich vor uns. Natürlich gefiel dieser Auftritt den Kindern. Zuletzt holte er seine Fiedel unter dem Mantel hervor und spielte ein Lied, zu dem er die Kinder tanzen ließ und sich auch selbst mit ihnen im Kreis drehte. Daraufhin umringten sie ihren Onkel und wollten, dass er noch weitere Lieder spiele. Er lachte und blickte immer wieder neugierig zu unserer Herrin herüber. Schließlich forderte er auch uns Frauen auf, uns mit ihm im Kreis zu bewegen. „Kann denn unsere Herrin Hildegard überhaupt tanzen?", fragte er halb an sie, halb an die Kinder gerichtet. Die Angesprochene sah ihn ernst an und wandte sich der kleinen Wezela zu, die ihr ins Ohr flüsterte, dass sie auch auf dem Instrument spielen wolle.

Hartwig und Albuin II. hatten sich aber bereits abgewandt und balgten auf der Wiese, Zwezdanka lief hinter ihnen her und rief: „Das ziemt sich nicht ..." Aribo aber blieb bei Uduin sitzen und sagte: „Onkel Uduin! Wann kommt unser Vater wieder?" Uduin legte den Arm um ihn und sagte für uns alle hörbar: „Wann er kommt und ob er überhaupt wiederkommt, weiß niemand." Dabei stand er auf, hob Aribo auf seine Schulter und tanzte mit ihm eine lustige Figur. Da liefen auch Gepa, Gotta und Wezela hinter ihm her und machten es ihm nach. Wieder schielte Uduin zu Hildegard hinüber.

Er hatte im Handumdrehen die Bewunderung der Kinder gewonnen und bemühte sich nun, auch die Gunst unserer Herrin zu erlangen. Hildegard, die sich zuerst über seine Späße und die Reaktion der Kinder gefreut hatte, bemerkte nun plötzlich, dass Uduin nicht aus plötzlicher Kinderliebe handelte, sondern die Absicht verfolgte, um sie zu werben. Mit bangen Ahnungen erhob sie sich daher und rief, dass es Zeit sei wieder ins Haus zu gehen. „Versteht unsere strenge Herrin keinen Spaß?", rief Uduin ihr spöttisch hinterher.

Doch auch die Kinder bemerkten bald, dass Onkel Uduin sein Interesse nur vortäuschte. Denn wenn sie ihn auf dem Burghof begegneten, würdigte er sie keines Blickes und überhörte ihr Rufen, und ein andermal, wenn Hildegard zusah, tat er wieder freundlich, wobei er unsere Herrin immerzu anstarrte und ihr den Hof machte. Um diesen Begegnungen aus dem Weg zu gehen, besuchten wir in diesem Sommer mehrmals Mattes und Lanica, wo die Kinder genügend Gefährten für ihre Spiele fanden. Während dieser Ausflüge besah sich Hildegard nochmals die Schäden auf der Gradnitza und besprach mit Mattes erstmals die weiteren Aufräumarbeiten, die er veranlassen sollte. Sie hatte ja von ihrem Gemahl die Freiheit erhalten, selbständige Entscheidungen zu treffen und fasste jetzt den Entschluss, mit der Renovierung der Schlossanlage so bald als möglich zu beginnen und, wenn diese abgeschlossen sei, auch dort eine Kapelle zu errichten.

Maria Wörth

Im Erntemond schrieb Hildegards Bruder Egilolf, er müsse im Auftrag seines Bischofs Wolfram von Freising nach Karantanien reisen, um Niederlassungen ihres Bistums zu besuchen, es waren Orte am Millstätter See und rund um Maria Wörth. Er verriet ihr, es gehe gar nicht um eine geistliche, sondern vor allem um eine wirtschaftliche Mission. Denn Freising war seit dem Überfall der Ungarn und den Ausschweifungen Bischof Dracholfs bestrebt, seine Kassen wieder aufzufüllen, ja, Wolfram hatte es sich zum Ziel gesetzt, aus seinem Bistum ein Hochstift zu machen. Egilolf wolle seinen Auftrag, Gelder einzuheben, und das lange ersehnte Wiedersehen mit seiner Schwester Hildegard miteinander verbinden. Die Reise sei, schrieb er, schon für diesen Herbst geplant. Da er jedoch gemeinsam mit anderen Geistlichen des Domklosters unterwegs sei, könne er nicht an die Drau kommen. Seine Frage war daher, ob sie sich den Weg nach Maria Wörth zumuten könne.

Welche guten Nachrichten für meine Herrin, die diesen Brief, wie immer, den Kindern vorlas! Diese hüpften vor froher Erwartung, endlich ihren Onkel Egilolf kennenzulernen, von dem sie schon so viel gehört hatten. Hildegard antwortete ihrem Bruder umgehend, dass sie und ihre Kinder ihm nach Maria Wörth entgegen reiten und davor die Tage bis zu ihrem Wiedersehen zählen würden. Es sollte die erste Reise für die Kinder sein. Der nächste Brief Egilolfs kam unerwartet rasch, darin nannte er den genauen Zeitpunkt, an dem er in Maria Wörth Station machen werde. So suchte Hildegard nicht nur geeignete Pferde aus, sondern auch zwei Wachsoldaten, die uns, neben ihr und den Kindern auch die beiden Ammen und mich, auf dem Ritt begleiteten.

Am angegebenen Tag im Herbstmond ritten wir in freudiger

Stimmung nach Nordwesten. Hartwig und Albuin konnten schon selbst ein Pferd lenken, die vier jüngeren Kinder saßen vor uns in den Sätteln. Der Weg über Gurnitz entlang des Sattnitzflusses war uns bereits vertraut, und nach der vorsichtigen Durchquerung eines Sumpfgürtels gelangten wir an den See von Wörth, dessen Wasserfläche über dem Schilf wie ein Fenster aus blauem Edelstein strahlte. Den in der Sonne glitzernden Spiegel zu unserer Rechten, ritten wir auf einem sicheren Weg voran, bis wir eine kleine Insel im Wasser erblickten. Es war, wie die Soldaten wussten, Maria Wörth mit der weithin bekannten der heiligen Gottesmutter geweihten Kirche! Unsere Pferde schienen unsere Begeisterung zu spüren und drängten zum Wasser hin und über eine schmale Brücke, die das Festland mit der Insel verband. Vor der Herberge und dem Haus des Pfarrers drängten sich die Reittiere und Wagen vieler Besucher, und hier überließen auch wir unsere Tiere einem der Knechte, die sie versorgten.

Egilolf, der über seinen Mönchskleidern einen Reisemantel trug, hatte uns kommen sehen und trat sogleich aus dem Haus. Was soll man über diesen seligen Moment sagen? Die Geschwister umarmten einander und Egilolf hob seine Nichten und Neffen der Reihe nach hoch und stellte ihnen allerlei Fragen. Nachdem auch er ihnen alle Auskünfte gegeben hatte, die sie je nach Alter von ihrem Onkel erbeten hatten, wünschten sie wenigstens einmal mit ihren Füßen in den blaugrünen See zu steigen. So unternahmen die Ammen mit ihnen einen kleinen Rundgang entlang des Ufers.

Hinter Egilolf erschienen bald auch andere Mönche, die er uns vorstellte. Bei einem der Mönche mit dem Namen Ermanrich fügte er hinzu: „Dieser fromme Diener Christi hat den Wunsch geäußert in Karantanien zu bleiben. Ich habe ihm daher auch gleich zur Priesterweihe verholfen. Und er kennt bereits einige karantanische Worte." Ermanrich lachte breit und gutmütig und verschränkte seine Unterarme über dem wohlgerundeten Bauch. Jetzt rief der Pfarrer von Wörth aus dem Innern des Hauses: „Lasst doch die Markgräfin Hildegard endlich eintreten!"

Die Geschwister aus dem Aribonenhaus hatten geglaubt, an diesem Tag über ihre Herzensdinge zu sprechen, doch die Zeit zwischen Wiedersehen und Abschiednehmen war knapp bemessen. Denn im Pfarrhof von Wörth waren an diesem Nachmittag viele verschiedene Leute versammelt, die alle mit Egilolf etwas zu besprechen hatten. Von Gräfin Hildegard wollte einer von ihnen wissen, wie es ihrem Gemahl Albuin gehe oder wie sie ihr Leben auf der Prosnitza, fernab der christlichen Zentren Karantaniens, eingerichtet habe? Nachdem unsere Herrin diese Fragen beantwortet hatte, nahm Egilolf sie zur Seite und auch Ermanrich folgte ihnen zu einem kleinen Tischchen in einer Ecke des Gästeraums. Der Bruder offenbarte Hildegard, dass ihr Ermanrich auf ihre Güter nach Stein folgen werde. Der durch seine Lebensjahre schon etwas gereifte Geistliche verstehe einiges vom Hausbau und auch vom Kirchenbau. Er habe in Freising eng mit Architekten aus dem gesamten Herzogtum zusammengearbeitet.

„Da du mich, liebe Schwester, in Pläne eingeweiht hast, du wollest im Jauntal die Schlossanlage renovieren und eine Kapelle errichten, habe ich diesen wackeren Freund, sagen wir, dazu überredet, sich von nun an um das Seelenheil der Slawen zu kümmern. Er wird dir ein treuer Ratgeber und Unterstützer in geistlichen wie auch in weltlichen Angelegenheiten sein." Ermanrichs Lächeln zog jetzt einen langen, kräftigen Strich durch sein bärtiges Gesicht. Seine Stirnrunzeln bogen sich unter dem schon etwas kahlen Haaransatz wie ein gütiger Baldachin.

Egilolf versicherte Hildegard auch, er werde noch am selben Tag eine Gruppe Bauleute aus Oberitalien anfordern, die dann wohl frühestens in ein, zwei Wochen in Stein ankommen sollten. Und auch Ermanrich pflichtete seinem Mönchsbruder Egilolf bei: „Ich möchte mich zuerst einmal dort in Stein niederlassen und die Leute meiner zukünftigen Pfarre aus der Nähe kennenlernen. Wir werden schon miteinander auskommen." Hildegard dankte Egilolf und Ermanrich herzlich für diese unerwartete Unterstützung. Mit einem eigenen Priester, der zugleich das Amt eines Bauherrn ausüben konnte, nahmen ihre Pläne für Stein endlich Gestalt an.

Nachdem die Kinder vom Seeufer zurückgekehrt waren und Hildegard gemeinsam mit Egilolf und den Ordensbrüdern in der berühmten Marienkirche der Insel angebetet hatte, trennten sich die Geschwister.

Auf dem Heimweg plauderte der Priester in einem fort, er erzählte von seinen Erlebnissen und bisherigen Tätigkeiten. „Ich habe es satt", sagte er, sein Pferd am Zügel lenkend, „für meine Freisinger Herren nichts als Steuern einzutreiben. Ich wünsche mir wirklich eine sinnvolle geistliche Aufgabe, wie die berühmten Mönche, die in den letzten Jahrhunderten nach Süden zogen, um Urwälder zu roden und in den entferntesten Tälern Kirchen zu errichten. Ja! Ich bin bereit, den Heiden die Wahrheit zu bringen!" Er sprach Hildegard und mir, Dorothea, aus dem Herzen. Wir blickten uns während seiner Ausführungen immer wieder überglücklich an. Auch den Kindern gefiel der bodenständige Mann mit der braunen Kutte und den breiten, mit Riemen verschnürten Lederschuhen.

Nach unserer Heimkehr verweilten wir nicht lange, sondern begaben uns schon am nächsten Tag auf die andere Seite der Drau. Mattes und Lanica richteten dem Geistlichen im Wirtschaftshof eine wohnliche Kammer ein. Er stellte sein Bündel ab und zog sogleich seine Schreibtafel mit dem Griffel hervor. Aller Augen waren auf ihn gerichtet. Indem er uns die glatte Schreibfläche zeigte, versprach er: „Am heutigen Tag ist diese Tafel noch leer. Doch bald werdet ihr hier die Pläne für sämtliche Bauarbeiten sehen, die hier auf der Gradnitza ausgeführt werden müssen. Ein Priestermönch hält, was er verspricht!"

Und Mattes versicherte dem Geistlichen, nachdem er Lanica zugezwinkert hatte, dass er hier am Hof immer gut essen und trinken werde. Die beiden Männer verstanden sich sofort. „Das lasse ich mir gefallen!", nickte Ermanrich. „Und am Sonntag, wenn ich auf der Prosnitza die Messe lese, sollt ihr alle dabei sein!" Jetzt blickte Mattes etwas verblüfft drein. Bisher waren er und Lanica erst einmal in der Kapelle gewesen. Doch er meinte: „Wenn du die Predigt hältst, kommen wir natürlich! Stimmt's, Lanica?" Und seine Frau pflichtete ihm eifrig bei.

Boguslaw, der junge Hörige, wurde wegen seiner Geschicklichkeit von allen gelobt. Er hatte auf dem Schloss inzwischen schon aufgeräumt und alle Zimmer von Schutt befreit. Auch war er eifrig dabei, Ermanrich zu helfen, als dieser aufstand und mit einem armlangen Stab an den Mauern verschiedene Maße abnahm. Die beiden verständigten sich durch eine Mischsprache aus Bairisch und Karantanisch, unterstützt durch Zeichen, denn auch Boguslaw lernte schnell einige bairische Wendungen.

Und da fiel uns ein: Sonntag, das war schon in wenigen Tagen! Gräfin Hildegard ließ für die Kirchgänger vom Steiner Berg auf der Prosnitza im Anschluss an den Gottesdienst ein Mittagsmahl bereiten, bei dem schon lebhaft über die bevorstehenden Bauarbeiten gesprochen wurde. Ermanrich zeigte stolz seine Pläne in Wachs und erklärte, dass sofort mit der Renovierung des Schlosses und noch vor dem Winter mit dem Bau einer gemauerten Kapelle begonnen werde. Die Erklärungen des Priesters zeigten deutlich, dass er vom Gewerbe des Architekten etwas verstand. So überließ Hildegard alle weiteren Entscheidungen diesem neuen Bauherrn.

Und nach kurzer Zeit freundete Ermanrich sich in seiner offenen Art auch mit den Knechten und Mägden der Gradnitza an. Er merkte sich ihre Namen und man konnte sehen, dass ihnen der leutselige Baier gefiel. Aus ihnen suchte er, mit Einverständnis unserer Herrin, auch die Arbeiter aus, die bei der Instandsetzung des Schlosses helfen sollten, darunter einen hinkenden Leibeigenen namens Radenko, der sich mit der Feldarbeit schwer tat. Die neue Aufgabe „auf dem Bau" empfand Radenko als große Ehre. Und so wies Ermanrich jeden nach seiner Fähigkeit in seine besondere Tätigkeit ein. Außerdem benötigte er einen zusätzlichen Wächter, der nun, wie seit Jahren nicht mehr, den Wehrgang entlang schritt und darauf achtete, dass kein Unbefugter die Baustelle betrat.

Den Gutsverwalter Mattes und seine Frau bereitete Ermanrich darauf vor, dass die erwarteten Handwerker aus Oberitalien reichlich Steinbier und Verpflegung benötigen würden. Und nur wenige Wochen vergingen, da trafen die Männer mit ihren unterschiedlichen italienischen Dialekten ein. Sie packten ihre kostbaren Werkzeuge aus und errichteten zunächst eine Bauhütte. Ihre Handgriffe waren eingeübt, jeder in der fachkundigen Gruppe kannte seine Aufgabe und seinen Platz. Zunächst dichteten sie das

Mauerwerk des unteren Stockwerks des Schlosses gegen den Regen ab. Ein Zimmermann aus dem Mühlgraben kam und fertigte zusammen mit einem Helfer und dem Tischler des Hofes an Ort und Stelle neue Balken und Bretter für das Obergeschoss an.

Wann immer es möglich war, ritt Hildegard mit uns nach Stein, um dort mit den Kindern den Tag zu verbringen. Sie selbst beobachtete die verschiedenen Arbeiten und die Ammen freuten sich darauf, mit Lanicas Kindern im Schlosshof zu spielen.

Besser als zu sündigen

Wenn wir drei Tage nicht in Stein erschienen waren, kam Pfarrer Ermanrich von sich aus auf die Prosnitza geritten und berichtete von den baulichen Fortschritten drüben auf dem Gradnik. Eines Nebelmondtages überrumpelte er Hildegard mit einer Frage, die ihn offenbar keinerlei Überwindung kostete. Er sagte, er wolle sich verehelichen!

Natürlich hatte die Herrin nichts dagegen, dass ein lebensfroher Mensch von geistlichem Stand den Leuten vorzeigte, wie eine gute Ehe zu führen sei und wie man als christliche Eltern Kinder großzieht. Ermanrich fügte hinzu, dass es einem Priester nicht verboten sei, eine Gattin zu nehmen. „Das ist jedenfalls besser als zu sündigen!", lächelte er. „Ich bin überzeugt, dass ich erst durch Frau und Kinder hier vollständig sesshaft werde." Er war sich natürlich im Klaren darüber, dass unsere Herrin Hildegard für seinen Lebensunterhalt aufkommen musste, daher erklärte er: „Ich möchte einen richtigen Pfarrhof haben, mit Tieren und Feldern, Honigbienen und einer Wirtschaft, die mich und meine Familie ernährt."

Ermanrich, um Worte und Erklärungen nicht verlegen, blickte unsere Herrin verschmitzt lächelnd an. „Und ich lerne auch die Wendensprache!" Dabei zählte er einige karantanische Wendungen auf. „Den Rest wird mir Tinka beibringen!" Die Erwählte, eine ebenfalls nicht mehr ganz junge Tochter freier Bauern, hieß Tihana, doch er nannte sie Tinka. „Aber ich finde, die Jauntaler sollten auch nach und nach Bairisch lernen. So ist es nämlich in Pannonien üblich, wo ich einige Jahre als Wandermönch unterwegs war. Der Untertan lernt die Sprache seines Herrn, nicht umgekehrt!" Hildegard war sich nicht ganz sicher, ob dies die Regel sei.

„Alles muss seine Ordnung haben!", redete Ermanrich ohne Pause weiter und machte mit seinen Händen eine ausscherende, gleichsam segnende Bewegung. „Ich werde jedenfalls Schweine züchten! Die Karantaner lieben Schweinefleisch, das sagt auch meine Tinka." Er gab unserer Herrin keine Zeit, eine Antwort zu formulieren. „Was für eine neue Lehre da einige aufgebracht haben, dass Priester unverheiratet bleiben sollen? Das galt doch früher auch nicht, soweit ich denken kann. Ja, vielleicht sollten die hohen Würdenträger solche Regeln befolgen, aber wir kleinen Pfaffen? Jeder weiß, dass wir unsere Wirtschaft nicht allein führen können. Ich jedenfalls brauche Frau und Kinder für die Arbeit."

Die Hochzeit fand im kleinen Kreis des Steiner Wirtschaftshofes statt. Die Braut, zur Sparsamkeit erzogen, legte keinen Wert auf ein großes Gelage. Er hatte ihr vor der Zeremonie die Zehn Gebote erklärt und sie mit eigenen Händen getauft. So war sie binnen weniger Wochen eine eifrige Christin geworden und half ihm sogar bei der Bekehrung weiterer Einheimischer in der Umgebung.

Für diesen ersten Winter richteten sie sich, mit Erlaubnis Hildegards, in den eben fertiggestellten unteren Räumen der Gradnitza häuslich ein. Einige Schweine, die Tinka mit in die Ehe brachte, standen in einem bisher ungenutzten Teil des großen Stalls, neben denen von Mattes. Die Frischvermählten packten auch mit an, um die Böden auszubessern und das Mauerwerk mit Kalk zu tünchen. So war das geistliche Brautpaar von Beginn an ein Segen für das Schloss und die Gegend von Stein. Und Tinka trug durch ihr heiteres Gemüt dazu bei, dass sich die Arbeiter und Besucher auf der Gradnitza wohlfühlten. Sie und Lanica teilten sich meist auch die Arbeit, wechselten sich beim Kochen ab und unterstützten einander, wo es ging.

Währenddessen kamen die Bauleute mit dem oberen Stock gut voran, sodass bis zum Einbruch der Kälte alle Holzbalken und Wände der großen Säle wieder dicht und die mit Eisen beschlagenen Türen und Fenster eingehängt waren. Ermanrich meldete unserer Herrin, dass sie in zwei der oberen Räume bald einziehen könne und dass noch am nächsten Tag mit dem Bau der Kapelle begonnen werde. Als Hildegard über die frisch verlegten

Bodenbretter schritt, den Duft von Harz und Sägespänen einatmete und auf den Söller trat, vor ihr die Säulen des Skarbin, wollte sie für Momente nicht mehr zurück auf die Prosnitza, sondern mit den Kindern hier in Stein bleiben, wo sie das bunte Leben umgab.

In diesen Tagen erfuhren wir vom Tod Odalberts II. und in derselben Nachricht, die von Herolden in ganz Karantanien verbreitet wurde, auch von der Bestellung Egilolfs, des Bruders unserer Herrin, zum Erzbischof von Salzburg. Die Weihe fand am 14. Nebelmond 935 statt. Als hätte er es geahnt! Er hatte ihr noch vor wenigen Wochen mit ernster Miene erklärt, dass er das Gefühl habe, er solle seine Angelegenheiten ordnen und sich vermehrt dem Gebet und dem Studium der Heiligen Schrift widmen. Er wolle fasten und den Herrn fragen, wie er ihm noch besser dienen könne. Auch Hildegard hatte versprochen, ihn in dieser Einkehr und Besinnung nicht durch Briefe zu stören. Und nun hatte der Baiernherzog ihn in dieses hohe Amt berufen! Wie stolz musste doch ihr Vater auf ihn sein! Und erst Walpurga! Auch die Kinder staunten, als Hildegard es ihnen erzählte.

Leider muss ich, Dorothea, an dieser Stelle hinzufügen, dass dem edlen Egilolf, der nur den Dienst an Gott, an Kunst und Wissenschaft im Sinn hatte, das hohe Amt auch einen frühen Tod bescherte. Denn eine solche Machtstellung, die sich Egilolf selbst wohl nie gewünscht hatte, weckte den Neid vieler Emporkömmlinge. Wir wissen es nicht genau, aber es gab Gerüchte, dass sein Tod nicht auf natürlichem Wege erfolgte.

Doch in diesen Nebelmondtagen freuten wir uns sehr, dass wir mit Egilolf jemanden an der Spitze des Salzburger Erzbistums hatten, der gerecht war und geistliche Themen über den Ausbau seiner Herrschaft stellte. Und dann, einige Zeit vor dem Weihnachtsfest, erhielten wir den ersten Brief mit dem Siegel des Erzbischofs, dem feuerspeienden Löwen, der in Rot und Schwarz das Pergament zierte.

Hildegard hatte das Schloss in Stein noch am Ende des Nebelmonds besucht, um den Zimmermann und die Bauleute zu bezahlen und in die Winterpause zu entlassen. Die Männer aus Oberitalien freuten sich natürlich, zu ihren Familien in den wärmeren Süden zurückzukehren, von wo sie versprachen, nach der Schneeschmelze und dem Ende des Frostes wiederzukehren. Wie begeistert war Hildegard, als sie sah, dass die Kapelle bereits als Rohbau dastand. Die Mauern mussten allerdings im Frost austrocknen, wie Ermanrich sie belehrte. Doch der Boden war schon für das Mosaik vorbereitet und die Mauern waren bis an den Dachstuhl hochgezogen! Und wenn sie sich im Innern des Gewölbes hinstellte und ihre Augen nach oben richtete, formte sich in ihrer Vorstellung bereits eine hölzerne Dachkuppel über ihr, unter der sie, ihre Kinder und alle ihr so lieb gewordenen Menschen im nächsten Jahr Gott anbeten würden.

Hildegard war aus der Tiefe ihres Herzens froh und schickte Dankgebete empor zu jenem gütigen Wesen, das ihr in dieser Zeit, da sie getrennt von ihrem Mann war und sich auch schmerzlich um ihn und ihre Ehe sorgte, solch unerwarteten Segnungen gewährte. Denn mehr als persönliches Glück wünschte sie sich, heilige Orte zu schaffen, durch die sich der Duft Christi im Land ausbreitete und jedem Menschen, ob reich oder arm, geknechtet oder frei, die Seele mit Frieden erfüllte.

Insofern war es ihr auch, als hätte ihr liebender Vater im Himmel den Mangel, der durch die Entfernung und Entfremdung ihres Ehemannes entstanden war, durch eine große, ihr übertragene Aufgabe ausgeglichen, die nun Gestalt annahm. Meine Herrin wandte sich strahlend an mich. „Stell dir vor, liebe Dorothea! Dieser kleine Rohbau wird bald mit Bildern und zwei schmalen Glasfenstern geschmückt werden, man wird farbige Mosaiksteine auf Leinenstreifen kleben und in den Boden einsetzen, das Dach wird zwei Lagen Schieferplatten tragen. Ja, in diesem Raum wird schon im nächsten Jahr des Schöpfers Lobgesang erklingen!" Ich nickte. Doch als sie sich nochmals umgeblickt hatte, sagte sie plötzlich ernst: „Und ich bitte dich, liebe Freundin! Sorge dafür, dass man mich hier in der Kapelle bestattet. Es ist der Platz, an dem meine Gebeine ruhen sollen."

Der Abschied von Stein und die Rückkehr auf die Prosnitza fielen ihr und den Kindern in diesem Spätherbst sichtlich schwer. Doch Hildegard glaubte, es entspreche der Ordnung und dem

Willen ihres Gemahls, dass seine Familie weiterhin auf der gut befestigten Wehrburg wohnte und dort auf seine Rückkehr wartete. Sie freuten sich jedoch auf die Sonntage, an denen Ermanrich angeritten kam und auf der Prosnitza die Messe feierte. Der angehende Pfarrer von Stein las aber ebenfalls an den Samstagabenden eine Hausmesse in einem leerstehenden Raum auf der Gradnitza. Sogar Michlo kam mit einigen Leuten dorthin.

Eisfiguren

In der Zwischenzeit beobachtete Uduin mit Missfallen, dass sich Hildegard, die nun auch zur Schwester des Erzbischofs aufgestiegen war, gar nicht um ihn kümmerte, ja, wie er meinte, ihm mit ihren Blicken und Gesten Geringachtung erwies. Dabei hatte ihm sein Bruder die Aufsicht über die Burg und auch über dessen Familie übertragen! Seine bisherigen Versuche, Hildegards Aufmerksamkeit auf sich zu lenken, hatten ihre Wirkung verfehlt. Ohne dass seine Fähigkeiten als Sänger und Lautenspieler geschmälert werden sollen, hatte unsere Herrin bemerkt, dass Uduin gewisse Absichten verfolgte und sie hatte sich daher ganz bewusst seiner Gegenwart entzogen.

So wurde der Verschmähte immer aufdringlicher. Er trat ihr etwa auf ihrem Gang zur Küche in den Weg und sagte ihr ins Gesicht, dass Albuin in Krain eine Grafentochter gefreit habe! Dass er seine Familie längst vergessen habe und Hildegard nicht mehr länger an ihm festhalten solle. „Er ist dir längst untreu!", drang er auf sie ein. „Wann öffnest du endlich deine Augen? Kein Mann ist so lange unbeweibt!"

Hildegard blickte nur zu Boden und suchte an ihrem Schwager vorbeizukommen. Er aber kniete sich vor sie hin und erklärte ihr seine angebliche Liebe. Er sagte, ja sogar unter falschen Tränen, dass Albuin eine Frau wie sie nicht verdient habe und Hildegard von Anfang an für ihn, Uduin, bestimmt gewesen sei.

Ich, Dorothea, rettete meine Herrin aus dieser Situation, indem ich ihr meinen Arm darbot, um sie an Uduin vorbeizuführen. Natürlich klopfte Hildegards Herz, sie war sich unsicher, wie viel an Uduins Geschichten dran sei. So ergriff sie meine Hand und sagte nur: „Tut mir leid, Uduin! Deine Reden beeindrucken mich nicht!"

„Werde meine Gemahlin!", rief er nun nochmals. „Niemals!", schüttelte Hildegard den Kopf. „Ich gehöre Albuin, auf ewig." – „Und? Wie behandelt er dich?", keuchte Uduin, nach ihrem Mantel greifend. „Öffnest du nicht endlich deine Augen!" Hildegard sah ihn nur erschrocken an und ließ sich, innerlich erschüttert und zitternd, von mir in die Kapelle führen, wo sie unter Tränen ein langes, flehentliches Gebet sprach, eine Bitte um Seelenfrieden, Worte, die meine Schreibkunst nicht wiederzugeben vermag.

Doch Uduin war nicht gewillt, so schnell aufzugeben. Für ihn wurden seine Vorstellungen zur fixen Idee. Er wähnte sich als Nachfolger Albuins und rief Hildegard, ihren Schmerz vergrößernd, bei jeder Gelegenheit zu, dass „Albo nicht mehr zurückkehrt". Dies erzählte er auch den Kindern, die mit ihrer Mutter jeden Abend für die gesunde Heimkehr ihres Vaters beteten.

Einmal, es war kurz vor dem Weihnachtsfest, verfolgte er meine Herrin bis zu ihrer Kammer und Hildegard und ich mussten uns dadurch zur Wehr setzen, dass wir den Rigel vorschoben. Uduin aber rüttelte an der Tür und „befahl" uns, aufzumachen. Als wir dem nicht Folge leisteten, schlug er mit seinem Schwert dagegen, sodass er das Schloss beschädigte, das von da an nur mehr schwer zu öffnen war.

Nach diesem Zwischenfall entschloss sich unsere Herrin, die Kinder und genügend Kleidung zusammenzupacken und nach Stein zu gehen. Sie wollte das Weihnachtsfest unter Menschen feiern, von denen sie und die Kinder nichts zu befürchten hatten.

Es war wegen des Schnees bereits schwierig, diese Reise zu unternehmen, doch die beiden Wachen, die uns begleiteten, zogen lange Äste hinter sich her und legten damit den Waldweg frei, sodass wir hinunter zur Straße und weiter zur Fähre kamen. Die Luft und das Wasser der Drau waren klirrend kalt, wegen der Strömung jedoch nur an den Rändern von Eis bedeckt. Das Eis hatte wunderliche Figuren geformt, die die Kinder aufsammelten und mitnahmen. Im Innern der Eisfiguren konnte man kleine Zweige oder Steine erkennen, die wie durch schimmerndes Glas geschützt waren. „Seht nur", sagte Hildegard zu ihnen „wie diese Steine und Zweige, so schützt auch der Himmlische Vater einen jeden von uns. Wir können seine Hände nicht sehen, aber sie halten uns und tragen uns sicher ans andere Ufer."

Und so war es auch, die Überfahrt verlief ohne Schwierigkeiten. Wir fürchteten uns nicht, mit den Pferden ins kalte Wasser zu kippen, auch die Tiere blieben ruhig und schnaubten nur abwechselnd ihre warme Atemluft aus den Nüstern. Michlo hatte am Ufer achtgegeben, bis zuerst das Gepäck und dann nach und nach wir alle herübergebracht worden waren. Er lobte die Pferde und die Kinder, die die Überfahrt so tapfer durchgestanden hatten.

Auf der Gradnitza angekommen, liefen Lanica und Tinka überrascht und dienststeifrig herbei, um die gräfliche Familie mit ihren Begleitern aufzunehmen. Ermanrich war gerade hinten bei den Stallungen beschäftigt. Den Kindern wurde nichts darüber gesagt, doch er hatte ein Schwein für die bevorstehenden Festtage geschlachtet und war mit einigen Helfern dabei, es zu zerlegen und weiter zu verarbeiten.

Wir hatten Decken und Tücher mitgebracht, allerdings standen in den oberen Räumen noch keine Bettgestelle und es war noch ungewiss, wie wir die folgenden Nächte auf der Gadnitza verbringen sollten. Doch für die Kinder war es umso abenteuerlicher, dass wir bloße Strohsäcke auf den neuen Holzboden legten und darauf Laken und Decken. In den Zimmern wurde nicht geheizt, doch auch hier wussten wir uns zu helfen. In der Küche lagen, wie stets im Winter, verschieden große Steine in der Nähe des Ofens, diese trugen wir in den Schlafsaal und legten sie auf die Strohsäcke. Bis wir uns zur Ruhe begaben, waren die Betten wunderbar warm. So wurden es Nächte, in denen die Kinder vor Spaß und Vorfreude auf das Weihnachtsfest kaum zur Ruhe kamen.

In den nächsten Tagen fiel einiges an Neuschnee. Wir umwickelten unsere Lederschuhe mit Wollstreifen, um beim Gang ins Freie nicht zu frieren. Außerdem hatten wir Pelztaschen angefertigt, in denen wir unsere Hände wärmten.

Wir Frauen machten uns viele Gedanken, wie wir die Kinder und auch alle Menschen auf dem Schloss und dem angrenzenden Wirtschaftshof zum Christfest mit besonderen Speisen überraschen konnten. So siebten wir das Mehl, wie es uns die Mühlen lieferten, durch ein feines Sieb und erhielten besonders zarten Getreidestaub, den wir mit Honig süßten. Diesem Gemisch fügten wir Butter, Eier, Nüsse und getrocknete Früchte hinzu und bereiteten daraus einen Teig, den wir langsam am Feuer garen ließen. Als unser Backwerk einen angenehmen Duft verströmte, zogen wir es zur Seite und ließen es abkühlen. Lanica schnitt es mit einem Messer in kleine Stücke, die wir in Tontöpfen aufbewahrten.

An den dunkler werdenden Tagen und langen Abenden drängten sich meist alle um die offene Feuerstelle in der Küche und wärmten sich Füße und Rücken. In diesem engen Beisammensitzen verlangte es uns danach, alle möglichen Geschichten zu hören. Und Ermanrich konnte wirklich gut und ohne Ende erzählen. Von alten Zeiten, von fernen Ländern und vornehmen Königen. Alle, nicht nur die Kinder, lauschten und hingen an seinen Lippen, wenn er sich räusperte und mit dem Ärmel übers Gesicht fuhr. In Freising hatte er von einem Weihnachtsspiel gehört, bei dem die Heiligen Drei Könige, aber ebenso Hirten, Engel und die Heilige Familie von Schaustellern verkörpert wurden.

„Was sagt ihr dazu", wandte er sich an die Kinder. „Sollen wir so ein Weihnachtsspiel aufführen?" Ihre Antwort war ein einhelliges Ja! „Natürlich haben wir keinen Text, nach dem wir das sprechen könnten", wandte er ein. Doch Hartwig, der bereits flüssig schreiben und lesen konnte, meinte: „Ich werde uns einen Text verfassen!" – „Ich weiß nicht", brummte Ermanrich. „Wir sollten uns vielleicht lieber an die Heilige Schrift halten." Das leuchtete allen ein, denn alle wünschten sich ein würdiges Schauspiel.

Letztlich schlug der Priester nach kurzem Grübeln vor, die Geschichte von der Geburt des heiligen Kindes aus dem Lukasevangelium vorzulesen. Die Schauspieler brauchten sich dann nur mehr gemäß den vorgelesenen Worten zu bewegen. Unsere Herrin stimmte dem freudig zu. „Ja, dann ist es ein Schauspiel, das von jedem verstanden wird. Ich werde den lateinischen Text für diesen Zweck ins Bairische übertragen, aber ich möchte auch, dass jemand, vielleicht Boguslaw oder Dorothea, dieses Kapitel ins Karantanische übersetzt, damit alle den Sinn unserer Vorführung verstehen."

Gemäß dem Wunsch unserer Herrin bereiteten wir also alles für die Hirtenmesse am Weihnachtsmorgen vor, bei der die Kinder als Schafhirten, Könige und Engel auftreten sollten. Wir suchten Felle, Linnen- und Brokatkleider hervor, die wir den Kindern anlegten. In die Mitte des Raumes hatten wir eine Futterkrippe mit Stroh gestellt. Alle Freien und Unfreien des Hofes waren eingeladen, der Messe beizuwohnen. Sie bildeten rund um den Altartisch einen Kreis, wo am Boden ebenfalls Stroh ausgelegt war.

Eine der Frauen hielt ein neugeborenes Kind im Arm. Neben ihr nahm ein junger Knecht Platz, der immer wieder sorgend nach ihr und dem Säugling blickte. Hildegard ging zu ihnen hin und lächelte sie freundlich an. Ich übersetzte ihre Frage, ob die Magd mit ihrem Mann und dem Kind sich in die Mitte des Raumes setzen wollte. Obwohl ich ihnen erklärte, dass es Szenen aus der Heiligen Schrift seien und dass die Familie des Knechts Maria, Josef und das Jesuskind verkörpern dürften, verstanden die jungen Eltern nicht genau, was von ihnen erwartet wurde, doch sie folgten der Anweisung.

So begann Ermanrich mit der Messfeier, bei der sich, wie immer, lateinische, bairische und karantanische Passagen abwechselten. Zur Kommunion standen natürlich nur diejenigen auf, die bereits getauft waren. Danach stimmten wir Frauen ein Lied an, in dem es um Maria ging, die in einem einfachen Stall ihr neugeborenes Kind wiegte.

Am Ende der Liturgie sprach Ermanrich nicht das „Ite, missa est", sondern begann mit dem Lesen des zweiten Kapitels des Lukasevangeliums in bairischer Sprache. Nach jedem Absatz machte er eine Pause und Boguslaw fügte, neben ihm stehend, die karantanische Übersetzung hinzu. Als sie zum achten Vers kamen, war das „In jener Gegend …" für die Kinder das einstudierte Stichwort. Sie „lagerten" bereits auf ihrem Stroh und richteten sich jetzt auf, als sich Hartwig, bekleidet mit einem weißen Mantel, ein Öllämpchen in der Hand, vor den Hirten aufstellte. Die Kinder, in Schaffelle gehüllt, brauchten sich zunächst nur zu fürchten. Hinter Hartwig erschien bald darauf eine Schar kleinerer Kinder, die ebenfalls Lampen trugen und damit den Raum erhellten. An ihren weißen Kleidern erkannte man sie als Engel.

Nachdem sich die kleinen Lichterboten wieder hinter Ermanrich und den Altar zurückgezogen hatten, erhoben sich die Hirten und liefen in die Mitte des Raumes, um sich vor der Heiligen Familie niederzuwerfen. Am Ende traten auch die Heiligen Drei Könige aus dem Morgenland auf und legten kostbare Geschenke vor dem Kind nieder, drei Holzkistchen, die Myrrhe, Weihrauch und Gold darstellten.

Zufrieden lächelnd ergriff sodann Pfarrer Ermanrich sein Glöckchen und tat mit einem kräftigen Läuten kund, dass der Gottesdienst beendet war. Tatsächlich gefiel Hildegards Untertanen dieser Weihnachtsabend sehr. Ebenso freuten sie sich über das neuartige süße Gebäck, das wir als Überraschung vorbereitet hatten und nun an alle austeilten. Als die Handwerker, Knechte und Mägde sich erhoben, um wieder in ihre Wohnungen zu gehen, stand Ermanrich an der Tür und wünschte jedem ein frohes Weihnachtsfest. Zu denen, die noch nicht getauft waren, sagte er: „Želite biti krščeni?" Besser vermochte er sich noch nicht in ihrer Sprache auszudrücken. Die Leibeigenen und Handwerker sahen ihn auf diese Frage hin etwas verstört an, vielleicht auch, weil sie es nicht gewohnt waren, dass man ihnen nicht nur befahl, sondern ihnen Fragen stellte? Nachdem sie gegangen waren, meinte der Geistliche achselzuckend: „Ich denke, es braucht noch etwas Belehrung."

Wir blieben etwa zwei Wochen auf der Gradnitza, bis zum Tag nach Neujahr. Michlo meldete uns, dass das Eis gerade ideal sei, um über die Drau zu setzen. Danach würde es wieder wärmer und man erwarte nochmals Schnee und Hochwasser. Wir entschieden uns dazu, die Decken und Laken in Stein zu lassen und packten nur das Nötigste ein. Michlo selbst war mit dem Ochsenwagen gekommen, da auch einige Fässer Steinbier und andere Lebensmittel von Möchling herauf zum Steiner Berg befördert werden mussten. Die Kinder baten, bei Michlo auf dem Karren ein Stück mitfahren zu dürfen und Hildegard erlaubte es. Wir alle waren mit Tüchern, Wollkappen und warmen Mänteln gut eingepackt, sodass die Rückreise zur Prosnitza wegen der Kälte weniger beschwerlich wurde. Auch die Stelle, an der wir die Drau überqueren mussten, zeigte eine seichte, ruhige Strömung.

Alles wartet auf den Stier

Auf der Prosnitza war es die nächsten Tage ungewohnt still. Vor den Fenstern ballten sich dichte Schneeflocken und danach setzten die Dächer und Baumwipfel überall Eiszapfen an. Vogt Uduin ließ sich vorerst nicht blicken, und das Leben ging wieder seinen gewohnten Lauf.

Eines Tages im Eismond erschien Ermanrich auf der Burg. Er hatte von den Bauern erfahren, dass sie zu Beginn des Schmelzmonds ein großes Fest feiern wollten. Natürlich für irgendeinen heidnischen Gott. Pilger aus dem ganzen Jauntal wurden erwartet. Das Ritual stamme aus alter Zeit und schrieb vor, dass ein Stier geschlachtet und bei einem großen gemeinsamen Gelage verzehrt wurde. „Dass gegessen wird, ist ja kein schlechter Gedanke", begann der Priester mit etwas besorgtem Gesicht. „Doch ich traue dem Ganzen nicht, weil ich inzwischen von einigen sehr üblen Heidenritualen gehört habe, wenn es nicht nur Gerüchte sind."

Unsere Herrin überlegte. „Wir müssen diesen Brauch erst einmal kennenlernen. Dann können wir entscheiden, wie wir uns dazu stellen." – „Genau!", bestätigte Ermanrich. „Ich werde mir dieses Fest sehr genau ansehen und mich, wenn möglich, als Pfarrer und Seelenhirte einbringen! Eventuell nehme ich ein Kreuz mit und bitte Boguslaw, mir ein Weihrauchgefäß hinterherzutragen. Aber es kann sein, dass dies alles in dem Menschengewühl, das zu erwarten ist, untergeht. Mir schwant jedenfalls nichts Gutes!"

Wie immer legten wir vor Ermanrich Trockenfleisch und Getreidefladen auf den Tisch. „Wenn es nur eine ordentliche Kirche in Stein gäbe", seufzte er. „Wir müssen dem Volk etwas zum Anfassen geben, ihnen zeigen, dass Christus und die Gottesmutter

Maria größer sind als ihre heidnischen Götter." Jetzt erinnerte sich Hildegard an die Jupiterstele unter dem Felskegel. Wie hatte sie diese Kultstätte nur vergessen können! Daher fragte sie vorsichtig. „Wo genau findet dieses Stierfest statt?" Ermanrich zuckte die Schultern. „So viel ich gehört habe, drüben beim großen Felsen." – „Dann bereitet mir das nun doch Sorge. Denn wir haben dort im Hain ein großes Steinbild des Gottes Jupiter entdeckt."

„Aha!", horchte Ermanrich auf. „Das wird der Ort sein! Die römischen Soldaten, die hier entlang der Straße stationiert waren, haben aus aller Welt ihre Götzen hierher ins Jauntal gebracht und für sie Heiligtümer errichtet, die die Leute auch heute noch beeindrucken. Sie verehren einfach alles, was ihnen Furcht einflößt, die Sonne, den Himmel, Felsen und Flüsse, Blitz und Donner und dazu noch ihre verstorbenen Vorfahren."

„Und wer führt diese Opferung durch? Gibt es einen heidnischen Priester, der dieses Ritual vollzieht?", fragte die Herrin. Ermanrich war baff. Daran hatte er noch gar nicht gedacht. Sie hatten offensichtlich jemanden, eine geistliche Autorität, in der Gegend, einen Zauberer oder Totenbeschwörer, der im Mittelpunkt dieses Festes stand. Und er selbst könnte bloß am Rande mitlaufen, wobei ihm vielleicht auch das Kreuz und der Weihrauch nicht halfen. Er nahm einen tiefen Schluck aus dem Becher, den wir ihm nochmals vollgefüllt hatten. „Ich gestehe, dass ich es nicht weiß. Aber ich werde es herausfinden!"

So harrten wir gespannt des nächsten Besuchs unseres Pfarrers, der nicht lange auf sich warten ließ. Denn Ermanrich kam sogleich am Tag nach diesem Fest atemlos auf seinem Kaltblut durchs Tor geritten. Hildegard und ich liefen ihm über die Treppen hinab entgegen und setzten uns mit ihm, wie immer, im Empfangsraum zu Tisch. Er versuchte sich etwas zu verschnaufen, ehe er seinen Bericht gab.

„Zuerst einmal will ich Euch sagen, was ich nächstes Jahr anders machen werde. Ich werde den Leuten zeigen, dass ich klüger bin als der Wahrsager, den sie aus dem hintersten Winkel des Jauntals hergeholt haben. Was der kann, können wir schon längst!" Er nahm, um sich erst einmal zu beruhigen, nach einem kurzen

Segensspruch, einen Bissen vom vorgesetzten Speck und einen Löffel Getreidebrei. Hildegard und ich saßen ihm gegenüber.

„Ich habe etwas Ähnliches auch schon in der Abtei Traunsee erlebt. Auch dort gab es viele Probleme." Wieder nahm er von der Jause und erzählte dann der Reihe nach: „Ja, es war wirklich ein großer Andrang von Leuten aus dem ganzen Jauntal und auch die Bewohner der Nebentäler kamen und scharten sich unterhalb des Felshügels. Alles wartete auf den Stier. Das kräftige Tier wurde von zwei Helfern vorgeführt, auf dem Haupt mit einer geflochtenen Krone und bunten Glasperlen geschmückt. Jeder versuchte, ihn zu berühren, denn dies soll Glück bringen. Der Wahrsager, ein ungepflegter Greis von armseliger Erscheinung aber umso flinkerer Zunge, wartete oben auf dem Gipfel, und als der Stier unter Gejohle und Geschrei den Berg hinaufgeführt wurde, folgten ihm die Teilnehmer des Festes in einer langen Reihe. Ja, und die Leute trugen Ruten in ihren Händen, die sie durch die Luft schnalzten. Auch ich stieg, ausgerüstet mit meinem tragbaren Kreuz, dem Weihwasserkessel und einer Weihrauchpfanne hinauf und erstarrte fast beim Anblick, der sich mir bot! Dort auf dem Gipfel gibt es nicht nur Mauerreste, wie wir dachten, sondern eine ansehnliche Ruine, die dem Wahrsager als ‚heiliger Tempel' diente. Hier standen alle möglichen Steinfiguren, freilich nicht mehr ganz heil, aber ebenfalls bekränzt und schön genug, dass sich alle vor ihnen niederwarfen. Auf einem großen Opferstein brannte ein Feuer. Der Wahrsager und seine Helfer setzten sich sonderbare Masken auf und schrieen zu ihren verschiedenen Göttern, auch zur Göttin dieses Tals, nämlich Juno, und schlachteten dort im Angesicht des Himmels den Stier, der, wie sie glaubten, den Zorn ihrer Götter besänftigen und ihnen ein fruchtbares Jahr schenken sollte. Der mit dem Blut des Tieres besudelte Wahrsager hackte sodann die Hufe und Klauen des Opfertiers ab und warf sie in hohem Bogen den Felsen hinab. Wie ich mitbekam, feierten sie zugleich auch die Wiederkehr oder Geburt des Lichtes und, das verstand ich erst später, weil Boguslaw es mir erklärte, sie priesen einen gewissen Pritboru, ihren karantanischen Stammvater, der hier unterhalb des Felsens begraben liegt. Ihm zu Ehren fand dieses ganze Treiben eigentlich statt."

Jetzt machte Ermanrich wieder eine kleine Pause, stütze seine Arme auf die breitbeinig aufgestellten Schenkel und beugte sich mit einem tiefen Seufzer nach vorn. Hildegard murmelte: „Eine Kulthöhe. Dann ist der steinerne Jupiter unterhalb des Felsens nur ein Teil dieser Opferstätte." Sie hatten sich nicht weiter um diesen heidnischen Hain gekümmert.

Der Pfarrer blickte wieder auf. „Im Alten Testament lesen wir, dass der Richter Gideon den Altar des Baal zerstört und den Kultpfahl umgehauen hat. Er tat es aber am Abend, um die Menge nicht zum Zorn zu reizen. Hier in Stein ist es ja nicht viel anders, sie opfern einem Toten und veranstalten ihm zu Ehren ein Totenmahl. Sie sagen, Pritboru habe in den Sümpfen der Drau mit bloßen Händen einen Drachen oder Auerochsen erlegt und sei danach in den Himmel versetzt worden. Sie haben diesen Slawenfürsten so weit vergöttlicht, dass er für sie zum Seelenführer zwischen Diesseits und Jenseits geworden ist! Und er sorgt für gutes Wetter, hält den Blitz in den Händen und die Wasser der Drau in Schranken."

Jetzt rückte der Priester seinen Stuhl etwas weiter weg, um sich Platz zu verschaffen. „Sie vermischen das wie Gemüse in der Suppe!" Er verzog das Gesicht, als kaue er an einer ungenießbaren Wurzel. „Sie küssen dem Jupiter die Füße und meinen, dieser Pritboru sichere ihnen dafür ein erträgliches Weiterleben in der Unterwelt." Er machte eine versonnene Pause. Hildegard bemerkte, dass er noch nicht alles berichtet hatte, und sah ihn forschend an. „Ja", erzählte er weiter, „und so nahm dieser Spuk seinen Lauf! Ihr könnt euch kaum ein Bild davon machen, wie ausgelassen das Volk rund um das Opfer tanzte und mit den Ruten auf die Erde schlug. Und was dann folgte, wage ich gar nicht zu sagen."

Wieder legte Ermanrich eine Atempause ein und fuhr mit einem tiefen Stirnrunzeln fort: „Ich muss gestehen, ich bin mir selbst nicht ganz im Klaren darüber, was da vor sich ging. Es war wie Zauberei, man wurde einfach mitgerissen! Plötzlich trat eine Stille ein. Der Wahrsager riss das Herz und die Leber aus dem Leib des geschlachteten Tieres und las darin verschiedene Zeichen der Zukunft." Ermanrich tat wieder ein paar tiefe Atemzüge. „Und welche Wirkung dieses Spektakel auf die Leute hat! Wenn meine Predigten nur einen Bruchteil dieser Anziehungskraft besäßen!"

Doch dann wurde das Gesicht des Priesters vollends bleich. „Ich bin aber noch nicht zu Ende mit meinem Bericht. Nachdem die Menge wieder geschlossen von der Kulthöhe herabgezogen war, versammelte man sich unten vor dem Jupiterstein. Wieder stellte sich der Wahrsager in die Mitte und murmelte so etwas wie Gebete oder Zaubersprüche. Darauf führten seine Helfer unter Rutenschlägen einen Mann herbei, der, wie ich später erfuhr, mit zwei Frauen verheiratet war. Er verhöhnte damit angeblich den Gott Dažbog, der auf Monogamie Wert legt." Ermanrich schluckte. „Und auf Mehrweiberei steht bei den Slawen die Todesstrafe."

Jetzt unterbrach ihn Hildegard erschrocken. „Wurde er ...?" – „Ja", nickte Ermanrich. „Der Mann wurde dort zu Füßen ihres Dažbog oder Perun oder Pritboru hingerichtet."

„Ein Menschenopfer?", fragte meine Herrin, jetzt ebenfalls bleich geworden. Ermanrich nickte: „Kann man so sagen. Es ist, wie ich erfuhr, ihre Art von Gerichtsbarkeit. Boguslaw erklärte mir später, dass sie jedes Jahr auf diese Weise neben dem Stier auch einen Menschen opfern, ob der Verurteilte nun tatsächlich einen Mord oder ein anderes strafbares Verbrechen begangen hat, könne er nicht sagen."

In Ermanrichs Gesicht war die natürliche Hautfarbe zurückgekehrt. „Ja, und zuletzt wird ein großes Festmahl gefeiert. Sie braten und verzehren das Fleisch des Stieres, aber auch das von Schweinen und andere Tieren. Die Leute hier trinken unmäßig viel Bier, schlagen sich die Bäuche voll, dass sie fasst platzen, tanzen ausgelassen. Alles in allem ist es ist ein Fest, bei dem jeder gern dabei ist!"

Nach einem nachdenklichen Seufzer sagte unsere Herrin: „Ein Gemeinschaftsmahl finde ich einen schönen Gedanken, daran ist nichts Schlechtes. Es sollte stattfinden, um die Armen zu speisen, nicht aber, um sich der Völlerei hinzugeben. Und schon gar nicht, um heidnischen Göttern Menschenopfer darzubringen oder den Geist eines Toten zu beschwören." Und mit gedämpfter Stimme fuhr sie fort: „Was hast du als geweihter Priester währenddessen getan?"

Jetzt kratzte Ermanrich sich verlegen am Hinterkopf. „Ich habe so getan, als gehörte ich dazu. Ich war ja machtlos, sogar meine Frau Tinka hat sich aus einiger Entfernung daran ergötzt. Ich bin noch nicht fertig mit ihrer Bekehrung. Sie kann einfach nicht ganz von diesem alten Glauben lassen. Aber sonst ist sie eine gute Frau."

„Lieber Ermanrich, du hast sicher richtig gehandelt", tröstete ihn unsere Herrin. „Wir werden eine weise Entscheidung treffen, um diesem Stierfest in Stein künftig einen kultivierten Rahmen zu geben. Die Frömmigkeit und die tief verwurzelten Bräuche des Volkes dürfen wir nicht gewaltsam ausreißen, sondern können sie nur behutsam mit christlichem Geist erfüllen."

Jetzt richtete Ermanrich sich wieder gerade auf. „Wie ich gesagt habe: Wir müssen uns fürs nächste Jahr rüsten. Nur wie?" Hildegard nickte. „Ich werde an den Erzbischof schreiben. Er soll uns Rat geben." Aber Ermanrich meinte: „Es wird wohl nicht anders gehen, als dass wir auf dem Kultplatz ein christliches Heiligenbild aufstellen! Dann haben sie einen Ersatz für ihre Heidengötter und werden künftig zum wahren Gott beten und die vierzehn Nothelfer anrufen."

„Ganz so einfach wird es nicht gehen, Ermanrich", überlegte unsere Herrin. „Leider sind die Steinmetze heute nicht so kunstfertig, um an die Skulpturen und Reliefs der Römer heranzureichen. Wir zweifeln als Christen auch daran, ob dem Volk überhaupt Götter zum Anfassen gegeben werden sollen." – „Pah", warf jetzt Ermanrich ein. „Dieser Streit um christliche Abbildungen wurde schon vor hundert Jahren beendet! Bilder sind unsere besten Missionare!" Hildegard pflichtete ihm bei. „Naja, ein Bildnis der Gottesmutter Maria hat tatsächlich eine große Wirkung auf das Volk. Man sagte mir in Maria Wörth, dass die Slawen vor allem die Gottesmutter anerkennen und verehren. Auch in Maria Saal war das ein wichtiger Grund für die Errichtung der Kirche."

Ermanrich merkte auf. „Oder wie wäre es mit dem heiligen Petrus? Er trägt doch die Schlüssel zum Himmelreich!" Als er sah, dass unsere Herrin zweifelnd ihren Kopf wiegte, sprudelte er mit weiteren Ideen hervor: „Die Opferstätte in Stein ließe sich mit etwas Geschick zu einem christlichen Altar umbauen. Auch der

Grabstein des Pritboru kann zumindest ein wenig abgeschliffen werden. Ein guter Steinmetz könnte aus dem Stier ein Schaf und aus dem kriegerischen Jupiter einen Apostel oder sogar unseren Herrn selbst machen, wie er die Hände segnend erhebt." – „Wir wollen es nicht übereilen", winkte Hildegard jetzt ab. „Ich möchte mich an die Anweisungen des Erzbischofs halten."

Ehe Ermanrich die Burg an diesem Nachmittag verließ, bemerkte er noch: „Und vom Bierbrauen verstehe ich sicher mehr als diese Wahrsager! Keiner nimmt es hier mit einem Mönch aus Baiern auf!"

Meißel, Kelle und ein Vertrag

Am nächsten Tag schrieb Hildegard an ihren Bruder Egilolf, den neuen Erzbischof von Salzburg, berichtete ihm vom sonderbaren Fest, das das Volk auf ihrem Erbbesitz beging und wollte von den Maßnahmen wissen, zu denen das Erzbistum in einem solchen Fall riet.

In seinem Antwortschreiben, das einige Wochen später eintraf, gestand der neue Archiepiskopus, sehr beschäftigt zu sein, sich ihre Frage jedoch gründlich überlegt zu haben. Denn auch aus anderen Teilen des Bistums hätten ihn, wie schon seine Vorgänger, Berichte dieser Art erreicht. „Wir haben den Missionaren und Lehensherren bisher geraten, die Heidentempel umzustürzen, die fremden Götter zu zerstören und an ihrer Stelle Kirchen zu errichten. Dieser Grundsatz kann ad hoc oder nach und nach umgesetzt werden. Er sei jedoch ein Anhänger sanfter Lösungen. „Die heidnischen Bräuche sind nicht grundsätzlich zu verdammen", betonte Egilolf, „denn vielerorts ist es gelungen, sie christlich umzudeuten. Nachdem du dich als Besitzerin von Stein am Nabel einer weithin beliebten Kultstätte befindest, rate ich dir jedoch dringend zu einem Kirchenbau. Und zwar wäre es mein persönlicher Wunsch, wenn du die Kirche zu Stein der heiligen Margareta weihst." Am Ende des Schreibens gab Erzbischof Egilolf unserer Herrin Hildegard seinen geistlichen Segen und sprach ihr Mut zu, im Sinne der „missio christiana" zu handeln.

Hildegard saß an ihrem Fenster in der Kemenate und ließ ihre Hand mit dem Pergament langsam sinken. Gedrehte, mehrfarbige Bänder quollen unter dem Siegel des Erzbischofs von Salzburg hervor und legten sich, mit rotem Wachs verklebt, über ihre Finger. Sie sah von ihrem Stuhl aus die Konturen der sanften Hügel und das helle Blau des östlichen Himmels, auf dem winzige Wölkchen einen sonnigen Tag verhießen. Meine Herrin schien nicht zu bemerken, dass sie begann, ihre Gedanken halblaut auszusprechen. „Ja, lieber Bruder, du hast mir einen weisen Rat gegeben. Ich spüre tief in mir, es ist der Wille Gottes. Dieser Ort braucht mehr als eine kleine Schlosskapelle, er braucht eine eigene Kirche." Sie nickte und sah abwechselnd auf die Schriftzüge in ihrer Hand und auf die kurzen Strahlen, die zum Fenster hereinfielen. „Eine Kirche für alle Menschen, die auf meinen Gütern leben und arbeiten. Und sie brauchen auch einen Friedhof. Christen wie Mattes oder Lanica sollen nicht im Wald verscharrt werden, sondern in geweihter Erde ruhen."

Ich war gerade im Hintergrund des Zimmers mit der Wäsche beschäftigt und merkte erst an der Pause, die nun entstanden war, dass Hildegard mit dem Vorlesen des Briefes längst zu Ende und dabei war, schwerwiegende Entscheidungen zu treffen. „Eigentlich habe ich davon geträumt", hob sie wieder an, „zu allererst ein Hospiz zu errichten." Nun wandte sie sich nach mir um. „Dorothea! Ich habe die Arbeit mit den Kranken und Leidenden in letzter Zeit vernachlässigt." Es klang halb wie ein Selbstvorwurf, halb wie eine Frage. Ich kam nach vorn und setzte mich, gespannt lauschend, an ihre Seite. „Ja", sagte sie wieder, „ich möchte noch heuer auf der Gradnitza ein Hospiz einrichten."

Es war Ende des Lenzmonds und das Osterfest stand bevor. Jeden Tag konnten die Bauleute wiederkommen, um an der Schlossanlage und der Kapelle weiterzuarbeiten. Wie wollte sie jetzt auch noch ein Hospiz einrichten und zugleich einen Kirchenbau beginnen?

Ich spürte, dass meine Herrin mit ihren Gedanken noch nicht zu Ende war. „Der Saal im Untergeschoss der Gradnitza ist groß genug für die Aufnahme der Kranken und Obdachlosen aus der Gegend. Nur der Boden muss neu verlegt werden. Und es soll dort eine eigene Feuerstelle geben. Weiters brauchen wir zehn Krankenbetten. Ich werde den Tischler in Möchling beauftragen, solche Betten zu zimmern." Wieder entstand eine Pause.

„Ich sage dir, Dorothea, Meißel und Kelle werden nicht ruhen, ehe alle diese Projekte fertiggestellt sind!" Als Hildegard mir nach diesen Worten in die Augen sah, wusste ich, dass ihre Entschlüsse feststanden.

Jetzt erhob sie sich und lächelte. „Doch nun benötige ich deinen Rat, liebe Dorothea. Welchem Heiligen soll diese Kirche in Stein geweiht werden? Wir bräuchten einen Märtyrer, einen christlichen Helden, den sie ebenso lieben wie ihren Fürsten Pritboru!"

Wir beide überlegten. Ich kannte erst wenige Heilige, vor allem den heiligen Daniel, der in unserer Kirche in Gabrielsdorf verehrt wurde. „Die heilige Margareta", murmelte Gräfin Hildegard, „ist die Schutzpatronin der Bauern. Auf ihrem Bild ist meist ein Drache dargestellt, den sie an der Kette hält. Sie bändigte das teuflische Untier allein dadurch, dass sie ein Kreuzzeichen schlug." Plötzlich strählten Hildegards Augen vor Freude. „Oder braucht es, um diesen Pritboru zu ersetzen, den heiligen Georg?"

Jetzt räusperte ich mich. „Vom heiligen Georg, wir nennen ihn Jurij, habe auch ich schon gehört. Im Frühling feiert man südlich der Karawanken ihm zu Ehren ein großes Fest. Er ist unter uns Slawen sehr beliebt, weil sein Name ähnlich klingt wie der des heidnischen Gottes Jarovit, Sohn des Perun." Meine Herrin hatte aufmerksam zugehört. „Vielleicht bewirkt diese Namensähnlichkeit, dass deine Landsleute die Kirche und das Christentum leichter annehmen! Denn wie Pritboru in den Möchlinger Sümpfen angeblich mit einem Untier gekämpft hat, so soll auch der heilige Georg einen Drachen besiegt haben. Er war ebenfalls von hohem Stand, doch er verschenkte sein Land an die Armen. Dazu war er mit Leib und Seele Christ und starb für seinen Glauben zuletzt den Märtyrertod."

„Sveti Jurij oder die heilige Margareta", flüsterte ich und Gräfin Hildegard nickte. „Noch etwas", bemerkte sie jetzt. „Wir werden das Stierfest in eine Armenausspeisung verwandeln. Ich möchte, dass alle Kranken, Hungernden, alle Leidenden und Bedrängten dorthin zum heiligen Georg oder zur heiligen Margareta kommen und an diesem Tag mitten im bitteren Winter an einem Festmahl teilnehmen. Es soll wirklich alles geben, was Leib und Seele erfreut. Nach der Ausspeisung, bei der wir ihnen gute Sitten und

Anstand beibringen, wollen wir uns ihrer Gebrechen und Leiden annehmen. Wirst du mir helfen, liebe, treue Dorothea?" Ich nickte. „Herrin, Ihr wisst, ich werde Euch bis ans Ende meiner Tage dienen."

Damit war der Weg festgelegt und Hildegard strahlte voller Tatendrang. „Wir brauchen auch noch weitere Frauen, die uns im Hospiz unterstützen. Vielleicht gewinnen wir ja eine Kräuterfrau oder Witwe, die bei der Pflege von Kranken bereits Erfahrung hat?" Es war mir damals nicht ganz bewusst, doch unsere Gräfin Hildegard entschied sich an diesem Tag dafür, den Rest ihres Lebens für Arme und Leidende, Krüppel und Bettler da zu sein.

Es war merklich wärmer geworden. Die Laubbäume trugen Hellgrün, die Lenzblumen sprossen am Wegrand und die Luft war von Vogelgesang erfüllt, als wir einige Tage später den Steilweg nach Möchling hinab ritten und mit der Fähre über die Drau setzen. „Die Bauleute sind bereits eigetroffen", meldete uns Michlo, der uns am Ufer erwartete.

Als unser kleiner Reiterzug auf der Gradnitza ankam, bat Hildegard Mattes und Ermanrich, mit ihr am großen Tisch im Schlosshof Platz zu nehmen, da sie ihnen, wie sie sagte, von großen Entscheidungen berichten wolle. Die beiden Männer setzten sich gespannt ihr gegenüber. Unsere Herrin zog nun den Brief des Erzbischofs hervor und legte ihn auf den Tisch. Ermanrich las ihn, für alle hörbar, vor.

„Eine Kirche", murmelten der Priester und der Verwalter wie aus einem Mund. „Ja", nickte Hildegard. „Wir werden diese Kirche bauen! Und zwar aus behauenen Steinen. Wir brauchen dafür einen Bauplan nach altem, überliefertem Muster." Ermanrich beeilte sich zu beruhigen: „Es gibt dafür bereits vorgegebene Maße, die angeblich so alt sind wie der Tempel Salomos. Die Architekten halten dieses Wissen geheim, doch unsere Bauleute haben ihr Handwerk bei einem berühmten Meister in Oberitalien gelernt, wie sie mir versichert haben."

„Gut, Ermanrich. Traust du dir aber zu, auch bei einem solchen Kirchenbau die Aufsicht zu führen?", forschte unsere Herrin weiter. Der Geistliche nickte eifrig. „Und ob! Genau dazu bin ich ja hier! Wo soll Eure Kirche stehen?"

„Gleich unterhalb des Felsens inmitten des Hains!", erwiderte unsere Herrin. „Und nach Osten hin soll ein Friedhof entstehen." Jetzt merkte auch Mattes auf. „Ein Friedhof? Geweihte Erde?" – „Ja, geweihte Erde für unsere Toten, die Toten aus dem Jauntal", nickte Gräfin Hildegard.

Ermanrich klatschte vor Freude in die Hände. „Dann schlage ich vor, Herrin, wir errichten an dieser Stelle gleich einmal ein großes hölzernes Kreuz. Da sehen die Leute, dass der christliche Glaube hier Einzug hält." Der Priester wollte sich schon erheben, doch Hildegard gab ihm ein Zeichen, sie sei mit ihren Worten noch nicht zu Ende. Als die beiden sie gespannt anblickten, sagte sie: „Und ich habe beschlossen, in den Räumen des Schlosses ein Armen- und Krankenhaus einzurichten. „Wie denkt ihr darüber?"

„Was?", rief Ermanrich etwas betreten. „Ihr möchtet das Schloss in ein Hospiz verwandeln?" – „Ja", antwortete Hildegard gerade heraus. „Und ich hoffe auf deine Hilfe. Ich möchte, dass du den Kranken deinen Segen spendest und auch mit ihnen betest. Und von dir, Mattes, brauche ich Unterstützung bei der Versorgung der Patienten, die wir beherbergen wollen." Mattes nickte sogleich und meinte, dass er Hildegards Güter lediglich verwalte, also nicht darüber zu bestimmen habe. Doch er halte es für eine sehr christliche Entscheidung.

Ermanrich war plötzlich etwas schweigsam und zuckte die Achseln. Man sah ihm an, dass er an die Anstrengungen dachte, die es ihn bereits kostete, hier auf der Gradnitza eine doppelte Bauaufsicht zu führen. Während er seinen Kopf hin und her wiegte, fiel ihm jedoch eine andere, viel klügere Antwort ein. „Gerne unterstütze ich so ein Hospiz, edle Hildegard. Aber wenn die Armen und Kranken hier auf der Gradnitza einziehen, benötige ich ein neues Heim. Ja, ich wünsche mir einen richtigen Pfarrhof! Und zwar drüben in Stein. Tinka erwartet nämlich im Sommer ein Kind."

Hildegard verstand, dass auch Ermanrich eine ordentliche Wohnung für seine Familie brauchte. „Du sollst deinen Pfarrhof bekommen!", nickte sie. „Allerdings aus gutem karantanischen Holz! Denn die Maurer werden mit dem Kirchenbau in Stein alle Hände voll zu tun haben. Ich möchte nämlich schon diesen Sommer damit beginnen."

Jetzt erhellte sich Ermanrichs Gesicht und auch Tinka lächelte vom Brunnen herüber. Man sah ihr die anderen Umstände bereits an.

Der Geistliche streifte sogleich seine Hemdsärmel hoch. „Es wird sich hier in Stein also einiges ändern, der Fortschritt kehrt ein! Wir werden jede Menge Arbeit haben." Er lachte vergnügt.

„Wie lange benötigen die Arbeiter noch für die Fertigstellung der unteren Räume des Schlosses und der Kapelle?", fragte Hildegard. Ermanrich wiegte seinen Kopf. „Es sind tüchtige Leute Ich werde sie etwas antreiben, dann sind sie vielleicht schon Ende des Blumenmonds auf der Gradnitza fertig. Ich schlage vor, die weniger dringlichen Arbeiten am Schloss noch etwas aufzuschieben. Wichtig ist, dass Stein eine Kirche und einen richtigen Pfarrhof bekommt."

„Gut, Ermanrich. Ich vertraue dir, wie du weißt, in all diesen Dingen. Den Plan für deinen Pfarrhof wirst du wahrscheinlich schon im Kopf haben, oder?" Jetzt strahlte Ermanrich übers ganze Gesicht. „Und ob! Ich möchte aber, dass auch die freien Bauern, wie es ihre Pflicht ist, von nun an drei Tage in der Woche mithelfen, um alle unsere Vorhaben voranzubringen."

„Gut", nickte Hildegard. „Wir werden sie verständigen." Mattes erklärte sich bereit, dies zu übernehmen, da er ohnehin bald zu den Huben hinausreiten musste.

Die beiden Männer saßen da und sahen gedankenverloren in die Ferne. Doch Hildegards Liste mit Aufträgen war noch nicht zu Ende. Sie richtete sich nochmals an den Verwalter und den Priester und erläuterte ihnen in allen Einzelheiten, wie sie sich das sogenannte Stierfest in Stein in Zukunft vorstellte. Der Zeitpunkt könne auf alle Fälle beibehalten werden. Doch es sollte in ein Fest der Wohltätigkeit und christlichen Nächstenliebe umgewandelt werden, bei dem die Armen des Jauntals gespeist und mit dem Lebensnotwendigen versorgt werden. Und die Aufwendungen und Mittel für die alljährlich stattfindende Armenausspeisung wollte Hildegard durch einen Vertrag ein für allemal regeln.

„Dann müsst Ihr eine Stiftung gründen!", rief Ermanrich sogleich. „Solche Stiftungen werden oft auch für länger dauernde Bauvorhaben eingerichtet." – „Ja, Ermanrich", lächelte Hildegard. „Genau das möchte ich. Dieses Armenmahl zu Mariä Lichtmess soll über meinen Tod hinaus gefeiert werden. Ich möchte, dass du mir beim Aufsetzen des Vertrags hilfst. Danach schicke ich ihn an den Erzbischof zur Prüfung und Beglaubigung. Alles soll seine Richtigkeit und Ordnung haben."

Der Geistliche war verblüfft über die eben verkündeten Pläne seiner Herrin, die eine Überzeugtheit und Reife ausstrahlte, wie man sie bisher an ihr nicht gewohnt war. Er sicherte Hildegard seine volle Unterstützung zu. „Ich sage Euch", schwärmte er nun, „durch dieses Armenfest wird die Pfarre Stein in ganz Karantanien Bedeutung erlangen! Manche Orte haben große Reliquien, manche Goldschätze und Reichtümer, wir aber haben ein Fest für die Armen."

„Und ein Hospiz", ergänzte Hildegard. Der Priester nickte. „Ja, ich kann Euch nur danken für Euer großes Herz! Doch möchte ich auch gleich bemerken, dass es notwendig sein wird, neben der Schlachtung eines Stieres auch die genaue Menge an Schweinen, Geflügel, Wein, Steinbier, Getreide, Früchten und Beilagen festzulegen."

„Ja, genau in diesem Punkt bitte ich dich und Mattes um Rat", nickte unsere Gräfin. „Dass ihr beide gemeinsam abschätzt, ob es der Jahresertrag einer einzelnen Bauernhube ist oder ob mehr an Mitteln benötigt wird." Bei dieser Frage kannte sich Mattes bestens aus. „Ein Rind, fünf Schweine, zehn Geflügel, das könnte durch eine einzige Hube aufgebracht werden." Auch Ermanrich stimmte ihm zu und schlug vor: „Dann schreiben wir in den Vertrag hinein, dass eine bestimmte Hube, nämlich die der Kirche am nächsten liegt, für das Fleisch und Getreide dieses Armenfestes aufkommen soll. Mann kann so ein Dokument ja zu einem späteren Zeitpunkt, wenn der Andrang der Leute größer wird, nochmals ausweiten."

„Gut", nickte Hildegard. „Gibt es sonst noch etwas, das wir

bedenken sollten?" – „Ja, für die Armenausspeisung brauchen wir dort unter der Linde einen mehrere Schritte langen Tisch und Bänke!" rief Ermanrich. „Denn die Leute können nicht auf der Erde sitzen. Wenn es in Eurem Sinn ist, werde ich den Zimmerleuten einen solchen Auftrag geben. Denn ein Tisch wird auch dringend für die Bauarbeiter benötigt. Sie müssen sich im Sommer irgendwo in den Schatten setzen und ausruhen können." Auch hier pflichtete Hildegard dem Priester bei.

Nun richtete Ermanrich sich auf seinem Sitz gerade auf. „Und es muss einen Verantwortlichen geben, der jetzt und in Zukunft über die genaue Einhaltung des Festes wacht! Und das kann nur einer sein: der Pfarrer von Stein!" Fürwahr! Niemand von uns zweifelte daran, dass Ermanrich der geeignete Mann für diese Aufgabe war. „Genauso habe ich es mir vorgestellt", lächelte jetzt Hildegard, bedankte sich nochmals und entließ die beiden.

Es dauerte noch einige Tage, bis wir die Pergamente zu Hildegards Armenstiftung fertiggestellt hatten, um sie zur Prüfung nach Salzburg zu schicken, und noch eine viel längere Zeit, bis sie von dort, unterschrieben und besiegelt von Egilolf, Archiepiskopus Salisburgensis, zurück nach Stein geschickt wurden. Ermanrich, der künftige Pfarrer von Stein, zeigte sich sehr zufrieden über diese hochchristliche Stiftung, zu deren Vollstrecker er ernannt worden war. Besonders freute er sich darüber, diesem Vertrag eigenhändig das eine oder andere Detail hinzugefügt zu haben.

Mitten im Ödland

Vom Ostermond bis zum Ende des Blumenmonds waren Tischler und Zimmerleute sägend und hämmernd damit beschäftigt, zunächst im Krankensaal den Boden zu verlegen und danach die Betten und einige Tische als Einrichtung für das Hospiz anzufertigen. Auch Gabriel schickte einen Zimmermann, der uns eine willkommene Hilfe war. Draußen im Burghof arbeiteten zur gleichen Zeit die Bauleute emsig an der Ausstattung der Kapelle. Das Mauerwerk war nun trocken und hatte einen sauberen Anstrich erhalten. In einem gut geschützten Winkel des Schlosshofs stand die Hütte Meister Bartolis, eines Künstlers, der sich auf das Legen von Mosaiken verstand. Denn ein Teil des Fußbodens sollte nicht nur wechselweise mit schwarzen und weißen Kieseln ausgelegt, sondern zusätzlich mit Glassteinen verziert werden. Die schwierigste Aufgabe stellte für den Meister das von Hildegard gewünschte Symbolbild in der Mitte des Raumes dar. Sein Kollege Meister Francesco arbeitete inzwischen an der Gestaltung der beiden Fenster. Beide Künstler hatten Vorlagen mitgebracht, wie sie schon seit Generationen Verwendung fanden.

Ein Steinmetz bearbeitete die marmornen Stufen, die zum Altarraum führten, und schliff aus weißem Kalkstein zwei schlanke Säulen für ein Portal. Weitere Arbeiter stiegen lange Leitern empor, um Schieferplatten bis zum Dachfirst zu befördern und dort zu verankern. Zuletzt fertigten die Zimmerleute den Altartisch, Bänke und eine schwere Eingangstür an.

Dann kam der Tag, an dem die Handwerker bereit waren, die Gradnitza Richtung Stein zu verlassen. Die Kapelle stand fertig ausgestattet da, zuletzt hatten sie noch das Tor eingehängt und Hildegard den Schlüssel übergeben. Zur Einweihung erschienen fast alle Besucher unserer Weihnachtsmesse, dazu Michlo mit seinem Gesinde und alle jene, die dieses Werk mit ihrer Hände Arbeit vollendet hatten.

Ermanrich, angetan mit neu gefertigten liturgischen Gewändern, schritt an der Spitze einer Prozession von Getauften und noch Ungetauften ins Innere der Kapelle. Man konnte die Feierlichkeit dieses Augenblicks an den verhaltenen Geräuschen spüren, die unsere Schritte auf dem kunstvoll verlegten Fußboden erzeugten. Weihrauch erfüllte den Raum und das Licht von Öllampen vertrieb die Dunkelheit aus den letzten Winkeln, wo die bunt schimmernden Strahlen der Morgensonne nicht hingelangten.

Ermanrich sprach über den Bau des Salomonischen Tempels, für den man Zedern, edle Steine und alle kostbaren Erze des Orients herbeigeschafft hatte, und las zuletzt das Kapitel 62 im Propheten Jesaja vor:

„Um Zions willen kann ich nicht schweigen,
um Jerusalems willen nicht still sein,
bis das Recht in ihm aufstrahlt wie ein helles Licht
und sein Heil aufleuchtet wie eine brennende Fackel.
Dann sehen die Völker deine Gerechtigkeit
und alle Könige deine strahlende Pracht.
Du wirst zu einer prächtigen Krone
in der Hand des Herrn, zu einem königlichen Diadem
in der Rechten deines Gottes.
Nicht länger nennt man dich ‚Die Verlassene'
und dein Land nicht mehr ‚Das Ödland',
sondern man nennt dich ‚Meine Wonne'
und dein Land ‚Die Vermählte'.
Denn der Herr hat an dir seine Freude
und dein Land wird mit ihm vermählt."

Ermanrich erläuterte, dass mit dem „hellen Licht", dem „Heil" und dem „Bräutigam" Gott, der Herr gemeint sei, der am Jüngsten Tag als mächtiger König und gerechter Richter erscheinen werde. Und wie das Jauntal oder die Gegend von Stein bisher „Das Ödland" geheißen habe, so werden sie in diesen Tagen zu einer

„Wonne" für den Herrn, weil hier das Christentum Fuß fasse und heilige Orte entstünden, an denen Gott verherrlicht werde.

Am Schluss seiner Predigt sah er für Stein eine glorreiche Zukunft vorher. Der jetzt so unbedeutende Ort werde nicht nur durch diese Kapelle, die erst einen kleinen Anfang darstelle, sondern vollends durch den Kirchenbau und den Pfarrhof zu einem strahlenden Bollwerk des christlichen Glaubens werden. Und er dankte jedem, der sich an den Arbeiten beteiligte, denn er helfe mit, dass hier, mitten im Ödland, eine Arche für die Errettung der Menschen errichtet werde.

Nach der Messe ging Ermanrich hinüber ins Hospiz und übergab auch diesen Ort der Fürsorge und Nächstenliebe seiner Bestimmung. Er sagte den Leuten, dass hier im Untergeschoss des Schlosses von nun an eine Heimstatt eingerichtet sei, in der Kranke und Obdachlose aus allen Ständen Aufnahme fänden, wo deren Wunden versorgt und Leidende gepflegt würden. Über den Eingang zum Krankensaal hängten wir ein Schild mit der Aufschrift „Christliches Hospiz – Krščanski hospic".

Nachdem Ermanrich seine Arbeit getan hatte, baten wir die Leute, noch etwas zu warten. Die Markgräfin von Stein wollte zu ihnen sprechen. So hielt Hildegard auf dem Schlosshof eine kleine Rede, in der sie allen Anwesenden für ihr Kommen dankte. Auch lobte sie den Fleiß der Künstler, Bauleute und Hilfsarbeiter. Und sie vergaß auch nicht, die Arbeit der Frauen zu würdigen, seien sie Köchinnen, Bedienerinnen, Näherinnen, Pflegerinnen oder Mägde. Boguslaw übersetzte ihre Worte ins Karantanische und nannte Hildegard, wie sie das Volk nannte, Liharda Kamenska.

Zuletzt fragte sie, ob es unter den Zuhörern Frauen gab, die in diesem Hospiz mithelfen wollten. Für ihre Wohnung und Verpflegung werde gesorgt. Als Boguslaw das übersetzt hatte, blickte Hildegard sich um. Ja, es gab eine ältere Frau, die zögernd vortrat und uns zunickte. Ich ging zu ihr und fragte sie, ob sie bereit sei, uns zu helfen, und sie bejahte. Sie sei kinderlos und ihr Mann sei letzten Winter gestorben. Ich führte die Frau, sie hieß Vojka, vor unsere Herrin, die sie freundlich willkommen hieß. Es spielte für Hildegard keine Rolle, welcher Religion die Pflegerinnen im Hospiz angehörten, sondern, so hatte sie betont, es ging allein darum, erbarmungswürdigen Menschen in ihrer Not zu helfen, Wunden zu versorgen und Schmerzen zu lindern. Als Boguslaw auch diesen Grundsatz übersetzte, klatschten die Anwesenden in die Hände und danken ihrer Wohltäterin.

Und dann kamen Lanica und Tinka mit Weidenkörben voll Brotfladen, die sie als freie Gabe an alle austeilten, die gekommen waren. Solches Brot war in diesen Jahren noch immer eine Besonderheit. Wir erklärten denen, die es noch nicht kannten, dass man Brot im Gegensatz zu Brei lange im Mund behalten konnte, ohne dass es seinen Geschmack verlor.

So verschwanden in den nächsten Tagen sämtliche Schaufeln, Karren, Bretter und Arbeitsgeräte vom Schlosshof. Die Hütten der Handwerker wurden abgetragen und mit Ochsengespannen zur neuen Baustelle gebracht. Über den leer geräumten Platz freuten sich besonders Tinka und Lanica, die ihre Besen nahmen und den Hof von Abfall, Holzscharten und Schmutz befreiten.

Vojka war, ihr Bündel an Habseligkeiten am Rücken, als ständige Pflegerin in einem der unteren Zimmer des Schlosses eingezogen. Die Tür zum Hospiz stand von da an offen, es dauerte nicht einmal eine Woche, bis die ersten Gäste eintrafen. Doch wir nützten jede freie Zeit, um Wäsche zu waschen, Salben zu kochen und alles Weitere vorzubereiten.

Dem Schmied des Wirtschaftshofes hatte Hildegard eine ganze Liste von Aufträgen erteilt. Wir brauchten nämlich allerlei Instrumente für die Behandlung der Kranken, darunter Zangen, Nadeln, Scheren, Löffel, Haken, Bohrer, Schaber und Knochensägen. Mit der Herstellung dieser feinen Geräte, die viel Kunstfertigkeit und Sorgfalt erforderte, hatte unser Schmied eine knifflige Aufgabe erhalten, die ihm mehr abverlangte, als er bisher gewohnt war. Nachdem er die Instrumente fertiggestellt hatte, suchten wir die Schmiede noch mehrmals auf, weil er noch einige Nachbesserungen vornehmen musste. Natürlich hofften wir alle, diese Werkzeuge nie gebrauchen zu müssen, doch allein für eine schwierige Geburt oder das Ziehen eines Zahns waren sie unverzichtbar.

Als Wundverbände genügten uns fürs Erste alte, sauber gewaschene Tücher, die wir in Streifen schnitten. Wir besprachen mit den Mägden auch, wie man feine Leinenbinden und wollene Auflagen herstellt und diese sauber hält. Hildegard hatte im Krankensaal eine gemauerte Feuerstelle errichten lassen, wo sie stets heißen Tee und warme Umschläge bereiten konnten, ohne die Arbeit in der Küche zu behindern. Sogar die Holzasche nützten wir als Heilmittel, zum Wäschewaschen, zur Reinigung des Bodens und zum Düngen unseres Kräutergartens. Denn natürlich hatten wir die Klosterkräuter auch auf dem Gradnik in einem eigenen Gärtlein eingepflanzt. So war das Hospiz immer mit frischen oder getrockneten Heilpflanzen versorgt.

Als später im Jahr Händler vorbeikamen, kauften wir nicht nur Salz und ausländische Gewürze, sondern auch Körbe, Schüsseln, Glasfläschchen und weitere für die Pflege nützliche Dinge. Bezahlt wurde mit dem Silberpfennig.

Inzwischen herrschte auf den Baustellen in Stein ein emsiger Betrieb. Denn nun standen in der Nähe des bisherigen Kultplatzes mehrere Bauhütten. Unterhalb des Hügels hatte man die Fundamente für die neue Kirche ausgemessenen und es wurden Seile gespannt, entlang denen die zahlreichen Helfer Gräben für die Einbettung der künftigen Mauern aushoben. Gegen Osten zeichnete der Baumeister mit einer Pflugschar ein halbrundes Feld in den Boden, das den künftigen Friedhof umfassen sollte.

Ermanrich war von Beginn an zur Stelle und weihte mit einem besonderen Segensspruch die Erde für die Auferstehung der Toten. Sodann setzte ein tagelanges Schaufeln ein, wobei so mancher schwere Stein und so manche Wurzel aus der Tiefe geholt wurden.

Bei diesen Grabarbeiten halfen die freien Bauern und auch einige Leibeigene mit. Die Männer schwitzten in der Sonne und benötigten zur Stärkung reichlich Wasser, vermischt mit Wein, und kräftigendes Bier. Ein Ochsengespann fuhr jeden Tag mehrmals Richtung Gabrielsdorf und brachte von der alten Römerstadt am Steiner See loses Baumaterial, rohe Felsbrocken, aber auch einige bereits behauene Steine, die entweder für die Fundamente oder als Füllmaterial Verwendung fanden. Auch die Reste des heidnischen Tempels auf dem Steiner Felsen wurden verbaut, denn das Glatthämmern von Felsbrocken in der prallen Sonne war für die Steinmetze besonders anstrengend. Ermanrich hielt sich meist den ganzen Tag auf der Baustelle auf und achtete darauf, dass die Arbeiter nicht schlecht behandelt wurden. Wenn sich jemand verletzte, wurde er auf die Gradnitza gebracht und dort versorgt.

Als wir, unsere Herrin und ich, mitten im Sommer hinüber zur Baustelle ritten, sah es aus der Ferne so aus, als stünde der Bau bereits aufrecht da, nur aus der Nähe erkannten wir, dass es nur ein Holzgerüst war, das man für die Maurer errichtet hatte. Es diente dazu, die Wände der Kirche möglichst gerade und weit genug in die Höhe zu ziehen. Beim Anblick des Gerüstes machten wir uns schon eine Vorstellung von ihrer späteren Größe. Natürlich war diese bescheiden im Vergleich zur Kirche von Maria Saal, doch sollte sie ebenso breit werden wie die von Maria Wörth.

So rührte man hier in Stein den ganzen Tag über Mörtel an, setzte raue und glatte Steine ein, schloss Fugen und Risse, und ein Handgriff ging in den anderen über, sodass man förmlich zusehen konnte, wie die Mauern Schritt für Schritt emporwuchsen. Den Leuten in der Umgebung gefiel es ganz außerordentlich, dass hier ein fest gemauertes Gebäude entstand, in dem sie alle Platz fanden. Ermanrich erklärte ihnen sogar, dass sie sich bei Gefahr darin schützen könnten. Dies alles sprach sich natürlich im ganzen Jauntal herum. Und der Jupiterstein stand noch immer da, nahe an der künftigen Friedhofsmauer.

An einer nicht weit entfernten Stelle war eine andere Gruppe Knechte und Zimmerleute mit der Errichtung des Pfarrhofs beschäftigt. Man hatte gut gelagerte Baumstämme herbeigeschafft, diese wurden entrindet und mit scharfen Sägen, Messern und Hobeln bearbeitet. So entstanden zuletzt gleich lange Kanthölzer, die nach Ermanrichs Anweisungen übereinander gelegt und an den Ecken ineinander verzahnt wurden, eine Bauweise, wie sie der Pfarrer in seinem Heimatland Baiern gelernt hatte. Auch Michlo hatte einige Arbeiter geschickt, die beim Bau des Pfarrhofs mithelfen und, wie er meinte, auf diesen Baustellen einiges lernen sollten. Er betrachtete es als großes Glück, dass hier, unweit seines Gutshofes, ein christliches Zentrum entstand, das durch Hildegards eifrige Bautätigkeit und das von ihr eingerichtete Hospiz in ganz Karantanien Bekanntheit erlangte.

Ohne Zwang und Höllenpredigt

Hin und wieder berichtete unsere Herrin Erzbischof Egilolf über die Fortschritte auf der Baustelle und ihre Erfahrungen mit dem Hospiz. Sie meldete ihm ebenso, dass die Mission rund um ihre Güter Fortschritte mache, denn immer mehr Bewohner des Jauntals waren bereit, sich taufen zu lassen. Sie mochten Ermanrich und erkannten, welchen Segen die christliche Lehre, die Gottesdienste und der Bau einer Kirche ihnen brachten. „Ja", schrieb Hildegard, „die Slawen nehmen das Evangelium an, ganz ohne Zwang und Höllenpredigt. Denn wir verkünden bei der Pflege und Versorgung der Bedürftigen das Evangelium unseres Herrn beinahe ohne Worte! Wir erklären aber denen, die sich nach dem Heil erkundigen, dass Jesus für alle Mensch gelitten hat, dass er gestorben und wieder auferstanden ist. So trösten wir auch die Sterbenden, dass der Tod nicht das Ende ist, sondern ein ewiges Leben im Himmel auf sie wartet, sofern sie von ihren Sünden umkehren. Und so hat Ermanrich im Hospiz auch schon einige Taufen vollzogen."

In seinem nächsten Schreiben erklärte der Erzbischof, den Bau von Eigenkirchen zwar nicht mit Geldmitteln unterstützen zu können, doch er werde, wenn das Gotteshaus fertiggestellt sei, einen bekannten Künstler senden, um ein würdiges Gemälde der heiligen Margareta anzufertigen.

Inzwischen erreichten uns auch einige neue Nachrichten. König Heinrich war am 2. Heumond 936 gestorben und an seiner Stelle war sein Sohn Otto zum König des Ostfrankenreichs und Herzog der Sachsen bestimmt worden. Er hatte die Königswürde im Gedenken an Kaiser Karl den Großen in der Stiftskirche zu Aachen empfangen. Erfreut waren wir auch über die Nachricht, dass ein Benediktiner namens Leo VII. den Thron des Papstes bestiegen hatte.

Ende des Erntemonds kamen zwei Ereignisse zusammen: Tinka gebar ein Mädchen und mein Großvater Hermagoras starb. Ich hatte ihn noch einige Male besuchen können, doch nun war er friedlich entschlafen. Geburt und Tod gingen also Hand in Hand. Hermagoras hatte den Wunsch geäußert, nicht, wie sein Vater und Großvater, unter den Steinplatten der Kirche Sankt Daniel beerdigt zu werden, sondern in geweihter Erde . Er hatte sich bereits darauf gefreut, das erste Grab am Friedhof der heiligen Margareta zu erhalten, und so kam es auch. Die Mauer war noch nicht aufgezogen, doch die Erde auf dem Gottesacker hatte die Weihung für die Auferstehung der Christen bereits empfangen, sodass hier, im Schatten des steilen Berges, während die Bauleute eine Pause einlegten, ein Grabhügel aufgeschüttet und ein einfaches Kreuz aufgestellt werden konnten. Blumen und grüne Kränze schmückten den Platz. Zum Begräbnis war nicht nur meine gesamte Familie erschienen, sondern viele weitere Menschen aus dem Jauntal, die ihn gekannt hatten, Bauern, Knechte, Mägde und Kinder. Es wurde eine Feier unter freiem Himmel, bei der mehr Leute als jemals zuvor einem Gottesdienst beiwohnten und mit uns die geistlichen Lieder sangen! Viele Lieder, die Hildegard uns Frauen gelehrt hatte, waren inzwischen zu bekannten Melodien geworden, die jedermann nachzusummen verstand. Und es wunderte unsere Gräfin sehr, wie viele ihrer Untertanen über gute Singstimmen verfügten.

So brachte der gemeinsame Gesang uns allen zum traurigen Anlass Trost und stärkte den Zusammenhalt der langsam entstehenden Gemeinde. Auch Ermanrich machte seine Aufgabe als Priester gut. Und an den Tagen und Wochen danach statteten die Leute, die dem Slawenfürsten Blumen zu bringen pflegten, auch dem Grab des Hermagoras einen Besuch ab. Ich glaube, viele haben ihn wegen seiner Gerechtigkeit und Weisheit geliebt.

Während dieser Zeit kehrte Hildegard mit uns und den Kindern meist vor Sonnenuntergang wieder zurück auf die Prosnitza, die Burg unseres abwesenden Herrn. Leider konnte wir dort nicht mehr ungestört leben, da Vogt Uduin unserer Herrin weiterhin auf jede erdenkliche Weise nachstellte, sowohl mit freundlichen, werbenden wie auch mit unwirschen Worten. Die fortgesetzte Ablehnung seiner Anträge „kränke" ihn, wie er unserer Gräfin zu verstehen gab. Er stieß in unserer Gegenwart Verwünschungen und Beleidigungen gegen uns aus, nannte uns „undankbar", da unsere Herrin ihm die geschuldete familiäre Zuneigung verweigerte. „Doch", so rief er uns nach, „ich, Uduin, lasse euch nicht im Stich, wie mein Bruder Albuin, sondern ich beschütze euch weiterhin mit meiner Waffe und meinem Leben!"

Dieser Schutz war Gräfin Hildegard und uns allen jedoch längst zur Fessel geworden, ja, zur Schlangengrube, die unheilvoll unser Leben umschloss. Wir Dienerinnen und Ammen kümmerten uns darum, dass unsere Herrin auf der Burg niemals allein unterwegs war, sondern dass immer jemand von uns sie begleitete. Ich selbst wich fast nicht von ihrer Seite.

Auch Ermanrich und Mattes war inzwischen aufgefallen, dass Uduin sich aufführte, als wäre er anstelle unseres Herrn längst zum Burgherr aufgestiegen. Doch Hildegard wollte sich niemandem außer mir und den Ammen anvertrauen. Und so wussten nur wir, wie frech und unausstehlich unser Vogt sich ihr gegenüber verhielt. Hinter seiner finsteren Stirn wälzte er in seinem Begehren und Größenwahn immer schwärzere Pläne. Wir erfuhren erst Jahre danach, ja erst am Krankenlager unseres Grafen, dass Uduin die Briefe, die Albuin seiner Familie aus Krain sandte, damals nicht an Hildegard weitergab, sondern zurückbehielt. Sie sollte denken, er sei gestorben oder interessiere sich nicht mehr für sie.

So wurde der von seinem Bruder vertrauensvoll eingesetzte Vogt auf der Prosnitza zu einem unberechenbaren, mächtigen Feind, der wechselnde Masken aufsetzte und ständig neue, finstere Pläne aushecke. Er kam mit einem Stapel Holz in die Kemenate und sagte: „Ich sorge mich darum, dass meine liebe Familie es warm hat. Bin ich nicht wie ein Vater zu euch?" Doch im nächsten Moment hörten wir ihn im Gang draußen fluchen und wirklich böse Dinge über Hildegard sagen. Oder er flüsterte unserer Herrin zu: „Du hast niemanden als mich, ich bin dein einziger Beschützer. Vergiss das nicht!"

In letzter Zeit hatte, wie ich vom Stallmeister erfuhr, die Magd Lupa ein Auge auf den Vogt geworfen. Sie suchte ihm auf viele Arten zu gefallen, indem sie ihn unverwandt anlächelte, ungefragt seine Stiefel reinigte, ihm duftende Kräuter in die Wäsche steckte und ihm, wenn er auf die Jagd ging, in den Wald folgte. Bald gelang es Lupa sogar, sich durch ihre Zauberkünste bei Uduin beliebt zu machen. Auch dies erfuhren wir erst später. Sie braute ihm Liebestränke, mit denen er für Hildegard unwiderstehlich werden sollte, jedoch suchte sie gleichzeitig, den Liebeszauber, dem der Vogt erlag, für sich selbst zu nutzen.

Hildegard war glücklicherweise so beschäftigt, dass sie vieles von dem, was hinter ihrem Rücken geschah, nicht bemerkte. Ihre Freude und tiefe Dankbarkeit über die Bekehrungen, die gute Arbeit sowie die Heilerfolge im neuen Hospiz und das stete Emporwachsen der Kirchenmauern beanspruchten all ihre Aufmerksamkeit. Sie konnte fast nicht aufhören, ihrem Gott für all diesen Segen zu danken. Und wir dankten auch dafür, dass das Jauntal so fruchtbar war, dass die Huben und Maierhöfe genügend Erträge lieferten, sodass die Mittel für die Bezahlung und Versorgung der vielen Arbeiter ausreichten.

Wir verbrachten während des Sommers drei, machmal sogar vier Tage pro Woche unten bei unseren liebgewonnenen Freunden in Stein und sahen jedes Mal kleine Fortschritte. Natürlich gab es auch Regentage und zwischendurch Schwierigkeiten. Doch es schien, als hielten der Herr und seine Heiligen ihre schützenden Hände über dieses Werk. Hildegard selbst verbrachte den Großteil ihrer Zeit mit den Kranken, aber auch mit der Einschulung der Frauen, die sich im Hospiz als Pflegerinnen abwechselten. Seit Kurzem hatten wir nämlich neben der Witwe Vojka auch eine junge Hörige namens Draga gefunden, die diesen Dienst gerne versah.

Birnen wie Gold

Der Sommer anno domini 936 verstrich wie im Flug. Wir hatten so viel Zeit wie noch nie in Stein und an Mattes' Wirtschaftshof verbracht. Hier freuten wir uns auch an den bäuerlichen Arbeiten. Schon während der Sommermonde hatten wir Lanica und Tinka beim Einkochen von Beeren zugesehen. Doch jetzt im Heumond bemerkten wir auf dem Hof und den Huben eine neue Emsigkeit. Die Bauern des Jauntals rüsteten sich zur Getreideernte.

Zwischen den Kornfeldern konnten wir zusehen, wie vor den Schnittern Halm um Halm zu Boden fiel. Die Mägde banden die Ähren in Bündel und stellten sie in Kronen zusammen. Nachdem sie ausreichend getrocknet waren, wurden sie zum Dreschplatz gebracht. Mattes erklärte den Kindern, dass dies die wichtigste Nahrung für uns alle sei, ein Segen für Mensch und Tier. Besonders freuten sich die Kinder, als die Birnen reif geworden waren und wie Goldklumpen in den Baumkronen hingen! Und Hartwig und sein jüngerer Bruder Albuin kletterten immer wieder die Stämme empor, wenn die begehrten Früchte nicht von selbst vor aller Augen ins Gras herab fielen.

Dann zu Beginn des Weinmonds, als wir einige Nächte auf der Gradnitza verbrachten, erwachten wir eines Morgens vom Klang der Sicheln und Sensen. Die Knechte schnitten, wie uns Mattes sagte, schon seit der vierten Nachtwache das Gras für die letzte Mahd des Jahres. Von den bisherigen Heuernten, auch der im vergangenen Brachmond, hatten wir von der Prosnitza aus kaum etwas mitbekommen. Doch nun, als Mitbewohner auf dem Steiner Berg, brauchten wir nur eine kurze Strecke weit zu gehen, um den Mähern zusehen zu können. Auch die Kinder lauschten dem feierlichen Klingen der Sicheln und bewunderten die Ausdauer der Knechte und Tagelöhner, die breitbeinig Seite an Seite in den Feldern standen. Es waren wohl die kräftigsten Männer, die das Gras mit raschen Streichen ihrer langstieligen Sensen schnitten, wobei sie in ihren Gürteln besondere Wetzsteine mitführten, um die empfindlichen Schneiden scharf zu halten. Später kamen auch die jungen Mägde und brachten den Arbeitern gut gefüllte Weidenkörbe mit Essen auf die Wiese hinaus. Wir wussten, dass sie erst noch die Kühe gemolken und den Stall gefegt hatten.

Und nun eilten alle, auch die älteren Mägde und Knechte des Hofes, mit Rechen zu ihnen hinaus und verteilten das geschnittene Gras, um es von der Sonne des Tages trocknen zu lassen. Des Abends, ehe der Tau fiel, mussten sie die ausgestreute Mahd wieder zusammenrechen und in Haufen auftürmen. So mühten sie sich drei Tage lang. Und wir beteten, es möge nicht regnen, denn der Regen hätte die gesamte Heuernte unbrauchbar gemacht. Schließlich wurde das Heu mit langen hölzernen Gabeln gewendet, bis es leicht und hellgrün war. Und wie freuten wir uns am Duft der frisch getrockneten Halme, aber auch an den einfachen Liedern, die bei der Arbeit gesungen wurden.

Als wir alle diese Tätigkeiten mitverfolgten, äußerten Hartwig und Albuin den Wunsch, ebenso wie die Kinder der Leibeigenen bei der Einfuhr des Heus zu helfen. Denn sie sahen, dass diese Arbeit für die Bauernkinder eine besondere Ehre war. Hildegard erlaubte es ihnen, das geerntete Heu auf den Wagen mit Händen und Füßen niederzustampfen und zuletzt hoch oben auf der mit Seilen festgebundenen Ladung mitzufahren, während die Knechte und Mägde mit ihren Holzgabeln hinterhergingen und die kleineren Kinder sich bückten, um die herabfallenden Halme aufzulesen.

Doch der Wagen kam auf seinem Weg zur Scheune an eine abschüssige Stelle, wo sich beim letzten Regen Geröll gelöst hatte, und kippte ein wenig zur Seite, sodass er schlenkerte und umzustürzen drohte. Uns blieb das Herz stehen! Die Ammen schrieen erschrocken auf und zwei Knechte sprangen von hinten herzu, doch sie hätten die hoch beladene Fuhre nicht halten können. Die Kinder wollten in ihrer Angst bereits vom Wagen springen, doch da fassten die Räder erneut festen Boden und so kehrte das verlorene Gleichgewicht zurück. Der Heuberg unter ihnen richtete sich auf und wackelte nur mehr leicht, während er auf dem Weg zur Scheune einbog.

Nachdem das Heu unterm Dach verstaut war, saßen die Kinder zusammen und sprachen aufgeregt über das erlebte Abenteuer. Zwischen Hartwig und Albuin II. entspann sich ein kleiner Streit über die Frage, wer sie vorhin auf dem Wagen beschützt hatte. Lanica hatte nämlich gesagt, die Erdmutter hätte das getan, da der Wagen über die Erde gefahren sei. Hartwig glaubte es, während Albuin überzeugt war, dass allein der christliche Gott Wunder tut.

Als Hildegard ihren Wortwechsel mit anhörte, ging sie zum Tisch der Kinder, setzte sich und begann sie lächelnd zu belehren: „Nicht die Natur, nicht die Erde oder der Regen, der auf den Feldern so dringend gebraucht wird, auch nicht die Sonne, die alles erwärmt und die Pflanzen zum Wachsen bringt, tun irgendetwas von sich aus. Nein, alle diese Naturkräfte sind Werkzeuge in der Hand Gottes. Denn er hat sie alle gemacht und bestimmt über sie zu unserem Nutzen. Das Helfende, Heilende und Gute in der Natur und im ganzen Kosmos sind göttliche Gaben. Sie offenbaren die Liebe und Macht unseres Schöpfers. Wenn wir beschützt werden, so wie beim Reiten auf unseren Pferden, auf dem Floß auf der Drau oder jetzt eben auf dem Heuwagen, dann ist es nicht der Pferdegott oder Flussgott oder die Erdgöttin, sondern wie Albuin richtig gesagt hat, der alles sehende und alles regierende Himmelsvater! Er waltet über seine Schöpfung in Weisheit und nimmt Rücksicht auf jedes kleine Wesen, das da fliegt oder kriecht. Und er nährt uns dadurch, dass er die Pflanzen wachsen lässt, dass er die Arme der Ernteknechte stärkt und dem Schmied und den Bauleuten Ideen gibt, damit sie ihre Arbeit zum Wohl der Menschen vollbringen."

Diese kleine Predigt beruhigte die Gemüter, und ich, Dorothea, übersetzte einiges davon auch für die Kinder der Leibeigenen. Doch Hartwig war noch nicht zufrieden. Er wollte wissen, ob auch Unwetter, Blitz, Krankheit, Schmerz und Tod aus der Hand Gottes kämen. Jetzt runzelte unsere Herrin ein wenig die Stirn, sah mich und die Ammen an und sagte für alle hörbar: „Ja, alles liegt in Gottes Händen. In seinem Plan gibt es auch Krankheit und alle Art von Leiden, die der Mensch im Lauf seines Lebens durchmachen muss. Wir wissen nur einen winzigen Teil dessen, was die Engel wissen, und die Engel wissen nur einen winzigen Teil dessen, was Gott weiß. Denn er ist allwissend, aber auch barmherzig. Er hat auch seinen eigenen Sohn Jesus Christus nicht verschont und ihn viel leiden lassen."

Jetzt pflichtete Albuin II. seiner Mutter bei und zeigte hinüber zur Kapelle, in deren Tür ein kunstvolles Kreuzzeichen geschnitzt war. Die Augen aller Kinder folgten der Bewegung seines Arms. Dann sagte er laut vernehmlich: „Das Kreuz erinnert uns daran." – „Ja, Gott prüft unsere Geduld, unsere Ergebenheit und unseren Glauben", lächelte Gräfin Hildegard. Jetzt stand aber auch Hartwig auf und sagte feierlich: „Wer in schwerer Prüfung seine Treue zum christlichen Glauben bewahrt, den nennen wir stark und tapfer. Ihn erwartet die ewige Seligkeit im Paradies."

Keines von den Kindern hörte sich gerne lange Predigten an, daher gaben sie sich für heute zufrieden unterhielten sich wieder darüber, was sie als nächstes miteinander spielen wollten. Wir konnten beobachten, dass die Kinder unserer Herrin seit ihrer Mithilfe bei der Ernte das harte Leben der Bauern und Leibeigenen mehr wertschätzen lernten.

Da wir ein besonders gesegnetes Obstjahr hatten, hingen bald auch die Apfelbäume voll rotgelber Früchte. Die Kinder blickten zu ihnen empor und fragten immer wieder, wann sie endlich reif wären. Da es für alle so viel Arbeit gab und einige der Knechte auch in Stein beim Kirchenbau mit anpacken mussten, entschied unsere Herrin, dass auch wir, Leibmägde, Ammen, Kinder und sie selbst, in diesem Jahr ausnahmsweise als einfache Arbeiter bei der Apfelernte mithalfen, zumal Äpfel ja auch zu den Heilpflanzen zählten, die für das Hospiz gebraucht wurden.

Wir alle fühlten uns gesegnet, als wir die reifen Früchte im Glanz der Weinmondsonne in Holzkisten legten. Gepa konnte mit ihren zweieinhalb Jahren ebenfalls schon Äpfel auflesen, doch wählte sie nicht die am Boden liegenden Früchte aus, sondern stand neben den Kisten und biss die guten Äpfel an, bis die Amme sie davon abhielt. Denn nur das unbeschädigte Obst würde das Einlagern über den Winter heil überstehen.

Zuweilen fragte Hartwig, wann er denn endlich den Schwertkampf erlernen dürfe. Doch Hildegard meinte jedes Mal: „Wir warten, bis dein Vater wieder zu Hause ist."

Ehrenplätze

Im Nebelmond wurde es dann zu kalt für die Bauarbeiten an der Steiner Kirche. Die Mauern waren bereits rundum bis zu ihrer vollen Höhe aufgerichtet, man ließ das Gerüst jedoch stehen und brachte vor dem Winter ein notdürftiges Dach an. Wir verabschiedeten uns wiederum von den Bauleuten und Künstlern, die, wie es schien, aus dem Nichts heraus ein kunstvolles Bauwerk und einen Teil der Umfriedung geschaffen und damit dem Ort einen neuen Mittelpunkt gegeben hatten. Ermanrich war mit Tinka und ihrer kleinen Tochter in seinen neuen Pfarrhof nach Stein übersiedelt. Sie waren sichtlich erleichtert, ihre enge Wohnung im Wirtschaftshof mit einem eigenen Haus vertauschen zu können. Sonst gab es keine weiteren Ereignisse in diesem Jahr. Wir feierten wieder ein gemeinsames Weihnachtsfest und freuten uns, dass sich immer wieder Leute aus dem Jauntal taufen ließen, sodass die Gemeinde, die Ermanrich um sich versammelte, weiter wuchs.

Nach dem Eismond erwarteten wir mit Spannung das Stierfest des Jahres 937. Wir hatten den Vertrag über das Armenmahl noch nicht aus Salzburg zurückerhalten, doch Ermanrich beruhigte uns und meinte, er wisse längst, wie er vorgehen werde. Wir sollten für ihn beten und könnten auf seinen Bericht gespannt sein. Hildegard freute sich über so viel Zuversicht unseres Priesters und gab ihm keine weiteren Ratschläge. Er war ja durch seine Weihe ein Gottesmann und würde mit der Hilfe von oben wissen, was er zu tun hatte. Ermanrich begann damit, die Bauern der Umgebung auf den etwas anderen Charakter des Festes einzustimmen. Er ritt persönlich zu den Huben hinaus und erklärte ihnen den Wunsch unserer Herrin, das Stierfest künftig als Armenmahl abzuhalten. Das bedeutete jedoch nicht, dass nur die Ärmsten essen durften! Nein, jeder konnte daran teilnehmen, doch die Tagelöhner und Bettler, die bisher davon ausgeschlossen gewesen waren, sollten von nun an Ehrenplätze erhalten und besonders gut versorgt werden. So mancher lachte ein wenig über diese Umkehrung der Ordnung, doch sie waren alle bereit, den Wunsch ihrer Herrin zu respektieren.

Nun ging es Ermanrich nur mehr um das Ritual und um die Rolle des Wahrsagers. Diesen wollte er keinesfalls vom Fest ausschließen, sondern er ließ ihn und seinen Helfer schon am Abend vor dem Fest nach Stein rufen, quartierte sie bei sich auf dem Pfarrhof ein und bewirtete sie fürstlich. Sodann kamen sie ins Reden und fanden so manchen gemeinsamen Gedanken, den sie beim Wein weiter ausspannen. Natürlich hatte der Wahrsager nichts dagegen, dass die Bettler und Fahrenden ebenfalls teilnahmen. Er war auch bereit, sich von Ermanrich bei der Schlachtung des Stiers helfen zu lassen.

Als der Abend bereits fortgeschritten war, stellte sich heraus, dass der Wahrsager nicht sehr trinkfest war, ebensowenig dessen Helfer, denn Tinka hatte ihnen zuletzt stark gebrautes Steinbier vorgesetzt, das Ermanrich mit besonderen Kräutern zu würzen verstand. So lagen die beiden Gäste nach wenigen Stunden unter dem Tisch und schnarchten. Auf diese Weise geschah es, dass beide am kommenden Tag „verhindert" waren, am Stierfest teilzunehmen und der christliche Geistliche ihre Stelle einnahm.

Zwar erwachte der Helfer des Heidenpriesters, als die Feier bereits in Gang war. Er kam zum Opferplatz gelaufen, doch Ermanrich hatte bereits die Aufmerksamkeit der Leute auf sich gezogen und gab dem noch etwas Benommenen Anweisung, was er tun und sagen sollte. Er bemerkte zwar, dass es andere Sprüche waren als er sie sonst zum Besten gab, doch in seiner Verwirrung hoffte er, es werde schon alles seine Richtigkeit haben. Und Ermanrich bezahlte ihn auch für seine Hilfe, sodass er zufrieden war und sich mit den anderen Feiernden zu Tisch setzte. Zuletzt erschien auch der Wahrsager. Er hatte sich erbrochen und seine Kleider rochen übel.

Auf der anderen Seite hatte Ermanrich schöne neue Gewänder angelegt und, mit einem glatt polierten Kreuz in den Händen, die Leute in einer Prozession den Berg hinauf und wieder herunter geführt. Sie trugen ihre Ruten mit sich und wedelten damit, wie gewohnt, durch die Luft. Niemand hatte protestiert, als der Priester erklärte, dass er in diesem Jahr den Wahrsager vertreten müsse, da dieser leider unpässlich sei. Auch sonst ahmte er die Kulthandlungen auf eine Weise nach, dass man durchaus noch Elemente des Heidentums erkennen konnte. Er erhob die Hände, entfachte ein Feuer, verströmte Weihrauch, rief alle möglichen Götter an, aber auch Jesus sowie den heiligen Georg und die heilige Margareta, deren Kirche bald fertiggestellt sei. Auch den Stier schlachtete er zur Ehre Gottes und mit der Bitte um ein fruchtbares Jahr.

Ja, Ermanrich vergaß auch nicht, für das Seelenheil und das Gedenken des großen Slawenfürsten Pritboru zu beten. Er sagte mit mächtiger Stimme, dass dieser tapfere Stammvater der Slawen in der Unterwelt darauf warte, von Jesus Christus auferweckt zu werden. Schließlich verfiel er in liturgische Formeln, wie sie die christliche Messfeier verlangte. „Gott gebe den Verstorbenen die ewige Ruhe!", rief er. „Er gebe auch unserem lieben Hermagoras, der hier auf dem Friedhof begraben liegt, die Auferstehung und das ewige Leben."

Die Zuhörer waren zufrieden und zogen, mit Ermanrich an der Spitze, wieder zu den noch unfertigen Mauern der Steiner Kirche hinab. Dort, beim Stein ihres Slawenfürsten, hielt er einen glitzernden Messkelch hoch und reichte allen, die bereits getauft waren, die Kommunion. Diese bestand aus kleinen Brotfladen, die er ihnen in den Mund schob. Die so Beschenkten waren zwar erst wenige, doch erklärte Ermanrich ihnen, dass es eine geweihte, ja, wundertätige Speise, ja der „Leib Christi" selbst sei, den man nur als Christ empfangen dürfe.

Dann sprach er das Paternoster, das bereits einige mitbeten konnten. Und nachdem er die offizielle Messe mit der geheimnisvoll klingenden Formel „Ita, missa est" beendet hatte, winkte er Boguslaw herbei. Der eifrige junge Helfer war inzwischen so tief in die Tätigkeiten des Pfarrers eingeweiht worden, dass er das Amt eines Ministranten auszuüben vermochte.

Während Ermanrich sich zurückzog, um sich umzukleiden, bat Boguslaw die Menge um ihre Aufmerksamkeit. Er erklärte den weiteren Verlauf des Festes. Auf einem freien Platz brannte ein Feuer, über dem das Fleisch briet. Jeder der Anwesenden, sagte er, könne selbst hinzukommen und werde vom Koch Bratenstücke und von dessen Helfern Getreidebrei, Wein und Bier erhalten.

Nachdem die Leute am großen Tisch unter der Linde Platz genommen hatten, hieß es: „Vabljeni vsi! Alle sind eingeladen zur Verspeisung des Stieres! Auch die Bettler, Tagelöhner und Fahrenden sollen herantreten und die besten Plätze einnehmen!"

Zur Segnung der Speisen las Boguslaw einen Dankpsalm vor, in dem es hieß:

„Wer gleicht dem Herrn, unserem Gott,
im Himmel und auf Erden,
ihm, der in der Höhe thront,
der hinabschaut in die Tiefe,
der den Schwachen aus dem Staub emporhebt
und den Armen erhöht, der im Schmutz liegt?
Er gibt ihm einen Sitz bei den Edlen,
bei den Edlen seines Volkes."

Beim Mahl gab es, wie gewohnt, auch gebratene Schweine, Hühner und Gänse. Letztlich übertraf die Tafel der Armen alles, was den Menschen in den vergangenen Jahren an Speisen vorgesetzt worden war. Ermanrich ging durch die Reihen, grüßte jeden und fragte immer wieder nach Namen, Herkunft und Befinden, ja, ganz so, wie es der Aufgabe eines guten Seelenhirten entsprach. Auch der Wahrsager und sein Helfer saßen unter den Schmausenden. Ihnen klopfte Ermanrich freundlich auf die Schulter und fragte sie, wie ihnen das große Bauwerk gefalle, das die Markgräfin Hildegard hier errichten lasse. Sie nickten etwas gezwungen und fühlten sich augenscheinlich nicht ganz wohl. Es war nicht zu übersehen, dass die Neuerungen großen Eindruck auf die Leute des Tales machten.

Zu Beginn des Lenzmonds schlüpfte Ermanrich wieder in seine alten Kleider und setzte den Hut des Aufsehers auf. Über den Winter hatte die notdürftig angebrachte Bedeckung des

Innenraums der neuen Kirche dem Schnee standgehalten. Doch nun ging man daran, für das Gebäude einen festen Dachstuhl zu zimmern.

Am Sonntag nach dem ersten Lenzvollmond feierten wir auf der Gradnitza das Osterfest. Vojka und Draga erzählten uns, dass die Heiden genau in diesen Tagen ihrer Frühlingsgöttin huldigten. Sie waren im Morgengrauen schweigend zur Quelle am Fuß des Steiner Berges gegangen und hatten dort Wasser geschöpft. Dieses Wasser, so glaubten sie, verleihe dem Menschen neue Kräfte, Gesundheit und Schönheit. Sie segneten mit diesem Wasser die Felder, Gärten, Stallungen, die Tiere und auch die Leidenden im Hospiz. Selbst das Feuer im Krankensaal hatten die beiden Frauen mit trockenen Schwämmen, Wurzeln und Zweigen neu entfacht und sie trugen eine Pfanne mit Räucherwerk durch alle Räume des Schlosses. So waren sie es nach alter Überlieferung gewohnt.

Als Ermanrich davon erfuhr, zeigte dieser sich sofort bereit, den Brauch des Wasserschöpfens in seine Osterfeier einzubauen. Er meinte: „Es gab da kürzlich ein Sendschreiben, in dem uns Priestern geboten wurde, dem Osterfest mehr Gewicht zu verleihen. Wir sollen es zum wichtigsten Fest des Kirchenjahres machen. Das trifft sich also gut. Ich werde im nächsten Jahr den Boguslaw schicken, dass er uns das Lenzwasser frisch aus der Quelle in die Kirche bringt. Dort will ich es in aller Frühe weihen. Dann wird es auch uns Christen nützen und die jungen Mädchen brauchen nicht mehr hinaus in den Wald zu laufen. Dasselbe machen wir dann mit dem Feuer. So wird die Kirche in Stein zum Ort, wo die Menschen Segen für sich, ihr Vieh, ihre Häuser, Scheunen und Felder empfangen. Jetzt hoffe ich nur noch, dass unser Gotteshaus bis zum Ende des Jahres fertig wird!"

Tatsächlich schritten die Bauarbeiten in Stein in diesem Frühjahr 937 gut voran. Das Kirchendach wurde im Heumond rundherum mit Schindeln abgedichtet. Im schattigen Innenraum mühten sich die Steinmetze und andere Künstler mit der Verlegung des Bodens, dem Aufstellen steinerner Bänke und der Errichtung kunstvoller Chorschranken. Doch als unsere Herrin bemerkte, wie sehr das Volk diese Handwerker bewunderte und diese begannen, sich ihnen gegenüber stolz zu verhalten, sagte sie: „Jeder vermag nur zu tun, wofür der Herr ihm die Kraft und die Fähigkeiten gibt." Und aus der heiligen Schrift zitierte sie: „Wenn nicht der Herr das Haus baut, müht sich jeder umsonst, der daran baut. Wenn nicht der Herr die Stadt bewacht, wacht der Wächter umsonst.

Klauen statt Brote

Da erreichte Hildegard die Nachricht, dass Herzog Arnulf gestorben war. „Welcher Arnulf?", fragten die Kinder. „Arnulf von Baiern!", erklärte ihre Mutter. „Ihr wisst ja, dass Karantanien zum Herzogtum Baiern gehört. Nach Arnulf ist sogleich sein Sohn Eberhard als Nachfolger eingesetzt worden – alle bairischen Adeligen haben ihn anerkannt."

Jetzt blickte unsere Herrin nachdenklich in die Ferne. „Der Krieg, in den euer Vater gezogen ist, ist nun zu Ende." Wir alle sahen sie verwundert an. „Ja", nickte sie. „Euer Vater Graf Albuin wird wieder nach Hause kommen." Die Kinder konnten es nicht glauben. Aber niemand von uns wusste, dass Albuin der Familie soeben einen Brief schrieb und seine Heimkehr ankündigte. Allerdings sollte Uduin ihn, ebenso wie die anderen Briefe unseres Herrn, nicht an unsere Herrin weitergeben.

Doch die Kinder erfuhren nur wenige Tage später auch vom Tod ihres Großvaters Aribo II., der sie sehr trauern ließ. In dieser Situation, da Hildegard wegen des Verlustes ihres Vaters litt, wurde Uduin nochmals zudringlich und unternahm einen letzten Versuch, ihre Gunst zu gewinnen. Er hatte sie im Vorbeigehen im unteren Säulengang plötzlich am Arm gepackt und sie gewaltsam an sich gezerrt. Ich holte gerade etwas aus der Küche und war nicht sofort zur Stelle. Aber ich weiß nicht, woher sie die Kraft nahm, denn sie entwand sich ihm, stellte sich aufrecht hin und sagte deutlich und bestimmt: „Im Namen unseres Herrn Jesus, weiche von mir! Wage es nie wieder, mich anzurühren!"

Dabei strahlte sie eine Entschlossenheit und Festigkeit aus, die Uduin zurückschrecken ließ. Er sah sie entgeistert an und lief weg. Ich selbst wäre gar nicht in der Lage gewesen, sie vor ihm zu beschützen. Doch Uduin ließ an diesem Tag tatsächlich von ihr ab, dafür verwandelten sich seine unsittlichen Annäherungen in offen zur Schau gestellten Hass. Es lief mir jedes Mal ein Schauer über den Rücken, wenn ich ihm begegnete.

Was er dann weiter gegen unsere Herrin unternahm, erfuhr ich erst später. Denn er verbündete sich mit der Magd Lupa, die verschiedene Arten von Magie anwandte, um Hildegard zu schaden. Ich kann gar nicht aufzählen, was für seltsame Dinge wir damals erlebten. Die Türgriffe waren mit Blut bestrichen, auf unseren Tellern lagen Tierklauen statt Brote, in den Gängen versperrten uns gekreuzte Ruten den Weg und statt der Fahne mit den Wappenfarben unseres Herrn wehte zuletzt ein schwarzes Gespinst verbrannter Tücher von den Zinnen. Offenbar sollten diese magischen Zeichen unsere Herrin ängstigen oder ihr irgendwie schaden, doch die Mittel zeigten keine Wirkung auf einen frommen Christenmenschen.

Gräfin Hildegard betete vielmehr für die Seele unseres Vogtes und seiner Helferin, wie es der Herr in der Bergpredigt geboten hatte: „Liebet eure Feinde, tut Gutes denen, die euch hassen, betet für die, die euch verfolgen und verleumden." Sie betete, dass Uduins Herz zur Umkehr geführt werden möge. Denn er hatte sich wegen seiner eitlen Begierden vom wahren Glauben abgewandt, achtete die Botschaft der Erlösung für ein Nichts, ja, er wälzte sich gemeinsam mit Lupa, entsprechend dem Bibelwort, wie die Sau im eigenen Kot.

Auch für alle anderen Bewohner der Prosnitza und rund um Stein beteten wir, dass die Menschen, ob leibeigen oder frei, die Barmherzigkeit Christi verspüren mögen. Vor allem dachten wir in unseren Gebeten stets an die Kranken und Notleidenden, ja, wir flehten um die Kraft, ihnen Stärkung und Hilfe schenken zu können. „O Gott, erleuchte die Heiden, öffne verhärtete Herzen und führe die Suchenden heim in deine Kirche." So war unsere tägliche Bitte.

Wie wir schon bisher mit bangen Ahnungen auf Uduin und Lupa geblickt hatten, so spürten wir nun, dass unser Leben auf der Prosnitza nicht mehr sicher war. Sie entfachten in der Dunkelheit im Burghof seltsame Feuer, die die Kinder in Angst versetzten. Hätten wir Uduins schwarze Gedanken gekannt, so wäre uns diese Ahnung zur Gewissheit geworden.

Denn diesmal hatte unser Graf Albuin in seinem von Uduin zurückbehaltenen Brief angekündigt, dass er nach Hause zurückkehren werde. Über diese Nachricht war der untreue Vogt bestürzt. Er kannte den Jähzorn seines Bruders. Was, wenn Hildegard ihm von seinen Nachstellungen und Anmaßungen erzählte? Das würde sie sogar sicher, sagte er sich. Und so ging Uduin daran, gemeinsam mit Lupa einen teuflischen Plan zu schmieden. Sie bereiteten alles für Albuins Rückkehr und eine feige Verleumdung vor. Lupa wusste genau, was sie zu tun hatte, wenn ihnen der Wächter vom Turm herab das Herannahen ihres Herrn verkündete.

Befreier des Jauntals

Und nun gebe ich wieder, was Hanß über diese dreieinhalb Jahre in der Fremde erzählt hat:

Der Feldzug gegen die Langobarden war eigentlich bald entschieden. Dem Baiern Arnulf erging es nicht so, wie er es erträumt hatte. Er war nicht Karl der Große, der die Langobardenkrone für sich errang und alle Unruhestifter in Eilmärschen besiegte. Der Baier ließ sich von einigen unzufriedenen mailändischen Landadeligen dazu überreden, seine Hand nach der Königsmacht auszustrecken, die bereits ein anderer besaß, nämlich der Bosonide Hugo, ein grausamer Herrscher und ruheloser Kriegsherr. Freilich wollte Arnulf die Krone der Langbärte nicht für sich, sondern für seinen Sohn Eberhard. Er bot bei Trient und Verona zwar eine glänzende Schar Panzerreiter und gut gerüstete Fußtruppen auf, aber was half ihm das gegen ein Heer, das nach dem Vorbild der alten Römer geordnet heranrückte, dessen Reihen kein Ende nahmen und dessen berüchtigte Schwerter Oberitalien fest im Griff hielten? König Hugo ließ ihnen keine Chance. Seine Krone war nicht zu haben, ja, er bezeichnete sie als schnöde Eindringlinge und plumpe Räuber. „Arnulf, der Anführer der Baiern und Karantaner, sammelte seine Truppen und kehrte nach Baiern zurück", hieß es dazu in den Annalen.

Nebenbei gesagt, die Stärke und Kampfweise Hugos beeindruckte unseren Herrn so sehr, dass er Hanß erklärte, er wolle zu ihm, dem Langobarden, wie er ihn nannte, überlaufen. Sie ließen also ihre Leute zurück und stahlen sich des Nachts von den Zelten weg, um, einen weißen Stofflappen über dem Kopf schwenkend, ins Heerlager der Italiener zu reiten. Als Graf Albuin mithilfe seines kargen langobardischen Wortschatzes erklärte, er sei durch seine Abkunft ein Verwandter König Hugos, wurden sie von den Soldaten zunächst gefangen genommen und wenig später, als sie sein Ansinnen verstanden hatten, schallend ausgelacht. Sie sagten ihm und Hanß, dass die langobardische Sprache eigentlich nirgendwo mehr gesprochen wurde, ja, dass es die Langobarden als Volk nicht mehr gab! Von diesem einst mächtigen Stamm war nur die eiserne Krone übriggeblieben, und diese saß Hugo fest auf dem Kopf! Nein, Hugo, der Regent Italiens, war auch kein Langobarde, wie unser Herr geglaubt hatte, sondern stammte aus Westfranken, genauer gesagt aus der südöstlichen Provinz des Reiches.

Albuin wusste also nicht, wie ihm geschah. Als er und Hanß etwas verständnislos dreinblickten und sich fragten, was sie weiter tun sollten, ließ man sie einfach gehen. Die Soldaten hatten keine Zeit, sich um zwei bairische Verlierer in abgerissenen Kleidern zu kümmern. Sie bereiteten schon ihren nächsten Feldzug vor, denn innerhalb des Reiches Italien folgte wegen der vielen Aufstände eine Schlacht auf die andere. Außerdem meinten sie, unser Herr sei wirr im Kopf.

So eilten er und Hanß zurück zu ihrer Truppe, die abseits des Schlachtfeldes bereits im Aufbruch begriffen war. Sie hatten Glück, dass niemand ihre Abwesenheit bemerkt hatte. Zuletzt sammelten sie sich im Durcheinander, das die bairische Niederlage nach sich gezogen hatte, wieder mit den Salzburgern zum geordneten Rückzug.

Glück und Pech trafen jedoch wieder einmal aufeinander. Unser Graf Albuin lief im letzten Augenblick noch dem Baiernherzog über den Weg, als dieser gerade in einem Wäldchen seine Notdurft verrichtete. Wie hätte er es wissen können? Doch „der Böse" war dermaßen verärgert über seine Niederlage und suchte seinen Zorn an jemandem auszulassen, der sich auch in der Vergangenheit schon einmal gegen ihn gestellt hatte. Er machte also seinem Beinamen Ehre und verbannte unseren Herrn wegen eines Missgeschicks kurzerhand aus seinem Herzogtum. Er schrie, er wolle ihn nie wieder sehen, und verfügte, Graf Albuin dürfe, solange er, Arnulf, lebe, bairischen Boden nicht mehr betreten!

Unser Herr und Hanß berieten sich, wo sie jetzt hingehen sollten. Die Leute, die sie aus Karantanien, von Möchling und dem Skarbin, mitgebracht hatten, konnten sie nicht sogleich nach Hause zurückkehren lassen, da zu zweit nicht gut reisen war. Unser guter Vogt Karej war leider im Nahkampf von einem feindlichen Hieb getroffen und an Ort und Stelle von ihnen begraben worden. Sie ritten mit ihren Bewaffneten also gegen Norden und machten in einer der friulanischen Herbergen Halt. Wie erstaunt war Graf Albuin, als er sich hier tatsächlich mit seinem langobardischen Wortschatz verständigen konnte. Er vertraute sich den Wirtsleuten an und erfuhr von ihnen, dass der beste Platz, sich vor dem Baiernherzog zu verstecken, Karantanien war! Sie wollten ihnen widersprechen und erklärten, dass sie genau von dort verbannt worden seien. Doch die Friulaner meinten Karantanien südlich der Karawanken, ein fast menschenleeres Gebiet, in dem es kaum mehr einen Hof oder eine Festung gab, die nicht von den Awaren zerstört worden war.

Graf Albuin erkannte dies als einen guten Rat. Den Weg nach Krain könnten sie gar nicht verfehlen, hieß es, man brauchte einfach gegen Osten zu reiten. Und dies taten sie. Ihr Proviant ging fast schon zur Neige, als sie nach zwei Tagen endlich zu einer Gaststätte gelangten. Glücklicherweise konnten sie sich mithilfe ihrer karantanischen Bauernsoldaten mit den Einheimischen verständigen. So erfuhren sie, dass sich ganz in der Nähe der Ort Krainburg befand. In ihrem Quartier begegneten sie am folgenden Tag durch Zufall einer Jagdgesellschaft, der auch die Grafen vom Sanntal angehörten. Von diesen adeligen Herrn verstanden einige gut genug Bairisch, sodass sie sich mit ihnen nicht nur gern unterhielten, sondern auch anfreundeten. Die Krainer Grafen erzählten ihnen von ihren Problemen mit den Ungarn, dass diese Räuber ihre Güter neuerdings regelmäßig plünderten und ihre Landbevölkerung mit jedem dieser Überfälle hingemetzelt werde. Andererseits konnte ihnen unser Herr Albuin von den vielen Schlachten berichten, in denen er und Hanß, sein Edelknecht, bereits gegen die Magyaren gekämpft hatten, und legte ihnen dar, wie man sich gegen diese Horden am besten verteidigt.

Die Edlen vom Sanntal waren von Graf Albuin so angetan, dass sie ihn anflehten, zu ihnen zu kommen und ihre Streitmacht zu unterweisen! Sie versprachen ihm Ländereien als Besitz, wenn er ihren Soldaten Unterricht, ihren Schmieden Anleitung zum Bau von Kriegsgerät erteilen und ihnen selbst als Freund und Waffenbruder seine Unterstützung gewähren wolle.

Natürlich freute sich unser heimatlos gewordener Herr über dieses Angebot, das ihm gut gelegen kam. Er erklärte den Edlen vom Sanntal seine derzeitige Situation, dass er ohnehin verbannt und froh sei, bei ihnen Aufnahme zu finden. Nachdem sie sich also geeinigt hatten, erfuhren sie, dass Krainburg direkt an der Straße nach Karantanien lag. Und so entließen sie von hier aus ihre tapferen Möchlinger und Skarbiner nach Hause und gaben ihnen den Auftrag, Markgräfin Hildegard die uns bekannte Nachricht über ihren Verbleib in Krain zu überbringen.

Währenddessen stellten ihre neuen Gastgeber Graf Albuin und Hanß nicht nur berittene Soldaten, sondern auch einen guten Übersetzer zur Verfügung. So mussten sie diese drei Jahre zwar fern der Heimat in der Verbannung leben, doch die Zeit wurde ihnen unter den Krainern nicht lang. Albuin schrieb mehrere Briefe an seine Familie, doch erhielt er nur eine einzige Antwort von seiner Gemahlin. Er machte sich deswegen Sorgen, doch war es ihm nicht möglich, aus der Ferne den Grund für das Schweigen seiner Gattin in Erfahrung zu bringen. Ja, Hanß sagte, sie rechneten eigentlich mit dem Schlimmsten.

Dennoch fanden sie dort auf der Burg Sannegg alles, was zu einem standesgemäßen Leben gehörte. Und sie hatten für ihre adeligen Freunde auch einige Schlachten zu bestreiten. Ja, sie schlugen die Ungarn wiederholt in die Flucht.

Schließlich waren ihre Gastgeber mit diesem tatkräftigen Beistand zufrieden und Graf Albuin erhielt die versprochenen Güter als bleibenden Besitz. Unser Herr setzte sogleich einen Vogt ein, der die Einkünfte der dazugehörigen Huben einzutreiben hatte. Zuletzt erfuhren sie im Heumond des Jahres 937, dass der Baier Arnulf gestorben war und Eberhard nun an seiner Stelle regierte. Die Boten aus dem Norden berichteten ihnen aber auch, dass die Magyaren wieder auf Raubzug seien, diesmal wollten sie die Ländereien an der Drau heimsuchen. Als er das hörte, säumte Graf Albuin keinen Tag länger. Er schrieb in Eile einen an Gräfin Hildegard auf der Prosnitza adressierten Brief, in dem er ihr von der Gefahr berichtete, die auf sie und die Kinder zukomme. Dass sie sich auf der Burg verbarrikadieren sollten und dass er, Albuin, bereits auf dem Weg nach Hause sei. Er werde versuchen, unterwegs Soldaten als Verstärkung zu sammeln und die Ungarn aufzuhalten.

Und dann brachen sie auf. Sie bewaffneten einige ihrer Krainer Bauern, die sie als Bogenschützen ausgebildet hatten, und nahmen sie, nebst Waffen und Pferden, mit auf den Weg durch das Mießtal und über die Karawanken. Als sie beim Gut Luipitzdorf ankamen, trafen sie tatsächlich auf die schändlichen Räuber und Brenner aus dem Osten. Sie bliesen ins Horn, um die freien Bauern und Fronknechte, die gerade dabei waren, sich in den Wäldern zu verstecken, zusammenzurufen. Viele folgten ihrem Appell und bewaffneten sich gleichfalls mit allem, was sie finden konnten. Diejenigen, die reiten konnten, nahmen sich einige von den mitgebrachten Pferden und stoben gemeinsam mit Graf Albuin mit lautem Geschrei gegen die Steppenreiter.

Diese kühne Abwehr verlieh auch den Herren von Luipitzdorf den nötigen Mut, und sie kamen hinter den Wehranlagen ihrer Burg hervor. Zuletzt waren sie eine genügende Zahl an bewaffneten Reitern, die dem Feind in gehörigem Tempo folgten, sodass er keine Zeit hatte, seine tödlichen Pfeile gegen die Verteidiger abzuschießen. Und da Graf Albuin und die Luipitzdorfer für die bessere Sache fochten, holten sie die Angreifer ein und preschten mit Schwertern und Lanzen auf die magyarische Horde los. Und tatsächlich! Diese Zwanzig oder mehr, die keinen Widerstand erwartet hatten, erschraken durch die Furchtlosigkeit der Jauntaler und das verschaffte den Verteidigern einen gehörigen Vorteil. Die Ungarn wandten sich also wie gackernde Hühner zur Flucht! Einige von ihnen waren so überrumpelt, dass sie sogar ihre Bogen auf den Feldern zurückließen. Unsere Männer verfolgten sie noch bis nach Drauburg, machten den einen oder anderen nieder und kehrten zuletzt als stolze Befreier des Jauntals nach Luipitzdorf zurück.

Zum Feiern war den gerade überfallenen, zum Teil zersprengten Grafen von Luipitz und ihren Leuten nach diesen Ereignissen nicht zumute, und auch Graf Albuin wollte nicht verweilen, außer für eine ihnen von dem dankbaren Burgherrn gereichte Mahlzeit.

Ohne Verluste erlitten zu haben, ritt unser Herr mit seinen Soldaten und Pferden also am nächsten Tag weiter Richtung Prosnitza. Sie nahmen jedoch, wie man ihn auf der Burg von Luipitzdorf geraten hatte, den Weg weiter südlich am sagenumwobenen Jaunberg vorüber. Auch hier erblickten sie noch etliche Mauerreste und behauene Steine, die Reste der verfallenen Stadt Juenna. Danach ging es die Vellach entlang zum Möchlinger Hof. Hier hieß sie Michlo, völlig überrascht, mit breitem Lächeln willkommen! Er freute sich von Herzen, seinen Herrn gesund wiederzusehen. Er meinte, seine Familie habe den Tod seines Bruders Karej, von dem ihm die heimgekehrten Bauern berichtet hatten, bereits überwunden.

Engelsstimmen

Die stolze Burg Prosnitza hoch auf dem Skarbinfelsen vor Augen, überquerten Graf Albuin und sein Edelknecht Hanß, gefolgt von den Krainer Soldaten, die Drau. Sie waren in Sorge, was sie auf der heimatlichen Burg erwartete. So gelangten sie ans große Tor. Uduin hatte sie offenbar schon kommen sehen, denn er eilte ihnen entgegen und tat aufgeregt. Hinter ihm kam die Magd Lupa mit einer Kuh angetrabt, die vor Ausgezehrtheit fast nicht mehr stehen konnte. Sie sah erbärmlich aus. Doch Lupa setzte sich mit einem Schemel und einem Melkkübel ans Tor und zog an den verdorrten Zitzen des Tieres, bis Blut hervortrat.

„Pfui!" rief da Graf Albuin. „Was macht sie da?" Lupa aber sah den Herrn in falscher Treuherzigkeit an und stöhnte: „Herr Graf! Seht doch nur, wie grausam Eure Gattin ist! Sie lässt uns Mägde und mit uns das Vieh hungern! Und sie befahl mir, die Kuh zu melken, obwohl sie schon halbtot ist. Nur, weil sie mit ihren Freiern alles Geld verschwendet. Diese unmenschliche Prasserin und ehrlose Ehebrecherin! Oh, was sind das für Zeiten!"

Einer der Krainer Soldaten übersetzte Lupas Klagen Wort für Wort. Graf Albuin geriet angesichts dieser Kunde in unbeschreibliche Wut. „Schwöre mir, dass dies wahr ist! Schwöre!", schrie er sie an. „Wenn ich lüge", wimmerte Lupa, „soll ich auf der Stelle mitsamt der Kuh und dem Melkkübel zu Stein werden!"

Jetzt begann Albuin, dessen fürchterliche Zornausbrüche ich hier bisher nur annähernd geschildert habe, zu rasen. „Wo ist das Weib?", brüllte er. Uduin grinste in sich hinein und hielt ihn in gespielter Sorge fest. „Halt, Bruder! Tu ihr nichts an! Auch wenn ich gestehen muss, dass deine Gemahlin während deiner Abwesenheit übel gehaust und ein liederliches Leben geführt hat. Die Untreue hat sich mit jedem fahrenden Gesellen abgegeben, sie war nicht einmal wählerisch."

Mehr brauchte Uduin nicht zu sagen. Hanß versuchte, seinen Herrn am Rock festzuhalten, doch er schlug seine Hand wie ein lästiges Hindernis zur Seite. Graf Albuin stürmte daraufhin über den Burghof, drückte das Tor auf und hastete die Stufen hinauf zu Hildegards Kemenate. Diese hatte ihn von ihrem hoch über den Felsen gelegenen Fenster aus bereits erkannt. Sie lehnte, halb von der Sonne geblendet, halb wie im Traum am Fensterkreuz und winkte blinzelnd hinab, um den bärtigen Panzerreiter zu begrüßen. Natürlich verstand sie nichts von dem, was unten geredet wurde. Sie sah nur, dass er zu ihr herauf blickte und sich dem Burgeingang zuwandte. Ja, sie glaubte, ihn treibe dieselbe Sehnsucht, dieselbe Wiedersehensfreude, wie auch sie sie verspürte! In dieser seligen Erwartung einer treuen Gemahlin war alles Unerfreuliche, das jemals zwischen ihnen vorgefallen war, vergessen. Sie hoffte, dass ihre Gebete den Himmel erreicht hatten und ihr Gemahl von den Leiden des Krieges und der Verbannung geläutert wiederkehrte. Wie schlug ihr Herz beim Gedanken, dass er die sanften Gefühle, die sie erfüllten, erwidern könnte.

Eben wollte sie ihm entgegeneilen, da rüttelte Albuin auch schon von draußen an der Tür, die seit Udunis Andrang nicht sofort aufsprang, sondern klemmte. Das machte unseren Herrn nur noch rasender. Sein gepanzerter Arm brach das Schloss mit einem gewaltsamen Ruck aus dem Holz. Er stürzte herein, blind vor Wut, und brüllte mit blutrotem Gesicht: „Du, wie verhieltest du dich in meiner Abwesenheit? Nicht wie ein treues Eheweib, sondern wie eine gemeine Ehebrecherin! Du kriegst jetzt deinen verdienten Lohn!" Ohne dass die Erschrockene ein Wort zu ihrer Verteidigung sagen konnte, zerrte er sie an den Haaren und Kleidern bis zu den Zinnen, die gegen Möchling blickten, und stieß sie über die Felswand hinunter.

Ich kam voll Erschrecken und Bangigkeit aus dem Zimmer gelaufen, warf mich vor dem immer noch Rasenden zu Boden und flehte unter Tränen: „Ehrwürdiger Graf Albuin! Ich bezeuge vor Gott und allen Engeln die reine Tugend und Treue meiner Herrin!

Ihr habt einer Verschwörung geglaubt! Oh, Himmel, es ist zu spät!" Dass ich mich bekreuzigte, erboste Albuin nur noch mehr. „Dir soll ich glauben, du bist nicht besser als sie! Du sollst ebenfalls deine gerechte Strafe erhalten!" So ergriff er auch mich an den Kleidern und warf mich hinterdrein in die Tiefe.

Die Kinder bemerkten die Ankunft ihres Vaters nicht sogleich, denn sie waren mit ihren Ammen im Kinderzimmer. Nun kamen sie herausgelaufen, die Frauen hinterher. Diese hielten sie an ihren kleinen Ärmchen zurück, doch sie drängten sich nach vorn an die Zinnen und begannen ein Angstgeschrei.

Ihr Vater aber rief: „Eure Mutter ist eine Dirne! Sie hat nichts Besseres verdient! So verfährt man mit liederlichen Frauen, merkt euch das, meine Söhne!"

Und er wankte, noch immer bebend vor Wut, zurück in den Burghof. Die Kinder aber riefen: „Gütiger Gott, beschütze unsere Mutter!" Und als sie an den Zinnen standen und hinunterblickten, sahen sie Gräfin Hildegard und mich unten am Felsen im kleinen Gärtlein, das ihre Mutter so oft von ihrem Fenster aus betrachtet hatte. Jetzt war auch Hanß oben angekommen und erkannte mit eigenen Augen, Hildegard und mich, seine Verlobte, unten auf der Felsenklippe stehen, umgeben von einem wunderbaren Licht. „Ich sehe Engel!", rief der zehnjährige Albuin. „Engel", wiederholten seine Geschwister. Die Kinder drängten sich zwischen die Zinnen und die Ammen mussten sie halten, damit sie sich nicht zu weit vorlehnten.

Hildegard und ich waren in den Kronen des Apfelbaums gelandet und priesen Gott für diese unerwartete Rettung! Wir blickten unverwandt nach oben und sangen Loblieder, sodass es rund um die Felsen wie Engelsstimmen klang.

Als Albuin den Gesang hörte, wandte er sich im Burghof um und kam zurück auf den Wehrgang gelaufen. Hanß gab ihm ein Zeichen, hinunterzublicken, und er tat es. Er traute seinen Augen nicht und fragte sich, ob er wach sei oder träume. Denn nun sah auch er zwei Frauen von hellem Lichtschein umgeben! Oder waren es Gespenster? Er konnte es nicht fassen und stand einige Augenblicke wie erstarrt. Dann rief er nach den Soldaten.

Auf die Schreie hin erschien auch sein Bruder Uduin. Auch er war bleich vor Erschrecken. Die Ammen schlugen ihre Hände über dem Kopf zusammen und riefen unentwegt: „Ein Wunder! Gott hat ein Wunder gewirkt!" Die Kinder flehten: „Mutter! Mutter!"

Mit angstvoll verzerrtem Gesicht ergriff nun auch Uduin seinen Bruder an der Schulter und ächzte: „Albuin, ich habe dich belogen! Ich habe dir die Unwahrheit über Hildegard erzählt! Sie ist eine tugendhafte Frau! Und ich bin ein elender Lügner! Die Magd ist schuld an allem Unglück!"

Graf Albuin rief nochmals hinüber zu den Wachen: „Bringt Stricke und Leitern!" Uduin zerrte ihn noch immer an seinen Kleidern: „Sie war dir stets treu! Sie ist unschuldig! Vergib mir, edler Bruder! Vergib mir! Die Kuhmagd hat mich verhext!"

Da die Soldaten nicht sofort kamen, lief Hanß hinüber zum Wächterhaus und wiederholte die Worte Albuins: „Bringt Stricke und Leitern!" Sogleich hörte man das Geklapper der langen Leitern und das Trippeln der Stiefel. Oben auf dem Wehrgang war Uduin schluchzend in sich zusammengebrochen und Albuin lief mit gezücktem Schwert die Treppe hinab, schreiend: „Wo ist dieser elende Satansbraten?" Er kam ans Tor und blickte sich im Maierhaus um, doch Lupa war mitsamt der Kuh und dem Melkeimer verschwunden. Da warf er sein Schwert in hohem Bogen fort und eilte wieder hinauf zu den Zinnen. Die Soldaten hatten bereits einige Stricke herabgelassen und knüpften gerade Leitern aneinander, um sie über die Felsen in die Tiefe hinabzureichen.

„Aus dem Weg!", schrie jetzt Albuin, der einen der Stricke ergriffen hatte. Die Kinder mit den Ammen traten ängstlich zur Seite, um den Rettern Platz zu machen. Doch unser Herr zitterte und vermochte den Strick nicht zu halten. Als Hanß es sah, eilte er herzu. Er nahm ihm das Seil aus der Hand und wickelte es um seinen Leib, um es fest zu verankern. Albuin wich nach hinten, lehnte sich in eine Ecke und verfiel einer furchtbaren Verzweiflung. „Rettet sie!", flehte er. „Wenn sie nur lebt! Weh mir, ich bin ein Mörder. Ich habe Unfassbares getan!"

Auch Gräfin Hildegard und ich riefen vom Felsvorsprung hinauf. Als man Hildegards Ruf „Wir sind wohlauf!" von unten hörte, jubelten die Kinder mit ihren Ammen und drängten wieder an die Zinnen heran, um hinabzublicken. Doch Graf Albuin war sich jetzt vollends bewusst, was er angerichtet hatte. Reue ergriff ihn und er stöhnte: „Ich Unglücklicher! Wie kann ich ihr jemals wieder gegenübertreten?"

Hanß sah von der Seite aus, wie sein Herr mit gesenktem Kopf die Stiege hinab schlich. Was dann geschah, erfuhren wir alle erst später. Albuin torkelte der Kapelle zu und kniete sich zu einem inbrünstigen Gebet nieder, das er so noch nie gesprochen hatte. Zunächst kam nur verzweifeltes Weinen aus seiner Kehle. Innerlich verfluchte er seinen Jähzorn, seine Eifersucht, sein Leben, das nur aus Totschlagen und Kriegführen bestand. Doch er spürte, er konnte dieses Wesen, zu dessen Ehre die Kapelle erbaut worden war, nicht erreichen, solange solche Flüche, auch gegen sich selbst, seine Gedanken beherrschten. Er musste Demut lernen, um mit Gott sprechen zu können.

Darum faltete er die Hände und sagte leise und aus tiefster Seele: „Herr, ich habe schwere Schuld auf mich geladen. Kannst du mir vergeben?" Daraufhin wartete und horchte er in diesen heiligen Raum hinein. Da fiel sein Blick auf die Blume, die Dorothea hier in ein gläsernes Fläschchen mit Wasser gestellt hatte. Es war die Lilie, sein Wappenzeichen, das ihm schon einmal im Leben Zuversicht geschenkt hatte. Dies war ihm nun wie ein Zeichen. Denn plötzlich durchströmte seinen Körper eine innere Wärme, die ihm die Kraft gab, wieder hinaufzugehen und seiner Gemahlin gegenüberzutreten.

Voll Dankbarkeit legte er dort unter dem Kreuz ein Gelübde ab: Er wolle zur Buße eine Pilgerreise ins Heilige Land und zum Grab des heiligen Jakobus unternehmen! „Und wenn du mich gesund zurückkommen lässt, o Herr, gelobe ich dir, hier an der Drau eine Kirche zu errichten! Dies alles, damit du, o Herr, meiner Seele gnädig bist und mich nicht in die Hölle stößt!" Das Gelübde, zur Buße eine Pilgerreise zu unternehmen, war damals und ist bis heute ein beliebtes Mittel der Umkehr. Ebenso verhalf es zur Sündenvergebung, wenn jemand eine Kirche baute, ja, die meisten Kirchen landauf landab sind so sichtbare Zeichen einer persönlichen Buße.

Uduin erschien jetzt ebenfalls in der Kapelle. Außer Atem rief er: „Sie sind gerettet!" Albuin, der sich bereits erhoben hatte, eilte voran. Unsere Herrin Hildegard hatte ihre Kinder nacheinander in die Arme geschlossen. Alle weinten vor Freude. Wie sie, war auch ich nahezu unverletzt. Hanß hat mir später immer wieder von der Angst gesprochen, die er damals empfunden hatte! Obwohl wir dem Tod geweiht und tief in den Abgrund gestürzt waren, blieben meine Herrin und ich am Leben. Er dankte wieder und wieder in seinem Herzen für dieses Wunder, denn anders kann auch ich es nicht nennen.

Graf Albuin trat jetzt hinzu. Man sah in seinem Gesicht noch den eben ausgestandenen inneren Kampf, doch durch den Schleier der Reue hindurch auch eine bei ihm ungewohnte Gefasstheit. Er kniete sich dort vor seine Gemahlin Hildegard hin. Und hinter ihm kam auch Uduin, und auch er kniete sich neben seinen Bruder auf den Boden. Alle Diener und Soldaten standen um sie herum, als Albuin seine Gemahlin unter Tränen um Verzeihung bat. „Ich habe mich versündigt gegen dich und das Gesetz! Fast bin ich an dir zum Mörder geworden! Ich bin nicht würdig, dass du mir diese Unmenschlichkeit vergibst. Höre! Ich bin entschlossen, eine siebenjährige Pilgerreise auf mich zu nehmen, um meine Schuld zu büßen und vom Papst in Rom Vergebung zu erlangen."

Uduin, der jetzt ebenfalls sein Haupt erhob, fügte hinzu: „Auch mein Unrecht wiegt schwer. Ich habe schändlich und verleumderisch an dir gehandelt. Daher werde ich meinen Bruder auf seine Pilgerreise begleiten. Ich hoffe, der Papst in Rom wird auch mir die Schuld erlassen."

Hildegard streckte ihrem Gatten die Hände entgegen und sagte: „Ich vergebe dir, lieber Albuin, von ganzem Herzen. Dein Zorn hat dich blind gemacht. Du hast falschen Beschuldigungen geglaubt. Ich freue mich, dass du deine Tat bereust und eine solche Buße auf dich nimmst. Und auch Uduin sei sein Handeln verziehen."

Albuin erhob sich und umarmte sie. „Oh, liebste Hildegard! Wie kann ich dir nur danken!?" Darauf entgegnete Hildegard: „Ich freue mich, dass du gesund zurückgekehrt bist." – „Glaubst du", erwiderte Albuin, „Gott wird mich für diese Tat in die Hölle werfen?" Hildegard schüttelte den Kopf. „Gott ist barmherzig. Er freut sich über unsere Reue. ‚Und wären eure Sünden auch rot wie Scharlach, sie werden weiß werden wie Wolle', heißt es in der Heiligen Schrift." Alle Umstehenden vergossen Tränen.

Albuin war nun aufgestanden und hob, sich umblickend, die Hand. „Ich übertrage dir, meiner Frau Hildegard, hiermit für die Zeit meiner Abwesenheit alle Rechte an unseren gemeinsamen Gütern. Ich werde für meine Reise zwar einen großen Betrag benötigen, wahrscheinlich alles, was ihr in letzter Zeit angespart habt, doch gestatte ich dir, über die laufenden Einnahmen frei zu verfügen. Dies erkläre ich vor Zeugen! Du kannst alle für dich und unsere Kinder notwendigen Entscheidungen treffen und trittst als Frau in meine Rechtsstellung ein. Gott gebe, dass ich gesund zurückkehre."

Hildegard blickte jetzt zu ihren Kindern hinüber und versprach: „Wir werden jeden Tag für dich beten!" Jetzt sah auch Graf Albuin hinüber in die Gesichter seiner Kleinen. Hildegard aber sagte: „Wenn du, mein Gemahl Albuin, es gestattest, so möchte ich meinen Wohnsitz und den unserer Kinder nach Stein verlegen."

Er versicherte ihr: „Alles, was du willst, sei dir gewährt." Dann ergriff er den Saum ihres zerrissenen Kleides und küsste ihn, nahm ihre vom Klettern und den Abschürfungen noch blutigen Hände und küsste wieder und wieder ihre Wunden. Daraufhin näherte er sich seinen Kindern und umarmte eines nach dem andern. Seine drei Söhne hatten sich gefasst, die jüngeren Mädchen jedoch waren von den Erlebnissen der letzten Stunde noch verschreckt und drängen sich hinter die Kleider ihrer Mutter.

„Hartwig, Albuin und Aribo!", sagte er jetzt an seine Söhne gewandt. „Euer Vater wird das Unrecht, das er begangen hat, als einfacher Büßer im Pilgergewand wieder gut machen. Ich wandere nach Santiago de Compostela zu den Gebeinen des heiligen Jakobus, danach nach Jerusalem zum Tempelplatz, das heißt zu den heiligsten Orten der Welt. Und zuletzt gehe ich nach Rom zum Herrscher der Christenheit. Ich werde den Papst bitten, mir die

Absolution zu erteilen, die mich vor der Hölle und dem Fegefeuer bewahrt."

In diesen Momenten war auch meinem Hanß bewusst, dass der Herr ihn brauchte, dass er nicht ohne ihn reisen konnte. Daher kam er, unbemerkt von den anderen, herüber zu mir und ergriff meine Hand, um mir dies mitzuteilen und auch, dass er gehofft hatte, wir würden jetzt, nach der Rückkehr, endlich heiraten. Doch es sehe so aus, dass wir unser Glück um weitere sieben Jahre aufschieben müssten. Und was sagte ich darauf? „Geh mit Gott! Du weißt, dass ich auf dich warte." Auch Uduin wollte sich nun ebenfalls ein wenig hervortun und sagte in Richtung der Kinder: „Unterwegs auf so einer Reise lauern etliche Gefahren. Es wird auch ein Abenteuer, bei dem wir viel von der Welt sehen werden!"

Als das Flehen und Vergeben auf der Wehr der Prosnitza ihr Ende fand, gab unser Herr Befehl, überall auf dem Skarbin nach der Kuhmagd zu suchen, um sie der gerechten Strafe zuzuführen. Die Soldaten durchstreiften den Wald und die Dörfer und sahen zuletzt auch in den Höhlen nach. So kamen sie mit der Nachricht zurück, sie sei in einer der Höhlen, in der auch eine Heilquelle entsprang, mitsamt der Kuh, dem Melkschemel und dem Eimer zu Stein geworden! So hatte sie die Gottesstrafe ereilt! Ja, diese ‚steinerne Melk' ist dort unter dem Skarbin bis auf den heutigen Tag zu sehen.

Mauerringe

Nach den letzten Ereignissen hätte Albuin für einige Wochen auf der Prosnitza ausruhen können. Doch ihn erfüllte Sorge, wie es seiner Familie in der Zeit seiner weiteren Abwesenheit ergehen mochte, und vor allem, wie es um ihre Sicherheit bestellt war. Denn solange Hildegard und die Kinder auf der Prosnitza wohnten, hatten sie die Ungarn nicht zu fürchten. Sollten sie aber, wie Hildegard es wünschte, ins Schloss nach Stein übersiedeln, wären sie jedem Angreifer wehrlos ausgeliefert. Daher zog er die Hälfte der Bauarbeiter von der Kirche in Stein ab und beauftragte zusätzlich den größten Teil seiner Soldaten, auch diejenigen aus Cilli, mit der Errichtung eines dreifachen Mauerrings um die Gradnitza, nämlich in der Weise, wie er es schon bei seinem ersten Besuch vorgeschlagen hatte.

Zunächst waren hohe, mehrfach gestützte Wälle aus Holz zu errichten, die an der Innenseite mit Erde und Geröll aufgefüllt wurden. Nach außen hin sollten feste Wände aus gemauerten Steinen entstehen, die durch mächtige Tore verschlossen werden konnten. Sobald diese Arbeit zu aller Zufriedenheit erfüllt wäre, und das sei voraussichtlich im darauffolgenden Jahr, erlaubte er es den Soldaten aus Krain, in ihre Heimat zurückzukehren. Auch die Wachsoldaten der Prosnitza sollten zum Schutz der Familie sieben Jahre lang auf der Gradnitza verbleiben, bis er zurückkehre.

Während Albuin also den Bau der Ringmauern beaufsichtigte, nahm er sich auch Zeit, um mit seinen Söhnen erstmals einige Techniken des Nahkampfes zu üben. Auch die Söhne der freien Bauern seiner Güter und der Hildegards hatte er holen lassen, damit sie lernten, sich und ihre Höfe zu verteidigen. Hanß schilderte einige Male, wie sie auf ihrem Weg von der Sann hierher die

Ungarn aufgehalten hatten, die schon bis Luipitzdorf gekommen waren. Besonders die Bauern fassten Mut, als er davon erzählte, wie sich die dortigen Bewohner ihnen angeschlossen und tapfer gekämpft hatten.

Hartwig, der nun elf Jahre alt war, bewunderte seinen Vater sehr, der ein ganzes Tal vor dem Überfall der Steppenreiter bewahrt hatte. Er versprach unserem Herrn, fleißig mit Pfeil und Bogen und dem Schwert zu üben, um mitzuhelfen, die Familie im Notfall zu verteidigen.

Hanß unterstützte seinen Herrn bei diesem Unterricht, obwohl er in den uns verbleibenden Tagen viel nach Gelegenheiten suchte, um mit mir allein zu sein. Auch ich war im Hospiz sehr beschäftigt. Doch es ergab sich, dass wir manchmal des Abends einen Spaziergang unternahmen, bei dem wir über unsere Zukunft sprachen. Und dabei kamen wir überein, nicht zu warten, bis Hanß von der Pilgerreise zurück sei, sondern noch vor seiner Abreise das Ehebündnis zu schließen. So traten wir eines Abends vor unsere Herrschaft und baten sie, uns ihren Segen zu geben. Albuin und Hildegard ließen uns eine Tafel herrichten, bei der wir uns die Hand reichten. Auch mein Vater Gabriel, meine Mutter und die Geschwister kamen von Gabrielsdorf herunter nach Stein und feierten mit uns. Hanß dankte mir dort vor allen Leuten, dass ich einverstanden war, ihn zu heiraten, obwohl ich nicht sicher war, dass er nach den sieben Pilgerjahren gesund zurückkehren werde. Besonders freute es uns, dass wir zwei Wohnräume im Maierhof und damit ein gemeinsames Zuhause erhielten, denn die Räume von Ermanrich und Tinka standen nun leer.

Beim Abschied wusste Hanß es noch nicht, doch ich war nach kurzer Zeit guter Hoffnung und bekam im nächsten Lenz einen Sohn, den ich nach ihm „Johannes" nannte.

Natürlich betrachtete unser Herr auch, was Hildegard in diesen drei Jahren aufgebaut hatte. Er sah den Bauleuten in Stein zu, wie sie bereits den Torbogen und die Apsis aufmauerten, ging hinüber zum Grab des Hermagoras, lobte den geräumigen Pfarrhof und schritt die oberen Räume der Gradnitza ab, wo seine Gemahlin mit den Kindern und Ammen schlief. Hildegard und er standen gemeinsam in der Kapelle und auf dem Söller, wo er nochmals bemerkte, dass auch die Wehrtürme verstärkt werden mussten.

Als Graf Albuin durch den Krankensaal schritt, den seine Gemahlin auf dem Schloss eingerichtet hatte, zuckte er die Achseln. Er meinte, es sei zwar eine gute, christliche Tat, den Kranken und Armen zu helfen, doch fürchte er, der Andrang der Leute könne hier nicht lange bewältigt werden, sodass er Hildegard rate, falls noch Mittel da seien, frühzeitig drüben in Stein mit dem Bau eines eigenen Hospizes zu beginnen.

Wenn ich, heute zurückdenke, so würde ich mir wünschen, diese Tage hätten niemals geendet. Nicht nur war es die Zeit kurz nach meiner Vermählung, die das Leben von Hanß und mir völlig verändert hatte, es war auch die Ausgeglichenheit unseres Grafen Albuin, der nun seine Aufgaben als Familienvater wahrnahm.

Doch wieder war es Uduin, der von der Prosnitza herabgeritten kam und ihn drängte. Er sei säumig, meinte er, das Gelübde zu erfüllen. Sie müssten sofort aufbrechen, so sei es vereinbart. Auch meinte er, der Herbst käme und jeder Aufschub der Pilgerreise könne sie in Schwierigkeiten bringen. Im Nachhinein glaube ich, dass Uduin, dem weniger nach Buße, sondern mehr nach Abenteuern und fernen Ländern zumute war, am Ort seines schändlichen Wirkens keine rechte Freude mehr fand und ihm daher so schnell als möglich den Rücken kehren wollte. Unserem Herrn fiel es aber sichtlich schwer, seine eben erst wiedergewonnene Familie zu verlassen. Doch hinsichtlich der Jahreszeit musste er Uduin recht geben.

So zelebrierte Pfarrer Ermanrich in der Kapelle auf der Gradnitza zu Anfang des Herbstmonds eine Messe, in der er diese Pilgerschaft segnete und um eine glückliche Heimkehr flehte. Natürlich vergossen Hildegard und ich Tränen, da wir nun immerhin ganze sieben Jahre auf unsere Ehemänner warten mussten und wieder auf uns gestellt waren.

Ehe Uduin die Prosnitza verließ, hatte Graf Albuin noch Anweisung gegeben, die Soldaten, die jetzt mit dem Bau der Wehranlagen rund um die Gradnitza beschäftigt waren, sollten die Heimatburg unseres Herrn gut verschließen und ab und zu nach dem Rechten sehen. Die Knechte und Mägde, die sich um das Vieh kümmerten, brachten die Tiere nach Möchling. Und Michlo hatte versprochen, hier weitere Ställe und Speicher zu bauen, um Menschen und Tiere mitsamt der ganzen Hinterlassenschaft der Prosnitza aufzunehmen. Aus Möchling an der Drau wurde so nach und nach ein ganzes Dorf. Seinem Wachsoldaten aus Sabuatach hatte Albuin Land übertragen, um sich als freier Bauer anzusiedeln. So war alles rund um die Prosnitza geordnet und zuletzt von Albuin selbst das Tor versperrt worden. Den Schlüssel zur stolzen Langobardenfestung hütete fortan der Verwalter in Möchling. Doch dank der Voraussicht unseres Herrn verwandelte sich bald auch die Gradnitza in eine ordentliche Wehrburg.

Talg und Asche

Nun hatten die Bewohner des gesamten Jauntals von der wunderbaren Rettung ihrer Markgräfin Hildegard erfahren und glaubten wie wir an ein Wunder und ein Zeichen des Himmels. Sie begannen schon in den ersten Tagen nach dem Ereignis damit, Hildegard als Heilige zu verehren. Und sogar mir, ihrer Dienerin, erwiesen sie alle möglichen Ehren. Zwar war es nicht der Wunsch unserer Herrin, von den Leuten so hoch erhoben zu werden, doch sie ließen sich nicht davon abhalten, ihr Blumen darzubringen, sich vor ihr wie vor einer Königin zu verneigen und sie um ihre Fürsprache vor dem Thron Gottes zu bitten.

Viele von ihnen kamen und ließen sich zu unserer großen Freude taufen! Wir erfuhren auch, dass für manche weniger das Wunder unserer Rettung diese Glaubensänderung bewirkt hatte, als viel mehr die grauenvolle Versteinerung der Magd Lupa! Fast täglich kamen Leute aus dem Mühlgraben und den anderen Gütern am Skarbin in diese Höhle, wo es auch eine, wie man sagt, wundertätige Quelle gibt, um mit eigenen Augen zu sehen, welche Strafe Meineidige und Zauberer ereilte. So begannen die Slawen an der Drau die Macht des Christengottes anzuerkennen, eine Macht entweder zu erretten oder zu verdammen.

Viele wünschten natürlich den Hergang des Wunders zu erfahren, das Hildegard und mich vor dem sicheren Tod bewahrt hat. Man erzählte sich bereits verschiedene Geschichten, die aus dem Kopf der Leute nicht mehr wegzubekommen waren, etwa, dass Engel uns direkt aufgefangen und auf einer Wolke zur Kirche von Stein getragen hätten. Da solche Geschichten ihr Eigenleben führen, und wir die Menschen nicht davon abhalten konnten, ihre

Phantasie zu gebrauchen, genügte es uns, davon Zeugnis zu geben, dass unsere Bewahrung durch Gottes Eingreifen erfolgt war.

In dieser Zeit hatten wir auch eine besondere Begegnung mit der Kräuterfrau der Gegend. Snežana hatte sich bisher vor uns im Wald versteckt, und so waren wir noch nicht mit ihr bekannt. Nun kam sie mit einem Korb getrockneter Beeren, stellte ihn vor das Tor der Kapelle und kniete sich daneben hin. Als Hildegard und ich herzutraten, bat sie mit niedergeschlagenen Augen um die Taufe. Sie sagte, sie heiße Snežana und wolle von der heiligen Liharda Kamenska lernen, eine Heilerin des Tageslichts zu werden, nämlich nach Art der Christen, ohne die schwarze Kunst.

Unsere Herrin neigte sich zur Knienden hinab und erklärte ihr, während ich übersetzte, freundlich: „Liebe Snežana! Ich habe bisher nur Gutes von dir gehört. Du hast durch deine Heilkunst schon vielen Menschen geholfen. Du sollst wissen: Wir Christen haben erst begonnen, uns mit Medizin zu befassen. Wir wissen vieles nicht, was du von deinen Ahnen gelernt hast."

Snežana wollte sich, trotz unserer Aufforderung, nicht erheben, sondern hier am Tor knien bleiben. Sie nickte nur und blickte unsere Herrin unverwandt an. So sandte Hildegard sogleich nach dem Pfarrer. Während wir auf Ermanrich warteten, erklärte Hildegard weiter: „Im Kloster, wo ich erzogen wurde, gab es einige medizinische Bücher, die ebenfalls von Heiden geschrieben worden sind. Wir Christen wählen daraus Mittel und Rezepte aus, die sich mit unserer Lehre vereinbaren lassen. So sind wir bestrebt, immer weiter zu lernen. Aber ...", fügte sie lächelnd hinzu, „wir setzen natürlich auch unseren Glauben ein. Denn Gott wirkt in unendlicher Liebe durch die Kräfte der Natur und durch unsere Hände." Snežana blickte sie flehend an und sagte: „Ich bitte darum, dass ihr meinen Körper und meinen Geist reinigt. Und ich möchte mein Wissen in den Dienst des Hospizes stellen."

Jetzt verstand Hildegard, warum diese edle Seele den Wunsch hatte, eine Christin zu werden. Wir freuten uns von Herzen über die Worte dieser ehrlichen Frau, die mit der Magie aufhören und von der Macht böser Geister befreit werden wollte. So kam bald danach Pfarrer Ermanrich, um Snežana zu taufen. Nach ihrer Taufe sagte sie, sie habe wahrhaftig gespürt, dass sie von der Dunkelheit, die sie umfangen hatte, befreit sei. An diesem und am folgenden Tag kam sie in den Krankensaal und beriet uns voll Eifer bei unseren Behandlungen. Wir lernten viel von dieser weisen und demütigen Frau, die nun ebenfalls zwei oder drei Tage in der Woche im Hospiz mithalf.

Snežana zeigte uns auch die Zubereitung eines Waschmittels für den Körper. Sie nahm Holzasche und vermischte diese mit Ziegentalg. Tatsächlich half diese Paste uns sehr bei der regelmäßigen Reinigung der Kranken.

Vor Einbruch des Winters wurden, wie von Graf Albuin richtig vermutet, die Wehranlagen auf der Gradnitza nicht fertig, ja, die Arbeit zog sich bis in den darauffolgenden Herbst hinein. Denn Hildegard befolgte den Rat ihres Gemahls und ließ auch den Aussichtsturm um einige Ellen erhöhen. Und weil auch viele der Arbeiter vom Kirchenbau abgezogen worden waren, stand das Gotteshaus der heiligen Margareta noch im Nebelmond unfertig da, als die italienischen Handwerker sich auf den Weg nach Hause machten. Zwar hatten sie das Dach bereits gedeckt, doch fehlten noch Einzelheiten des Chorraums sowie Teile des Bodens, des Glockenstuhls und der Kirchhofsmauer.

Gnadenbilder

Auch in der Residenzstadt Salzburg hatte man von der wunderbaren Rettung Hildegards von Stein gehört und ihr Bruder Erzbischof Egilolf schrieb es ganz offiziell der alleinigen Gnade Gottes zu, dass seine Schwester noch am Leben war. Er meinte zu wissen, dass der Herr ihre eifrige Bautätigkeit und ihre Missionserfolge in Stein dadurch anerkenne und ihr Leben zu dem Zweck bewahrt habe, um weiterhin Gutes zu tun. Gleichzeitig kündigte Egilolf an, im Blumenmond einen begnadeten Maler zu senden, der Hildegards Kirche mit dem Bild der heiligen Margareta verschönern sollte. Das Castellum Stein mit dem Hospiz, der Pfarrhof und die Kirche solle, so lauteten seine Segenswünsche, zu einem weithin strahlenden Zentrum der Christenheit südlich der Drau werden.

Wie angekündigt, kam bald nach dem Osterfest der byzantinische Maler Stephanos mit zwei Gesellen, legte seine breiten und zierlichen Pinsel und mehrere Töpfe mit Farbe auf den großen Tisch unter der Linde und wurde wegen seiner Kunst, der edlen Kleider und seiner seltsamen Kopfbedeckung von allen bestaunt. Meister Stephanos sprach nicht viel. Er beherrschte nur wenige bairische Worte, doch er kannte seinen Auftrag. Denn der Erzbischof, aus dessen Kasse er bezahlt wurde, hatte zwei Bilder bestellt. Zunächst sollte am natürlichen Felsen vor der Kirche eine Darstellung von Jesus als gutem Hirten entstehen. Der Meister hatte dafür auch einen eigenen Steinmetz mitgebracht, der ihm den Felsen glättete, bis eine aufrechte Fläche von mehreren Ellen entstand. Der Stein wurde sodann von einem Gesellen mit mehreren Schichten weißer Farbe grundiert. Auf dem noch feuchten Grund schuf der Maler in wenigen Wochen ein Bild, das den Betrachter glauben ließ, es sei lebendig.

Schon während der Arbeit konnten die Leute ihre Augen nicht von der vertrauten Figur des Hirten mit den Schafen abwenden. Jesus erschien ihnen nicht mehr als Eindringling in ihre heidnische Welt, sondern als einer der schon seit Urzeiten verehrten Götter. Besonders die bunten Farben, das Grün der dargestellten Wiese, das Blau und Gelborange seiner Kleider, das Braun des Schäferstabes und der Sandalen sowie das leuchtende Weiß der Schafherde im Hintergrund bildeten eine einzige Augenweide. Wir zögerten auch nicht, vor diesem Bild ein kleines Gärtlein anzulegen, das wir mit Blumen und edlen Gewächsen bepflanzten. Den Platz, an dem man niederknien und beten konnte, legten wir mit Flusssteinen aus, sodass ein schöner Weg zum Bild des Heilands führte. Da auch das Grab meines Großvaters Hermagoras einen behauenen Stein mit einem eingeritzten Kreuzzeichen erhalten und da es inzwischen weitere Bestattungen gegeben hatte, bezeichnete der Grabstein des Slawenfürsten Pritboru zuletzt ein Grab unter vielen und verlor immer mehr von seiner kultischen Stellung, die er einst für die Menschen des Jauntals gehabt hatte.

Sobald der Innenraum der Kirche fertiggestellt war, malte Stephanos auch dort in den frischen Kalk das in Auftrag gegebene Bildnis der heiligen Margareta. Und tatsächlich wurde das kleine Gemälde auf dem Felsen an Schönheit und Liebreiz fast überflügelt vom Bildnis der Märtyrerin, das die kunstfertigen Hände des Malers im Inneren der Kirche erschufen. Es war ein Geschenk, ja, ein Gnadenbild, dem die Menschen bald eine wundertätige Macht zuschrieben. Besonders lebendig gestaltete der Künstler das mit Gold gesäumte Kleid, das bis an den Boden reichte. Zu Füßen der Heiligen sah ein giftiges Drachentier hervor, das eben röchelnd sein Leben aushauchte.

Während der Maler im Innenraum der Kirche arbeitete und der Steinmetz an den Torbogen weitere Zierden anbrachte, vollendeten die Bauleute langsam auf ihrem hohen Holzgerüst auch den Glockenstuhl der Kirche. Auch die Umfriedung des Steiner Gotteshauses unter dem Felsen war Stück für Stück angewachsen, sodass die Kirchenweihe für den Herbst des Jahres 938 angesetzt wurde.

Zeitgerecht stellte man damals in einer großen Gießerei nördlich der Tauern die bronzene Glocke fertig. In Decken eingewickelt, überführte man sie im kargen, blattlosen Nebelmond nach Stein. Als das Ochsengespann mit dem schweren, vierrädrigen Karren ankam, liefen überall die Einwohner zusammen. Einige hatten schon unterwegs einen Blick auf die Glocke geworfen oder waren dem Wagen gefolgt, bis er vor der nun völlig fertiggestellten Kirche ankam. Ermanrich lief aus seinem Pfarrhaus, schlug die Hände zusammen und sang einen Lobpreis. Sogleich wurde ein Bote zur Gradnitza geschickt, und unsere Herrin kam eilig geritten, wir, Dienerinnen, Ammen und natürlich die Kinder, mit ihr.

Alle fragten sich, wie der Wagen mit der schweren Glocke über die Berge gekommen war. Die Überbringer sahen keine großen Schwierigkeiten, solche Fahrten hätten sie schon öfter gemacht. Natürlich erwarteten sie die entsprechende Bezahlung. Doch Hildegard war, durch Gottes Segen, eine wohlhabende Gräfin mit genügend Einkünften, um sich die Bauvorhaben und nun auch diese kunstvolle Gießarbeit leisten zu können.

Nur wenige Tage darauf erfolgte die Einweihung. Der Wind blies eine kalte Brise, es roch bereits nach Schnee, ja, die Berge trugen winterliche Eishauben, als die Kirchenglocke von Stein die Menschen der Umgebung zusammenrief. Pfarrer Ermanrich hielt seine erste Rede in karantanischer Sprache. Natürlich hatte er sich diese Rede aufgeschrieben, doch vieles sprach er auch schon frei, sodass er sich mit den Bauern immer besser verständigen konnte. Er erklärte ihnen, dass die heilige Margareta, deren wundervolles Bildnis hier in der Kirche zu sehen sei, ihren Feldern und Frauen Segen und Fruchtbarkeit schenken werde und dass Gott auf die Kirche mitsamt der Glocke heute herabläche. Auch der Erzbischof hatte zu diesem Anlass einige Zeilen geschrieben, die bei der Feierlichkeit verlesen wurden.

Neben diesen offiziellen Segensgrüßen schrieb Egilolf seiner Schwester Hildegard jedoch einen schwermütigen Brief. Er machte Andeutungen, die sie nicht entschlüsseln konnte. Er dürfe ihr nicht sagen, was ihn bedrücke, doch bat er sie für ihn zu beten. Es war das Letzte, was wir von diesem frommen, gütigen Mann Gottes hörten. Denn er antwortete nicht mehr auf die sorgenvollen Briefe unserer Herrin und am 22. Erntemond des Jahres 939 starb er, was ihr viel Schmerz verursachte. Er hatte das Amt des Erzbischofs von Salzburg nur vier Jahre lang ausgeübt und stand in einem gesunden Alter, das ihm noch eine glückliche Zukunft ermöglicht hätte. Wenig später trat sein Nachfolger Herold an seine Stelle.

Doch in unserer Trauer betrachteten wir auch das Erreichte und sahen, wieviel Grund zur Dankbarkeit wir dennoch hatten! Die Kirche war vollendet, die Menschen rund um Stein nahmen sie gerne an. Sie verstanden auch die Bilder und die Symbolik, die ihnen Ermanrich gestenreich erklärte. Wir hatten den Brauch des Brotbackens eingeführt und lehrten nun die Bäuerinnen, zu besonderen Anlässen solches Brot zu backen. Und Hildegard erklärte ihnen, dass Christus das Brot des Lebens sei. „Wenn ihr die Laibe aus Mehl und Wasser formt", sagte sie zu ihnen, „so bezeichnet sie mit dem Kreuzzeichen, damit Christus sie segnet."

Ein einzelner Mann

Nach den Ereignissen dieser Jahre waren uns auf der Gradnitza und in Stein aber schließlich ruhige Tage beschieden. Mehr als die Hälfte der Pilgerzeit unseres Herrn war vergangen, ohne dass wir eine Nachricht von ihm erhalten hatten. Doch damit hatte Gräfin Hildegard auch nicht gerechnet, da es kaum berittene Boten gab, die persönliche Schreiben über ferne Reichsgrenzen hinweg überbrachten.

Währenddessen wuchsen ihre Kinder heran. Sie unterrichtete sie in allen Kenntnissen und Tugenden, wie sie künftige Grafen und Gräfinnen aus ihrer Sicht benötigten. Jedoch trachtete sie auch danach, jeden von ihnen nach seinen besonderen Neigungen zu fördern. Als im Jahr 938 gemeldet worden war, dass König Otto den bairischen Herzog Eberhard abgesetzt und verbannt hatte, und an seine Stelle der Luitpoldinger Berthold von Karantanien getreten war, freute sich Hartwig über die hohe Würde seines Taufpaten und äußerte den Wunsch, an dessen Hof zu gehen, um das Kriegshandwerk zu erlernen. Wir hatten Berthold als eifrigen Missionar und bescheidenen Herrscher kennengelernt, doch unsere Herrin hielt ihren Erstgeborenen noch für zu jung, um sich so weit von zu Hause fortzubegeben. Sie sprach aber mit dem Grafen von Luipitz, der einen Sohn im selben Alter hatte, den er selbst in der Kampfkunst unterrichtete, und vereinbarte mit ihm, dass Hartwig zweimal pro Woche an ihren Übungen mit der Waffe teilnehmen konnte. So ritt ihr ältester Sohn, der, wie sein Vater, ein glorreicher Panzerreiter werden wollte, regelmäßig mit Mattes' Sohn Jaromil und einem Wachsoldaten, gerüstet mit Kettenhemd, Schild und Schwert, durchs Jauntal Richtung Osten und kam an den Abenden wieder vom Turnierplatz zurück.

Klein Albuin wünschte sich Geistlicher zu werden. Auch er fragte bereits danach, wann er in ein Kloster eintreten könne. Er wollte die berühmte Klosterschule von Säben besuchen. Hildegard wechselte wegen dieser Fragen mehrere Briefe mit ihrem Bruder Aribo III., der ihr riet, ihren Sohn Albuin erst mit fünfzehn Jahren nach Säben zu schicken. Doch lud er ihn zum ihm nach Freising ein, wo bereits Egilolf und er selbst ihre geistliche Laufbahn begonnen hatten.

Im Jahr 942 kam eines Tages ein einzelner Mann die Straße von Möchling herauf. Hartwig und sein Bruder Albuin übten sich gerade im Bogenschießen. Der Wächter auf dem Turm blies ins Horn. Als die beiden Knaben das Signal vernahmen, liefen sie mit der Behändigkeit junger Hirsche durchs Haus und auf den Wehrgang und sahen selbst, dass der Mann, wie man am Hut und am Wanderstab sehen konnte, ein Pilger war. Sie rätselten, wer es wohl sein könnte? Der Vater? Nein, es waren erst fünf Jahre vergangen. Er sah ihm jedoch ähnlich und schien von weit her zu kommen. Sie stürmten sogleich zurück in den Hof, schwangen sich auf ihre Pferde und ritten dem Mann entgegen. Jetzt lüftete er den Hut und streckte den Arm mit dem langen Stab in die Höhe, und sie erkannten ihn! Das Gesicht war dunkel gebräunt, der lachende Mund brachte ein lückenloses Gebiss zum Vorschein. Uduin!

Natürlich freuten sich Hartwig und sein Bruder Albuin, ihren Onkel wiederzusehen, doch war ihnen beim Gedanken an dessen vergangene Taten nicht ganz wohl zumute. Und welche Botschaft würde er von ihrem Vater bringen? Uduins Blicke und Gesten verrieten nicht, was hinter seiner Stirn vorging. Er winkte und rief ihnen entgegen: „Brudersöhne! Ich bin es! Euer Oheim ist heimgekehrt!"

Sie begrüßten ihn freundlich, wagten aber nicht, nach dem Vater zu fragen. Da sie bemerkt hatten, dass er von seiner Reise erschöpft war, gaben sie ihm eines der Pferde und ritten zu zweit auf dem anderen zum Schloss zurück. Sie brachten ihn in den Speisesaal, wo sie der Köchin einen Gast meldeten. Alle waren etwas reserviert, doch Uduin verstand es seit jeher, ein Publikum zu unterhalten. Und nun war er ein weit gereister Mann, der nicht nur von Dingen erzählen konnte, die seiner Phantasie entsprangen, sondern bedeutende Erlebnisse vorzuweisen hatte.

Mattes war ihnen nachgekommen, begrüßte Uduin und sagte: „Die Herrin ist auf der Baustelle in Stein. Ich sende einen Soldaten hinüber, um sie zu benachrichtigen." Während der Bote seinem Pferd die Sporen gab und aus dem Tor ritt, lehnte sich Uduin lässig zurück, streckte seine Arme von sich, lagerte seine Füße auf einen Schemel und blickte sich in der Runde um, die sich um seine Person gebildet hatte. Hier waren neben dem Verwalter auch Bedienstete, die Ammen und Hildegards Kinder. „Ich kann euch sagen, meine Füße haben Blasen, mein Rücken fühlt sich an wie gegerbtes Leder und mein Magen ist leer wie eine Kriegstrommel." Da die Köchin nicht sofort reagierte, kramte Aribo in seiner Jagdtasche und reichte seinem Onkel Brot und getrocknetes Fleisch, Albuin schenkte ihm Wasser ein.

„Dank euch. Schön, dass ihr euren Onkel noch kennt. So eine Pilgerreise lässt einen um Jahrzehnte altern. Aber man sieht die Welt. Und man erlebt Abenteuer! Ich sage euch! Niemand kann sich im Traum vorstellen, was ich alles gesehen habe!"

Er nahm einen Schluck Wasser, brach eine Ecke vom Brot ab und schlang einen kräftigen Bissen Dörrfleisch in sich hinein. „Tretet nur herzu! Ich will euch von meiner Reise erzählen!"

Die Kinder näherten sich langsam. Besonders die Mädchen drängten sich an ihre Amme und starrten Uduin unverwandt an wie ein buntes, furchteinflößendes Tier. Er wischte sich mit dem Ärmel den Schweiß von der Stirn. „Ach ja, die Manieren ...", er aß und sprach mit kauendem Mund weiter. „Die Manieren verliert man auf so einer Reise sehr schnell, wenn man unter freiem Himmel wohnt. Man kümmert sich um nichts mehr als das nackte Leben. Unterwegs auf der Straße zählen weder Stand noch Bildung. Ja, fünf Jahre zu Land und auf dem Meer unterwegs sein, da lernst du eine ganz andere Welt kennen."

Er fasste an den Griff seines Schwertes, zog es etwas heraus und ließ es wieder in die Scheide fallen. „Ohne eine Waffe kannst du keinen einzigen Tag überleben, sag ich euch. Du begegnest Räubern, Mauren, versprengten Soldaten, gierigen Händlern und verschlagenen Wirtsleuten. Du gehst durch Schluchten, über enge Pässe, entlang sumpfiger Wege, rechts und links von dir wilde Barbaren, reitest auf Maultieren, ja, auch auf Kamelen durch Sandwüsten, schlägst dich durch Feindesland und wanderst über Ebenen, die kein Ende nehmen. Und was für riesige Städte es da draußen zu sehen gibt! Ihr habt keine Vorstellung von der Pracht und dem Glanz der Kirchen in Spanien und Italien! Und erst in Byzanz! Was es dort an Schmuck und Zierrat gibt! Und überall stehen Gaststätten und Pfarrhäuser, wo man als Pilger einkehren kann. Du brauchst nur einen Pilgerstab in die Hand zu nehmen und einen schmachtenden Blick aufzusetzen, und die Leute schenken dir alles, was du nur haben möchtest. Man benötigt nicht einmal Geld, alles, was man braucht, wird einem nachgetragen."

Uduin genoss es, dass seinen Zuhörern vor Staunen der Mund offen blieb. So schwärmte er weiter: „Ihr habt keine blasse Ahnung vom Geschmack der südlichen Speisen! Ich kann sie nicht genug loben. Früchte, sage ich euch, Früchte, die ihr alle nie gesehen habt! Datteln, Orangen, Zitronen. Man kann sich überall bedienen. Die Bäume stehen direkt am Wegrand. Es ist nirgends so angenehm zu pilgern wie entlang der Mittelmeerstrände. Und welche Schiffe dort in den Häfen liegen! Tag und Nacht fahren neue ein, schaffen kostbare Güter herbei, werden beladen und fahren wieder aus. Sie kommen aus Afrika und Indien, ja, aus Ländern, von denen wir noch nie gehört haben. Und schwarzhäutige Menschen tragen Säcke der erlesensten Gewürze auf ihren Köpfen."

Jetzt machte er wieder eine kleine Pause, in der er sich der allgemeinen Aufmerksamkeit vergewisserte. „Aber ihr habt noch nicht einmal ein Schiff gesehen, stimmt's?" Alle verneinen. Er beschrieb mit den Händen, wie groß und herrlich es anzusehen sei. „Das sind schwimmende Häuser aus Holz mit einem Mast, mit Segeln, die der Wind aufbläht, und so bewegen sie sich weiter über die Wellen des Meeres. Sie fahren majestätisch auf dem Wasser dahin, du kommst auf ihnen viel schneller voran als zu Pferd. Und vorne am Bug steht der Kapitän, neben ihm der Steuermann, der den Ruderern Anweisungen gibt. Aber auf See lauern auch die Piraten! Das sind Seeräuber. Eine elende Meute, sage ich euch! Sie kämpfen mit kurzen, gebogenen Schwertern wie die Mauren und überfallen die Reisenden im Schlaf."

Wieder machte er einen tiefen Schluck aus der Flasche und stopfte sich einen Brocken Brot in den Mund. „Und ich sage euch: ein Völkergemisch überall, wo man hinkommt! Das beginnt schon in Spanien. Du hörst so viele fremde, unverständliche Sprachen, ein Tohuwabohu! Besonders in den Quartieren großer Städte, wo die Pilger zu Massen eng gedrängt sitzen. Doch jeder Reisende muss irgendwo überwintern. Da sitzt man wochenlang in einer elenden, schmutzigen Herberge und hat wirklich nichts zu tun als zu warten und sich mit all diesen fremden Leuten zu unterhalten. Im Frühjahr, wenn auf den Bergen der Schnee schmilzt, geht es dann wieder weiter. Auf dem Landweg. Ja, stellt euch nur vor, einen ganzen heißen Sommer lang Richtung Sonnenuntergang zu reiten. Der heiße Wind kühlt auch in den Nächten nicht ab, die Sonne blendet dich!" Er griff sich an den Hut. „Da sieht man niemanden ohne einen solchen Hut umhergehen."

Damit reichte er seinen Hut an die Umstehenden weiter. „Ja, ohne einen Pilgerhut bist du der Sonnenglut, dem Regen und jedem Wetter ausgesetzt. Aber wo war ich stehen geblieben? Ah ja. Du wanderst also über die Pyrenäen, ein ausgetretener Pilgerweg, Tage, Wochen, alle wollen zum Grab des heiligen Apostels Jakobus. Dann bergab, auf der Straße nach Santiago de Compostela liegt handbreit der Staub. Hier ist es verpönt, ein Reittier zu nehmen. Wir waren ja alle demütige Büßer. So haben wir Unmengen an Staub geschluckt." Er hustete künstlich, grinste dann aber plötzlich übers ganze Gesicht. „Aber das gehört dazu, wenn man Abenteuer erleben will!"

Jetzt trat jedoch sein Neffe Albuin vor und fragte: „Und unser Vater? Wo ist unser Vater?" Uduin kratzte sich am Kopf und verzog sein Gesicht. Sogleich fragte auch Hartwig: „Bist du ihm vorausgegangen?" Der Angesprochene wiegte den Kopf. „Ja, so kann man es nennen."

Gerade als Uduin verstummte, kam Hildegard zur Tür herein. Sie blickte sehr ernst. Ich, Dorothea, konnte sehen, wie sie nach Worten rang. Uduin wurde bei ihrem Anblick etwas bleich, hob aber seinen Pilgerhut zum Gruß. Hildegard blickte sich nach Mattes um. Dieser zuckte die Schultern. So fragte sie ihren Schwager ohne Umschweife: „Bist du allein gekommen? Was ist mit unserem Herrn?"

Jetzt setzte Uduin wieder seine Unschuldsmaske auf. „Ich weiß nicht, wie ich es sagen soll", erwiderte er. Da reagierte Hildegard, sich nach den Kindern umblickend, rasch: „Wir werden eurem Oheim erst einmal ein Bad bereiten und ihm ordentliche Kleider geben lassen. Dann, wenn er sich frisch gemacht und gegessen hat, wollen wir alles genau erfahren." Damit löste sie die Runde der Zuhörer fürs Erste auf und gab den Mägden Anweisung, das Befohlene auszuführen.

Sie bereitete sich auf das Schlimmste vor. Nachdem wir eine Weile mit den Kindern zusammengesessen und uns ihre aufgeregten Erzählungen von den Abenteuern ihres Onkels angehört hatten, übergaben wir sie den Ammen und Hildegard ging, von mir begleitet, auf dem Söller auf und ab. In ihrem Kopf arbeitete es fiebernd. Uduin war bereits nach fünf Jahren zurückgekehrt. Das konnte nichts Gutes bedeuten.

Als wir, voll Bangen, was geschehen war, in der Abenddämmerung auf die schweren Wasser der Drau blickten, trat Uduin unbemerkt von hinten an uns heran. Hildegard nahm seinen Schatten wahr und erschrak. Er kam frisch vom Bad, duftend nach Lavendelwasser, in den geborgten Kleidern Albuins, und gewahrte Hildegards Erstaunen, da sie den Schwager einen Moment lang für ihn, den Gatten, hielt. Dies war seine Gelegenheit. Er blickte sie ergeben an und hauchte: „Du bist noch immer wunderschön, Hildegard!"

Sie hörte diese Schmeichelei offenbar nicht, da ihre Sorge allzu groß war. Welche Nachricht würde Uduin ihr bringen? Was war mit ihrem Mann auf der Pilgerreise geschehen? Auch ich, die ich inzwischen Mutter eines zweijährigen Knaben war, wollte die Wahrheit über den Verbleib unserer beider Gatten erfahren.

„Liebe Hildegard oder Liharda, wie sie dich nennen! Ich weiß, wie sehr dein Herz an meinem Bruder hängt und es liegt mir fern, dir Schmerz zu bereiten. Doch du hast das Recht zu erfahren, was mit ihm geschehen ist." Sie blickte auf und ihre Augen sahen an ihrem Gegenüber vorbei in die Ferne, gegen Westen, wo über der Drau eben die Sonne untergegangen war. „Albuin ist auf dem Weg von Jerusalem nach Rom Piraten in die Hände gefallen", jammerte er. Unser Schiff wurde überfallen. Er stellte sich den Elenden mit seiner Waffe entgegen, doch, ich habe es mit eigenen Augen gesehen, sie haben ihm meuchlings einen Dolch in den Rücken gestoßen. Auch den guten Hanß haben sie neben ihm niedergemacht."

Ich, Dorothea, fühlte dieselben Schmerzen, denselben Schrecken und dieselbe Herzenstaubheit wie meine Herrin. Wir standen unbeweglich da, während dieser Lügner mit geölten Worten auf sie einredete. „Es tut mir leid, liebe Hildegard. Du musst jetzt stark sein." Ein leichter Abendwind blies uns ins Gesicht. „Unser Schiff wurde auf hoher See geentert. Sie haben die Leichen ins Meer geworfen."

Hildegard vermochte sich nicht zu regen, nicht zu schluchzen, nicht zu sprechen. Sie schien mit den Augen in der Ferne etwas zu suchen, das ihre Aufmerksamkeit ganz in Anspruch nahm. „Er hatte es sich so sehr gewünscht, doch ist er leider nicht mehr bis Rom gekommen", hüstelte Uduin mit gespieltem Bedauern. Jetzt verbarg meine Herrin ihr Gesicht in den Händen, wandte sich ab, hielt sich am Geländer fest. Uduin ließ sie keinen Moment aus den Augen und setzte seine Worte weiter gekonnt als Stichwaffen ein: „Er hat die Absolution leider nicht mehr erhalten. Doch genügt nicht die Pilgerreise als Buße?"

Nun sprach Uduin genau ihre Sprache und sie dachte: „Haben denn meine Gebete nicht geholfen? Hat Gott mich nicht erhört?" Dasselbe dachte auch ich und konnte mein Weinen nicht zurückhalten. Hildegard sah mich durch den Tränenschleier an, holte ihr Taschentuch hervor und wandte sich in plötzlicher Klarheit und Schärfe an ihren Schwager: „Ich glaube dir nicht! Du hast mich und meinen Gatten Albuin schon mehrmals belogen." Uduin schien mit dieser Antwort gerechnet zu haben und beteuerte: „Mit eigenen Augen habe ich es gesehen! Ich schwöre bei Gott!" Er hatte beide Hände vor der Brust überkreuzt und blickte hinauf in den Himmel, auf dem sich die ersten Sterne zeigten.

Nun wurde Hildegard unsicher, sie glaubte ihm halb, vielleicht war es auch mein Schluchzen, das ihren Sinn schwächte. Wir beide hatten bei unseren Gebeten stets Frieden verspürt! Hatten wir uns getäuscht? Hier stimmte etwas nicht, doch wir waren von Schmerz und den Worten dieses boshaften Menschen geblendet. Nach einer Weile des Schweigens sagte sie: „Wenn du mir einen zweiten Zeugen bringst, dann werde ich es glauben!" Uduin bemühte sich, seine Lügengeschichte Schritt für Schritt weiterzuspinnen. „Aber alle anderen Zeugen sind tot! Niedergemacht von den Seeräubern. Nur ich bin entkommen."

„Und wie bist du entkommen, wie konntest Du dieses Massaker überleben?", fragte sie scharf. „Durch einen glückliche Zufall. Ich habe mich tot gestellt." – „Im Verstellen warst du schon immer ein Meister. Nein, du kannst mich nicht überzeugen!" Nach diesen Worten wandte sich meine Herrin zum Gehen, während sie hinzufügte: „Und höre, Uduin! Ich möchte nicht, dass jemand von dieser Geschichte erfährt! Lass besonders die Kinder damit in Ruhe!"

Ich, Dorothea, stand noch eine Weile im Torbogen und beobachtete ihn. Was ging in diesem Menschen vor, der schon so viel Böses angerichtet hatte und sich doch immer wieder als sanftes Lamm gebärden konnte, um zu täuschen und ruchlose Pläne ins Werk zu setzen. Da ich den Ausgang der Geschichte kenne, kann ich mir im Nachhinein zusammenreimen, was im rabenschwarzen Herzen dieses Menschen köchelte, als er an jenem Abend mit halbem Erfolg auf das Lügengespinst blickte, das er eben eingefädelt hatte.

Sobald er sich allein glaubte, hörte ich, wie er uns hinterdrein murmelte, doch ich verstand nur abgerissene Brocken: „Geh nur in deine Kemenate, du wirst wieder die ganze Nacht weinen und beten. Ja, bete nur zu deinem Christengott. Wie kommt es, dass du meinen Bruder liebst und nicht mich? Dieser einfältige Raser hat dich nicht verdient!" Er wandte sich ab, auch wurde seine Stimme leiser, sodass ich für eine Weile nichts von seinem Selbstgespräch hörte.

Er hatte keinen engen Freund, niemanden, dem er sich anvertraute. So sprach er mit sich selbst. Ja, er sagte sich wahrscheinlich, dass er gar nicht log, denn er wusste im Moment tatsächlich nicht, wo sich sein Bruder aufhielt, es war leicht möglich, dass er nicht mehr lebte. Natürlich hatte er sich diese Geschichte mit den Seeräubern nur ausgedacht. Doch zweifelte er auch nicht daran, dass die lange Schiffsreise über das Mittelmeer gefährlich war, ja, dass jährlich viele Passagiere nicht im Hafen von Ostia ankamen. Er selbst wollte auch gar nicht nach Rom, die ganze Reise, vor allem die Zeit an den Gnadenorten in Spanien und im Heiligen Land, hatten ihm einen rechten Ekel vor dem Pilgern beschert. Uduin spuckte aus und fuhr, plötzlich lauter werdend, fort: „Ach, wie hasse ich sie, diese angeblichen Büßer, die sich in den Herbergen herumtreiben. Scheinheilige sind es! Sie wollen nichts als Ruhm erwerben, die Bewunderung der kleinen Leute. Dabei ist alles das bloß eine Sache des Geldes, Geschäft, nichts weiter! Ich hatte geglaubt, auf der Reise andere Menschen, eine andere Gesellschaft zu finden, doch überall, wo ich hinkam, war Salzburg, war Moosburg, war Freising …"

Jetzt warf Uduin einen kleinen Gegenstand wie einen Stein über die vom Mond beschienene Mauer. Er glaubte nicht an den Papst und die Heiligkeit der Reliquien. Und überhaupt: Er hatte nicht auf eine Lossprechung gehofft, im Unterschied zu Albuin, der, wie er meinte, einfach mehr Geld besaß und nur deshalb erwarten konnte, vom Papst empfangen zu werden. Uduin störte es auch, ständig vom Geld seines Bruders abhängig gewesen zu sein. „Dieser ganze Betrieb, dieses ganze Getue hat mich angeekelt! Angeekelt!", schrie er jetzt in die Abendluft hinaus. Er spuckte aus. „Ich brauche keinen Papst und keine frommen Brüder für mein Seelenheil …" Wieder verklangen seine Worte beim Zirpen der Grillen in der hereinbrechenden Dunkelheit. Dieser Mensch stellte alles das als Tatsache hin, was seinem verdorbenen Sinn schmeichelte und ihn nur weiter in seinen finsteren Plänen bestärkte. Ehe ich mich zurückzog, schlug ich ein Kreuzzeichen und sprach, obwohl meine Sorge vor allem Hanß galt, ein leises Gebet für diesen von Gott verlassenen Sünder, leider tat ich es mit wenig Glauben.

Es folgten Tage, an denen Uduin wieder die Maske des freundlichen Onkels aufsetzte. Er kündigte an, für die Kinder Ritterspiele zu veranstalten. Die Vorbereitungen dafür überließ er jedoch

Hildegards Söhnen, während er damit einverstanden war, auf der Tribüne den Vorsitz zu führen. Hartwig, Albuin und Aribo, die bereits eine Rüstung und einen eigenen Diener besaßen, ließen im Burghof Leinen spannen, auf denen bunte Wimpel baumelten. Die Pferde erhielten bestickte Satteldecken und alle Teilnehmer der Spiele schmücken ihre Helme mit Fasananfedern. Die Kinder, auch die von Mattes und den Leibeigenen, setzten sich im Kreis auf den Boden und feuerten die Kämpfenden an. Hartwig besaß ein Horn, auf dem zu Beginn und mittendrin kräftig geblasen wurde. Von jedem der Teilnehmer wurde verlangt, verschiedene Aufgaben zu erfüllen, wie mit Pfeil und Bogen einen Baum zu treffen, seine Axt auf ein leeres Fass zu werfen, mit dem Schwert gegen eine Puppe aus Stroh zu fechten und zuletzt im Reiten mit einer langen Stange einen Strohballen von einem Holzpferd zu stoßen. Einen Kampf Mann gegen Mann ließen wir nicht zu, damit sich niemand verletzte.

Der Onkel machte mit seiner Teilnahme an diesen Spielen und seinen Zurufen von der Tribüne aus tatsächlich Eindruck auf die Kinder, denen, wie uns allen, unser Herr Graf Albuin fehlte. Dieser Erfolg gab ihm Oberwasser. Sie baten ihn daraufhin, wieder von seiner Reise zu erzählen, und er tat nichts lieber als das, denn er hielt sich für einen großen Poeten. In seinen Geschichten ging es jedoch fast nur darum, wie klug und edel er selbst sei und wie dumm und ungeschickt sich im Unterschied dazu seine Zeitgenossen verhielten. Er machte mitunter auch Andeutungen, dass er schon immer klüger gewesen sei als sein Bruder oder ihr Onkel Egilolf, dass man den Pfaffen nicht trauen dürfe und dass sich Adelige nicht an körperlicher Arbeit die Hände schmutzig machen sollten.

„Ja", nickte er, seine Arme verschränkend, „nur eure Mutter ist eine Ausnahme, sie nimmt jeden dahergelaufenen Bettler bei sich auf und pflegt ihn gesund. Sie glaubt eben alles, was ihr im Kloster erzählt worden ist." Und zuletzt flüsterte er in den Kreis der begierig Lauschenden: „Wir aber sind Männer und haben andere Dinge zu tun."

Eigentlich hatte Uduin jedoch keine Aufgabe auf Hildegards Gütern übernommen, daher saß er neben seinen glorreichen

Auftritten als Erzähler nur herum, machte Spaziergänge und befasste sich mit den Jagdhunden, denen er Kunststücke beizubringen versuchte. Um seine Langeweile zu zerstreuen, stand er auch gern an der Tür des Hospizes und beobachtete, wie Hildegard sich mit den Kranken beschäftigte, wie sie Wunden verband und den Leidenden Trost zusprach, wiewohl ihr eigenes Herz schwer war von Kummer und Sorge. Er mochte sich in seiner Begehrlichkeit wohl auch gefragt haben, warum sie so viel Liebe für Arme und Kranke aufbrachte und für ihn, der sich sicher als dankbarer erweisen würde, nur Ablehnung empfand. Vor allem konnte er ihre Treue nicht nachvollziehen, während alle Welt, wie meinte, sich weder um ein Ehegelöbnis noch um das Gebot der Keuschheit kümmerte. Wie jeder, der sich seinen Lastern hingibt, glaubte auch Uduin, dass andere genauso handelten wie er selbst und dass das Leben ganz allgemein ungerecht sei. Er bewunderte jedoch Hildegard nicht nur wegen ihrer Schönheit und ihres Reichtums, sondern auch wegen ihrer Reinheit, die er mit allen Mitteln zu Fall bringen wollte.

So stellte er ihr auch hier in Stein wieder nach und suchte ihr an Orten zu begegnen, an denen es keine Zeugen gab. Ja, er wählte die Abendstunden, um neuerlich gegen ihre Tugend ins Feld zu ziehen. Hildegard kam gerade aus dem Krankensaal und wollte sich in ihre Kemenate zurückziehen, als er ihr, wie schon auf der Prosnitza, in den Weg trat und raunte: „Hildegard! Hör mich nur einen Augenblick an!" Ich kam, die Tür leise hinter mir schließend, da die Patienten nun endlich friedlich schummerten, meiner Herrin nach und sah, dass er sie bedrängte und dass sie sich, müde von den Geschwüren, dem Wimmern, Keuchen und Husten der Kranken und in die Enge getrieben, nach mir umblickte. „Er ist tot! Es hat keinen Sinn mehr, auf Albuin zu warten. Er ist tot und liegt am Meeresgrund begraben!"

Als Hildegard mich kommen sah, griff die sonst so gefasste Gräfin hilfesuchend nach meinem Arm. Sie schwankte, als würden ihr die Sinne vergehen. Ich bat Uduin, geschwind aus der Küche einen Becher Wasser für die Herrin zu holen. Während er unterwegs war, brach sie in leises Weinen aus. Sie sagte, sie könne keine Nacht mehr schlafen, sie trauere unsäglich um Albuin. „Was sagt Euer Glaube?", fragte ich sie. Sie hauchte: „Mein Glaube an seine Rückkehr wird immer schwächer. Ich faste und bete, doch der Hoffnungsstrahl am Horizont weicht immer mehr einer Finsternis."

Uduin war zurückgekehrt und reichte uns den Becher. Meine Herrin wollte ihn jedoch nicht nehmen. „Hier, trink!", sagte er. „Ich möchte, dass du wieder zu Kräften kommst. Du sollst dich doch nicht so sehr grämen. Einmal wirst du dich damit abfinden müssen, dass Albuin nicht mehr zurückkehrt." Da Hildegard nur den Kopf schüttelte und ihn neuerlich ihre Abneigung spüren ließ, verlor er die Geduld und sagte bissig: „Die Fische haben ihn gefressen!"

Diese besonders brutale Vorstellung ließ Hildegard wieder ihre Stärke zurückerlangen. Sie sah ihn scharf an: „Schweig, sage ich dir! Lügenerzähler! Ich traue dir nicht über den Weg!" – „Darf eine Christin solche Vorurteile haben?", rügte er sie. „Du weißt, der Papst hat mir meine alte Schuld erlassen. Ich bin nun wieder rein wie ein Kind." Als sie nicht antwortete, legte er noch ein Schärflein drauf und zischte: „Kurzum: Du bist seit einem Jahr Witwe! Und das Trauerjahr ist vorüber!"

Die Sticheleien dieses Scheusals waren meiner Herrin unerträglich. Doch Uduin setzte munter fort: „Und auch wenn er noch lebte, er ist nicht mehr der Ehrenmann, den du geheiratet hast. Du weißt, es gibt auch an der Sann eine Kebse, die auf ihn wartet, soviel ich weiß, auch außereheliche Kinder. Wie kannst du an die Reinheit eines Soldaten glauben? Auf Feldzügen wimmelt es im Lager von Dirnen. Und auch die Pilger sind um nichts besser, ich habe es mit eigenen Augen gesehen. In Herbergen entlang der Pilgerwege gibt es alles, was die Wollust befriedigt. Die Pilger haben schon ein gutes Pensum an Sünden begangen und auf einige mehr oder weniger kommt es ihnen nicht an ..."

Ich muss gestehen, die Flut an angeblichen Tatsachen, die Uduin uns zwischen Tür und Treppenaufgang hinwarf, machte auch mich ganz verwirrt. „Deshalb gehen sie zuletzt nach Rom, um für alles, was sie an Schuld auf sich geladen haben, die Absolution zu erhalten. Eine Absolution vom Papst um schnödes Geld! Welches Possenspiel! Und die Gnade des Papstes ist teuer genug. Bezahlst du, so gibt es Vergebung für alle Schuld, und das auch im Voraus! Und was glaubt ihr beiden, was die Päpste in Rom für ein Leben führen? Glaubt ihr, es gibt dort im Zentrum der Christenheit keine Huren? Keine Betrüger? Keine Mörder? Giftmischer? Meineidige? Heuchler? Ich kann euch versichern, die angeblichen Nachfolger Petri sind..."

Während er sprach, hatte sich Hildegard langsam von meiner Schulter gelöst. Sie vermochte die losen, niedrigen Reden nicht weiter zu ertragen, nicht die Pietätlosigkeit, mit der er das Oberhaupt der Kirche beleidigte und Heiliges in den Schmutz zog. Nun stand sie aufrecht da und gebot ihm mit eisiger Stimme: „Schweig! Ich höre mir deine Lästerreden nicht länger an!"

Ihr entkräfteter Körper war in eine Starre verfallen, die Uduin erschrecken ließ. Das Grau ihres Schulterkleides, das sie über der Tunika trug, tat das Seine. „Du siehst aus wie eine steinerne Säule!", murmelte er zurückweichend. „Wenn es nicht deine guten Werke wären, diese Steifheit, diese Sturheit wird dich zur Heiligen machen ..."

Ohne ihren Schwager noch eines Blickes zu würdigen, ergriff Hildegard das Treppengeländer und zog ihren Körper einige Stufen nach oben. In diesem Augenblick kam auch Mattes mit seiner Frau Lanica durch das Eingangstor und lauschte gebannt, wie sie ausrief: „Ich gelobe hier und heute, nie wieder einem Mann zu gehören und das Leben einer Nonne zu führen! Ich nehme ein Jungfrauengelübde auf mich, für das ihr alle Zeugen seid!"

Man konnte Uduin ansehen, dass ihn zunehmend vor unserer Herrin graute, denn er wich zurück, als sähe er ein Gespenst. „Und dich, Uduin", fügte sie hinzu, „bitte ich, ja, ich befehle dir, dieses Haus zu verlassen und nicht mehr wiederzukehren!" Uduin zögerte ein letztes Mal, wollte es als Scherz abtun. „Ihr seid sittenstreng wie ein päpstlicher Bann!", äffte er. Doch sie reagierte nicht darauf. „Aber wenn Albuin doch die Ehe gebrochen hat ...", begann er erneut. Sie beachtete seine Worte nicht mehr, sondern wiederholte nochmals: „Verlass dieses Haus und kehr nie wieder zurück!"

Uduin stand noch immer unschlüssig und mit einem spöttischen Lächeln vor ihr. Obwohl Hildegard jetzt an den Tod ihres Ehemannes glaubte, dachte sie keinen Moment daran, sich nochmals zu vermählen, denn in ihren Augen war die Ehe zwischen Mann und Frau auf ewig gültig, auch über den Tod hinaus. Die Bibel sagt, sie seien ein Fleisch und: „Was ihr auf Erden bindet, soll auch im Himmel gebunden sein!" Ebenso wie meine Herrin dachte auch ich. Wenn unsere Vermählten nicht mehr zurückkehrten, so wollten wir dennoch bis ans Ende unserer Tage an unserem Bündnis festhalten.

Als unsere Herrin so dastand, ihre Hände gefaltet und die Augen niedergeschlagen, löste sich trotz des heiteren Himmels aus der Ferne ein Donnerschlag. Alle blickten sich voll Ehrfurcht um. Ja, selbst Uduin schien an ein göttliches Zeichen zu denken. Und er ging hinauf in seine Kammer, um sein Bündel zu packen. Es war ihm unter den gegebenen Umständen lieber, dieses Kloster zu verlassen und diese Frau und diesen Ort von Stein aus seinem Gedächtnis zu streichen. Hier wohnte aus seiner Sicht tatsächlich kein menschliches Wesen. Als er noch einmal zurück auf seine Bettstatt blickte und das Kreuz in der Zimmerecke sah, schauderte ihn. Nein, so wollte er nicht leben. Auch Albuin, dachte er, war dieses heilige Getue wahrscheinlich satt und hatte sich lieber in den Krieg und die Pilgerschaft geflüchtet.

Es war kurz vor Mittag. Er stand noch am Burgtor, wie er vor einigen Wochen gekommen war, in seinem, nun allerdings gewaschenen und geflickten, Pilgergewand. Man hatte ihm ein Pferd und einen Packesel mitgegeben, der seine Habseligkeiten trug. Sein Gesicht hatte sich verfinstert und er spuckte verächtlich aus, ehe er sich zum Gehen wandte. Sogar auf das Mittagsmahl hatte er verzichtet, das ihm ohnehin zu karg, zu bescheiden war, weil wir unsere Ernährung an die Gewohnheiten des Landes angepasst hatten. Uduin war etwas anderes gewohnt und er hatte, wie wir erst später bemerkten, auch Geld aus dem Opferstock der Kapelle genommen.

Jahre danach kam uns zu Ohren, dass er zunächst seine Freunde in Maria Saal besuchte und daraufhin in der Residenz in Salzburg auftauchte. Von dort ritt er weiter nach Gars, um seine Mutter Rihni wiederzusehen, deren Liebling er immer gewesen war. Da er inzwischen die Welt bereist hatte, konnte er überall als Held auftreten und fand genügend Zuhörer, die ihm seine Sicht der Dinge abnahmen. Er rechnete sich wohl aus, dass Rihni am Ende ihres Lebens Trost brauchen und jemanden suchen würde, dem sie ihre Güter überlassen konnte.

Die Erde bebt

Entgegen seinen früheren Plänen hatte Hartwig, der nun sechzehn Jahre alt war, nicht mehr den Wunsch, an den Hof des Baiernherzogs Berthold nach Regensburg zu gehen. Der Markgraf von Heunburg und Griunia war selbst an ihn und Hildegard herangetreten, da er sich Hartwig als Knappe auserkoren hatte. Ihr ältester Sohn versprach unserer Herrin jedoch, nach einem Jahr wiederzukommen. Jaromil, sein wackerer Knecht, der ihn auch die letzten Jahre zu Turnieren begleitet hatte, ging mit ihm.

Der fünfzehnjährige Albuin und sein jüngerer Bruder Aribo wiederum wünschten sich, ihren Onkel Aribo III. und Tante Drusinda in Freising zu besuchen. Ja, sie hatten beschlossen, gemeinsam in die dortige Klosterschule einzutreten. Mit ihnen ritt, neben einer Gruppe von Wachsoldaten, auch Ermanrich, der schon viel im Herzogtum herumgekommen war und Hildegard versprach, ihre Söhne nicht nur verlässlich an ihren Bestimmungsort zu bringen, sondern sich auch bei Bischof Lantpert für sie einzusetzen. Er wollte jenem heiligen Mann seine Ehre erweisen, der den Angriff der Ungarn allein durch seine Gebete abgewehrt hatte. „Wie ging das zu?", fragten ihn darauf Albuin und sein Bruder Aribo. Ermanrich tat geheimnisvoll: „Seine Gebete haben den Dom zu Freising in Nebel gehüllt, sodass er für die Feinde unsichtbar wurde."

Wie schwer es Hildegard auch fiel, ihre Söhne ziehen zu lassen, sie wusste, dass es für ihren weiteren Lebensweg unerlässlich war. Und Ermanrich kam nach einigen Wochen mit der Nachricht zurück, dass die beiden in Freising gut aufgehoben seien.

Die beiden Ammen Zwezdanka und Tuzza kümmerten sich schon seit einiger Zeit gemeinsam um die drei Mädchen, die ebenfalls begannen, heranzuwachsen. Sie hatten von ihrer Mutter Unterricht in den Sieben Künsten erhalten und auch schon etwas Latein gelernt. Außerdem halfen sie im Hospiz mit und kannten sich mit Heilpflanzen und der Pflege Kranker aus. Hildegard sprach mit jeder von ihnen, der gerade elfjährigen Gotta, der zehnjährigen Wezela und der achtjährigen Gepa. Sie wünschten sich, vorläufig bei ihrer Mutter in Stein zu bleiben.

Diese machte sich in dem Jahr, als Hartwig auf der Heunburg weilte und zuletzt sogar unter Herzog Berthold an seinem ersten Feldzug gegen die Ungarn teilnahm, nicht nur Sorgen um ihren ältesten Sohn, sondern auch wegen der fortdauernden Anstrengungen des Jauntaler Wahrsagers, der das Volk um den Steiner See für den „alten Glauben", wie er sagte, zurückzugewinnen versuchte. Er hatte es Ermanrich nicht verziehen, dass dieser ihm, wie er sagte, sein Stierfest weggenommen und sich nun als Magier oder Pfarrer, das war ihm einerlei, mitten in den heiligen Hain des großen Pritboru gesetzt hatte. Aber auch gegen Gräfin Hildegard stieß er Verwünschungen aus. So brachte der „Bewahrer des Heidentums", wie er sich nannte, einige Christen wieder von ihrem neuen Glauben ab.

Über dieses Thema sprach meine Herrin nun häufig mit Pfarrer Ermanrich, der sich von ihr wünschte, eine rechtliche Handhabe gegen den Heidenmissionar zu erhalten. Doch Hildegard schüttelte den Kopf. „Kein Gesetz hat das Recht, die Glaubensansichten eines Menschen zu verbieten oder zu verurteilen. Auch Christus hat jedem seine freie Entscheidung gelassen. Es ist eine Angelegenheit der Seele, die nicht von Herrschern befohlen oder untersagt werden darf."

„Obwohl dies einige tun!", fuhr Ermanrich auf. „War vor Konstantin dem Großen nicht das Christentum verboten? Und wurde nach ihm nicht das Christentum zur alleinigen Staatsreligion gemacht? Und hat nicht Karl der Große …" Hildegard wehrte ab. „Du hast gesehen, dass sich viele Menschen hier an der Drau aus freien Stücken taufen ließen! Ja, es sind wirklich viele, die die Taufe angenommen haben. Und hier hast du dir große Verdienste erworben. Aber jetzt werden wir einfach zuschauen. Wir werden den Wahrsager gewähren lassen und weiter unsere Arbeit tun."

„Aber", zeigte sich Ermanrich irritiert. „Es ist, als ließe ich einen Wolf in meine Schafherde einbrechen!" – „Dasselbe dache sich wohl auch der Wahrsager, als wir hier mit unserer Mission begonnen haben. Aber ich glaube einfach daran, dass wir für die bessere Sache kämpfen. Lassen wir uns nicht beunruhigen, sondern beten wir für die Rückkehr der Abgefallenen und, wie es der Apostel Paulus sagt, hören wir nicht auf zu arbeiten."

„Ja, ich weiß", nickte jetzt Ermanrich. „Denn wenn wir aufhören zu arbeiten, haben wir schon verloren. Ich kann Euch versprechen, verehrte Hildegard, dass ich als Missionar ebenso eifrig sein werde wie dieser Graubart, der uns einfach nur den Erfolg neidet."

Am Zwölften des Erntemonds im Jahr 943 errang Herzog Bernhard gemeinsam mit seinen karantanischen Panzerreitern bei Wels einen glorreichen Sieg über die Ungarn. Und Hartwig kam mit Jaromil und vielen Erlebnissen zurück, über die er uns berichten konnte.

Er war erst wenige Wochen zu Hause auf der Gradnitza, da erschien ein Eilbote des Grafen von Luipitzdorf, der uns um Hilfe bat. Versprengte Magyaren griffen abermals seine Burg und die umliegenden Höfe an! Hartwig zögerte keinen Augenblick. Er stellte in Windeseile eine Truppe aus Wachsoldaten und bewaffneten Untertanen zusammen und ritt mit ihnen los, er ließ jedoch noch genügend Wächter zum Schutz der Gradnitza zurück. Jahre hindurch hatte unser Schmied verschiedene Waffen angefertigt, die nun gebraucht und an alle Wehrfähigen ausgegeben wurden. Hildegard selbst organisierte gemeinsam mit Mattes die weitere Verteidigung der Gradnitza und flehte natürlich inbrünstig um Rettung vor den gefürchteten Feinden.

Pfarrer Ermanrich ließ alle Frauen und Kinder in der Kirche von Stein Schutz suchen. Sie verbarrikadierten sich hinter dem eisernen Portal der Ringmauer, die sie mehrfach mit Ketten verschlossen, und zogen sich ins Innere des Kirchenraums zurück. Dort verschlossen sie das schwere Eingangstor und verstärkten dieses von innen zusätzlich mit Balken und schweren Holztischen. Ermanrich rief daraufhin den Christengott um Rettung an, dazu erbat er die Hilfe der heiligen Margareta, die ein weiteres Mal den scheußlichen Drachen besiegen sollte.

Im Osten des Steiner Sees kam es schließlich zur Schlacht. Die Ungarn hatten nicht erwartet, auf Widerstand zu stoßen. Sie hatten die Belagerung der Burg Luipitzdorf aufgegeben und waren weitergezogen, in der Hoffnung, die Gradnitza würde ihnen zur leichten Beute werden. Sie rechneten nicht damit, dass das ehemalige Schloss längst in eine starke Wehrburg verwandelt war und noch weniger mit dem Kampfwillen Hartwigs und seiner Truppe. Graf Hartwig stellte die Eindringlinge gerade in dem Augenblick, als sie ihre brennenden Pfeile gegen den Maierhof und das Dorf des Dobroslaw abschießen wollten.

Es waren etwa fünfzehn Reiter. Doch während Hartwig sie mit seinen Soldaten umkreiste und der Kampf heftiger wurde, gelangte eine Gruppe versprengter Plünderer bis nach Stein. Es war niemand von den Wehrfähigen da, der die Kirche und die übrigen Häuser beschützte. Doch die Gebete Ermanrichs und der Frauen, Kinder und alten Leute, die im Kirchenraum Schutz gesucht hatten, schienen erhört worden zu sein. Denn die Horde ritt an ihnen vorbei und der auf dem Hügel weithin sichtbaren Gradnitza zu. Der Wächter auf dem Turm schlug Alarm und die hier verbliebenen Soldaten rüsteten sich zur Verteidigung. Als die Räuber am äußeren Wall ankamen, schossen die Soldaten mit Pfeilen nach ihnen. Die Feinde entzündeten ihrerseits Pechfackeln und warfen sie gegen die Scheune des Gutshofs. Sogleich begann das Feuer um sich zu schlagen und Mattes stieg mit den noch verbliebenen Knechten hastig die Leitern hinauf, um die qualmenden Heuballen mit Gabeln aufzuspießen und rasch in den Hof zu werfen. Währenddessen versuchten die Angreifer, das erste der Tore zu öffnen, das ihrem Ziel, reiche Beute zu machen, im Weg stand. So schlugen sie mit ihren Äxten dagegen und entfachten auch noch ein Feuer, um das Tor in Brand zu stecken. Das Holz glimmte, hielt aber stand. So warfen sie Seile nach oben über die Mauer und begannen daran hochzuklettern. Als Mattes das sah, kletterten er und seine Knechte vom Dach herab, zückten ihre Gabeln und stürmten wild schreiend über den Hof.

In diesem Moment gab es eine Erschütterung. Niemand wusste, woher sie kam, doch die Erde bebte, sodass die raubgierigen

Eindringlinge von ihren Leinen geworfen wurden. Sie versuchten, vom Boden aufzustehen, doch es gelang ihnen nicht, sich von den Stricken zu befreien, es war, als würden sie in die Erde hineingezogen, als täten sich Gräben auf, um sie zu verschlingen. Als sie sahen, wie ihre Kumpanen sich in den Seilen und Leitern verfingen und spürten, wie die Erde immer heftiger zitterte, während gleichzeitig von unterhalb der Drau ein ohrenbetäubendes Donnern erschallte, waren sie von Schrecken erfüllt und ergriffen die Flucht.

Auch Hartwig kam nach einiger Zeit siegreich zurück. Er berichtete: „Wir haben hart mit den Brennern gefochten, aber mitten in der Schlacht hat die Erde gebebt und der Anführer der Feinde ist mitsamt seinem Pferd in einem Erdloch versunken. Die Übrigen haben Reißaus genommen." Er freute sich, dass auch die Gradnitza durch dasselbe Beben und die Stärke der Verteidigungsmauern verschont geblieben war, wenngleich es Risse und schadhafte Stellen gab, die es auszubessern galt. Jetzt kam auch Ermanrich von Stein herüber und berichtete, dass alle Seelen in der Kirche wohlauf seien. Doch er hatte noch etwas zu berichten: „Steigt hinauf auf den Söller, dann seht ihr selbst, was geschehen ist!", sagte er in großer Erregung.

So begaben wir uns hinauf ins Obergeschoss der Burg und blickten nach Westen. Auch die Wächter, die den fliehenden Ungarn noch eine Weile nachgesehen hatten, meldeten Hildegard jetzt, was vorgefallen war. Uns bot sich ein Schauspiel, das niemand von uns jemals vergessen kann. Wir sahen, wie in einer gewaltigen Rauchwolke die Prosnitza in sich zusammenstürzte! Das Auseinanderbrechen der Balken und gewaltigen Mauern war also die Ursache des seltsamen Donners, der die Ungarn in die Flucht geschlagen hatte! Ein Erdbeben! Und dieses Beben hatte den vorderen Felsen des Skarbin zusammen mit dem gesamten Bauwerk in die Tiefe gestürzt. Zuerst lösten sich einzelne Steine der Prosnitza, daraufhin entstanden nacheinander gewaltige Risse in der Wehrmauer und schließlich rutsche eine Wand nach der anderen den Hang hinunter. Man hörte ein gewaltiges Brechen und Ächzen, Tosen und Krachen, und wir trauten unseren Augen kaum, was hier geschah. Wir alle fragten uns, wie es möglich war, dass diese stolze Festung, einem dürren Holzstoß gleich, in sich zusammenstürzte? Wände, Balken und Steine prasselten vor unseren Augen in einer Wolke aus grauem Dunst über den Felsen in die Drau. Und als wir so dastanden, wurde uns bewusst, dass wir durch die vorausschauende Planung unseres Herrn Albuin und gleichzeitig auch durch eine wunderbare Macht bewahrt worden waren. Denn dieses Erdbeben war unsere Rettung, es hatte jedoch ebenso eine verderbliche Kraft, die eine uneinnehmbare Festung in wenigen Augenblicken in Schutt und Staub verwandelt hatte.

Wir, aber auch viele andere Bewohner von Möchling, Stein und rund um den Skarbin kamen mit dem Schrecken davon Es lag auf der Hand, dass die Menschen in der Kirche wegen ihres Glaubens und ihrer Gebete gerettet worden waren. Ebenso der Doborslawhof, der nahe daran gewesen war, versengt zu werden. Und dann die Gradnitza! Jetzt glaubten die Leute nicht nur, jetzt wussten sie, dass ihre heidnischen Götter ihnen nicht mehr gewogen waren und dass der christliche Gott tatsächlich als besserer Schirmherr gelten konnte. Und mit ihm ihre Gräfin Liharda!

So dankte man im gesamten Gebiet um Stein dem Gott, der solche Wunder bewirkte, und nannte ihn den mächtigsten aller Götter. Auch Ermanrich las eine große Dankesmesse und schrieb an den Erzbischof von Salzburg, was sich in seiner Pfarre neuerlich zugetragen hatte.

Nach einigen Wochen kehrte Hartwig wieder auf die Heunburg nördlich der Drau zurück. Er hatte begonnen, einem edlen Fräulein namens Hiltipurg, einer Tochter des dort ansässigen Markgrafen, den Hof zu machen, und sie schien seine Werbung nicht zurückzuweisen. Die Heunburger waren weithin für ihren Edelmut bekannt. Man nannte sie im Volk auch Vovbrški.

So ging das Jahr 943 mit unglaublichen Ereignissen zu Ende, aber auch das darauf folgende Jahr brachte große Veränderungen. Denn endlich kehrten unser Herr Albuin und mein lieber Ehemann Hanß, die sieben Jahre auf Pilgerreise gewesen waren, in die Heimat zurück.

Vom Ende der Welt ins Heilige Land

Sie waren Spätsommer 937 aufgebrochen, um auf dem Weg über die Berge nicht geradewegs in die Herbststürme und ersten Schneefälle des Winters zu geraten. Jeder von ihnen war mit Proviant und zwei Pferden ausgestattet und unsrer Herr führte genügend Münzen und Goldtaler mit sich, um für diese sieben Jahre vorzusorgen, sofern sie als Pilger nicht, wie manche erzählten, überall auf dem Weg freie Herberge und Verpflegung erhalten sollten. Ihre Pilgerreise ähnelte ein wenig einem Feldzug, nur dass sie in diesem Fall die größere Rüstung zu Hause ließen und nur ihre Kettenhemden und Kurzschwerter mitnahmen. Sie reisten auf dem heute noch üblichen Pilgerweg übers Gebirge nach Oberitalien, das Westfrankenreich und Spanien, mit dem Ziel Santiago de Compostela in Galizien.

Unterwegs sahen sie so viele Orte und begegneten so vielen Menschen mit unterschiedlichem Aussehen und fremder Zunge, dass sie sie nicht zählen konnten. Hanß hat mir und unseren Kindern viele Geschichten über die Büßer und Abenteurer erzählt, denen sie auf ihrer Reise begegnet waren. Den größten Eindruck machte auf ihn die Stadt Santiago de Compostela. Durch die vielen Händler und Besucher war der Ort, wie er sagte, zum Nabel der Welt geworden. In der dreischiffigen Kirche, einem Werk König Alfons' III., wirkten gleichzeitig drei Priester, die täglich mehrere Gottesdienste abhielten und den Pilgern die Beichten abnahmen.

Doch nicht jeder pilgerte zur Buße. Einige nahmen den weiten Weg aus Dankbarkeit auf sich, für eine Heilung oder wunderbare Rettung aus Todesnot. Doch fast alle Ankommenden hatten ein Gelübde abgelegt. Eine Ausnahme bildeten die Knappen und Diener, die, wie Hanß, ihre Herren lediglich begleiteten. Aber auch Uduin wollte sich, wie er sagte, eigentlich nur die Welt ansehen. Der tägliche Ansturm und die frommen Aufregungen der Pilger waren ihm bald zu viel. Daher drängte er seinen Bruder Albuin, noch weiter nach Westen zu gehen, nämlich an jenen ganz am Atlantik gelegenen Ort in Spanien, der für das Ende der Welt gehalten wird und es vielleicht auch ist.

Graf Albuin, Uduin und Hanß reisten auch dorthin, weil sich am Kap Finisterre die Mündung des Jakobsweges befand. Es war ein Ort, den viele Pilger sogar für das eigentliche Ziel ihrer Wallfahrt halten. Zum Unwillen Uduins ließen sie ihr Gepäck und die Pferde jedoch in Santiago zurück und legten die Strecke zum Kap Finisterre zu Fuß zurück. Der Blick in die Weite des Ozeans beeindruckte unseren Herrn Albuin so sehr, dass er dort auf die Knie fiel und ausrief: „Fürwahr! Dies ist heiliger Boden! Von hier aus werde ich in der Stunde meines Todes zu den Inseln der Seligen entschweben!" Und er sagte auch: „Ich habe meinen Glauben wieder! Von heute an bin ich wieder mit ganzer Seele Christ!"

Hanß erfüllte der Ort jedoch mit leichtem Gruseln, da er sich vorstellte, wie es sei, am Ende des Erdkreises zu stehen und in den berüchtigten Abgrund zu stürzen, von wo nach Auskunft vieler Reisender kein Sterblicher jemals wiederkehrt.

Auf ihrem Rückweg nach Santiago war Albuin noch immer von seinem Erlebnis erfüllt. Er pries die herrlichen Kirchen, die er als „Zeugen der wahren Religion" bezeichnete. Er beneidete die zahlreichen Bettelmönche um ihr beschauliches Leben, verwünschte Krieg und Gewalt und ging gleich mehrmals zur Beichte, wobei die spanischen Priester gar nicht verstanden, was er ihnen bekannte, doch er hatte ihnen seine Seele ausgeschüttet, und dies verschaffte ihm Erleichterung.

Zuletzt erstand er von zwei Geistlichen, also aus sicherer Quelle, eine Reliquie des heiligen Jakob, dessen Gebeine an diesem Gnadenort ruhten. Es handelte sich um einen Splitter seines Fersenbeins. Graf Albuin war sofort bereit, den verlangten Preis zu zahlen. Ja, er wollte seine Kirche in Möchling dem heiligen Jakob weihen. Denn er meinte, eine Kirche ohne eine solche wundertätige Reliquie sei keine echte Kirche. Auf ihrer weiteren Reise sollte sich jedoch etwas ereignen, das Albuin zu einem Sinneswandel bewog, doch davon später.

Von Spanien ging es auf dem Landweg zurück durch Oberitalien, dann nach Byzanz, quer durch das karge Gebirgsland Kleinasiens und die Küste entlang bis nach Akkon. Von dort zogen regelmäßig Karawanen zum heiligen Grab in Jerusalem. Unser Herr und seine Begleiter ritten diese Strecke zusammen mit anderen Pilgern, die sie bereits aus Spanien kannten. Einer von ihnen, der diese Reise gar zum zweiten Mal unternahm, wusste bereits, auf welchen Routen man vor Räubern sicher sein konnte, und er erzählte ihnen auch von den Mauren. In den Herbergen wurde viel darüber geredet, welche Regeln man als Pilger im Maurenland zu beachten hatte. Die Kalifen, die zu dieser Zeit über das Gebiet herrschten, interessierten sich nicht sonderlich für christliche Wanderer und auch nicht für die ehrwürdige Stadt Jerusalem. Sie waren mit ihrer Eroberung des Tempelplatzes zufrieden, wo sie auf dem Felsen ihren weithin leuchtenden Dom errichtet hatten. Es hieß, es sei der Platz, an dem Gott die Welt erschaffen habe. Aber Hanß gewöhnte sich auf dieser Reise an, nicht alles zu glauben, was einem erzählt wird.

Ja, viele fürchteten sich natürlich vor den Mauren. Regiert wurde ihr Abasidenreich von Bagdad aus, doch hatten die maurischen Stämme selbst genügend Probleme untereinander, weshalb man als Fremder meist unbehelligt seines Weges ziehen konnte. Zudem verstanden sich die fränkischen Könige nach wie vor als Beschützer der Pilgerstadt Jerusalem. Man wusste freilich nie, welche Gesetze gerade in der heiligen Stadt herrschten. Hier hatte es in der Vergangenheit schon mehrere Christenverfolgungen gegeben. Einmal galt auch ein Gesetz, das es Christen und Juden verbot, auf Pferden in die Stadt zu reiten. So saßen unsere drei Pilger sicherheitshalber vor den Toren ab und führten ihre Gäule demütig wie Knechte am Zügel.

Vom heiligen Tempel war nichts mehr zu sehen außer der Westmauer. Das wichtigste Heiligtum hier war die Grabeskirche, die man über dem Hügel Golgatha und der Felsenhöhle mit dem Grab Jesu erbaut hatte. Und dies war auch das Ziel ihrer

Pilgerschaft. Man muss sich vorstellen, dieses gewaltige Gotteshaus war, wie man ihnen sagte, schon vor über 600 Jahren vom heiligen Konstantin errichtet worden! Seine Mutter, die heilige Helena, soll hier das Kreuz Jesu, die hochheiligste Reliquie, wiedergefunden haben!

Da eine Pilgerreise unbedingt sieben Jahre dauern musste, um ihre Wirksamkeit für das Seelenheil eines Büßers zu entfalten, verbrachten Graf Albuin, Uduin und mein lieber Hanß mehr als ein ganzes Jahr in Jerusalem. Sie wanderten dort auf den Spuren Jesu. Und auch an diesem Pilgerort pries unser Herr Albuin den wunderbaren Ursprung seines Glaubens und erneuerte seine Treue zur christlichen Religion.

Hanß hat aber auch berichtet, es gebe wohl nirgends auf der Welt so viele Händler und Märkte, man sehe nirgends so viele exotische Früchte, Gewürze, Teppiche und bunt gewebte Stoffe wie in Jerusalem! Viele Muslime trugen kostbare Kleider mit seidenen Turbanen, deren Pfauenfedern und Edelsteine weithin durch die Straßen glänzten. Das gefiel auch Uduin. Denn nahe des Mittelmeeres war es deutlich wärmer als bei uns in den Alpen und auf die Sommer folgten keine Winter. Von Ostermond bis Nebelmond herrschte eine angenehme Hitze, und danach gab es einen lauen Herbst mit einigen Regentagen, an denen sie in der Herberge dahin dösten.

Und als sie die Jahre ihrer Pilgerschaft zählten, kamen sie auf bereits vier Jahre, die sie nun unterwegs waren. Schließlich kehrte ihre Reisegruppe der Heiligen Stadt den Rücken und mit ihnen brachen auch unsere drei Pilger auf, um den dritten Ort der Christenheit aufzusuchen, nämlich Rom, wo Graf Albuin von Papst Stephan VIII. die Lossprechung von all seiner Schuld erlangen wollte.

Er und Hanß bemerkten, dass Uduin sich bei dem Gedanken, vor das Oberhaupt der Christenheit zu treten, zusehends unwohl fühlte. Doch er machte sich mit ihnen auf den Rückweg, wohl auch deswegen, weil er auf den Märkten bereits alles Geld ausgegeben hatte und völlig ohne Mittel dastand. Zuletzt schlossen sie sich einer sicheren Karawane nach Jaffa an, statt einen der ortskundigen Reiseführer zu bezahlen, die sich schreiend in den Straßen anboten, die Pilger ans Mittelmeer zu bringen. Sie hatten nämlich vor, mit einem Schiff nach Rom zu segeln, so wie es der Apostel Paulus selbst getan hatte. Freilich warnten sie einige davor, auf die schwimmenden Bretter zu steigen, doch sie fürchteten sich nicht vor Piraten.

In Jaffa angekommen, war Uduin plötzlich wie vom Erdboden verschluckt. Sie hatten mit ihrer Karawane am Rande eines Marktplatzes Rast gemacht. Während sie in dieser Nacht im großen Gemeinschaftszelt schliefen, hatte Uduin sich nahe zum Eingang gelegt. Und im Getümmel, das dann am Morgen beim Aufstehen herrschte, war er nicht mehr zu sehen. Auch die Führer der Karawane wussten keine Auskunft über Graf Uduin zu geben.

Albuins Bruder war bisher nicht von ihrer Seite gewichen. Sie suchten ihn also auf dem Marktplatz zwischen den Verkaufsbuden, Kamelen, Eseln und lärmenden Händlern, ja, sie durchstreiften den Hafen nach ihm, doch er war und blieb unauffindbar. Auch einen Teil des Geldes hatte ihnen jemand aus ihrem Gepäck gestohlen. So glaubte Graf Albuin, sein armer Bruder sei von Räubern in die Wüste verschleppt worden und machte sich Vorwürfe, ihn nicht vor ihnen beschützt zu haben.

Schwimmend nach Rom

So standen unser Herr und Hanß in trüber Stimmung im Hafen von Jaffa und erkundigten sich nach einem Schiff, das sie nach Rom bringen konnte. Es hieß, dieses Schiff fahre erst in einigen Wochen. Sie saßen also für eine Weile in Jaffa fest. Ihre Karawane war längst weitergezogen, und sie quartierten sich in einer großen Herberge außerhalb der Stadt ein, wo auch Matrosen und Kaufleute zu übernachten pflegten. Hier vergaß unser Herr sehr schnell wieder die heiligen Momente, die er in Jerusalem und Santiago erlebt hatte, und huldigte zusammen mit den fahrenden Gesellen einem ausgelassenen, heidnischen Leben. Er verwarf während dieser Zeit nicht nur sein Christentum, sondern erwarb auch fremde Götter aus Holz und Stein.

Nachdem sie in Gesellschaft dieser ungehobelten Menschen eine Zeit zugebracht hatten, begaben sie sich am festgesetzten Tag zum Hafen, wo ihr Schiff einfahren sollte. Sie verkauften ihre Pferde, da sie sie nicht auf das Meer mitnehmen konnten. So warteten unser Herr und sein Diener Hanß inmitten ihres Gepäcks bis zum Sonnenuntergang, als ihnen gemeldet wurde, dass sich die Ankunft des römischen Seglers wegen eines Sturmes auf See um einen Tag verzögern werde. Was sollten sie also tun? In den Gasthöfen im Hafen gab es keinen freien Platz mehr zum Schlafen, die Leute lagen, zumeist betrunken, bereits wie Fische in einem Netz nebeneinander und übereinander auf schmutzigem Stroh und es roch in ihrer Nähe unerträglich. So entschlossen sie sich, die Nacht im Freien zu verbringen. Sie legten sich in einen Maulbeerhain. Die Luft war heiß und der Meereswind kühlte ihnen angenehm die Stirn.

Sie hatten nicht bemerkt, dass sich über ihnen in den Zweigen ein Taubennest befand. Das Gurren hätte sie nicht gestört, doch aus luftiger Höhe ließen die brünftigen Vögel während der Nacht ihren Kot auf sie fallen. Graf Albuin und Hanß waren aber so müde und schliefen so fest, dass sie es nicht bemerkten. Zu ihrem Unglück sickerten die giftigen Ausscheidungen der oft paradiesisch genannten Vögel hernieder und drangen unserem Herrn bis in die Augen. Als er erwachte, fühlte er einen stechenden Schmerz und konnte mit einem Mal nicht mehr sehen.

Es half nichts, dass er sich sogleich mit Wasser aus seinem Trinkschlauch wusch und auch nicht, dass Hanß ihm mit einem Tuch die Schlieren an den Lidrändern entfernte. Schließlich versuchte Albuin, seine getrübten Augen durch Tränen auszuwaschen. Doch auch das Weinen half nur so viel, dass er zumindest Licht und Dunkelheit unterscheiden konnte. Zudem schmerzte sein ganzer Kopf. Er griff sich verzweifelt an die Wangen, drückte die Fäuste gegen die Lider, hämmerte gegen seine Stirn und schrie in seiner Angst und Qual: „Hanß! Es ist alles vergeblich! Ich bin blind! Und ich habe höllische Schmerzen! Der Teufel will mich holen!"

Hanß aber schickte einen gerade vorbeilaufenden Knaben, er sollte einen Medicus rufen. Dieser kam und brachte verschiedene Salben und Auflagen mit, die die Schmerzen seines Herrn linderten. So gingen sie an Bord ihres Schiffes und hofften, die Mittel, die sie um teures Geld erhalten hatten, würden Graf Albuin heilen. Doch sie wirkten wiederum nur so viel, dass er Bewegungen und Umrisse wahrnehmen konnte. So verlegte er sich aufs Beten, für das man auf hoher See ja genügend Zeit zur Verfügung hatte. Unser Herr bereute, dass er sich neuerlich vom Christentum abgewandt hatte, und warf seine Götzenbilder ins Meer. Doch auch die Umkehr und Frömmigkeit schienen ihm nicht weiterzuhelfen. So sah Albuin seine Blindheit als göttliche Strafe, die ihn zur Demut zwang. Und er begann, sich mit seinem Schicksal abzufinden.

Ja, es half ihm keine Wut, sondern er ging in sich und entwickelte in seinem Leiden eine nie dagewesene Geduld. Immer wieder dankte er seinem Endelknecht Hanß, dass dieser sein

Blindenführer geworden war und ihm die Treue hielt. „Vielleicht tut der Herr ja nochmals ein Wunder und ich werde auf unserer Reise nach Rom, oder wenn nicht auf der Reise, so doch im Angesicht des Nachfolgers Petri, geheilt?", fragte er mit etwas Hoffnung. „Denn Gott hat mich erblinden lassen, weil ich der schändlichste Sünder bin. Um mich zu retten, hat er dies getan. Denn es ist besser, er nimmt mir mein Augenlicht, als dass meine Seele von Höllenqual gepeinigt wird."

Fortan reiste Albuin unter dem Namen Paulus, denn er sagte: „Wie der heilige Paulus blind gewesen ist, so bin auch ich nun erblindet. Ich habe die heilige Stadt gesehen und wenig später den wahren Glauben verworfen. Nur die Barmherzigkeit des Herrn, ja, ein Wunder kann mir das Augenlicht wiedergeben!"

Für Hanß wurde Graf Albuin schon damals, als er sich demütig und fromm in sein Schicksal fügte und den Namen Paulus annahm, zum Heiligen. Hanß und ich rechneten später nach, wann diese Umkehr unseres Herrn erfolgte, und wir sind überzeugt, dass es zum selben Zeitpunkt war, als zu Hause unsere Gräfin Hildegard ihr Jungfrauengelübde abgelegt hat.

Der Kapitän war zum Glück ein guter Seemann, der das Schiff sicher durch Wogen, Stürme und Flauten lenkte. Doch Hanß hörte von vielen anderen Seefahrzeugen, die auf ihrer Fahrt über das Mittelmeer versanken oder an Felsklippen zerschellten. So gelangten sie mitsamt ihrem Gepäck heil im Hafen von Ostia an, von wo sie mit kleinen Booten den Tiber hinauf in die ewige Stadt gebracht wurden.

Ihr römischer Reiseführer wusste zu berichten, dass Papst Stephan VIII. kürzlich verstorben war und dass der Herrscher von Rom, Alberich von Spoleto, nun Marinus II. zum Papst ernannt hatte. Es hieß, die Einwohner Roms seien sehr zufrieden mit dieser Wahl. So bat denn Graf Paulus darum, zum Stuhl Petri vorgelassen zu werden.

Nach einer längeren Wartezeit traten sie dann in die ehrwürdigen Hallen, in denen der Stellvertreter Gottes auf Erden residierte. Und bei der Audienz, die ihnen gewährt wurde, vergab Papst Marinus II. unserem erblindeten Herrn, der ihm seine schweren Sünden bekannte, aber auch seinen Willen kundtat, in seiner Heimat eine Kirche zu bauen, alle begangene Schuld, sodass er die päpstliche Residenz als reine Seele verließ. Wir dankten für diese Absolution nicht nur mit Worten und Verbeugungen, sondern auch mit einem Beutel gediegenen Goldes.

Außerhalb des heiligen Bezirks verkauften Mönche wunderliche Dinge. Wir erwarben nicht nur, was der Herzenswunsch meines Herrn war, eine Reliquie des heiligen Paulus, nämlich ein Stück vom heilkräftigen Saum seines Mantels, sondern uns wurde auch ein seltenes Dokument angeboten, das sogar künftige Sünden erließ. Es war von einem der letzten Päpste unterschrieben und besiegelt. Graf Paulus, früher Albuin, der seine menschlichen Schwächen kannte und nun ein reiner, von aller Schuld losgesprochener Büßer war, gab alles, was er noch besaß, hin, um diesen Freibrief zu erwerben.

So konnten sie sich keine Pferde mehr leisten, sondern gingen zu Fuß weiter, und zwar von Rom nordwärts durch die Poebene und schließlich die Küste entlang über Venedig und die Karawanken, bis sie die Heimat wiedersahen. Dafür benötigten sie eineinhalb Jahre, da sie infolge der Blindheit unseres Herrn nur langsam vorwärts kamen.

Und als Hanß, glücklich, die vertrauten Berge wiederzusehen, auf den Skarbin blickte, sah er die Pronsnitza nicht mehr dort stehen! Graf Albuin bemerkte nur sein Erschrecken und fragte ihn, was geschehen sei? Wie sollte er es ihm sagen? Wie war es zu erklären? Als hätte sich die Burg mitsamt ihren Türmen und Wehranlagen in Luft aufgelöst. Hanß schilderte seinem Herrn den Anblick, der sich ihm bot, und auch dieser konnte es einfach nicht glauben.

In Möchling berichtete Michlo ihnen dann vom Erdbeben und dem Überfall der Ungarn, die ganze Geschichte, wie sie sich zugetragen hatte. So erkannten sie, dass auch hier in der Heimat neuerlich Wunder geschehen waren. Michlo sagte, die Leute schrieben alle diese wunderbaren Ereignisse der „frommen Liharda" zu. Sie sei zur Schutzherrin des gesamten Jauntals geworden.

Unser Herr, der Michlo nur als Schatten vor sich sah und seiner

Erzählung tief bewegt gefolgt war, meinte schließlich ohne Groll, dass allein Gott die Prosnitza einstürzen habe lassen. „Er hat es getan, weil auf der Burg diese unglückliche Gewalttat passiert ist, ja, der Skarbin ist durch die Hexenkünste der Magd Lupa verflucht worden! Leider hat der himmlische Vater nicht daran gedacht, dass ich nun nicht nur ohne Augenlicht, sondern auch ohne Burg dastehe."

Aber Michlo tröstete unseren Grafen. Er habe immer noch seine beiden Wirtschaftshöfe. Und Möchling sei inzwischen zu einem gut geschützten Dorf geworden. Die Wehrmauer, die er nach dem Vorbild der Gradnitza nun rund um den Gutshof errichtet hatte, war Hanß schon bei der Ankunft aufgefallen. Außerdem hatte er ein oberes Stockwerk hinzugebaut, sodass der Hof einem kleinen Schloss glich.

„Wozu benötigst du ein Schloss?", fragte ihn Graf Paulus. „Nicht ich, gnädiger Herr, will hier wohnen, sondern ich habe es für Euch und Eure Gäste erbaut. Denn hier gibt es weit und breit keine Herberge. Ich dachte mir, da die Prosnitza nicht mehr steht, benötigt mein Herr vielleicht einen Saal, wo er Jagdgesellschaften empfangen kann. Auf der Gradnitza ist ja wegen der vielen Kranken und Armen kein Platz dafür. Eure Bauern und Knechte haben in Stein Erfahrung im Hausbau gesammelt, und dieses Wissen wollte ich nicht ungenützt lassen."

Paulus ging, geführt von der Hand seines Hanß, durch die Räume und den oberen Saal, hob seine Augen hinüber nach Westen, wo man über den Fluss zu den Wäldern, Auen und Felssäulen blicken konnte, und meinte: „Ich kann nur Umrisse sehen und möglicherweise werde ich nie wieder auf die Jagd gehen können. Aber ich gebe dir vollkommen recht! Es ist ein idealer Ort zum Ausruhen!"

Auch Fischteiche hatte Michlo angelegt, außerdem einen weitläufigen Garten, in dem man spazieren gehen konnte. Der findige Verwalter hatte von Hildegard verschiedene Pflanzen erbeten, die nun von den Mägden der Prosnitza gepflegt wurden.

Ganz erfreut zeigte sich Michlo, der sich an die Namensänderung unseres Herrn langsam gewöhnte, auch über den von Graf Paulus angekündigten Kirchenbau. Er rief: „Wenn hier eine Kirche stehen soll, so wird der Ort einmal ebenso bedeutend sein wie Stein!"

Draußen im Garten nahm unser Herr Paulus Michlo zur Seite und führte mit ihm ein wichtiges Gespräch, in dem er seinen Gutsverwalter bat, hier an einer geheimen Stelle eine Grube auszuheben, sie mit flachen Steinen auszulegen und darin das Holzkistchen mit den heiligen Reliquien zu verstecken. „Es ist der größte Schatz, den ich nun besitze und ich habe schon unterwegs erlebt, dass die Menschen nicht ehrlich sind und für den Besitz solcher Reliquien sogar einen Mord begehen. Doch dir, Michlo, vertraue ich. Schwöre mir, dass Du dieses Kästchen sicher verwahren und wie deinen Augapfel hüten wirst!"

Der treue Verwalter tat sogleich den verlangten Schwur und versprach, alles so zu tun, wie ihm geboten war, nämlich des Nachts mit eigenen Händen den Schacht auszuheben, die Reliquien darin zu verbergen und die Stelle wieder so zu verschließen, dass niemand etwas bemerken sollte, nicht einmal seine Frau. Das Kästchen sollte erst wieder ausgegraben werden, wenn die Möchlinger Kirche fertiggestellt sei.

Unweigerlich erzählte er Michlo auch, dass sie Uduin im Heiligen Land aus den Augen verloren hatten. Da lachte der Verwalter und schüttelte den Kopf. „Uduin? Ja, der ist vor zwei Jahren hier aufgetaucht und wollte uns weismachen, ihr beide wäret tot! Von Seeräubern ermordet. Ich habe diesem Kerl nie über den Weg getraut."

Jetzt war die Überraschung unseres Herrn groß. „Wo ist dieser Lügner? Ist er noch hier?", erkundigte sich Graf Paulus erregt. „Nein", beeilte sich Michlo zu sagen. „Ihre Gattin hat ihn bald nach seiner Ankunft davongejagt." – „Und wie geht es der Herrin von Stein?", fragte unser Herr jetzt vorsichtig. „Ganz gut", nickte Michlo. „Sie ist die meiste Zeit mit ihren Kranken beschäftigt."

Diesmal gab es bei der Heimkehr des Grafen keinen Verschwörer, niemanden, der ihm Schaden zufügen wollte. „Ich bringe Euch mit meinem Ochsengespann hinauf!", bot sich Michlo an. „Nein", erwiderte Paulus ernst, „wir gehen diese letzten Schritte, wie unsere ganze Reise von Rom bis hierher, zu Fuß."

Die Glocken werden unsere Botinnen sein

Und nun will ich über die glückliche Heimkehr unseres Herrn und meines lieben Hanß berichten! Für mich endete damit alles Bangen der vergangenen Jahre, doch für meine leidgeprüfte Herrin hielt das Schicksal in diesem Herbst des Jahres 944 keine Erlösung von ihrem Kummer bereit, sondern einen neuen dornigen Weg. Markgräfin Hildegard hatte ja zwei Jahren zuvor ihr Gelübde getan und kleidete sich seither nach Art einer Nonne in schlichtes Grau, nur ihr Haupt schmückte eine weiße, zart bestickte Haube. Doch wenn sie unterwegs war, trug sie, wie bisher, den wollenen, mit blauen Borten eingefassten Mantel, den ihre Mägde in Moosburg für sie angefertigt hatten. Ihr stets heiteres Wesen hatte sich nicht verändert, wenngleich die Trauer über Albuins vermeintlichen Tod ihr schwer auf der Seele lag. Sie sagte manchmal: „Wenn er schon nicht zurückkehrt, so schmerzt es mich, seinen Leichnam in so weiter Ferne zu wissen. Wenn ich doch wenigstens an seinem Grab stehen und mich von ihm verabschieden könnte!"

Ja, auch ich glaubte nicht mehr an die Rückkehr meines Gatten Hanß, doch suchte ich wie meine Herrin, diese Gedanken durch Arbeit zu verscheuchen. Denn wir hatten im Hospiz alle Hände voll zu tun und mühten uns eifrig, das viele Leid zu lindern.

Eines Tages fand ich Hildegard nachdenklich in ihrer Kammer sitzen. Vor ihr auf dem Pult lag ihre Wachstafel. Als ich eintrat, lächelte sie mir zu und sagte: „Dorothea! Sieh nur! Ich habe einen Plan für den Bau des Hospizes in Stein gezeichnet. Du weißt, dass mein Gemahl, Gott lasse ihn selig werden, mir zuletzt geraten hat, ein eigenes Hospiz drüben in der Ortschaft zu errichten. Dieses dringend notwendige Bauwerk will ich noch in Angriff nehmen! Es soll ihm zum Andenken ‚Albuin-Haus' genannt werden."

Doch an manchen Tagen ertappten wir uns dabei, doch noch auf die Rückkehr der beiden Pilger zu hoffen. Wir sagten uns, dass nun die sieben Jahre vorüber seien und dass Gott schon so viele Wunder gewirkt habe. Warum sollte es nicht möglich sein, dass sie gesund zurückkehrten? Also beteten wir weiterhin für ihre Seele und ein wenig auch für ihre unerwartete Heimkehr, die allein in Gottes Hand lag.

Es war wieder die Zeit der Ernte. Bauern hatten am Feldrand Feuer entzündet, um, wie sie sagten, für ihre guten Erträge zu danken. Natürlich spukten in ihren Köpfen noch immer die alten heidnischen Rituale, doch die Bewohner um Stein hatten sich, bis auf wenige Ausnahmen, fast alle taufen lassen. Und sie waren Hildegard in ihrer gutmütigen, ergebenen Art sehr ans Herz gewachsen. So freute sich auch unsere Herrin mit ihnen am Einbringen der Ernte, nickte den Arbeitenden zu, hob einzelne Nüsse und Äpfel vom Boden auf und sorgte dafür, dass die Schnitter auf den Feldern stets einige Ähren fallen ließen, die jedes Jahr von den Armen gefunden wurden, die im Weinmond die Nachlese hielten.

Da sah sie, ich glaube, es war nicht mit ihren natürlichen Augen, sondern mehr mit ihrem geistigen Gespür, unten auf der Straße zwei Wanderer von Möchling heraufkommen! Sie machte mich darauf aufmerksam und ich strengte mich an, durch die in der Sonne glänzenden Bäume etwas zu erkennen. Ich suchte das schmale braune Band ab, das sich zwischen Wiesen und Bäumen zu uns herauf schlängelte. Und dann bemerkte ich tatsächlich zwischen den gelbgrün gefleckten Blättern eine flimmernde Bewegung.

Und noch eine Weile, da erkannte ich zwei Menschen, die zu Fuß unterwegs waren. Jetzt erst bliesen die Wächter ins Horn. Wir nahmen Reisende, die an der Burg vorbeikamen, stets gastfreundlich auf. Doch mit diesen beiden war etwas anders. Wir hätten am liebsten gerufen, doch es ziemte sich nicht. So standen wir langsam auf und sandten nach Hildegards Mädchen, die gerade mit Johannes spielten. Auch er war inzwischen sechs Jahre alt und lief sofort, um den Weg abzukürzen, mit ihnen hinunter zur Straße.

Wir folgten ihnen, derweil unser Herz nicht aufhörte zu schlagen und unsere Füße sich wie im Traum bewegten, einem schönen Traum, den die Hoffnung uns gesponnen hatte.

Als die beiden Männer um die Kurve bogen, erkannte ich Hanß! Und auch Hildegards Töchter hatten ihren Vater erkannt. Nur Johannes stand etwas verlegen dabei, da er bisher weder den Grafen noch Hanß gesehen hatte.

Doch was war mit unserem Herrn geschehen? Wir erschraken! Hanß führte ihn an der Hand, er hob zwar seine Augen, doch sie waren verschlossen, ja, Graf Albuin war erblindet!

Als Hildegard ihren Gatten sah, der zwar den Kopf in ihre Richtung drehte, sie aber offensichtlich nicht sehen konnte, lief sie auf ihn zu und schloss ihn in die Arme. Meine Sprache kann nicht schildern, welche Freude diesen so lange ersehnten Augenblick erfüllte! Und auch, welche aufgestauten Gefühle sich mit dieser Umarmung in Hildegard lösten. Albuin drückte sie fest an sich und aus ihren Augen schossen Tränen. Der Mann, den sie immer noch liebte, ihr Gemahl, dem sie ewige Treue gelobt hatte, lebte!

Doch ebenso groß wie ihre Freude war auch das Mitleid mit dem Pilger, dem Gott eine neue schwere Prüfung auferlegt hatte. „Was ist geschehen?", fragte sie ihn leise und strich mit ihren von Tränen benetzten Fingern zärtlich über seine Augenlider. Doch ihm versagte die Stimme. So drückte Hildegard ihre Stirn an die seine und beider Tränen vereinten sich zu einem Rinnsal, das ihre Wimpern und Wangen umhüllte.

Etwas verlegen rieb sich unser Graf nun die Augenwinkel. Die Tränen hatten den Staub, der sich darin gesammelt hatte, gelöst. Nein, mehr noch! Er öffnete die Lider! Hanß blickte ihn an, er suchte den tauben Blick, die Trübe, die die Pupillen seines Herrn überzogen, doch der seltsame Schleier war mit einem Mal verschwunden!

Jetzt rief unser Herr, außer sich vor Freude, aus: „Ich, Paulus, kann wieder sehen! Meine gütige, treue Gattin! Du hast mich geheilt. Wie kann ich dir danken?!" Und auch die Knechte und Mägde waren herangekommen und grüßten ihren Gebieter. Dieser winkte ihnen zu und erblickte nun auch seine Töchter, die bereits herangewachsen waren und sich ihrem Vater scheu näherten. Was für ein Freudentag für uns alle!

„Heiliger Gott im Himmel!", rief Hildegard aus und bekreuzigte sich. „Du hast unsere Gebete erhört! Dir sei Dank in Ewigkeit!" Doch der von seiner Blindheit geheilte Paulus hatte sie bereits an der Hand gefasst und umarmte sie ein weiteres Mal, und mit ihr Gotta, Wezela und Gepa, um seine Familie, wie es schien, nun für immer in seinen Armen zu halten.

Auch Hanß hatte dessen Hand losgelassen und mich, seine Dorothea, aufs Innigste begrüßt. Als er den kleinen Johannes sah und ich ihm bedeutete, dass dies sein Sohn sei, schlichen auch mir Tränen in die Augen, ich war so dankbar, dass der Kleine seinen Vater wiederhatte. Auch Hanß konnte sich vor Freude kaum halten.

Als Graf Paulus unsere Umarmungen sah, sagte er: „Mein lieber Hanß hat sich einen Lohn für seine Treue verdient. Ich verkünde: Hanß ist von nun an ein Freier! Er ist von seinem Dienst als Edelknecht entbunden!" Als er sah, dass Hanß einen Sohn bekommen hatte, wandte er sich auch an Johannes. „Du bist der Sohn meines treuen Waffenbruders Hanß. Es gibt keinen treueren Gefährten. Er hat mich als blinden Mann von Jerusalem nach Rom und von Rom hierher nach Hause geführt. Er ist mit mir gepilgert, obwohl er keine Sünden auf sich geladen hatte, die er hätte büßen müssen. Daher bist du, Johannes, mir ebenso wertvoll wie mein eigen Fleisch und Blut."

Graf Paulus deutete Hanß an, niederzuknien. Daraufhin hob unser Herr sein Schwert und legte es Hanß abwechselnd auf die eine und dann auf die andere Schulter. Er sagte: „Hiermit ernenne ich dich, Hanß, zum Ban oder Edlinger, du kannst dich künftig ‚Hanß Ban' nennen. Du und Dorothea, die meiner Gemahlin Hildegard so viele Jahre eine ebenso treue Begleiterin ist, werdet von mir Güter erhalten, auf denen ihr ein standesgemäßes Leben führen könnt."

Nach diesem ergreifenden Wiedersehen zogen wir alle in einer Freudenprozession den Weg zur Gradnitza hinauf. Die zurückgekehrten Pilger hatten Beulen und Blasen an ihren Füßen und waren abgemagert, aber gesund. Hildegard rief gleich einen der Diener und ließ ihnen ein Bad bereiten. Graf Paulius wurde gewaschen, mit duftendem Öl gesalbt und in seine schönen Kleider gehüllt. Anschließend reichte man ihm kräftigende Speisen, sodass er wieder wie ein edler Herr von Stand aussah. Auch Hanß hatte sich danach ein letztes Mal ins Badewasser seines Herrn gesetzt und erhielt von mir neue Kleider und ein frisch gekochtes Mahl.

Und nun hätte alles so sein können wie vor der Pilgerreise. Für mich und Hanß war es das, doch Hildegard war entschlossen, an ihrem Gelübde festzuhalten, das sie unter dem Druck von Uduins Verleumdungen eingegangen war. Sie fürchtete sich, es ihrem Gemahl sofort zu sagen, zuerst wollte sie alles für den weit Gewanderten tun, sodass er sich wieder wohl und zu Hause fühlte.

Seine vielen Zornausbrüche vor Augen, bangten wir alle vor dem Moment, da sie es ihm bekennen würde. Mattes und Lanica sahen sie fragend an. Vorerst aber kam Ermanrich von Stein herüber und saß mit dem gewandelten Graf Paulus lange zusammen, um von ihm zu erfahren wie die Pilgerreise verlaufen sei. Er erfuhr mit großer Freude von der Absolution des Papstes und dem Erwerb des einzigartigen Nachlassbriefes, den unser Herr ihm vorlegte. Und wie erstaunt war er erst über das neuerliche Wunder, das hier in Stein geschehen war, die Heilung eines Blinden allein durch das Vergießen von Tränen! Er fragte ausdrücklich nochmals Hanß, den er als verlässlichen Zeugen dieses Wunders benötigte. Denn Hanß konnte als Gefährte des Grafen auf der Pilgerreise bestätigen, dass dieser zwei Jahre lang blind gewesen war.

„Ich habe jetzt nämlich begonnen, nicht nur in Briefen an den Erzbischof über die Wunder in meiner Pfarre zu berichten, sondern auch ein eigenes Pfarrbuch zu führen. Die Heilung eines Blinden ist wahrhaftig eine Wundertat!" Ermanrich gestand, was für eine Ehre es für ihn sei, einen zurückgekehrten Pilger unter seinen Schafen zu haben. Bei der Gelegenheit fragte er, ob es vielleicht das eine oder andere Kleinod gebe, das die Pilger mitgebracht hätten. Und er wurde nicht enttäuscht, denn Albuin berichtete von den Reliquien, die er in Galizien und Rom erworben hatte. Von Jerusalem hatte er heilige Erde aus dem Garten Gethsemane mitgebracht.

Der Pfarrer erklärte daraufhin unserem Herrn, welchen Dienst er dieser der Pfarre von Stein erwiesen habe, indem er solche heiligen Kleinode erworben und sie durch alle Gefahren seiner Pilgerschaft hierher in die Heimat gebracht habe. Als Ermanrich ihm als Gegengabe für die Reliquien eine Erinnerungstafel mitsamt einer Grabstätte in der Kirche der heiligen Margareta versprach, meinte Graf Paulus, er überlasse ihm gern die Erde aus dem Heiligen Land, benötige die Reliquien jedoch selbst, da er gelobt habe, nach seiner Rückkehr eine eigene Kirche in Möchling zu errichten. Ermanrichs Stimmung war sichtlich gedämpft, doch er rechnete dennoch auf lange Sicht damit, wenigstens eine der beiden Reliquien zu erhalten.

„Ich bin unter dem Namen Paulus gereist", erklärte unser Herr, „da ich erblindet war und hoffte, wieder sehend zu werden. Und diese Hoffnung wurde nicht enttäuscht. Daher werde künftig nicht nur ich den Namen des Apostels Paulus tragen, sondern auch die neue Kirche in Möchling." Der Pfarrer lobte natürlich all diese Entschlüsse und sagte Graf Paulus, er sei durch die Absolution nun rein wie ein neu getauftes Kind.

Währenddessen ließ Hildegard das Zimmer im Obergeschoss, in dem zuletzt Uduin gewohnt hatte, bereit machen, sodass ihr Gemahl darin die Nacht verbringen konnte. Das eheliche Bett von Graf und Gräfin gab es nicht mehr, in ihrer Kemenate stand nun ein schmales einzelnes Bett, in dem sie selbst schlief.

Danach kam sie wieder und setzte sich an den Tisch zu Ermanrich und Graf Paulus, der nun wieder ein Leben führen konnte, wie es seinem Stand entsprach. Ich bemerkte, dass sie ihre Augen nicht von ihm abzuwenden vermochte. Wie oft hatte sie sich in den vergangenen Jahren die Heimkehr ihres Gemahls vorgestellt, hatte an sein Gesicht gedacht, das ihr fast schon aus dem Gedächtnis entschwunden war. Ja, sie sahen einander an, lächelten einander zu und sie bereitete sich innerlich auf das Gespräch vor, das sie heute noch mit ihm führen musste.

Und als sie so dasaß, kehrte die Starre in ihren Körper zurück, die bereits Uduin an ihr festgestellt hatte. Sie bezähmte mehr und mehr ihre Gefühle, die noch kurz zuvor so unmittelbar aus ihrem

Herzen hervorgesprudelt waren. Als Ermanrich gegangen war und sie schließlich mit ihrem Gemahl allein am Tisch saß, rang sie sich zu den Worten durch, die in ihrem Kopf nacheinander aufgereiht waren, wie die Kräuter in ihrem Klostergarten. „Man hatte uns Kunde gebracht, dass du auf See von Piraten getötet worden seist."

„Mitnichten!", brauste Paulus sogleich auf. Sie zögerte, konnte nicht weitersprechen. „Sieh mich an!", rief er mit ausgebreiteten Armen. „Ich bin lebendig wie ein Fisch im Wasser! Und nun kann ich auch wieder sehen! Und das verdanke ich dir, meiner Gemahlin Hildegard." Unserer Herrin wurde es noch enger um die Kehle. Sie beeilte sich zu korrigieren: „Nicht ich, lieber Paulus, habe dich geheilt, die Macht Gottes war es, die dir Heilung geschenkt und deine Buße angenommen hat."

Er schaute sie etwas ungläubig an. In diesem Moment wurde uns gemeldet, dass die Leute aus Stein und von den angrenzenden Huben herauf zur Burg strömten, um Graf Albuin zu begrüßen. Sie alle hatten von der Rückkehr ihres Herrn gehört und, was sich wie ein Waldfeuer verbreitete, auch von seiner wunderbaren Heilung. Jeder wollte ihn sehen, und so musste Hildegard ihre Rede an ihn noch einmal aufschieben.

Es war bereits später Nachmittag. Unser Herr setzte sich draußen auf den Richterstuhl und ließ die Huldigungen über sich ergehen. Mattes und Lanica beantworteten die Fragen der einfachen Leute, für die der Weitgereiste ein Held war und, da er sogar die Stadt Jerusalem und den Papst in Rom gesehen hatte, wie seine Gattin als ein Heiliger galt. Nur ganz fern donnerte noch die Szene des Felssturzes, für den sie alle Schuld dem treulosen Verwalter Uduin und der Hexe Lupa gaben.

Nachdem alle nach Hause gegangen waren, standen Paulus und Hildegard noch im Tor. Er blickte anerkennend auf die inzwischen ausgebesserten Wehrmauern hinunter, die ihm nun hoch genug erschienen. Alles sah nach einem glücklichen Ende aus. Ja, er sah Hildegard an und bemerkte, wie schön sie noch immer sei. Nun kämpfte unsere Herrin noch einmal mit der Versuchung, ihr Gelübde, das sie doch nur im Glauben an den Tod ihres Gatten geleistet hatte, wieder zurückzunehmen.

Doch dann fasste sie sich und sagte: „Lieber Gemahl. Es ist ein so glücklicher Tag. Du hast mir und allen anderen auf der Burg mit deiner Heimkehr die größte Freude bereitet. Du weißt ...", und jetzt quollen wieder Tränen aus ihren Augen, „dass ich dir von Herzen gut bin." Er nahm ihr Gesicht in seine Hände und fragte: „Und was bedrückt dich? Sprich!" Da nahm sie seine Finger und hob sie behutsam von ihren Wangen. Sie faltete seine und ihre Hände und sagte: „Vor zwei Jahren kam dein Bruder Uduin zurück aus Rom und überbrachte mir die Botschaft von deinem Tod."

Er hörte ihr mit aufsteigendem Zorn zu. „Eine Lüge!", rief er. „Mir war sofort klar, dass sein plötzliches Verschwinden nichts Gutes bedeutet." Paulus wollte sich weiter ereifern, doch sie führte ihre gefalteten Hände an ihre und seine Lippen. „Lieber Paulus, bitte hör mich an! Uduin schilderte mir immer wieder deinen Tod und dein Begräbnis in der Tiefe des Mittelmeers, und ich begann, seinem Bericht Glauben zu schenken. Und um diesen verruchten, aufdringlichen Menschen ein für allemal los zu werden, schwor ich, fortan als Nonne zu leben." Jetzt war es heraußen.

„Das heißt", überlegte Paulus, indem er seine Hände zurückzog, „du willst dieses Gelübde nun befolgen, obwohl die Geschichte meines verräterischen Bruders erlogen war?" Hildegard hatte sich gefasst. „Ein Gelübde, das ich vor Gott und der Welt geleistet habe, kann ich nicht zurücknehmen."

„Ich habe dich geheiratet, du gehörst mir!", donnerte Paulus jetzt und umschloss ihr Handgelenk, als wäre es der Griff seines Schwertes. Sie bekämpfte ihre Angst davor, ihn noch weiter zum Zorn zu reizen und sagte: „Unser eheliches Bett gibt es nicht mehr." Jetzt stiegen wieder Wut und Stolz in Paulus hoch. Er runzelte die Stirn und seine Augen blitzten sie an. „Wie stellst du dir das vor?", wetterte er. „Wo werde ich zur Nacht schlafen?" Sie antwortete zögernd. „Wir haben eine Kammer hergerichtet ..."

„Aha! Jetzt soll ich hier auf der Burg nur mehr ein Gast sein? Du weißt, ich bin dein Gemahl! Ich habe Rechte! Rechte, die auch bestehen, wenn sich eine Frau Dinge in den Kopf setzt, die vom Hausherrn nicht gebilligt werden." Sie blickte zu Boden. Ihr Atem ging schleppend. Er ergriff sie am Kinn. „Soll ich auf der eingestürzten Prosnitza wohnen? Sag, wie soll mein künftiges Leben aussehen?"

Sie standen schweigend da. „Ich kann es nicht sagen, ich weiß nicht, wie unsere weitere Ehe aussehen soll. Natürlich stelle ich dir frei, dich von mir zu trennen und dich neu zu vermählen." Jetzt schüttelte er energisch den Kopf. „Das alles ist einfach verrückt! Du gehst mit deiner Frömmigkeit zu weit, sage ich dir! Gott will, dass Eheleute zusammen sind und nicht, dass sie getrennt leben oder sich scheiden!"

Wieder entstand eine Pause, in der Paulus sich ein wenig fasste. Er ließ sie los und seine Hand glitt hinab, bis sie den Griff seines Schwertes berührte. So sprach er: „Gut, ich lass dir deinen Willen! Doch ich muss sagen, dies tue ich, obwohl das weltliche Gesetz auf meiner Seite ist. Das heißt, ich bin gütig zu dir und lass dir daher deine Freiheit! Führe dein Leben, so wie du es für richtig hältst. Ich finde schon einen Weg. Wenn ich aus dem Ehebett geworfen werde, so gebietet mir schon mein Stolz, dass ich nicht um deine Liebe bettle."

Hildegard kämpfte wieder mit den Tränen. Als er ihr so gegenüberstand, in seiner hitzigen, kindsköpfigen Natur, hätte sie am liebsten ihre Arme um ihn geschlungen und alle Vernunft vergessen. Doch eine solche Geste hätte ihn nur noch mehr verwirrt und sie beide gequält. Sie vergab ihm auch in diesem Moment nochmals von Herzen alles Übel, das sein ungestümes Temperament in der Vergangenheit angerichtet hatte. Wie vieles hätte sie ihm noch gern gesagt! Doch ihr Mund blieb verschlossen.

„Ich werde dir jetzt etwas zeigen", sagte er und zog ein Pergament aus seiner Brusttasche hervor. „Dies ist die Absolution des Papstes!" Gräfin Hildegard hatte ein solches Schreiben mit dem Stempel des Heiligen Vaters in Rom noch nie gesehen. Doch Albuin hielt ihr noch ein zweites Pergament vors Gesicht. „Weißt du, was das bedeutet?", fragte er sie. Sie las, es war auf Lateinisch, daher übersetzte sie es und las mit leiser Stimme vor: „Der Besitzer dieses Ablassbriefes ist hiermit im Namen der Kirche und im Namen Gottes von seinen Vergehen, seien sie auch noch so schwerwiegend, freigesprochen! Diese Lossprechung gilt für alle in der

Vergangenheit begangenen und ebenso für alle in Zukunft noch zu begehenden Sünden. Unterzeichnet: Papst Leo VI."

„Diese Urkunde hat mich ein Vermögen gekostet", sagte er, sichtlich ruhiger geworden.

Hildegard sah ihren Gemahl an. „Ein solcher Brief des Heiligen Vaters", sagte er, „bringt mich geradewegs ins Paradies."

Wie flehentlich hatte sie doch stets für die Seele ihres Gemahls gebetet. Nun fühlte sie sich um eine drückende Last erleichtert. Er faltete die beiden Dokumente und steckte sie zurück in seinen Gürtel. Dann blickten sie einander noch einmal an, während Lichtstrahlen vom Westen her ihre Stirn streiften. Die Zärtlichkeit, die einmal zwischen ihnen geherrscht hatte, war Hildegards Seele tief eingeschrieben und ließ sich, das wusste sie, niemals auslöschen. Doch hatte sie auch diese Jahre ohne ihn mit der Hilfe Gottes gut verbracht, sie war als Frau eigenständig geworden und hatte, wie sie glaubte, ihre Bestimmung gefunden. Durch Arbeit und Drangsale wurde ihr Charakter geformt, ja, ihr Leben bestand längst aus festen Gewohnheiten, dem frühen Aufstehen, Arbeit, häufigem Fasten, Beten und dem Lesen heiliger Texte. Aber ebenso war sie eine geschickte Krankenpflegerin und Bauherrin geworden und hatte selbst Entscheidungen für die Erziehung und Ausbildung ihrer Kinder getroffen.

Ja, Gott hatte ihr, zu ihrer großen Freude, die Kraft gegeben, ihre Visionen umzusetzen. Und dieses Leben, das längst nicht mehr ihr selbst gehörte, wäre ohne die dauerhaft geübte Disziplin, die ihren Gefühlen Schranken der Zurückhaltung auferlegt hatte, nicht möglich gewesen. Vielleicht waren es zwei Leben, die sie führte, eines der Demut, in dem sie vor ihrem Schöpfer schwach und hilflos war, in dem sie zweifelte und ihre Fehler bekannte, und eines, in dem sie unbeirrbar und stark voranging. Sie wusste, dass allein Gott ihre Schwächen in Stärken, ihre Zweifel in Glauben und ihre Angst in Zuversicht verwandeln konnte. Und Hildegard hatte gelernt, felsenfest darauf zu vertrauen, dass ihr liebender himmlischer Vater ihr weiterhin beistehen würde.

In dieser Hoffnung und Gewissheit nahm sie nun eine gütige, doch distanzierte Haltung ein, die an ältere Frauen erinnerte. „Ja, ich vertraue darauf. Wir werden einen Weg finden", sagte sie, eine Formel, die sie ihren Patienten gegenüber verwendete. Der Kampf in ihrer Seele war beendet.

Paulus deutete dies und das ganze Gerede über ihr Gelübde als mangelnde Zuneigung, ja, als Kälte ihm gegenüber. Und so etwas musste er sich nicht gefallen lassen. Seine Gattin – er wusste gar nicht, ob er sie noch so nennen sollte – stand da wie eine Wehrkirche, ihr dunkles, hochgeschlossenes Kleid umgab sie wie Zinnen. Plötzlich schien es ihm einzuleuchten, dass es kaum angenehm sein mochte, mit einer solchen Klosterschwester zusammenzuleben. Eine Vorstellung, die ihm schon vor der Eheschließung düster vorgeschwebt hatte.

Er entkrampfte sich, blies seinen Atem an ihrem Gesicht vorbei bis zu den bereits welk werdenden Blättern der Obstbäume und sagte: „So sei es denn. Ich habe meine Güter, und noch dazu Höfe und Huben an der Sann, mehr brauche ich nicht. Michlo hat den Gutshof um ein Stockwerk erweitert. Dort gefällt es mir gut, ja, es gefällt mir dort besser als hier im Siechenheim von Stein. Hartwig soll nach Hause kommen und mein Schüler werden. Ich werde ihn im Kampf und in der Jagd unterrichten!" Und so wandte er sich von Hildegard ab und ließ sich ins Gästezimmer führen.

Am nächsten Tag lud Ermanrich zu einer Dankesmesse nach Stein. Er sang sein Halleluja für die glückliche Rückkehr und das Wunder der Heilung. Der Pfarrer ehrte Graf Paulus als Helden des christlichen Glaubens. Er sprach auch darüber, welch bedeutende Tat so eine Pilgerreise war und wie heilig die Stätten Rom, Santiago und Jerusalem jedem Christen erscheinen mussten. Leider hätten nur wenige Sterbliche das Glück, diese Orte zu sehen.

Graf Paulus verkündete im Anschluss daran beim Festschmaus, dass er das Gelübde seiner Frau respektiere, die fürderhin als geistliche Jungfrau leben wolle. Er für seinen Teil ziehe auf den Möchlinger Hof. Beide Eheleute nickten einander einverständlich zu. „Und nochmals bitte ich um eure Aufmerksamkeit! Hier und heute verkünde ich: Ich werde als Rückkehrer aus dem Heiligen Land für meine Untertanen eine Kirche bauen, und zwar drüben in Möchling. Für den heiligen Paulus, der erblindet war infolge seines Irrtums, und dann als Sehender ein neues Leben begann." Alle klatschten in die Hände.

Hildegard stand ebenfalls auf. Sie konnte ihre Tränen nicht zurückhalten, sagte aber für jeden hörbar: „Wir werden uns nicht sehen, aber die Glocken werden unsere Botinnen sein!"

„So wird es sein!", nickte Graf Paulus. Auch Hartwig war gekommen. Er war einverstanden, eine zeitlang bei seinem Vater zu wohnen und von ihm alles zu lernen, was er sich als erfolgreicher Panzerreiter noch aneignen wollte.

Nach dem Mahl auf der Gradnitza kam es zur Verabschiedung. Hanß half Graf Paulus noch bei der Übersiedelung der Pferde, Wagen, Kisten, Geräte und Waffen. Es war ein trauriger Abschied, doch erwarteten unseren Herrn in Möchling alle seine Jäger, Soldaten, sein Waffenschmied und die Bediensteten der Prosnitza. Er hatte sich einen neuen Edelknecht ausgewählt, einen jungen Gesellen, der ihm von Hartwig empfohlen worden war. Auch Graf Hartwig wurde von seinem Knappen und einem persönlichen Diener begleitet. Die Töchter unseres Herrn versprachen, ihren Vater auf dem Möchlinger Jagdschlösschen zu besuchen.

Michlos Ochsenwagen stand schon mit dem beweglichen Gut des Grafen bereit. Paulus schwang sich auf sein Pferd und Hartwig umarmte seine Mutter zum Abschied und sagte: „Ich komme dich oft besuchen, Mutter. Ich werde mich um Vater kümmern, er braucht jetzt, da er Hanß die Freiheit geschenkt hat, einen Menschen um sich, ich lasse ihn nicht allein."

„Ja, tu das, mein lieber Sohn!", lächelte unsere Herrin. „Du hast ein edles Herz, Hartwig! Bleib fromm und tugendhaft!" Dann gab Graf Paulus ihr vom Pferd herunter noch einmal die Hand. Sie fühlte nicht mehr diese Wärme, diese Macht seiner Berührung, nicht mehr den Schutz, der einst von dieser Hand ausgegangen war. Dies alles war einer seltsamen Leere gewichen. Es war ihr wie die Hand eines Fremden. Sie redeten belanglose Dinge, die sich entfernte Bekannte zum Abschied sagen.

Kann Liebe sterben?

Als Hildegard an diesem Abend in ihre Kammer ging, wankte sie. Ich sah zu, wie sie mit zitternder Hand den Psalter ergriff, wissend, dass die heiligen Lieder, das Gebet, ihr unverrückbarer Glaube und das fromme Werk, dem sie sich geweiht hatte, ihr weiteres Leben bestimmen würden. Sie hatte ihre Aufgaben als Mutter beinahe erfüllt, ebenso einen großen Teil ihrer christlichen Mission, mit der man sie einst hierher gesandt hatte. Nun trat sie in einen Abschnitt des Lebens ein, in dem die Tage leiser und gleichförmiger vergingen. Hildegard hatte gelernt, nicht an der Schulter eines Mannes Halt zu suchen, sondern sich von der leisen und sanften Stimme Gottes leiten zu lassen, dessen wundertätiger Geist in allem und über allem wirkt. Sie sprach von einer ewiglich auf goldenen Säulen errichteten Welt göttlicher Liebe, die dem Gläubigen Tag und Nacht nahe sei. Diese Nähe zu Gott werde ihr die Kraft geben, ihren weiteren Weg nicht als Vereinsamte zu gehen.

Doch fühlte ich, dass sie mich an diesem Abend brauchte. Darum bat ich Hanß, sich um Johannes zu kümmern und ihn ins Bett zu bringen, wie ich es sechs Jahre lang ohne den Vater getan hatte. Und als ich in der Kemenate einfach still neben Hildegard saß, sie ansah und wartete, begann sie von sich aus zu reden. „Weißt du, Dorothea, wie es ist, wenn du einem Menschen die Hand gibst und es ist nicht mehr seine Hand? Wenn du seine Stimme hörst und es ist nicht mehr seine Stimme? Und wenn seine Augen plötzlich ihre Bedeutung verloren haben?"

„Herrin", flüsterte ich in die Dämmerung ihrer Kammer, „ich weiß, Ihr liebt Euren Gemahl noch immer. Doch was hätte er tun sollen?" Sie blickte nachdenklich auf. „Du hast recht. Was hätte er tun sollen? Doch es fiel ihm so leicht!" Jetzt brachen wieder

Tränen zwischen ihren Wimpern hervor. „Was ging in ihm die ganzen Jahre vor? Hat er mich jemals geliebt? Oder war ich für ihn nur ein Besitz?" Sie wischte sich das Rinnsal von den Wangen und murmelte, ohne mich anzusehen: „Ist dies der Trost aus der Hand Gottes?"

Ich konnte ihre Frage nicht beantworten, doch verstand ich sie als ihre engste Freundin. Vorstellungen von Liebe, Umarmung und Nähe, die sie an ihren einsamen Abenden, im Aufwachen, auf den Ritten durch den Wald oder am Spinnrad über diese vielen Jahre begleitet, ja, sogar noch bis kurz vor seiner Ankunft erfüllt hatten, verloren ihren Sinn. Nicht nur er, auch sie selbst hatte diese zarten Verbindungsfäden durch ihr Gelübde vor zwei Jahren durchschnitten, dessen wurde sie sich jetzt langsam bewusst. Durch die endgültige Trennung von ihm entstand jedoch ein leerer Platz in ihrer Welt, eine Wunde, die vielleicht niemals heilen konnte. Sie war ja keine Nonne, die die Welt hinter sich ließ, um abgeschirmt in der Gemeinschaft frommer Frauen zu leben, sondern sie lebte nach wie vor in Freiheit, mitten in dieser Welt, war noch immer vermählt und blieb durch ihre Kinder mit deren Vater verbunden.

„Sag mir, liebe Dorothea, was wird aus meinen Gefühlen für ihn werden? Wird Gott sie zurück in sein eigenes Herz nehmen? Werden sie in den bodenlosen Abgrund der Leere fallen? Oder wird sie die Morgenröte weit über den Horizont zerstreuen, wo sie keine Spur hinterlassen und niemals wiedergefunden werden? Kann Liebe sterben?" Ich wusste wiederum nichts darauf zu antworten, doch meine Herrin erwiderte nach einer Weile selbst: „Nein, wenn sie rein ist, wenn es wahre Liebe ist, besteht sie für ewig fort, sagt die heilige Schrift. Sie überdauert dieses lange, von Licht und Schatten erfüllte Leben ebenso wie den Tod. Sie wird als Duft und Wärme neben mir sein, wenn ich vor unseren Schöpfer trete. Gütiger himmlischer Vater! Du hast Mann und Frau geboten, einander zu lieben und aneinander festzuhalten. Nimm meine eheliche Liebe mit barmherzigen Händen zu dir, als Stück meines eigenen Ichs, ich sende sie voraus, sie soll dort in der sanfteren Welt auf mich warten, bis ich den Zweck meines Daseins erfülle!"

Sie redete nicht weiter, doch ich bemerkte, dass sie sich nun gefasst hatte, dass sie daranging, wieder in ihrem Psalter zu lesen und sich, wie sie es in all ihren Kümmernissen tat, zuletzt zu einem langen Gebet niederzuknien.

Ich, Dorothea, kann bezeugen, dass Hildegard in der langen Zeit ihres Alleinseins und auch die restlichen Lebensjahre, die sie von ihrem Gemahl getrennt war, wahrhaftig den Trost des Herrn erfuhr! Diese Quelle des Friedens floss ihr nicht immer gleichmäßig zu, der Mantel des himmlischen Trostes umgab sie nicht alle Tage, aber er stellte sich stets gemäß ihrem Glauben ein. Dieser Glaube der heiligen Liharda war felsenfest und reichte wahrhaftig wie eine helle Leiter zum Himmel. Dennoch gab es auch Tage, an denen sie schwach war wie ein Kind und aus tiefster Seele um Stärke rang. Das weiß ich, da sie sich manchmal im Gebet als „Wirrkopf" und „unnütze Dienerin Gottes" bezeichnete. In solchen Momenten, da sie länger als gewöhnlich auf ihren Knien verbrachte, betete auch ich für sie, dass Gott ihr in seiner unendlichen Güte beistehen möge.

Während meine Herrin auf diese Weise Trost in ihrem Glauben suchte, begann für Hanß und mich ein neues Leben. Er war stolz und froh darüber, Vater geworden zu sein und auch unser Sohn Johannes wich fast nicht mehr von seiner Seite. Als Lohn für seine jahrelangen Dienste hatte unser Herr dem Hanß südlich von Möchling eigenen Grund und Boden geschenkt. Fortan war er also nicht mehr Edelknecht, sondern ein Edlinger oder Ban wie mein Urgroßvater. Zu unserem Besitz gehörte auch eine Anzahl Knechte, die uns bei der Arbeit halfen, sodass wir alles selbst erwirtschaften konnten, was wir brauchten, und angenehm lebten. Speicher, Scheune, Stall, Mühle und eine Werkstätte fanden sich ebenfalls auf dem Hof, den wir noch vor Einbruch des Winters zusammen mit Johannes bezogen. Und wir konnten unser Gut auch an unsere Nachkommen weitervererben. Denn in den folgenden Jahren wurden wir noch mit weiteren Kindern gesegnet.

Und Graf Paulus, der nun unser Nachbar geworden war, richtete es sich auf seinem Möchlinger Schlösschen angenehm ein. Eine junge Hörige namens Wila bediente ihn nicht nur, sondern teilte von nun an auch sein Lager. Er veranstaltete Jagden und lud auch die Grafen der umliegenden Burgen ein. Natürlich ohne deren Gattinnen, denn er betonte stets, dies sei ein Männerhaushalt. So feierten sie dort in Möchling viele fröhliche Feste und verbrachten gesellige Abende. Am meisten beneidete man Graf Paulus um seinen Ablassbrief, der, wie es auf Lateinisch hieß, „etiam in antecessum" wirkte. Denn so konnte er tatsächlich jede Sünde begehen, ohne sich vor Höllenschlund und Fegefeuer zu fürchten. Dies machte unseren Herrn weit über Stein hinaus bekannt, sogar von Moosburg und vom Zollfeld herab kamen Neugierige, die ihn sehen und von seinen Reiseerlebnissen hören wollten. Viele von diesen Besuchern fanden sogar, dass er von seiner Freiheit zu sündigen viel zu wenig Gebrauch machte.

Die Beichte

Die Jagdgesellschaft, die sich zu dieser Zeit in Möchling versammelte, bildete sich eine sehr einseitige Meinung von unserer Herrin Hildegard. Sie nannten sie verächtlich eine „Klosterfrau", sahen sie als gefühllose „Heilige", die anstelle ihres Herzens einen Stein in der Brust trug. Gerade jene, die sich für kultiviert und gebildet hielten, übersahen Hildegards Verdienste. Sie verstanden nicht, dass ihr schon in jungen Jahren ein schweres Schicksal auferlegt worden war, als man sie mit einem Mann vermählt hatte, der als gewalttätig bekannt war. Ich erlaube mir kein Urteil über unseren Grafen Paulus, Gott gebe ihm Heil und Erlösung, doch schmerzten mich zu dieser Zeit solche unbedachten Reden, die auch meiner Herrin zu Ohren kamen.

Natürlich erfuhr Hildegard auch von den neuen Verhältnissen in Möchling, dass Paulus sich eine Konkubine genommen hatte und ausgelassene Feste feierte. Hanß und Hartwig fanden nicht viel dabei, es war wohl für Soldaten üblich, und in diesem besonderen Fall war der untreue Ehemann und Prasser von Papstes Gnaden dazu berechtigt. Doch für Hildegard, die geglaubt hatte, ihren Liebesschmerz überwunden zu haben, kam diese Entwicklung unerwartet, ja, sie gab ihr einen neuerlichen Stich ins Herz.

Ich weilte mit ihr draußen im Garten, der demnächst eingewintert werden sollte. „Die Psalmen werden mich trösten!", sagte sie zu mir. „Ja, sie sind mir zur Heimat geworden." Ich erklärte ihr, wie leid es mir tue, dass sie immer neue Prüfungen durchzustehen habe. „Ich weiß, im Jenseits werde ich von meinen Schmerzen ausruhen", sagte sie lächelnd. „Wohlan! Was bedeutet mir noch die Welt? Bezeichnet nicht unser weiser König Salomo das Leben als ‚Windhauch'?"

Ich dachte daran, wie sehr sie immer, trotz aller Unbill, das Leben geliebt hatte. Würde sie nun im Schmerz versinken? „Ich bin geworden wie Jakob, der um seinen Lieblingssohn trauert, ich bin geworden wie Abraham, der sein Herzblut auf den Altar legt."

Sie strich über die Rosenköpfe, die bereits welk von den Stängeln hingen. „Ja, ich bin wie Hiob, der unbegreifliche Schmerzen litt und dennoch ausrief: ‚Ich weiß, dass mein Erlöser lebt!' Und wenn ich an unseren Herrn Jesus Christus selbst denke! Er wurde von niemandem verstanden, wurde verspottet und verraten, gehasst und ausgestoßen, und hat sich schließlich geopfert für die Seligkeit dieser unvollkommenen Menschen."

Da ihre Hände kalt geworden waren und bereits zitterten, legte ich ihr einen Schal um die Schultern und wickelte dessen Enden um ihre Finger. Aus dem Haus hörten wir einen unserer Kranken schreien, doch im nächsten Augenblick war, wie wir hörten, jemand bei ihm und linderte seine Leiden. Ja, Hildegard hatte sich der Kranken- und Armenpflege verschrieben und dieser Dienst an den Schwächsten würde ihr dabei helfen, ihre eigenen Schmerzen zu vergessen.

Jetzt sagte sie: „Doch ich will noch dieses Hospiz drüben im Ort errichten. Es wird mein letztes Bauwerk sein. Und ich möchte meine Kinder gut versorgen."

Ich entgegnete ihr nichts, sondern wärmte weiter ihre Hände. „Im Süden unter der Kirche ist der beste Platz für ein solches Hospiz, denn es soll eine Herberge für alle sein, für Arme und Kranke, aber auch auch für Pilger und Wanderer ohne Obdach."

Sie blickte von den Rosen auf und unsere Augen begegneten einander. „Die Kranken brauchen mich", flüsterte sie. Doch ich sah, dass ihre Unruhe blieb.

Da ich, Dorothea, meine Herrin schon so viele Jahre kannte, verstand ich ein wenig ihre Gefühle. Sie hatte allen Ernstes gehofft, dass ihr Gemahl wie sie jungfräulich leben würde. Ja, sie hatte geglaubt, er werde ihre Ehe trotz ihrer Trennung in Ehren halten, ebenso wie sie selbst es tat. Und nun? Waren Uduins Behauptungen ganz aus der Luft gegriffen?

Sie nahm neuerlich all ihre Kraft zusammen und brachte in den darauffolgenden Tagen ihren Schmerz vor den Herrn. Doch der Trost ließ auf sich warten. Als ich ihr anbot, sie im Hospiz zu vertreten, erzählte sie mir von ihren durchweinten Nächten, in denen sie sich die Frage stellte: Wie konnte sich ihr Gemahl trotz seiner Wandlung zum Paulus nun auf diese Weise dem Weltgenuss ergeben? Es war für sie wie ein neuerlicher Fenstersturz. Ihr Kopf wurde fortdauernd von diesen Gedanken an ihn, von Bildern und Szenen seiner Untreue gequält. Ja, sie klagte darüber, sich wie gefangen zu fühlen, angekettet an diese Bilder, die sie in einen Nebel des Elends hineinzogen. Sie wusste, diese Dunkelheit kam nicht von ihrem liebenden, tröstenden Gott, sondern vom Feind aller Menschen, von einem Wesen, das die Seelen mit Stricken und Ketten der Verwirrung umschließt.

In diesem Moment wusste sie, dass sie den geistlichen Rat des Priesters brauchte. Als sie auf dem Weg zu ihm war, betete sie inständig: „O Gott! Gib meiner Seele Frieden! Gib mir den Frieden zurück, der mir geraubt worden ist! Befreie mich durch die Macht Jesu Christi von meiner Eifersucht!"

Pfarrer Ermanrich war gerade auf dem Feld. Auch seine Familie arbeitete mit ihm. Hildegard stand am Weg und winkte ihm, bis er sie in ihren grauen Kleidern auf dem Pferd erkannte und langsam entlang der Furchen zu ihr herüber schritt. Während sie auf sein Näherkommen wartete, betete sie unaufhörlich, bis sie im Geist die Worte vernahm: „Ich, der Herr, spreche schuldig, wen ich will, und vergebe, wem ich will. Von euch aber wird verlangt, dass ihr allen Menschen vergebt."

Diese Worte aus der Heiligen Schrift öffneten ihr die Augen. Es war notwendig, ihrem Gemahl nochmals aus ganzem Herzen zu verzeihen! Als Ermanrich sie durch ein Nicken seines Kopfes begrüßte, begegnete sie ihm mit ihrem gewohnten heiteren Lächeln.

„Was kann ich für Euch tun, edle Hildegard?", fragte er. „Ich möchte beichten", sagte sie. Er zuckte darauf die Achseln, da er meinte, die Beichte einer vom Volk als Heilige verehrten Frau besitze wenig Dringlichkeit. Nachdem er sich nachdenklich die Hände am Brunnen gereinigt hatte, führte er Hildegard in seine Schreibstube. Hier hatten sie schon mehrmals über Angelegenheiten der Pfarre gesprochen.

Sie saßen einander gegenüber auf zwei Stühlen, der Priester verzichtete darauf, sein Alltagsgewand mit den geistlichen Gewändern zu vertauschen. Neben ihm am Tisch stand noch ein halber Becher Wein vom Mittagsmahl. Er senkte den Kopf und hörte sich an, was die Gräfin über die Nöte ihrer Seele berichtete und wie ihr zuletzt Worte in den Sinn gekommen waren, die sie zur Umkehr riefen. Dann richtete Ermanrich sich auf.

„Liebe Hildegard!" Er verschränkte die Arme vor seinem Leib als Zeichen, dass eine längere Rede folgte. „Der Herr selbst war dein Beichtvater. Ich brauche nichts mehr hinzuzufügen, doch kann ich einiges sagen, was meine Pfarre betrifft. Mir ist zu Ohren gekommen, dass auch andere Ehemänner im Ort sich an Graf Paulus ein Beispiel nehmen und mit gewissen Frauen Beziehungen angefangen haben. Doch ich sage: Sie sind im Unrecht! Warum? Die Antwort ist klar und einfach: Weil sie keinen Ablassbrief vom Heiligen Stuhl besitzen. Ich habe es einigen von ihnen schon gesagt: Die Zehn Gebote müssen auf Punkt und Komma eingehalten werden, die eheliche Treue ist darin ein wichtiger Punkt: ‚Du sollst nicht die Ehe brechen!' Sonst wären wir ja wieder bei den heidnischen Bräuchen angelangt. Davor behüte uns Gott!"

Er kratzte sich am Kopf, nahm einen Schluck aus dem vor ihm stehenden Becher, strich seine Hemdfalten glatt und fuhr fort. „Dieser Ort steckt in einer ernsten Krise. Wir haben ein hochedles Ehepaar, das getrennt lebt. Es gibt sicher auch andere Frauen, die von ihren Männern misshandelt werden, denen wir jedoch immer abraten, sich zu trennen. Denn wo kämen wir hin, wenn die Familien nach und nach auseinander brechen! Es geht ja auch um die Kinder."

Hildegard schloss ihre Augen, konnte es aber nicht verhindern, dass einige lose Tränen daraus hervorquollen. Aber der Priester rückte mit dem Stuhl etwas vor und sprach sanfter und durchaus freundschaftlich. „Seht, edle Hildegard! Wir alle wissen von Eurem Gelübde und den besonderen Umständen, die dazu geführt haben. Und es ist allgemein bekannt, dass ich als Mann der Kirche vollkommen hinter Euch stehe. Sogar der Himmel hat durch höchst wunderbare Zeichen, die auch unser jetziger hochwürdiger Erzbischof anerkennt, gezeigt, dass Ihr als rein und heilig anzusehen seid. Aber, das möchte ich ebenso klar sagen: Auch Graf Albuin macht sich gegenwärtig keiner Sünde schuldig. Er ist, wie er mir gezeigt hat, im Besitz eines Ablassbriefes des Stellvertreters Petri auf Erden, der ihm Sündenlosigkeit für die Vergangenheit und die Zukunft bescheinigt. Er hat damit die Erlaubnis, für den Rest seines Lebens die unterschiedlichsten Schandtaten zu begehen, ja, Verfehlungen, die ich gar nicht aufzählen kann."

Hildegard hatte sich wieder gefasst und nickte. Der Priester fuhr fort: „Vielleicht ist es eine Sache des verfluchten Geldes, dass nämlich der eine aufgrund einer reichen Ablasszahlung große Freiheit und Freizügigkeit genießt und der andere, weil er arm ist, alle Gebote strengstens einhalten muss, einschließlich des Fastens und der Enthaltsamkeit. Diese Ungleichheit müssen wir jedoch, da es die herrschende Weltordnung ist, akzeptieren."

Und nachdem dieser weise Diener Gottes noch den letzten Schluck aus seinem Becher getan hatte, lehnte er sich auf seinem Stuhl zurück und erklärte: „Und da Ihr, verehrte Hildegard, mich zum Beichtvater gewählt habt und da ich auch der Beichtvater des Grafen Paulus bin, obzwar er eines solchen zu Lebzeiten nicht mehr bedarf, will ich zuletzt auch aus der Sicht des Mannes sprechen: Ihr habt Euch, obwohl Ihr verheiratet wart und keine Gewissheit über den Tod Eures Ehemannes besaßt, entschieden, ein Nonnengelübde abzulegen. So ist es doch, oder?"

Hildegard nickte.

„Ihr habt also eigenständig Euren jetzigen Lebensweg gewählt und keine Tür für die Fortsetzung Eurer Ehe offen gelassen." Wieder nickte Hildegard und richtete sich immer mehr auf.

Der Priester bemerkte mit Genugtuung, dass seine Worte die richtige Wirkung fanden. „Ihr müsst verstehen, eine Entscheidung für die Jungfräulichkeit ist eine Entscheidung gegen die Ehe. Aus der Sicht des Mannes könnte man sogar sagen: Ihr habt ihn abgewiesen, ihn seiner Rechte beraubt, ihn aus der Ehegemeinschaft ausgestoßen!" Der Priester hob seine Hände zu bekräftigenden Gesten. „Ihr wisst, edle Hildegard, Graf Paulus ist ein stolzer Mann. In seinen Augen sieht diese Sache ganz anders aus als Ihr sie beurteilt. Gerade, als er von Sünden reingewaschen von seiner Pilgerreise zurückkehrt, als er sich um die Fortsetzung des Familienlebens bemüht, habt Ihr ihn von Euch gestoßen und des Hauses verwiesen."

Es war alles gesagt. Die beiden erhoben sich. Hildegard küsste dem Priester die Hand. „Ich danke dir, Ermanrich. Du hast mir sehr geholfen. Ich weiß jetzt, was ich zu tun habe!" Sie gab dem Priester eine großzügige Spende für seine Dienste und wandte sich vom Pfarrhof hinüber zur Kirche der heiligen Margareta. Dort kniete sie in Dankbarkeit und Demut nieder und betete um die Kraft, ihrem Ehemann restlos vergeben zu können. Sie entschuldigte sich für den gegen ihn gehegten Groll, die Vorwürfe, die ihr Herz verhärtet hatten. Und sie warf im Gebet all ihre Schmerzen auf den Herrn, der gelehrt hatte, dass wir in dem Maße Frieden und Vergebung erlangen, „wie auch wir vergeben unseren Schuldigern". Von diesem Tag an war Hildegard wieder stark und fröhlich. Der süße Friede war ihr zurückgekehrt. Sie fand ihre Bestimmung, Freude und Begeisterung darin, andere aufzurichten und ihnen zu helfen. Sie hatte im Hospiz ein kleines Pergament mit Schriftworten aufgehängt, darunter das folgende: „Trotz all unserer Not bin ich von Trost erfüllt und ströme über von Freude."

Und so blickte sie in die Zukunft und bereitete alles für den Bau des neuen Hospizes in Stein vor. Ich konnte ihr während der darauffolgenden Jahre nicht mehr viel Beistand leisten, da Gott mir und Hanß neue Aufgaben und weitere Nachkommen geschenkt hat, um die ich mich kümmern musste. Doch unsere gegenseitige Liebe und Freundschaft blieb ungebrochen.

In hohem Bogen

Da Hanß und ich nicht mehr mit unseren ehemaligen Herren zusammenlebten, vermag ich über ihre restliche Lebenszeit nicht so ausführlich zu berichten. Doch schreibe ich hier noch einiges nieder, was Gräfin Hildegard mir erzählt hat und was ich für bedeutsam halte.

Der im Lenzmond des Jahres 945 begonnene Bau des Hospizes in Stein machte gute Fortschritte. Es entstand ein Gebäude, das seinesgleichen suchte. Darin gab es neben einer Krankenhausküche insgesamt drei Schlafräume, sodass Frauen, Männer und Kinder getrennt untergebracht werden konnten. Denn manchmal wurden hier auch Neugeborene vor die Tür gelegt, die Hildegard aufnahm und versorgte, bis sich für sie eine Pflegemutter fand.

Unser Stierfest zu Beginn des Schmelzmonds, das wir jetzt „Armenmahl" nannten, veränderte sich von Jahr zu Jahr ein wenig. Ermanrich schlachtete den Stier nicht mehr vor aller Augen, sondern ließ ihn bereits am Vortag hinterm Stall töten und zerteilen. Er hatte auch zwei Bauernsöhne ausgebildet, die er in kurze bestickte Mäntel kleidete, um ihm beim Fest als Helfer zur Seite zu stehen. Ihnen kam die Aufgabe zu, das Brot für die Teilnehmer des Gemeinschaftsmahls auszuteilen. Dieses trugen sie in Körben mitten unter das Volk. Doch die Menschen drängten sich meist so dicht an sie heran, dass die Knaben immer mehr zurückweichen und sich schließlich auf das Gerüst des noch unfertigen Hospizes stellen mussten, von wo sie die Brote herunterreichten. Da viele der empor gestreckten Hände nicht zu ihnen vordringen konnten, begannen sie kurzerhand, die Fladen in hohem Bogen unter das Volk zu werfen. Dabei riefen sie: „Brot für alle! Jejte! Esst! Es bringt Glück! Jejte!"

So bekamen auch die weiter weg Stehenden davon. Als Ermanrich sah, wie mit dem Gebackenen umgegangen wurde, rügte er die beiden Knaben. Doch Gräfin Hildegard hatte die Idee, diese Art des Austeilens zu einem besonderen Brauch zu machen. „Auch das Manna, das die Israeliten in der Wüste gegessen haben, kam vom Himmel herab. Es war ein Symbol für Christus, das wahre Brot des Himmels. Wenn wir den Leuten das Brot auf diese Weise schenken, können wir ihnen gleichzeitig vom Sohn Gottes erzählen." Und Ermanrich wiederholte diese Sätze von da in seiner Armenmahlspredigt, dass Christus vom Himmel herabgekommen sei, um Mensch zu werden und sich für uns hinzugeben.

Hildegards zweitgeborener Sohn Albuin machte in der Freisinger Klosterschule in allen Fächern gute Fortschritte. Von seinen Erziehern hörte man, er sei ein mehr als gelehriger Student, der nichts lieber tat als sich in die heiligen Bücher zu vertiefen. Aber auch seine Dienstfertigkeit und Frömmigkeit wurden gelobt. Er selbst schrieb in seinen Briefen, dass er sich danach sehne, als Mönch ins Kloster einzutreten. Da auch Abt Lantpert dazu riet, gaben zuletzt seine Mutter und sein Vater die Einwilligung zu diesem Schritt. So erfüllte sich Albuins II. Lebenswunsch und er schlug die geistliche Laufbahn ein. Sobald seine Studien in Freising abgeschlossen waren, wollte Hildegards Zweitgeborener in die berühmte Klosterschule nach Säben, um nicht nur zum Priester geweiht, sondern auch mit allem kirchlichen Wissen seiner Zeit ausgestattet zu werden.

So schrieb sie ihm, wie schon zuvor ihrem Bruder Egilolf, oft von geistlichen Dingen. Ihr Sohn Albuin betonte in einem seiner Briefe auch, dass er seine Mutter Hildegard für das Gelübde, das sie abgelegt hatte, noch mehr verehre, als er dies ohnehin schon tue, und dass sie ihm zeitlebens Vorbild sei. Er glaube nämlich, dass sie den in ihrer Jugend gefassten Wunsch, jungfräulich zu leben und sich ganz dem Herrn zu weihen, auch während ihrer Ehe nie vollständig aufgegeben habe. Er selbst folge lieber gleich der Stimme seines Herzens, wodurch ihm viel weltlicher Kummer erspart bleibe.

Natürlich konnte ihr Sohn sich nicht von allen weltlichen Pflichten zurückziehen, denn auch von ihm wurde verlangt, das Kriegshandwerk zu erlernen, wenn er, wie er aufgrund seiner Abstammung hoffte, ebenso wie sein Großvater und sein Onkel Egilolf eines Tages ein höheres geistliches Amt bekleiden wollte. Hildegard versprach ihrem Sohn Albuin schon zu diesem Zeitpunkt, dass sie ihm die Besitzungen von Stein als Erbteil überlassen wolle. Eigenes Vermögen war auch zur damaligen Zeit eine wichtige Voraussetzung für die Erlangung höherer Ämter, und besonders für eine Bestellung zum Bischof, ein Ziel, das dieser eifrige Student und Priester dann im Jahre 975 auch erreichte. Albuin von Stein, der spätere Bischof von Brixen und Säben, machte seinem Amt nicht nur wegen seiner Belesenheit und emsigen Schreibtätigkeit, sondern auch aufgrund seiner Ergebenheit dem Kaiser gegenüber alle Ehre.

Aus Freising trafen im Jahr 945 jedoch nicht nur briefliche Neuigkeiten ein. Das Bistum sandte auch einen Gelehrten zu uns nach Stein, der unserem Pfarrer Ermanrich unter die Arme griff. Es war Hildegards Neffe Abraham, der Sohn Aribos III. und seiner Gattin Drusinda von Görz. Abraham war wie sein Vetter Albuin Mönch geworden und nun aufgrund seines außergewöhnlichen Sprachtalents mit einer besonderen Mission betraut worden. Er hatte in kurzer Zeit sämtliche Sprachen des ostfränkischen Reiches erlernt, darunter das Italienische und Karantanische, und half den Priestern, Gebete und liturgische Formeln in die jeweilige Volkssprache zu übertragen.

Auf seiner Reise durch Karantanien weilte Abraham zunächst in den großen Zentren des Christentums, am Millstätter See, in Maria Wörth und in Maria Saal. Dort war Gotabert inzwischen zum mächtigsten Geistlichen des Landes aufgestiegen. Seit Kurzem besaß er durch die Hilfe Herzog Bertholds sogar die Moosburg mitsamt den dazugehörenden Gütern.

Überall, wo er hinkam, hielt Abraham Predigten in der Volkssprache und unterstützte die ansässigen Priester als Sprachlehrer und Übersetzer. Auch für die Beichte der slawisch sprechenden Landsleute schrieb er brauchbare Vorlagen. Während nicht jeder Geistliche vom Wert dieser Mission überzeugt war, fand Hildegards Neffe bei Ermanrich in Stein offene Türen vor. Der Freisinger Mönch mit dem Kraushaar und der vorstehenden Nase war mit seinen zwanzig Jahren fast noch ein Knabe. Sein Bart gedieh spärlich, doch überraschte er uns alle mit seinem Talent als Redner.

Ermanrich bereitete Abraham einen feierlichen Empfang durch eine gemeinsam zelebrierte Messe, bei der der junge Geistliche eine glanzvolle slawische Predigt hielt, wie sie noch niemand hier gehört hatte. Er forderte die getaufte Gemeinde und alle noch ungetauften Messgeher auf, im Anschluss an den Gottesdienst zu ihm zu kommen und ihre Sünden zu bekennen. Es gab dafür ein eigenes Karantanisches Sündenbekenntnis, das er alle Anwesenden nachsprechen ließ. Ermanrich ließ es niederschreiben, und so haben wir bis heute die von Abraham aufgezeichneten Worte. Sie lauten:

„Gott, barmherziger Herr, Gott Vater, Dir bekenne ich all meine Sünde, und dem heiligen Kreuz, und der heiligen Maria, und dem heiligen Michael, und allen Geflügelten Gottes, und dem Heiligen Petrus, und allen Boten Gottes, und allen Märtyrern Gottes, und allen Bekennern Gottes, und allen gerechten Jungfrauen, und allen Gerechten.

Und du, Knecht Gottes, wollest mir die Beichte abnehmen aller meiner Sünden, und ich glaube, dass ich, wenn ich auf dieser Welt gewesen bin, in jene Welt gehen soll und wieder auferstehen am Tag des Gerichts. Ich soll das Leben haben nach diesem Leben, ich soll die Vergebung meiner Sünden haben.

Barmherziger Gott, empfange meine Beichte meiner Sünden: was ich Böses getan habe bis auf diesen Tag, nachdem ich auf diese Welt gebracht und getauft worden bin, dessen ich mich erinnere oder nicht erinnere, sei es willentlich oder unwillentlich, sei es wissentlich oder unwissentlich, sei es in Meineid oder in Lüge, sei es in Diebstahl oder in Neid, sei es in Befleckung oder in Unzucht, sei es, weil mich nach etwas gelüstete, wonach mich nicht hätte gelüsten dürfen, sei es in Verleumdung, sei es schlafend oder nicht schlafend, sei es, weil ich den Sonntag nicht beachtet habe, noch die heilige Vesper, noch meine Fasten und vieles andere, was wider Gott ist und wider meine Taufe.

Du allein, Gott, weißt, wie darin meine Not groß ist. Gott, barmherziger Herr, Dich bitte ich um Gnade für diese aufgezählten Sünden und für viele andere, seien es größere oder kleinere, die ich begangen habe. Für die bitte ich Dich um Gnade, und die heilige Maria, und alle Heiligen.

Und daß ich auf dieser Welt für solche Sünde die Buße auf mich nehme, wie Du sie mir auferlegst, und wie es Deine Gnade ist und es Dir gefällt. Gott, Du bist vom Himmel gekommen, und schon hast Du Dich in die Marter gegeben für das ganze Menschengeschlecht, um uns dem Teufel zu entreißen. Entreiße mich allen Teufeln!

Barmherziger Gott, Dir überantworte ich meinen Leib, und meine Seele, und meine Worte, und mein Werk, und meinen Willen, und meinen Glauben, und mein Leben. Und dass ich am Tag des Gerichts Deine große Gnade vernehmen möge mit jenen, die Du aufrufst durch Deinen Mund: Kommt, meines Vaters Auserwählte, empfangt die ewige Freude und das ewige Leben, das euch bereitet ist von Ewigkeit zu Ewigkeit. Amen."

Nachdem nun die Versammelten dies nachgesprochen hatten, wurde ihnen die Macht Gottes bewusst, aber gleichzeitig wurden sie an ihre kleinen und größeren Sünden erinnert, die Abraham eben zu diesem Zweck so ausführlich beschrieben hatte. Eine geistliche Traurigkeit befiel sie und sie wollten beichten. So stellten sich die Zuhörer sogleich in eine Reihe, um von Abraham aus Freising die Lossprechung zu empfangen. Er saß bis weit über Mittag auf einer Bank neben dem Altar und hörte sich die Bekenntnisse an. Als er aufstand und immer noch einige Menschen vorn an der Kirchentür sah, unterdrückte er seinen natürlichen Drang, sich nun an den gedeckten Tisch im Pfarrhof zu setzen. Stattdessen sprach er mit den noch Wartenden, die ihm erklärten, sie hätten das Sakrament der Taufe noch nicht erhalten. Ihnen sagte er, er werde gegen Abend nochmals zur Kirche heraufkommen und alle, die bereit dafür seien, mit Christus in der Taufe vereinen. Und dies geschah auch.

Doch der Weg, den der Missionar Abraham aus Freising noch zurücklegen wollte, war weit. Er hatte sich vorgenommen, seine Mission bis Krain und von dort aus nach Oberitalien auszuweiten, nämlich bis Görz, wo er hoffte, noch seine Verwandten mütterlicherseits zu finden.

Im Herbst des Jahres 948 wurde Hildegards Hospiz fertiggestellt. Nicht lange nach der Einweihung kam Wila, die Kebsfrau unseres Grafen, zu ihr, da sie eine Fehlgeburt erlitten hatte. Sie fürchtete um ihr Leben und war mit der Erlaubnis des Grafen Paulus hier zur Pflege. Die Betreuerinnen konnten ihr wirklich helfen, sodass sie sich bald wieder erholte. Auch Hildegard kümmerte sich persönlich um sie. Die verschüchterte Magd, die sich gefürchtet hatte, der Gräfin von Stein gegenüberzutreten, fasste Vertrauen zu unserer Herrin, da sie sah, wie liebevoll sie sich um ihre Kranken und Armen kümmerte, egal, woher sie kamen und welchen Rang sie besaßen. Denn unsere Gräfin hatte den Wunsch, im Hospiz möge jeder Mensch so behandelt werden, wie von unserem Herrn selbst, wäre er anwesend. So empfand sie auch besondere Anteilnahme für Wila. Diese vertraute ihr an, dass sie von einer kleinen Hube in Sabuatach stammte und sich als Leibeigene den Wünschen ihres Herrn fügen müsse. Als sie nach Möchling geholt worden war, war sie erst sechzehn Jahre alt gewesen. Sie erzählte auch davon, dass ihre Mutter im Kindbett gestorben war und es ihr davor bange sei, dasselbe Schicksal zu erleiden. Gleichzeitig hoffte Wila, eines Tages einen Mann ihres Standes heiraten zu können. Ehe sie das Hospiz verließ, legte unsere Herrin ihr die Hände auf und segnete sie, wie sie es bei jedem ihrer Kranken tat.

Im Jahr darauf kehrte Hildegards Sohn Aribo aus Freising zurück. Er hatte erkannt, dass das Klosterleben, in dem sein Bruder Albuin die Erfüllung fand, nicht das war, was er sich vorgestellt hatte. Außerdem empfand er Heimweh nach Karantanien. Hildegard übertrug ihm die Gegend um den Steiner See, Wälder, Äcker, Huben und ein Fischerdorf, in dem sie vor kurzem Leibeigene angesiedelt hatte. Solche Dörfer nannte man im Bairischen „Schalckendorf" oder „Niederndorf", doch unsere Karantanen übersetzten es mit „Klopinj". Graf Aribo baute sich direkt am See ein stattliches

Haus, denn er liebte es, in das Wasser zu blicken und nachzusinnen. Er nannte sich in späteren Jahren entsprechend seinen Gütern „Markgraf an der Drau im Jauntale".

Der eher schüchterne Aribo heiratete nicht sofort. Er fühlte sich seinem Vater Graf Paulus zu sehr verbunden, ritt oft mit ihm in die Wälder und verbrachte viel Zeit bei ihm auf Schloss Möchling. Denn Paulus litt trotz seines geselligen, unbekümmerten Lebens an innerer Einsamkeit, wie er Hanß verriet. Er meinte, die Freunde, die sich um ihn scharten, seien nur wegen der guten Küche und der italienischen Weine da, nicht aber, weil ihnen an ihm etwas lag. So benötigte er für seine Gesellschaften langsam mehr Geld als Michlos Gutshof erwirtschaften konnte. Hanß arbeitete jedoch sehr fleißig und wir lebten sparsam, sodass wir uns etwas zurücklegten, von dem wir Graf Paulus nach und nach Felder und sogar eine Hube abkaufen konnten, um unseren Kindern später ein Erbteil überlassen zu können.

Im Frühjahr 950 heiratete Graf Hartwig das Fräulein Hiltipurg, Tochter des Grafen von Heunburg, und wurde selbst bereits mit vierundzwanzig Jahren zum Markgrafen in Karantanien bestellt. Von der Familie seiner Frau und auch von Erzbischof Herold von Salzburg erhielt er weitläufige Güter, unter anderem das Lurnfeld, sodass er auf ein Erbteil in Stein zugunsten seiner Geschwister verzichtete. Bereits im Jahr darauf wurde Hartwig ein Sohn geboren, den er Ottwin nannte, womit er unsere Gräfin Hildegard zur Großmutter und Graf Paulus zum Großvater machte.

Wezela heiratete im Sommer 951 den Grafen Voldarich von Gratz. Sie hatten sich drei Jahre davor bei der Einweihung des Hospizes kennengelernt und seitdem warb Voldarich um sie. Ihre Burg errichteten sie östlich des Steiner Sees, also nicht weit von der Gradnitza. Wezela erhielt von Hildegard Besitzungen in Goslindorf mit zehn Huben, dazu Dienerinnen und Handwerker.

Auch Gepa trat in diesem Jahr in den Ehestand, sie achtete nicht auf Besitz und weltliches Ansehen ihres Gemahls, doch liebte sie ihren Pizilin, einen Edlinger aus Luipitzdorf, von Herzen. Ihr gab Hildegard zwei Leibmägde und die Einkünfte des Gabrielshofes mit in die Ehe, um ihr und ihrem Gemahl ein sorgenfreies Leben zu ermöglichen.

Gotta jedoch hatte sich, mehr als ihre Schwestern, mit Heilkräutern und Medizin beschäftigt und vertiefte sich in Hildegards Pergamente. Es war ihr Wunsch, eine Medica zu werden. Leider war dies für eine Frau nicht möglich, und so bat sie, ihre Studien in einem Kloster fortsetzen zu dürfen. Natürlich unterstützte unsere Herrin Gotta bei diesem Wunsch. Es gab damals in Karantanien noch kein Frauenkloster, daher beschlossen Mutter und Tochter gemeinsam an den Chiemsee zu reisen, um Gotta im dortigen Benediktinerinnenkloster vorzustellen.

So begab sich unsere Herrin zusammen mit ihrer Tochter Gotta im Frühjahr 952 auf die Reise. Sie besuchen unterwegs die Verwandten im Leobental, die Hildegard viele Jahre nicht gesehen hatte. In Salzburg freute sich die ehemalige Oblatin sehr, das Nonnbergkloster und einige ihrer Mitschülerinnen von einst wiederzusehen. Sie erhielt auch eine Audienz bei Erzbischof Herold, der sich, wie er sagte, geehrt fühlte, die „Heilige von Stein" kennenzulernen. Leider hielt sich Erzbischof Herold, ein Sohn Graf Albrichs von Karantanien, nur mehr wenige Jahre in seinem Amt, er wurde 955 abgesetzt.

Weil Hildegard ihre Tochter noch ihren weiteren Verwandten vorstellen wollte, reiste sie mit ihr auch in den Isengau, um ihren ältesten Bruder Chadalhoch II. zu sehen, der seit einiger Zeit erkrankt war. Sie brachte ihm Heilkräuter und Salben mit und legte ihm die Hände auf. Dabei prophezeite sie ihm, dass er noch sieben Jahre leben werde, und dies ging auch in Erfüllung. Chadalhoch II., der Vater von fünf Kindern war, starb im Eismond des Jahres 959.

Vom Isengau reisten sie im Herbst weiter nach Freising, wo unsere Herrin den Winter verbrachte. Sie freute sich sehr, die berühmten Freisinger Skriptorien und Bibliotheken zu sehen, in denen sie und Gotta viele neue Bücher lesen durften, darunter das Lorscher Arzneibuch und das vollständige Alte und Neue Testament, aus denen sie viele Verse abschrieben.

Bei den feierlichen Messen, die Mutter und Tochter besuchten, lernten sie auch neue geistliche Lieder, darunter das „Te Deum", einen Lobpreis Gottes, der bei Krönungen und feierlichen Weihungen gesungen wurde. Obwohl die Kirche in Stein bereits ihre Weihe empfangen hatte, schrieb Hildegard den lateinischen Text sorgfältig auf und übersetzte ihn ins Bairische. Nach ihrer Heimkehr übergab sie ihn Pfarrer Ermanrich für einen besonderen Anlass.

Hildegard erzählte später, wie glücklich sie auf dieser Reise war. In Freising wohnten sie bei ihrem Bruder Aribo III. und seiner Frau Drusinda, die noch immer auf die Rückkehr ihres Sohnes Abraham von seiner Mission warteten.

Im Lenz 953 begab sich Markgräfin Hildegard mit ihrer Tochter Gotta weiter an den Chiemsee. Endlich betraten sie das eigentliche Ziel ihrer Reise, das berühmte Bendiktinerinnenkloster, dem zu dieser Zeit die Äbtissin Leonora von Habsburg vorstand. Diese zeigte sich erfreut, Gräfin Gotta von Stein bei sich aufzunehmen. Das Mädchen wiederum versprach, ihrer Mutter fleißig zu schreiben. Sie bekam ihre Dienerin, genügend Geld und die weitere Ausstattung, wie sie auch Hildegard einst erhalten hatte. Als Adelige durfte sie im Kloster in ihren eigenen Gemächern wohnen und ihre Möbel ebenso wie ihre Dienerschaft mitnehmen. Es war ihr auch erlaubt, das Kloster jederzeit zu verlassen. Beim Eintritt hatte man eine gewisse Summe Geldes zu stiften, mit dem Pfründe angeschafft wurden, von denen die Klosterschülerinnen lebten. Beim Austritt mussten sie auf ihre Pfründe verzichten und waren damit frei.

Nach einem innigen, tränenreichen Abschied von ihrer Tochter Gotta, die sie dem Herrn anempfahl, begab sich Hildegard mit ihrer Leibmagd und einer Gruppe Soldaten weiter nach Säben, wo ihr Sohn Albuin seit Kurzem als Mönch und eifriger Student der Theologie wirkte. Auch ihm übergab sie einiges an geprägten Münzen, sodass er seine Studien weiter betreiben konnte. Sie freute sich sehr über die Fortschritte ihres Sohnes im kirchlichen Dienst und über seine Begeisterung als Prediger des Evangeliums. Als sie in der Gegend rund um Säben unterwegs waren, riet sie Albuin, die Klosterschule vom Berg herunter in die Ebene zu verlegen. Sie meinte, das nahe Dorf Brixen, wo Eisack und Rienz zusammenflossen, sei ein vortrefflicher Ort, um eine große Kirche, ja, vielleicht sogar einen prachtvollen Dom, zu erbauen.

Auf ihrer Heimreise besuchte Hildegard zuletzt ihren Sohn Markgraf Hartwig, der mit seiner Gemahlin Hiltipurg eine stattliche Festung im Lurnfeld bewohnte. Sie konnte dort endlich den kleinen Ottwin von Lurn, ihren Enkelson, im Arm halten. Hartwig bot seiner Mutter an, im Alter bei ihm in der Nähe des Millstätter Sees zu wohnen. Sie freute sich über diese Einladung, bekannte ihm jedoch lächelnd: „Mein Platz ist in Stein."

Und dorthin kehrte unsere Herrin dann, nach Ablauf eines Jahres, wieder zurück. Im Hospiz waren inzwischen auch Zwezdanka und Tuzza als Pflegerinnen beschäftigt, sodass es genügend Frauen gab, die Hildegards Aufgaben übernehmen konnten. Die Verwaltung der Gradnitza war Mattes übertragen worden und um alles, was die Pfarre in Stein benötigte, kümmerte sich Ermanrich. Trotzdem freuten wir uns sehr, unsere Gräfin Hildegard gesund wiederzusehen.

Am Lechfeld

Der Lebenswandel unseres Grafen Paulus von Möchling verschlang weiterhin ein Vermögen. Auch Michlo konnte nicht so viel Wein herbei schaffen und solche Mengen an Steinbier brauen, wie der Herr gemeinsam mit seinen hochgeborenen Freunden benötigte. So reichten die Einkünfte aus der Umgebung von Möchling und vom Skarbin bald nicht mehr aus, um das üppige Leben seines Herrn zu bezahlen. Es kam der Tag, an dem Michlo ihm vorrechnete, wie es um ihre Wirtschaft stand. Paulus, der immer vorgesorgt und kluge Entscheidungen getroffen hatte, sah ein, dass er an seinem Wandel etwas ändern musste. Es verdross ihn ohnehin, dass, wie er meinte, zu unrecht, seine Trunksucht bereits in aller Munde war. Er verdächtigte einige seiner Jagdgesellen, aus Neid Lügengeschichten über ihn zu erzählen. Es kam zu Streitigkeiten zwischen ihnen und als Antwort darauf beendete er die Tradition seiner Gelage an der Möchlinger Au.

Als die lustigen Gesellen, die so manchen kurzweiligen Abend mit ihm verbracht hatten, fernblieben, wurde er zum Einsiedler. Doch auch das Leben ohne Gesellschaft wollte ihm nicht gefallen. Er ärgerte sich zuletzt sogar über Michlo, da dieser keine Zeit hatte, mit ihm zu trinken. In seinem Verdruss begann er Wila der Untreue zu bezichtigen, lauerte ihr auf und verlor gänzlich seine adelige Haltung. Es kam zu einer Gewaltszene, bei der er Wila heftig schlug, ja, er hätte sie fast erschlagen, erzählten die Knechte, wenn sie ihm nicht davongelaufen und zu ihren Verwandten nach Sabuatach geflohen wäre.

Er ließ sie, als er aus seiner Trunkenheit erwachte, nicht suchen, weil er sich vor den Leuten schämte. Er brauche keine Frauen mehr, sie brächten ihm nur Unglück, sagte er Michlo gegenüber. So blieben zuletzt nur mehr die Köchin mit ihrer Familie, sein neuer Leibdiener und zwei Soldaten für seine persönliche Bedienung zurück.

Sein Sohn Graf Aribo stand ihm natürlich bei und auch Hanß besuchte ihn, wenn unsere Arbeit es zuließ. Wir bemerkten, dass er viel von seinem Stolz verloren hatte und infolge seiner Einsamkeit nachdenklich geworden war. Er erinnerte sich an die schreckliche Tat vor knapp zwanzig Jahren, durch die er fast zum Mörder an seiner Frau geworden war. Und an den einsamen Abenden kehrte das Gefühl eines persönlichen Versagens zu ihm zurück. Bei den Schuldgefühlen, die ihn jetzt plagten, schien ihm auch sein Ablassbrief nicht zu helfen. Denn die Leute sagten untereinander: „Dieser Wüterich kann ja alles tun, was er will, man ist seines Lebens nicht sicher. Es ist besser, man geht ihm aus dem Weg." In dem Maß, wie er an sich selbst und an der Macht seines Ablassbriefes zweifelte, dachte er auch über seinen Tod und Gottes Gerechtigkeit nach.

Sein Sohn Aribo fragte ihn, wann er mit seinem versprochenen Kirchenbau beginnen werde. Auch die anderen Kinder erinnerten ihn an dieses Gelübde. Er gelobte es ihnen neuerlich, doch wollte er vorher an die Sann reisen, um seine Abgaben einzufordern. Sein Verwalter in Krain sei säumig, sagte er. Wie er erfahren habe, hätten sich einige Leibeigene gegen ihn erhoben, sodass er gehen müsse, um den Aufstand niederzuschlagen.

Es zeigte sich jedoch, dass er durch die Niederschlagung des Aufstandes auf seinem Gut an der Sann auch seine dortigen Freunde verlor. Man warf ihm vor, seinen Pflichten als Gutsherr nicht nachgekommen zu sein. Er habe die ganzen Jahre nie nach dem Rechten gesehen und seinen Verwalter gewähren lassen, der mit den Knechten und Mägden schonungslos umgegangen sei.

Wir fragten ihn nicht nach Einzelheiten, doch er bekannte uns von sich aus, dass er dort in seiner Wut über die Freiheitsbestrebungen seiner Untertanen ein Blutbad angerichtet hatte. Da man ihn in der ganzen Umgebung seiner Krainer Güter hasste, wie er sagte, entschloss er sich, den Besitz jenseits der Karawanken aufzugeben. Er ließ sich von seinen ehemaligen

Verbündeten auszahlen und meinte, nun über genügend Geld für den Bau der Kirche in Möchling zu verfügen.

Doch 955, gerade, als er die Bauleute bestellen wollte, rief ihn König Otto der Große nochmals in den Krieg gegen die Ungarn. Er musste all seine Geldreserven für die Ausrüstung der Soldaten verwenden, die er nach dem Gesetz zu stellen hatte. Die Anschaffung der Rüstungen, Pferde und Waffen verschlang Paulus' ganzen Schatz an Gold und Silbermünzen. Die Schmiede hämmerten fast Tag und Nacht, um möglichst undurchdringliche und ebenso leichte Rüstungen nach neuester Kunst herzustellen. Auch alte Kettenhemden und Brustpanzer galt es zu reparieren und die verschiedenen Waffen zu schärfen und auszubessern. Eigentlich fühlte sich Graf Paulus, wie er seinen Kindern gegenüber sagte, bereits kriegsmüde. Aber er musste gehen, musste sich für diesen letzten seiner Kämpfe bereit machen. Auch seine Söhne Hartwig und Aribo, die inzwischen selbst Marktgrafen waren, mussten mit ihm diesen Gefolgschaftsdienst leisten und rüsteten sich jeder auf seinem Gut.

Über die Schlacht auf dem Lechfeld wissen weder ich noch Hanß etwas aus eigener Anschauung zu berichten. Sie fand am Zehnten des Erntemonds anno domini 955 statt. Doch schreibe ich hier auf, was Graf Aribo nach seiner Rückkehr erzählte.

Graf Paulus brach im Sommer mit seinen Soldaten auf, ließ die Waffen von Ermanrich in Stein segnen und eine Messe lesen, in der um die glückliche Heimkehr gebetet wurde. Hildegard verabschiedete sich von ihrem Sohn Aribo und dem Gatten mit innigen Segenswünschen, auf dass sie heil wiederkehren mochten.

Auch aus anderen Teilen Karantaniens bewegten sich Markgrafen und ihre Gefolgsleute Richtung Norden. Hartwig stieß am Fuße der Tauern mit einer starken Streitmacht hinzu. Die fortwährende Verstärkung gewappneter Reiter hob natürlich die Stimmung der Panzerreiter aus Karantanien. Graf Hartwig war begeistert, seine Kampfkunst neuerlich im Ernstfall zu beweisen. Er schaffte es, seinem mittlerweile gealterten Vater noch einmal die Ideale von Ruhm und Ehre vor Augen zu führen. Der Auftrag lautete, sich König Otto und seinem Heer bei München anzuschließen.

Tatsächlich zeigte Hartwig auf dem Schlachtfeld viel Tapferkeit und schlug sich wacker, er sah auch immer wieder nach seinem Bruder und dem Vater. Schließlich trugen sie auf dem Lechfeld einen glänzenden Sieg davon. Doch leider wurde unser Herr verwundet, ja er sank, von einem schnöden Schwerthieb getroffen, nieder und wäre fast verblutet. Seine Söhne retteten ihn im letzten Augenblick vor dem sicheren Tod. Paulus erkannte jetzt deutlich, dass sein Lebenswandel während dieser vergangenen Jahre seine Kampfkraft und seinen Körper geschwächt hatte.

Als er dort auf dem Feld verwundet im Schlamm lag, ging er in sich. Sein Schild lehnte neben ihm, bedeckt von Blut, sodass man weder die Rose noch die Lilie darauf erkennen konnte. Es war ihm, als hätte das Strafgericht über sein Leben bereits begonnen. Ein Schaudern, das ihn als jungen Mann beim Anblick von Blut erfasst hatte, schreckte ihn plötzlich wieder. Furchterregende Bilder von einst erwachten in seinem Kopf und überschatteten sein Wappenbild, ja ihn selbst und alles Gute, an das er einst geglaubt hatte.

Während Hartwig und Aribo den Platz, an dem ihr Vater lag, von Angreifern säuberten, fiel Paulus in eine seltsame Ohnmacht, in der er, wie er sagte, ein Licht vom Himmel sah. Es war ein heller Schein, vielleicht sogar ein Engel, der seine Augen blendete. „Es erging mir wie Paulus!", beteuerte er immer wieder. „Und ich wollte doch wie der heilige Paulus sein, und war doch nur ein armer Sünder, ja ein schwacher Mensch, der immer wieder in seine alten Fehler zurückfiel."

Als man den Verwundeten nach Hause brachte, war er auf Hilfe angewiesen. So wurde Graf Paulus von seinem Sohn Aribo zu Hildegard ins Hospiz gebracht und den ganzen Herbst und Winter über gepflegt. Hier, an seinem Krankenbett, sprach der sonst Wortkarge oft über sein Leben. Da Hanß ihn so viele Jahre lang Tag und Nacht begleitet hatte, konnte er bezeugen, dass sein früherer Herr durch die Schmerzen und die Todesnähe auf dem Lechfeld ein anderer Mensch geworden war. Er hatte nun tatsächlich den Wunsch, nicht nur den Namen des heiligen Paulus zu führen, sondern seine letzten Lebenstage auch nach dessen Vorbild auszurichten. Er bekräftigte nochmals, er habe sich seines Namens Paulus nicht würdig erwiesen. Vielmehr habe er zuletzt wieder wie der alte Albuin von einst gehandelt! Doch nun wollte er niemals mehr Albuin sein. „Albuin ist auf dem Lechfeld gestorben", sagte er. Und er schwor jetzt, auf dem Krankenlager, sobald er gesund sei, nicht mehr zu säumen und mit der letzten ihm verbleibenden Kraft diese Kirche in Möchling zu bauen.

Aus der siegreichen Schlacht war er nicht mit leeren Händen heimgekehrt. Er hatte, wie alle Gefolgsleute Ottos, seinen Teil der Beute erhalten, ebenso seine beiden Söhne.

So fühlte er sich in der Lage, mit seinem hochstrebenden Vorhaben zumindest zu beginnen. Noch in diesem Jahr schrieb er mit Hilfe Hildegards einen Brief an den Erzbischof von Salzburg und bat diesen um Unterstützung für seinen Kirchenbau. Herold war im Mai wegen angeblichen Hochverrats geblendet und gefangengenommen worden, doch gab es auf seinem Stuhl einen Sachwalter, der Entscheidungen traf. Es zeigte sich jedoch, dass die Amtsgeschäfte des Erzbistums für die nächsten drei Jahre dieser Sedisvakanz stillstanden und keine Zuschüsse oder andere Unterstützungen für Eigenkirchen gewährt wurden.

Aber Graf Paulus ließ sich dadurch nicht entmutigen. Schon am Krankenlager bestellte er einen Architekten zu sich, mit dem er den geplanten Kirchenbau besprach. Doch um seine Vorstellungen ins Werk zu setzen, bedurfte es weiterer Mittel, über die er zur Zeit nicht verfügte. Er hatte manchmal die Bettelmönche beneidet, die mit dem bloßen Versprechen, für die Geber zu beten, ihr Geld verdienten. Glücklicherweise wusste er sich ebenfalls zu helfen. Ja, er opferte eigentlich alles, was er besaß. Denn er machte wenig später seine Güter mitsamt den Huben auf dem Skarbin zu klingendem Silbergeld und behielt nur den Maierhof in Möchling mit Wald und Feldern, also nur den Besitz, der für seinen Lebensunterhalt notwendig war. Und zuletzt, und das machte ihn in den Augen meines Hanß vollends zum Heiligen, ja, darüber staunte wirklich das ganze umliegende Land, entschloss er sich auch dazu, seinen

Ablassbrief zu verkaufen. Dieser Brief hatte noch zwanzig Jahre Gültigkeit! Und tatsächlich fand sich sehr schnell jemand, der den Freibrief des Papstes für einige Goldtaler erwarb, es war zwar der neue Besitzer auf dem Skarbin.

Von diesem Tag an war Paulus ein einfacher Sterblicher wie jeder andere, und doch war er für viele zum Helden geworden. Ob er nun ein völlig sündenloses Leben führte, kann ich nicht sagen. Aber er widmete fortan seine ganze Kraft und seine Mittel dem Bau dieser Kirche. Er genas im Frühjahr des Jahres 956, hinkte noch, trug eine zweite Narbe am Kinn, doch sein Wille, nun sein Leben zu ändern, war ungebrochen. Der feste Entschluss, sein Gelübde zu erfüllen, gab ihm wahrscheinlich auch Kraft zu seiner Heilung. Nun konnte er die Handwerker bestellen, konnte die Steine herbeibringen lassen, die seit Jahren am Ufer der Drau bereitlagen. Steinmetze kamen, die sie mit scharfen Hämmern bearbeiteten und noch im Herbst dieses Jahres wurden Bauhütten aufgestellt und Fundamente ausgehoben. Mehr konnte vor dem Winter nicht getan werden. In der frostigen Jahreszeit besuchte Hanß ihn einige Male in Möchling und brachte auch seine Söhne mit, damit sie noch einen Eindruck von jenem Menschen erlangen konnten, der uns unsere Freiheit geschenkt hat.

Vom Lenzmond des Jahres 957 an wurden dann in Möchling die Grundmauern der Kirche zum heiligen Paulus hochgezogen. Und unser Graf fieberte mit. Sein Sohn Aribo kam mehrmals in der Woche, um seinem Vater bei der Bauaufsicht zu helfen. Und die Leute der Umgebung erkannten ihren Herrn kaum wieder. Michlo freute sich über die überraschende Wandlung jenes Mannes, der noch vor Kurzem nahe daran war, seine Güter für ein liederliches Leben zu verschleudern. Nun trank er nicht mehr, schrie seine Untergebenen nicht mehr an, teilte keine Hiebe mehr aus und verhielt sich überraschend freundlich gegenüber den Bauarbeitern, die in seinem Haus verköstigt wurden.

So gingen der Sommer und der Herbst dahin. Seit seinem Aufenthalt im Hospiz unterhielt er sich auch wieder öfter mit seiner Gemahlin Hildegard und dankte ihr für ihre Pflege. Er erschien sogar zusammen mit Aribo, Wezela und Gepa und deren

Familien zum Weihnachtsfest auf der Gradnitza, um diese heilige Zeit als Familie zu verbringen.

Man konnte sehen, dass die Veränderungen im Leben ihres Gemahls auch Gräfin Hildegard mit großer Freude erfüllten. Endlich wurden im Jahr 958 von Friedrich, dem neuen Erzbischof von Salzburg, zusätzliche Mittel für den Möchlinger Kirchenbau zugesagt, doch zahlten die Salzburger Beamten dieses Geld erst ein Jahr später aus. So ging die Arbeit erst im Jahr 959 wieder rascher voran. In diesem Herbst wurde Graf Paulus leider ernstlich krank und musste neuerlich ins Hospiz gebracht werden. Er hatte sich auf der Baustelle überanstrengt. Sein Rücken war steif geworden und er konnte sich weder bücken noch ein paar Schritte gehen, sondern fortan nur mehr flach im Bett liegen. Zusätzlich brach eine alte Wunde an seinem Leib wieder auf.

Hildegard trauerte gerade um ihren Bruder Chadalhoch, der, wie sie bereits vorhergesehen hatte, in diesem Jahr verstorben war. Doch nun war es unser Herr Paulus, der seine Gemahlin tröstete, obwohl er selbst auf das Krankenlager hingestreckt war und von schlimmen Schmerzen gequält wurde. Ich kann hier gar nicht ausdrücken, wie sehr mich all das verwunderte! Dass er sich von einem Tag auf den anderen in einen wahren Christen verwandelt hatte! Und mir scheint, es war nicht die Angst vor der Hölle, die Berthold so plastisch beschrieben hatte, sondern eine Umkehr, wie sie die Bibel von jedem Gläubigen fordert. Er war zu einem edleren, geläuterten Menschen geworden. Er verzieh allen, die ihm jemals Böses angetan hatten, seinem Bruder Uduin, seiner Mutter Rihni, seinem Rivalen Berthold und sogar seinem Onkel Ottokar vom Chiemsee, jenem Gewalttäter Ottokar, der ihn als Kind gedemütigt und gequält hatte! So dachte er plötzlich nicht mehr an das Unrecht, das ihm im Leben widerfahren war, nicht mehr an Rache und Vergeltung, sondern er dachte an das Unrecht, das er selbst begangen hatte, und bat Pfarrer Ermanrich, ihm die Beichte abzunehmen.

So möchte ich, wie auch Hanß immer wieder erklärte, hiermit bezeugen, dass an unserem Herrn Paulus ein Wunder geschah, indem sich am Ende sein inneres Wesen völlig umgekehrt hat! Wir haben in unserem Leben viel gesehen und gehört, doch kannten wir keinen anderen Menschen, der sich auf solche Art vom Sünder zum Heiligen wandelte. Und er starb im Jahr darauf auf wunderbare Weise beim ersten Glockenschlag der von ihm gestifteten Kirche in Möchling.

Te Deum laudamus

Doch ehe ich, Dorothea, meine Erzählung zu Ende führe, kehre ich noch einmal zurück zu den Tagen, als Graf Paulus in Hildegards Hospiz lag und ihrer Pflege bedurfte. Sie übergab damals alle sonstigen Aufgaben an Mattes oder Snežana, die zu ihrer Vertrauten geworden war. So konnte sie die ganze Zeit hindurch bei ihm sein. Ihr Gemahl lag in einem einzelnen Zimmer, sein Leibdiener war mit ihm gekommen und auch Hanß saß manchmal an seinem Bett und hörte ihm zu. Er erzählte mir, mit welcher Hingabe Gräfin Hildegard ihren Gatten pflegte. Er wünschte sich auch, dass sie ihm aus den Evangelien vorlesen möge, und das tat sie dann täglich. Sie redeten jetzt viel miteinander, mehr als all die Jahre davor, meist über ihre Kinder, aber auch über Ereignisse aus der Vergangenheit und über Fragen des Glaubens.

Auch ich besuchte meine Herrin und bot meine Hilfe an. Doch was konnte ich für sie oder Graf Paulus tun, da sie nun, nach all den Schwankungen ihres Lebens endlich beisammen waren? Bei unseren Gesprächen sah ich, wie glücklich Hildegard in seiner Nähe war. Sie empfand großes Mitgefühl mit ihrem Gemahl, der des Nachts immer wieder seiner Schmerzen wegen wachlag. Ja, sie wachte mit ihm, saß fortdauernd an seinem Lager, um ihm Trost zu spenden und seine äußeren und inneren Schmerzen mit Verbänden, Pflastern und Einreibungen zu lindern. Ich bemerkte, dass die Zuneigung, die sie für ihn empfunden hatte, trotz aller Widrigkeiten und der vielen Jahre ihrer Trennung noch immer lebendig war. Was sie sich als junge Ehefrau gewünscht hatte, nämlich mit ihm vertraute Gespräche über Gott zu führen, erfüllte sich jetzt an seinem Sterbebett.

Doch Paulus wollte auch ernsthaft von ihr wissen, ob sie glaube, dass er am Jüngsten Tag schuldig gesprochen werde. „Gott ist barmherzig", sagte sie. „Er wartet nur darauf, dass wir unser Leben überdenken und uns ihm zuwenden. Er lässt uns frei entscheiden und hofft, dass wir aus unseren Fehlern lernen."

Jetzt nickte Graf Paulus. Ja, der Herr hatte ihm Zeit gegeben, Fehler zu begehen und immer wieder neu anzufangen. Hildegard nickte. „Er ist ein liebevolles, vollkommenes Wesen, wir können diese Liebe nur schwer verstehen. Wir können nur versuchen, sie nachzuahmen."

Jetzt klang Paulus' Stimme rau, als steckte ihm ein Klumpen Erde im Hals. „Dieses Gefasel von Liebe ist etwas für euch Frauen, damit konnte ich nie etwas anfangen." Hildegard schloss ihre Augen. Sie dachte nochmals an seine Frage und wollte sie ihm so gut es ging beantworten. „Du fragst, wie du vor dem ewigen Richter dastehen wirst? Das kann niemand Irdischer wissen. Doch mein Gefühl sagt mir, es wird gut sein. Hat er dir nicht diese heiligen Erlebnisse geschenkt? Immer wieder in deinem Leben? Zeigt dies nicht, dass er dich niemals aufgegeben hat?"

Jetzt versuchte der Kranke, sich auf seinem Lager aufzurichten, doch sogleich verzerrten sich vor Schmerz seine Züge. „Ich möchte noch so lange leben, bis die Kirche in Möchling fertiggestellt ist", stieß er gebrochen hervor. „Und ich baue sie nicht, um für mich Ehre zu erlangen, sondern zur Ehre Gottes. Ruhm und Güter bedeuten mir schon lange nichts mehr."

Hildegard hatte ihm den Schweiß von der Stirn gewischt und ihm ein frisches Tuch aufgelegt. Sie ergriff seine Hand und lächelte.

„Aber ich war immer ein Zweifler, das weißt du", stieß er hervor. Seine Pflegerin sah ihn wieder nachdenklich an. Es herrschte in diesen Augenblicken eine besondere Atmosphäre am Krankenbett des Grafen von Möchling. Es schien, als verständigten sich hier zwei Seelen miteinander, ohne dass ein Wort gesprochen werden musste. Was in all den Jahren nicht möglich war, gelang ihnen plötzlich wie von allein. Alles Trennende verlor sich in einer neu erwachten Nähe. So lächelte Hildegard und tief in ihrem Innern lächelte ihr Herz. Sie wünschte sich, wie sie mir später mitteilte, diese Zeit am

Krankenbett ihres Gemahls bis in die Ewigkeit auszudehnen. Doch da sie sah, dass seine Sorgen noch immer nicht zerstreut waren, sagte sie: „Ein Zweifler ist besser als ein Gedankenloser oder ein Heuchler. Gott liebt den, der heiß oder kalt ist, sagt die heilige Schrift."

Er hatte jetzt die Lider geschlossen und Hildegard hoffte, er werde langsam einschlummern. Daher sprach sie, leiser werdend, weiter, als würde sie mit ihren Worten ein Kind vor dem Zubettgehen beruhigen. Sie hatte die Finger des Kranken vorsichtig losgelassen, doch er schlief noch nicht, sondern öffnete neuerlich seine Augen, die von Tränen feucht waren. „Reich mir nochmals deine Hand!", flüsterte er. Und als ihre Hände sich wieder begegneten, spürte sie, ebenso wie sie einst Fremdheit und Leere gespürt hatte, wieder die unmittelbare Bedeutung dieser Berührung, die mehr war als eine Geste, weil sie Menschen miteinander verband. Er sah sie an und wollte etwas sagen, doch die Stimme versagte ihm. Dann wandte er sich mit einem tiefen Seufzer zur Seite, ohne die Umklammerung ihrer Finger zu lösen. „Ich möchte", murmelte er, „dass du etwas verstehst. Wir beide sind sehr verschieden. Ich konnte einfach nicht dieser sanfte, fromme Gefährte sein, den du dir erträumt hast. Es war nie meine Natur. Du kannst wie eine Nonne leben, ich nicht, ich kann mich nicht kasteien oder die Hände falten, wenn die Magyaren ins Land einfallen. Aber", kam es aus seinem Mund wie ein Hauch, „ich weiß, dass Gott dich mir geschickt hat."

Hildegard spürte nicht, wie die Zeit über diesem Bekenntnis ihres Gemahls verging und wie lange ihre Hände sich hielten. Sie wurde von draußen gerufen, konnte sich aber nicht vom Krankenbett trennen, bis sie sah, dass Paulus endlich vor Erschöpfung eingeschlafen war. So entwand sie sich sanft dem Griff seiner Finger, zog das Laken bis an seine Brust hinauf und verließ das Zimmer.

Während das Lebenslicht unseres Herrn schwächer wurde, entstand so zwischen ihm und Hildegard eine wunderliche Verbundenheit, die niemand mehr für möglich gehalten hätte. Im ersten Lenz des folgenden Jahres musste sie ihm versprechen, nicht mehr an seinem Bett zu sitzen, sondern den Bau seiner Kirche zu beaufsichtigen. Sie ritt also an jedem Werktag hinunter in die Möchlinger Au und kehrte zurück, um ihm zu berichten.

Besonders wichtig war unserem Grafen die Errichtung des neuartigen Glockenturms, der nicht aus einer Holzkonstruktion gefertigt, sondern aus Stein gemauert war. Im Inneren des Turms, der auch als Wehrturm dienen sollte, führte eine Wendeltreppe zur Glocke empor, von wo man über die Drau und das umliegende Land blicken konnte. Auch die Deckung des Daches sollte auf eine besondere Weise erfolgen, nämlich mit doppelten Lärchenholzschindeln, ein Holz, das man mit Eisenkeilen spaltete, um es undurchlässig für Schnee und Regen zu machen. Und zuletzt hatte er bei seinen Zimmerleuten für den Innenraum eine aufwändige Decke bestellt, in der Birnen- und Buchenhölzer kreuzförmig miteinander verschachtelt wurden. Ähnlich kunstvoll waren die Tür und Möbel, die Albuin beim Tischler bestellt hatte. Über die feinen Handwerks- und Maurerarbeiten vergingen Sommer und Herbst. Hildegard musste Albuin stets in allen Einzelheiten beschreiben, wie die Arbeit vorankam.

Gleichzeitig hatte der friulanische Maler das von unserem Grafen bestellte Altarbild des heiligen Paulus in seiner Werkstätte in Cividale fertiggestellt und verlangte seinen Lohn. Der Kranke bat seinen Sohn Aribo, das Gemälde in Oberitalien abzuholen und den Meister zu bezahlen. Er kam damit im Erntemond zurück und brachte es zunächst nach Stein, direkt in den Krankensaal, damit sein Vater es sehen konnte.

Welche Freude bereitete unserem Herrn der Anblick des heiligen Paulus! Im Vordergrund erblickte man den zur Erde Gefallenen und über ihm das Licht vom Himmel mit dem Gesicht Jesu am oberen Rand des Bildes, wie es gütig auf den mit Schwert und Rüstung bekleideten Reiter herabblickte, den ehemals wütenden Verfolger der Heiligen. Doch der Künstler hatte mehr als das gemalt. Man konnte Schmerz und zugleich Hoffnung im Gesicht des Sünders Saulus erkennen, der sich eben in diesem Moment zu Paulus wandelte, als er geblendet die Herrlichkeit Gottes schaute.

Da die Glasfenster noch nicht fertig eingesetzt waren, als der Schnee kam, verblieb das Bildnis über den Winter im Hospiz, wo es für den leidenden Grafen zur Quelle des Trostes und zur Stärkung seines Glaubens wurde. So fiel es ihm leichter, sich bis zum Lenzmond zu gedulden, wenn die Arbeiten an seiner Kirche nochmals aufgenommen werden sollten. Zugleich betete Hildegard, dass sein Körper die Kraft haben möge, den Winter zu überstehen.

Tatsächlich sah Paulus noch den Lenz kommen und freute sich über die Nachricht, dass die Kirchenfenster nun endlich dicht gemacht worden waren. Und als dies geschehen war, brachte man das Altarbild an seinen Bestimmungsort. Jetzt wartete Graf Paulus nur mehr auf den Wagen, der die Möchlinger Glocke bringen sollte. „Wie weit sind die Gießarbeiten?", fragte er immer wieder. Als er dann erfuhr, dass er in zwei oder drei Wochen damit rechnen könne, atmete er plötzlich ganz ruhig und nickte: „So lange lebe ich noch."

Hildegard war nun wieder die ganze Zeit über bei ihm. Sie strich ihrem Gemahl über das schütter gewordene Haar und fragte ihn endlich: „Sollen wir Ermanrich bitten? Möchtest du die Krankensalbung erhalten?" Ja, das war Paulus' Wunsch. „Hol den Priester! Er soll auch gleich alles für mein Begräbnis vorbereiten."

Hildegard sagte nichts dazu, sondern schickte nach dem inzwischen ebenfalls kahl gewordenen Pfarrer von Stein, der schon beim Eintreten ein Kreuzzeichen schlug. Ja, sagte er, es sei an der Zeit, dass Graf Paulus die Krankensalbung empfange.

Inzwischen hatte es Michlo übernommen, mit seinen Knechten die Baustelle in Möchling aufzuräumen und alles für die feierliche Einweihung vorzubereiten. Und im Frühsommer des Jahres 960, in einer Zeit, in der auffallend viele Schmetterlinge über die Wiesen flatterten, traf eines Tages der Wagen mit der Glocke ein. Die Kirche war fertiggestellt, nur das Geläute hatte gefehlt, das von den kräftigsten Männern der Umgebung den Turm hinaufgezogen und dort befestigt wurde. Ermanrich setzte die Einweihungsmesse noch für denselben Abend an.

Zwei Leibdiener, sein Sohn Aribo und Hanß trugen Graf Paulus auf einer Bahre hinaus in den heiteren Tag und legten ihn auf einen gut gefederten überdachten Wagen. Man sah seinem Gesicht an, dass er bei jeder Bewegung der Räder von Schmerzen gepeinigt wurde, doch er biss die Zähne zusammen und schrie nicht. In Möchling angekommen, trugen sie ihn bei Sonnenuntergang in das Innere der neuen, mit duftenden Zweigen geschmückten Kirche.

Er richtete sich mit Hilfe von Aribo und Hanß nochmals ein wenig auf und blickte um sich. Vor ihm hing das ihm bereits vertraute Bildnis des heiligen Paulus. Auf dem Altar stand auf sauberen Tüchern der goldene Messkelch. Die bunten Fenster warfen die Malereien des Himmels in den Raum. Oben an der Decke überlappten sich dunkle und helle Hölzer und Ermanrich trug sein schönstes Messgewand über der Tunika. Er hatte sich verpflichtet, von nun an auch in Möchling jede Woche einen Gottesdienst zu feiern.

Und der Blick unseres Grafen, des Erbauers dieser Kirche, fiel auf seine Kinder Aribo, Gepa und Wezela, die alle zum großen Ereignis gekommen waren, ja, und auch, um ihren Vater, von dem sie wussten, dass seine Lebenstage gezählt waren, nochmals zu sehen. Wezela trug ihr erstes Kind auf dem Arm und hielt es ihrem Vater hin, damit er es segne. Seine Bahre war auf zwei Stühlen befestigt und neben ihn hatte man seine Rüstung gelegt, das gräfliche Schild stand aufrecht an der Wand, wo jeder es sehen konnte.

Paulus erblickte sein Wappenbild, Rose und Lilie. Er lächelte glücklich und entschlief dort, wie Hanß, der neben ihm stand, bezeugte, gerade in dem Augenblick, als die Glocke zur heiligen Eucharistie läutete.

Danach erklang zum ersten Mal an der Drau aus dem Mund Ermanrichs der ambrosische Gesang des „Te Deum laudamus" mit den Schlusssätzen:

> „In Gnaden wollest du, Herr, an diesem Tag uns ohne Schuld bewahren.
> Erbarme dich unser, o Herr, erbarme dich unser.
> Laß über uns dein Erbarmen geschehen, wie wir gehofft auf dich.
> Auf dich, o Herr, habe ich meine Hoffnung gesetzt.
> In Ewigkeit werde ich nicht zuschanden."

Wir alle bemerkten erst nach der Feier, dass Graf Paulus' Seele heimgekehrt war. Und so wurde für die Erlösung dessen, der am Ende seines Lebens den seligen Weg der Buße und Umkehr beschritten hatte, nochmals geläutet und gebetet.

Die Gesichtszüge des Toten wirkten wie die eines Menschen, der Frieden gefunden hatte.

Sie setzten ihn in einem steinernen Grab im Inneren der Kirche bei. An seinem Gedenkstein brennt, gemäß der Stiftung Hildegards, bis zum heutigen Tag jeden Sonntag eine vom Pfarrer in Stein nach Möchling zu liefernde dicke Wachskerze.

ENDE